스마트 팩토리제어실습

박양수
신경철
문태정
장혜경 공저
이명원
추성엽

도서출판 명진

PREFACE

/머리말/

21세기의 급변하는 4차 산업혁명시대를 맞아 최근 전자공학 분야는 예측하기 어려울 정도로 급속하게 발전하고 있으며, 이러한 전자공학의 혁신기술을 이끌어 갈 수 있는 창의적이고 미래지향적인 엔지니어의 양성은 매우 중요하다.

전자공학 분야의 혁신적인 도약의 기본은 생산자동화기술의 발전과 스마트팩도리공장자동화 기술 및 시퀀스제어 기술의 발전에 기인한다. 이러한 기술을 개발하기 위하여 필요한 분야 중에서 가장 기초가 되는 분야가 PLC(Programmable Logic Controller)이며, 이와 같은 교재는 학교나 산업체 모두가 중요성을 인식하고 있다.

본 실험 교과서는 전기 · 전자 · 통신 · 제어계통의 학생들이면 누구나 사용할 수 있도록 다양한 이론내용을 단계별로 구성하였고, 학습자 관점에서 내용을 정리하여 이해하는데 어려움이 없도록 최대한 노력하였다.

제1장은 PLC 개요와 구조를 중심으로 자동제어에 대한 기본원리와 목적을 중심으로 유의사항, 실험보고서 작성법, 실습장비 사용법, 기본적인 디지털 시스템과 논리회로, 기본논리소자 개요 등으로 구성하여 실습학습을 하기 위해 갖추어야 할 기본적인 실습들을 통하여 확인할 수 있도록 구성하였다.

제2장은 시퀀스 기본 구성을 중심으로 A접점, B접점, 내부릴레이 접점 등을 기본으로 히여 OR게이트와 AND게이트, NAND게이트, NOR게이트, Exclusive-OR게이트와 Exclusive-NOR의 기본적인 이론을 바탕으로 실험실습을 할 수 있도록 회로 설계중심으로 구성하였다.

제3장은 PLC사용법을 중심으로 실습장비 환경설정을 할수 있도록 하였으며, PLC프로그램을 기본적인 회로를 이용하여 프로그램 작성 및 부하와 연결하여 각 기능을 서로 조화를 이루기 위하여 수행하는 과정을 이해하도록 하였다

제4장 PLC실험장비를 활용하여 입출력모듈과 각종 센서들과 연결방법을 이해하고 PLC 프로그램을 작성하여 동작하는 과정을 이해하고 다양한 회로를 실습하도록 구성하였다.

제5장은 전기공압 실습을 할 수 있도록 구성하였다. 전기공압에 사용되는 각종 장비들을 이해하고 회로구성을 통해 동작과정을 이해하도록 하였으며, 다양한 시퀀스 회로구성을 을 통해 전기공압제어에 필요한 이해하도록 하여 현장에서 활용가능한 회로 중심으로 구성

을 하였다.

제6장은 스마트팩토리공장자동화의 다양한 부하를 직접 제작할 수 있도록 하고 그에 따른 PLC프로그램 작성과 동작과정을 이해하도록 하여 현장과 동일한 과정을 통해 응용 가능한 부분을 고려하여 구성하였다.

그리고 본 교재에서는 기본이 되는 회로뿐만 아니라 다양한 응용회로들을 구성하여 실험을 통하여 그 특성을 관찰함으로써 현장에서 직접 응용할 수 있는 기초능력을 기를 수 있도록 하였다.

그러나 본 실험 교과서는 학생들의 디지털공학에 대한 이론적인 원리를 실험을 통하여 확인하고 장차 산업체에서 응용할 수 있도록 구성하였으나 아직도 많은 부분에서 부족하고 미비한 점이 많으리라고 생각하며, 향후 실험실습을 통하여 부족하고 미비한 부분을 학습자 관점에서 수정 보완해 나갈 것이다.

이 교과서의 내용을 학생들이 익혀 4차 산업혁명시대의 전자공학분야의 기술 영역에서 일익을 담당한다면 이 교과서를 집필한 가장 큰 보람이 될 것이다.

끝으로 이 책이 출판되기까지 수고해 주신 동료 교수 여러분과 명진출판사 관계자 여러분께 감사드립니다.

CONTENTS

/차 례/

1부 PLC실습 교재 / 1

제1장 개요와 구조 / 3

제2장 Programming의 기초 / 63

제3장 PLC 사용방법 / 85

제4장 PLC 트레이너 / 113

제5장 응용 실습과제 / 121

제6장 RACK/PINION INDEX MODULE / 227

제7장 SCREW SLIDING MODULE / 239

제8장 GEAR TRANSFER MODULE / 251

제 2 부 생산자동화 장비 / 265

제1장 생산자동화장비 /267

제2장 생산자동화 실습과제 / 295

제3장 MPS 장비 / 333

제4장 MPS 실습과제 / 373

3부 HMI실습장치 매뉴얼 / 407

1부 PLC실습 교재

제 1 장 | 개요와 구조

학습목표	1) PLC를 정의하고 개념을 설명할 수 있다. 2) PLC의 장단점 및 발달과정을 알 수 있다. 3) PLC의 하드웨어 및 소프트웨어의 구조에 대해 알 수 있다. 4) 시퀀스를 정의하고 개념을 설명할 수 있다. 5) 공압을 정의하고 개념을 설명할 수 있다.

1 PLC의 개요

가. 자동제어

자동제어는 사람의 판단이나 조작에 의해서 이루어지지 않고 기계나 감지장치에 의해서 이루어지는 것을 자동제어라 한다.

1) 입력장치 : 물리적 신호를 전기 신호로 변환하는 감지기와 제어 장치로 신호를 전송하는 변환 장치로 구성된다.
2) 제어장치 : 입력 조건에 따른 제어정책 및 제어 알고리즘을 수행하여 제어신호를 출력에 내보내는 장치이다.
3) 출력장치 : 장치에서 만들어지는 제어 신호를 실제 구동장치를 유발시키는 조작신호로 변환하는 장치이다.

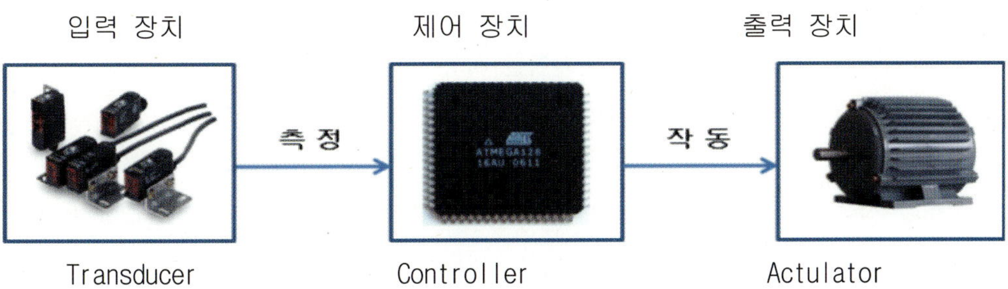

[그림 1.1] 제어 시스템의 요소

나. PLC의 정의

PLC(Programmable Logic Controller)는 제어를 실현하기 위하여 종래의 제어반에서 사용하던 릴레이, 타이머, 카운터 등의 제어 장치들을 IC, 트랜지스터 등의 반도체 소자로 대체시켜 소형화하고, 기본적인 시퀀스 제어 기능 이외에 산술 연산이나 논리 연산등의 기능을 추가하여 프로그램으로 제어할 수 있도록 한 프로그램 방식의 산업용 컴퓨터로 미국 전기 공업협회(NEMA : National Electrical Manufacturers Association)에서는 PLC를 "디지털 또는 아날로그 입·출력 장치를 통하여 논리연산이나 시퀀스 제어, 타이밍, 계수 등과 같은 특수한 제어 기능을 특정 명령어로 프로그램하여 기계나 프로세서를 제어하는 디지털 동작의 전자 제어 장치"라고 정의하고 있다.

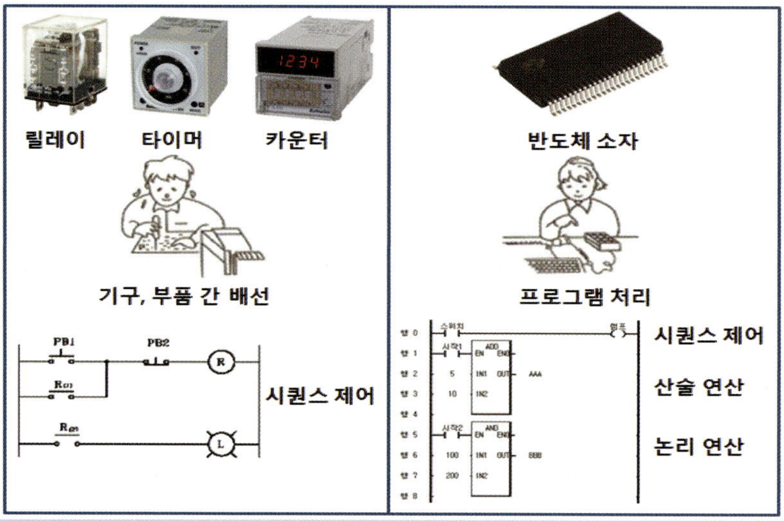

[그림 1.2] 릴레이 시퀀스 제어와 PLC 제어

다. PLC의 발달과정

과거의 시퀀스 제어는 여러 개의 릴레이를 사용하여 제어반을 구성하여 사용 하였으나 이 경우 다음과 같은 문제들을 가지고 있다.

1) 적용 시스템에 따라 릴레이 제어회로를 배선하여 제어반을 구성하여야 하기 때문에 시간이 많이 소요되며 제어반의 크기가 커진다.
2) 배선을 일일이 납땜 등에 의해 하드웨어적으로 구현해야 하기 때문에 접촉 불량 등 신뢰성이 저하된다.

3) PLC에 비해서 릴레이 등의 동작에 의존하므로 속도가 저하되거나 고속의 시스템에는 적용이 어렵다.

4) 생산라인이나 생산공정을 변경하고자 하여도 제어반을 변경하는데 많은 시간이 필요하다.

이러한 여러 원인에 의하여 1968년 미국의 자동차 메이커인 제너럴모터스(General Motors)사가 [표 1-1] PLC의 10가지 조건을 제시하였으며, 이러한 조건이 PLC 개발의 계기가 되었다.

[표 1-1] GM의 10가지 조건

1) 프로그램 및 시퀀스 시스템의 작성과 변경이 용이할 것.
2) 점검 및 보수가 용이하고 Plug-In 방식일 것.
3) 계전기 제어반 보다 신뢰성이 높을 것.
4) 출력은 상위 컴퓨터와 결합기능을 가질 것.
5) 계전기 제어반보다 소형일 것.
6) 계전기 제어반보다 가격 면에서 유리할 것.
7) 입력을 AC115[V]를 공급받을 것.
8) 출력은 AC115[V], 2[A]를 공급받을 것.
9) 전체 시스템 변경을 최소화하면서 기본 시스템은 확장이 가능할 것.
10) 최저 4K Word까지 확장 가능한 프로그래머블 메모리를 가질 것.

이상의 조건을 갖춘 최초의 PLC는 1969년 DEC(Digital Equipment Corp.)가 개발한 P에-14DLAU, 최근에는 컴퓨터 및 정보통신 등의 기술과 접목되어 가면서 공장자동화뿐만 아니라 교통제어, 엘리베이터 제어, 빌딩 제어 등 적용 분야가 급속히 확산되어 가고 있다.

[표 1-2]는 PLC의 역사를 연도별로 정리한 것이다.

[표 1-2] PLC의 역사

구 분	발 달 과 정
1968	PLC의 개념 태동
1970	논리지시 및 1K 기억용량과 128 I/O 점수 제어기 등장
1974	타이머, 카운터, 산술연산 기능과 12K 기억용량과 1024 I/O 점수처리
1976	원격 입·출력 시스템 소개(최초로 규격 제정 - 미국)
1977	마이크로프로세서 PLC 등장
1980	고성능 I/O 모듈, 고성능 통신장비, 고기능 소프트웨어 등장 및 프로그래밍 도구로 마이크로컴퓨터 사용
1983	저렴한 소형 PLC 등장
1985	표준화, 컴퓨터와의 네트워크 기능으로 분산 및 계층 제어 가능
1991	퍼지이론을 도입한 퍼지 모듈 및 전용 퍼지 제어기 등장

라. PLC의 표준화 및 특징

(1) IEC 표준 언어

PLC는 전문적인 지식 없이도 사용이 가능하고 프로그램에 의해서 간단히 제어를 변경 할 수 있는 등의 장점으로 인하여 급격한 수요를 창출하게 되고 비약적인 발전을 거듭하여 현재에 이르고 있다.

그러나 PLC를 접하는 엔지니어는 메이커(Maker)마다 기술의 발달과정에서 자기 고유의 기술을 고집하며 시장의 독점을 꾀하였고, 사용자의 측면에서의 편리는 크게 고려되지 않았다.

따라서 현재의 PLC들은 사용 언어도 제 각각이고, 통신 네트워크도 서로 달라서 여러 업체의 PLC가 혼합하여 대규모 시스템을 구축하는 경우나 업체를 바꾸는 사용자는 커다란 경제적 손실을 감수해야만 하였다.

이러한 문제점을 해소하여 PLC의 사용자의 편리를 도모하고자 PLC의 국제 규격이 제정되었다.

IEC(International Electrotechnical Commission 국제 전기 표준회의)에서

Working Group이 결성되어 규격화 작업이 시작된 이후 IEC에 의해 주도되어 왔으며 현재 상당 부분이 규격화되었다.

[표 1-3]과 같이 PLC 국제 표준화 규격(IEC 1131)을 5 Part로 구성하여 제정하였다.

[표 1-3] PLC의 변천과정

구 분	설 명
Part 1	PLC의 기본 기능 및 용어 정의
Part 2	설비의 요구 기능 및 시험조건
Part 3	프로그램 언어
Part 4	사용자 지침
Part 5	통신 및 네트워크

IEC에서 새로 도입한 가장 중요한 특징들은 다음과 같다.

가) 다양한 데이터 타입(type)을 지원한다.

나) 펑션, 펑션블록, 프로그램 같은 구성 요소가 도입되어 상향식, 또는 하향식 설계가 가능하며, PLC 프로그램을 구조적으로 작성할 수 있다.

다) 사용자가 작성한 프로그램을 라이브러리화하여 다른 환경에서 소프트웨어를 재사용 할 수 있다.

라) 다양한 언어를 지원하므로 사용자는 최적의 언어를 선택하여 사용 할 수 있다.

마) IEC에서 표준화한 PLC용 언어는 두 개의 도형 기반 언어와 두 개의 문자 기반언어, 그리고 SFC로 이루어져 있다.

(1) 도형식(Graphic) 언어

① LD(래더 다이어그램, Ladder Diagram) : 미국의 사다리형(Ladder)에서 기원 한 언어이며 입력과 출력을 조합하여 프로그램을 작성하며, 종래의 릴레이 로 직 표현 방식의 언어로 대부분의 프로그래머에게 익숙한 형태의 언어이다.

이 언어는 FBD와 함께 사용할 수 있어 좀더 효율적인 프로그램을 작성할 수 있다는 장점을 가지고 있다.

② FBD(함수 블록 다이어그램, Function Block Diagram) : 블록화한 기능을 서 로 연결하여 프로그램을 표현하는 언어로 제어 요소들 사이의 정보나 데이터의 흐름을 쉽게 나타낼 수 있는 특징이 있다.

(2) 문자식(Text) 언어

① IL(명령어 리스트, Instruction List) : 유럽에서 많이 사용하며, 어셈블리 형태의 명령어 방식의 언어로 한줄마다 한 가지씩의 명령을 수행하며, 간단한 응용프로그램을 작성하거나 응용 프로그램의 수행 시간을 최적화시키기에 적합하다.

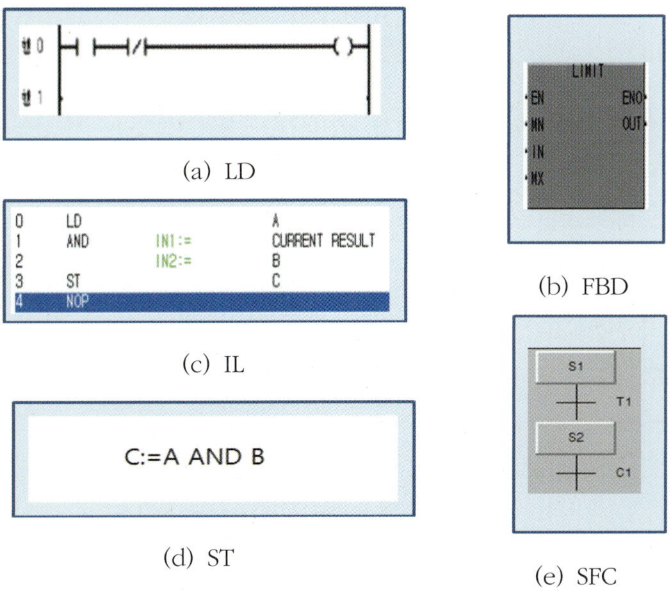

(a) LD

(b) FBD

(c) IL

(d) ST

(e) SFC

[그림 1.3] 프로그램 언어

② ST(구조화 텍스트, Structured Text) : 리얼타임 어플리케이션용으로 개발 되었으며 파스칼, C언어를 기원으로 한 고급언어로 다양한 종류의 데이터를 가진 변수들의 복잡한 연산을 수행할 때 사용된다.

③ SFC(순차 함수 챠트, Sequential Function Chart) : 최근 래더 프로그램의 대체 언어로 대두되는 언어로 공정의 흐름이나 조건 등의 동작을 순차적으로 표현한 형태의 언어이며 시간과 이벤트 등의 제어 시퀀스를 블록으로 정의하도록 되어있다.

(3) PLC의 특징

기존 릴레이 제어반과 비교한 PLC의 가장 큰 특징 중의 하나는 시스템에 따라 하드웨어적으로 배선을 하지 않아도 소프트웨어의 변경만으로 다양한 시스템을 구현 할 수 있다는 것이다. 그리고 컴퓨터에 의해서 직접 프로그램, 제어 등이 가능하여 보다 다양하고 편리하게 산업현장에서 사용할 수 있게 되었다. 또한 PLC는 구성에 따라 전원부, 입출력부, CPU부, 메모리부 등이 하나로 구성되어 있는 일체형과 필요에 따라 카드형태로 쉘프에 조립하여 쓸 수 있는 조립형이 있는데 최근에는 주로 조립형으로 제작하여 시스템의 제어대상에 따라 다양하게 사용할 수 있도록 구성되어 있다. 일체형은 비교적 저가의 소형 PLC에 이용한다.

[표 1-4]는 PLC와 컴퓨터와의 비교를, [표 1-5]는 렐레이 제어반과 PLC의 비교를 나타내었다.

[표 1-4] 릴레이 제어반과 PLC의 비교

구 분	릴레이 제어반	PLC
제어방식	하드로직	소프트로직
제어요소	유접점(한정된 수명, 저속)	무접점(긴수명, 고속제어, 고신뢰성)
제어기능	릴레이, 타이머, 카운터	릴레이(무접점, 소프트웨어로 처리), 다양한 카운터 및 타이머, PID제어
제어대상 변경	하드웨어적 배선 변경	프로그램만으로 변경 가능
시스템 특성	해당 시스템에만 종속적 제어 장치	시스템 확장 용이, 컴퓨터에 의한 제어 및 저장 가능
유지 보수	유지보수 비용 및 시간 필요	유지 보수가 용이함
특징	소형화가 곤란, 소규모 제어회로에선 가격이 저렴	소형화 가능, 소비전력이 적음

[표 1-5] 컴퓨터와 PLC의 비교

구 분		컴퓨터	PLC
하드웨어	입력	키보드, 마우스, 스캐너등	스위치, 센서, 리미트 스위치
	출력	프린터, 모니터등	모터, 표시등, 릴레이등
	구조	약전	강, 약전 병용
	목적	연산 및 데이터처리	기계장치의 제어
	사용장소	사무실, 전산실, 공장 제어실	공장 등 산업현장
소프트웨어	사용자	오퍼레이터, 프로그래머	현장 작업자
	프로그램 언어	컴퓨터 언어	시퀀스 회로를 중심으로 한 언어

마. PLC 의 제어시스템

(1) 단독시스템

PLC 가 1:1의 관계인 시스템이며 종래의 시퀀스 제어장치에 Relay 대신 PLC를 적용하는 기본적이고 기존에 많이 사용했던 시스템이다.

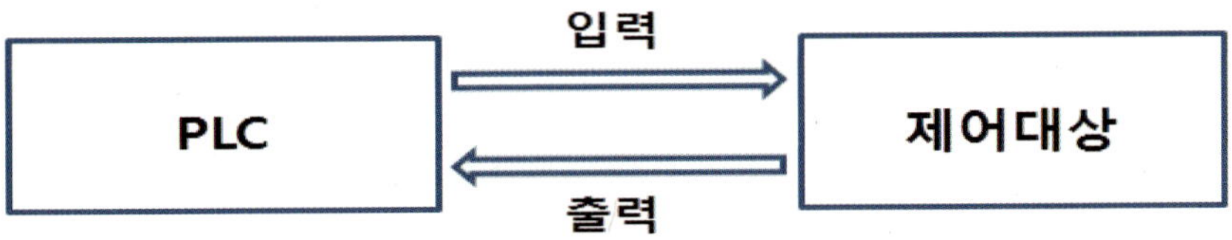

[그림 1-4] 단동 시스템

(2) 집중시스템

복수의 제어대상물을 PLC 1대가 제어하는 시스템이며 하나의 시스템이 정지할 때 자동으로 다른 시스템들도 정지하므로 시스템 구성시 생산성이 감소하게 된다는 점에 주의해야한다.

기계가 각 다른 장소에 분산되어 있는 경우는 전선의 절약 측면에서 Remote I/O 기능을 가진 PLC를 사용하는 것이 바람직하며, 시스템 설계시 고려해야할 점은 PLC 처리속도, 입/출력부의 응답시간 등의 검토가 필요하다.

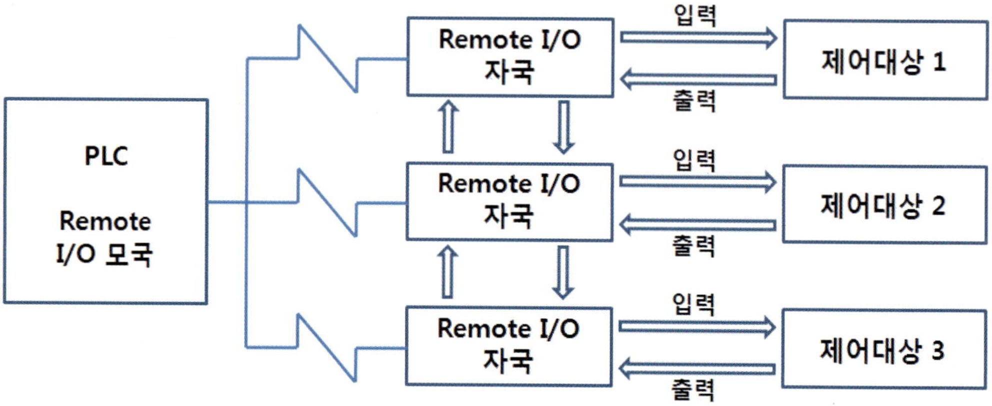

[그림 1-5] Remote I/O 사용한 집중 시스템

(3) 분산시스템

분산화된 개개의 제어시스템에 대해 각각 PLC가 제어를 담당하고 상호 연개동작에 필요한 제어신호에 대해서는 PLC간 신호를 송수신하는 시스템이다. 이 시스템은 각각의 제어대상에 대응하는 PLC가 있으므로 1대가 정지하여도 다른 제어대상은 단독 운전이 가능해서 집중 시스템보다 신뢰성이 높다.

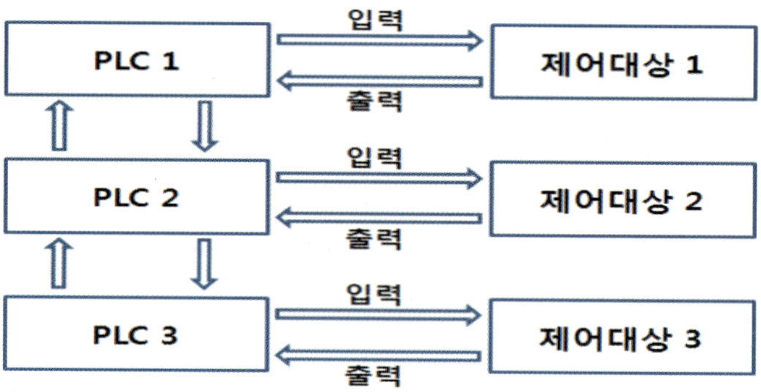

[그림 1-6] 분산 시스템

(4) 계층시스템

컴퓨터와 PLC간을 결합하여 정보의 종합관리, 운용을 하는 TOTAL 제어시스템이다. 최근 개인용 컴퓨터의 급속한 기능 성장과 신뢰도의 증대에 따라 계층시스템의 구축이 활발하게 이루어지고 있다.

상호 데이터 송수신은 PLC의 메모리 맵 과 컴퓨터의 메모리 맵이 소프트웨어의 설정에 의해 1:1 로 대응되어 있다.

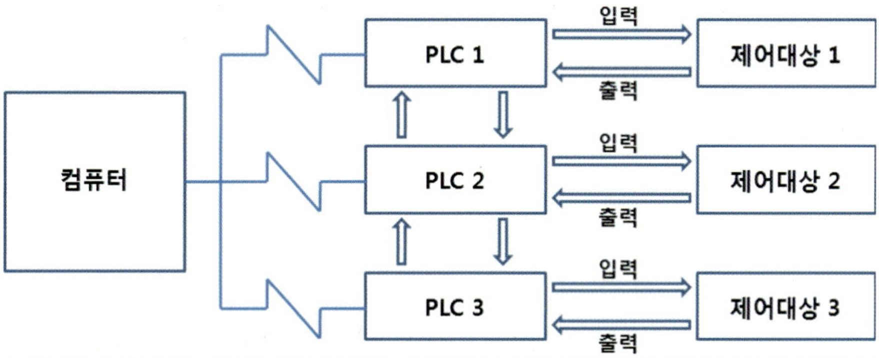

[그림 1-7] 계층 시스템

근래의 공장 및 프로세스 자동화의 추이를 보면 종래의 대규모 분산제어 시스템인 DCS(Distributed Control System)에서만 가능했던 고급제어 기능(실시간 데이터 감시제어 고정밀 루프 제어, 시스템의 이중화, 통신을 이용한 다중 운전자 시스템)을 DCS 보다 저가격, 소규모 시스템에 구축하고자 고기능 PLC개발과 다양한 응용시스템이 개발되고 있다.

이러한 고기능 외에도 PID루프제어, 아날로그 제어, 모션제어(위치결정제어), 고속 카운터등의 발전도 가속화되고 있다.

바. PLC의 선정 및 적용분야

(1) PLC의 선정

PLC를 선정하려면 제어대상에 대한 시방과 제어내용을 정확히 이해하고 제어대상의 기능, 가격, 확장성, 사후관리, 기종의 계속성, 사용자의 수준 등을 고려하여야 한다.

[표 1-6] PLC 기종 선택시 고려할 사항

항 목	검토항목
전원 장치	공장의 전원과 사용하는 입,출력 기기의 전원을 고려
CPU 장치	명령어 종류, 처리속도, 데이터 메모리 종유와 점수, 프로 그램 메모리 용량, 특수 모듈의 사용 여부를 고려
입력 장치	입력 점수, 절연방식, 정격 입력 전압, 최대 입력 전류등
출력 장치	출력 점수, 절연방식, 정격 출력 전압, 최대 출력 전류등
사용 환경	주변온도, 습도, 내전압, 절연저항, 내진동, 내노이즈등
기 타	확장성, 호환성, 경제성등

(가) 입력 점수의 파악

조작반의 누름 스위치, 리밋 스위치 등의 명령을 내리는 입력신호 수가 근접센서, 포토센서, 리드 스위치 등의 신호수를 더하여 입력점수로 산정하고, 개수를 적절히 선정한다. 또한 입력으로 사용되는 센서 등의 사용전압을 고려하여 입력 모듈(AC 및 DC 전압)의 사양을 선정한다.

(나) 출력점수의 파악

전원 표시등, 운전표시등, 과부하 표시등, 부져 등의 표시 또는 솔레노이드 밸브, 릴레이, 전자 접촉기의 수를 더하여 출력점수로 산정하고 8점, 16점, 32점 등의 모듈을 적절히 혼합하여 출력 모듈 수를 선정한다. 또한 출력방식은 릴레이 접점방식, TR출력방식, SSR출력 방식 등이 있으므로 출력부의 사용전압을 고려하여 선정하여야 한다.

(다) CPU 및 특수모듈의 지원

일반적으로 Digital I/O외에 Analog I/O와 특수카드(HSC, POP, PID등) 지원기능 등과 CPU의 특성을 고려하여 선정하여야 한다.

(2) PLC의 적용분야

공장 자동화와 FMS에 따른 PLC의 요구는 과거 중규모 이상의 릴레이 제어반 대체 효과에서 현재 고기능화, 고속화의 추세로 소규모 공작기계에서 대규모 시스템설비 등에 적용되고 있다. [표 1-7]는 PLC 제어대상에 따른 적용분야를 나타낸 것이다.

[표 1-7] PLC의 적용분야

분 야	제 어 대 상
식료산업	컨베이어 총괄 제어, 생산라인 자동제어
제철, 제강산업	작업장 하역제어, 원료 수송제어, 압연라인제어
자동차 공업	전송라인제어, 자동조립 라인제어
기계 산업	산업용 로봇제어, 공작기계제어, 송·배수 펌프제어
상하수도	정수장 제어, 하수처리제어, 송·배수 펌프 제어
물류산업	자동창고 제어, 하역 설비제어, 반송라인제어

2 PLC의 구조

가. 하드웨어의 구조

PLC는 마이크로프로세서(Microprocessor) 및 메모리를 중심으로 구성되어 인간의 두뇌 역할을 하는 중앙처리장치(CPU), 외부 기기와의 신호를 연결시켜 주는 입·출력부, 각 부에 전원을 공급하는 전원부, PLC내의 메모리에 프로그램을 기록하는 주변 장치로 구성되어 있다.

[그림 1-8]은 PLC의 전체 구성도를 나타낸 것이다.

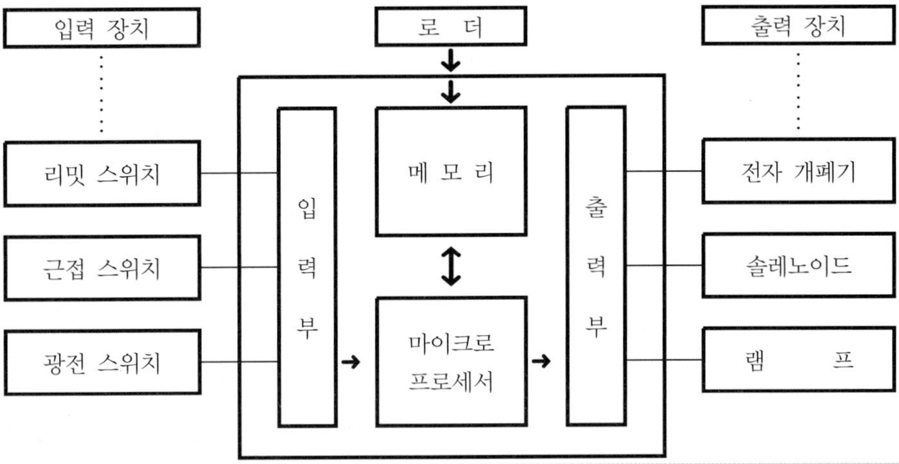

[그림 1-8] PLC의 전체 구성도

(1) PLC의 CPU

PLC의 두뇌에 해당하는 부분으로서, 메모리에 저장되어 있는 프로그램을 하나씩 꺼내서 해독하여 처리 내용을 실행한다. 이 절차는 매우 빠른 속도로 반복되며, 모든 정보는 2진수로 처리된다.

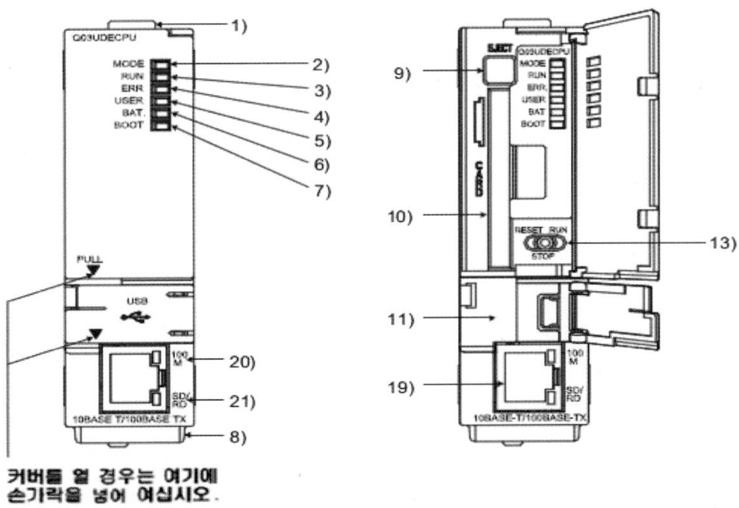

[그림 1-9] PLC의 CPU

[표 1-8] CPU 명칭 및 용도

<table>
<tr><th>NO</th><th>명칭</th><th>용도</th></tr>
<tr><td>1</td><td>모듈 고정용 후크</td><td>모듈을 베이스에 고정시키는 후크(원터치 장칙)</td></tr>
<tr><td>2</td><td>모드판별 LED</td><td>CPU 모드를 나타낸다.
점등(녹색) : Q모드
점등(오렌지) : A모드
점등(녹색)
200ms 점등 • 200ms 소등 : 외부 입출력이 강제 ON/OFF 기능이 설정된 경우</td></tr>
<tr><td>3</td><td>RUN LED</td><td>CPU동작상태를 나타낸다.
점등 : "RUN"으로 운전 중 일 때
소등 : "STOP:으로 정지 중 일 때
또는 운전을 정지시키는 에러를 검출하였을 때.
점멸 : STOP 중에 프로그램 또는 파라미터를 쓰고,
RUN/STOP 스위치를 "STOP" –> "RUN" 하였을때.
프로그램을 쓰고 나서 RUN LED를 점등시킬 경우는 다음의 조작을 한다.
• RUN/STOP 스위치를 "RUN" –> "STOP" –> "RUN"으로 한다.
• RESET/L.CLR 스위치로 리세트 한다.
• PLC의 전원을 재가동 한다.
(파라미터를 변경한 후에, RUN/STOP 스위치를 "RUN" –> "STOP" –> "RUN"으로 할 경우는 네트워크 파라미터 등 인텔리전트 기능 모듈에 관련된 파라미터가 반영되지 않습니다.)</td></tr>
<tr><td>4</td><td>ERROR LED</td><td>점등 : 배터리 에러를 제외하고, 운전을 정지하지 않은 자기 진단 에러를 검출하였을때.("에러 검출시 운전 계속"으로 파라미터에서 설정하였을 때)
소등 : 정상
점멸 : "운전을 정지" 시킬 에러를 검출 하였을 때.
"표준 ROM에 자동쓰기"가 정상 완료 하였을 때
(BOOT LED도 점멸함)</td></tr>
<tr><td>5</td><td>USER LED</td><td>점등 : CHK 명령으로 에러를 검출하였을 때. 또는 애넌시애이터 F를 ON 하였을 때
소등 : 정상
점멸 : 래치를 클리어 하였을 때</td></tr>
<tr><td>6</td><td>BAT. LED</td><td>점등 : CPU 본체와 메모리 카드의 배터리 전압이 낮아져 배터리 애러가 발생 하였을 때
소등 : 정상</td></tr>
<tr><td>7</td><td>BOOT LED</td><td>점등 : BOOT 운전을 시작하였을 때
소등 : BOOT 운전을 실행하지 않을 때
점멸 : "표준 ROM에 자동쓰기"가 정상 완료 하였을 때
(ERROR LED도 점멸함)</td></tr>
<tr><td>8</td><td>모듈 장착용 레버</td><td>베이스 모듈에 모듈을 장착 할 때에 사용</td></tr>
<tr><td>9</td><td>Memory card EJECT button</td><td>메모리 카드를 CPU에서 제거 할 때에 사용</td></tr>
</table>

10	Memory card installing onnector	CPU에 메모리 카드를 장착하는 커넥터
11	USB connector	USB 대응 주변기기와 접속하기 위한 커넥터(커넥터 타입B)
12	RS-232 connector	주변기기와 접속하기 위한 커넥터
13	RUN/STOP/RESET /L.CLR 스위치	RUN : 시퀀스 프로그램의 연산 실행 STOP : 퀀스 프로그램의 연산 정지 RESET : 하드웨어 리세트, 연산 이상 발생 시 연산의 초기화 실행 L.CLR : 파라미터에 설정된 래치 영역의 모든 데이터를 클리어
14	Module fixing screw hole	베이스 모듈에 고정시키는 나사의 구멍(M3 *12)
15	Module fixing projection	베이스 모듈에 고정 시키기 위한 고리
16	Battery connector pin	배터리 리드선의 접속용
17	Battery	프로그램 메모리, 표준 RAM, 정전 유지 기능을 사용할 경우 백업용
18	Module mounting lever	모듈 부착용 마운터
19	Ethernet connector	이더넷 콘넥터, PLC간 통신, 터치판넬과 통신에 사용

(2) PLC CPU의 메모리

가) 메모리의 종류

IC 메모리 종류에는 ROM과 RAM이 있다. ROM은 읽기 전용으로, 메모리 내용을 변경할 수 없다. 따라서 고정된 정보를 써넣는다. 이 영역의 정보는 전원이 끊어져도 기억 내용이 보존되는 불휘발성 메모리이다. RAM은 메모리에 정보를 수시로 읽고 쓰기가 가능하여 정보를 일시 저장하는 용도로 사용되나, 전원이 끊어지면 기억시킨 정보 내용을 상실하는 휘발성 메모리이다. 그러나 필요에 따라 RAM 영역 일부를 배터리 백업에 의하여 불휘발성 영역으로 사용할 수 있다.

나) 메모리 내용

PLC의 메모리는 사용자 프로그램 메모리, 데이터 메모리, 시스템 메모리의 3가지로 구분된다. 사용자 프로그램 메모리는 제어하고자 하는 시스템 사양에 따라 사용자가 작성한 프로그램이 저장되는 영역으로, 제어 내용이 프로그램 완성 전이나, 완성 후에도 바뀔 수 있으므로 RAM이 사용된다. 프로그램이 완성되어 고정이 되면 ROM에 써넣어 ROM 운전을 할 수 있다. 데이터 메모리는 입·출력 릴레이, 보조 릴레이, 타이머와 카운터의 접점상태 및 설정값, 현재값 등의 정보가 저장되는 영역으로 정보가 수시로 바뀌므로 RAM 영역이 사용된다.

시스템 메모리는 PLC 제작 회사에서 작성한 시스템 프로그램이 저장되는 영역이다. 이 시스템 프로그램은 PLC의 기능이나 성능을 결정하는 중요한 프로그램으로, PLC 메이커에서 직접 ROM에 써넣는다.

(3) PLC의 입 · 출력 구조

PLC의 입·출력부는 현장의 외부 기기에 직접 접속하여 사용한다. PLC내부는 DC+5(V)의 전원(TTL 레벨)을 사용하지만 입·출력부는 다른 전압 레벨을 사용하므로 PLC 내부와 입·출력의 접속(Interface)은 시스템 안정에 결정적인 요소가 되며, PLC의 입·출력부는 다음의 사항이 요구된다.

· 외부 기기와 전기적 규격이 일치해야 한다.
· 외부 기기로부터의 노이즈가 CPU쪽에 전달되지 않도록 해야 한다.
 (포토커플러(Photocoupler)를 사용)
· 외부 기기와의 접속이 용이해야 한다.
· 입·출력의 각 접점 상태를 감시할 수 있어야 한다. (LED부착)

[표 1-9]는 입·출력에 접속되는 외부 기기의 예를 나타내었다.

[표 1-9] 입·출력기기

I/O	구 분	부착장소	외부 기기의 명칭
입력부	조작입력	제어반과 조작반	푸시버튼 스위치 선택 스위치 토클 스위치
	검출입력 (센서)	기계장치	리밋 스위치 광전 스위치 레벨 스위치
출력부	표시경보 출력	제어반 및 조작반	파일럿램프 부저
	구동출력 (액츄에이터)	기계장치	전자밸브 전자 브레이크 전자 개폐기

가) 입력부

외부 기기로부터의 신호를 CPU의 연산부로 전달해 주는 역할을 한다. 입력의 종류는 DC 24[V], AC 110/220[V]등이 있고, 그 밖의 특수 입력 모듈로는 아날로그 입력(A/D)모듈, HSC(High Speed Counter)모듈 등이 있다.

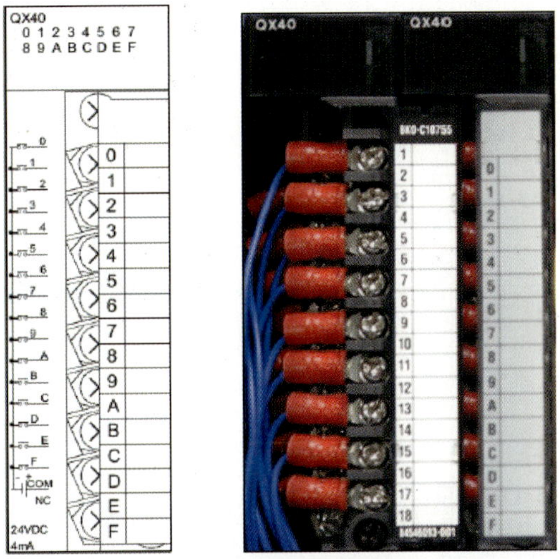

[그림 1-10] PLC의 입력모듈

입력부 회로의 예는 [그림 1-11]과 같다.

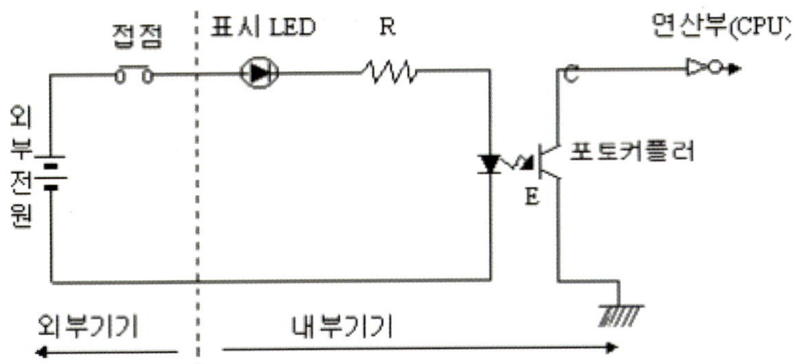

[그림 1-11] 입력부 회로

나) 출력부

내부 연산의 결과를 외부에 접속된 전자 접촉기나 솔레노이드에 전달하여 구동시키는 부분이다. 출력의 종류에는 릴레이 출력, 트랜지스터 출력, SSR(Solid State Relay)출력 등이 있고 그 밖의 출력 모듈로는 아날로그 출력(D/A)모듈, 위치결정(POP) 모듈 등이 있다.

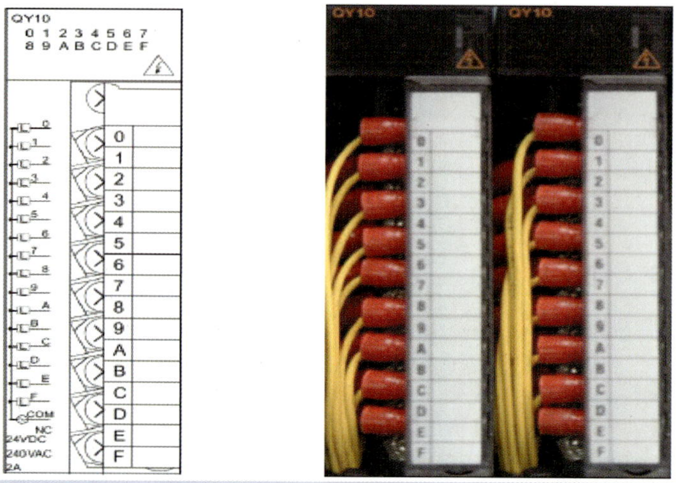

[그림 1-12] PLC의 출력모듈

트랜지스터 출력부 회로의 예는 [그림 1-13]과 같다.

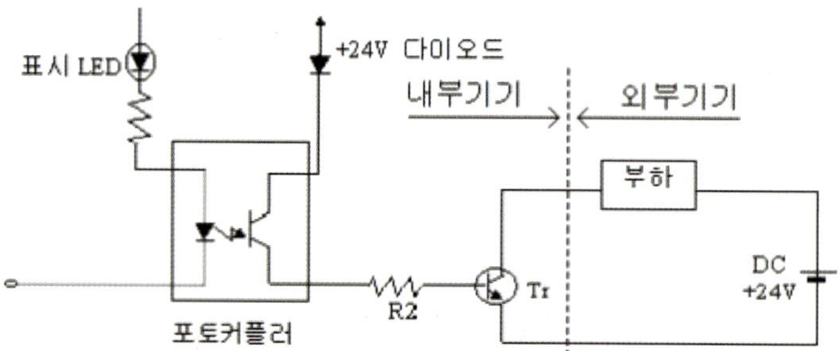

[그림 1-13] 트랜지스터 출력부회로

[표 1-10] PLC 출력 모듈의 종류

출력 신호 종류	개 폐 소 자	
	유접점	무접점(반도체)
직류(DC)	릴레이 출력	트랜지스터 출력
교류(AC)	릴레이 출력	SSR 출력

[표 1-10]에서와 같이 릴레이 출력은 직류나 교류를 모두 사용할 수 있으나 기계적 수명의 한계 때문에 접점의 개폐가 빈번할 경우는 교류 전용인 무접점 SSR 출력이나 직류 전원 전용인 트랜지스터 출력을 사용하여야 한다.

(4) PLC의 전원부

PLC 시스템 전체에 전원을 제공하는 모듈이다.

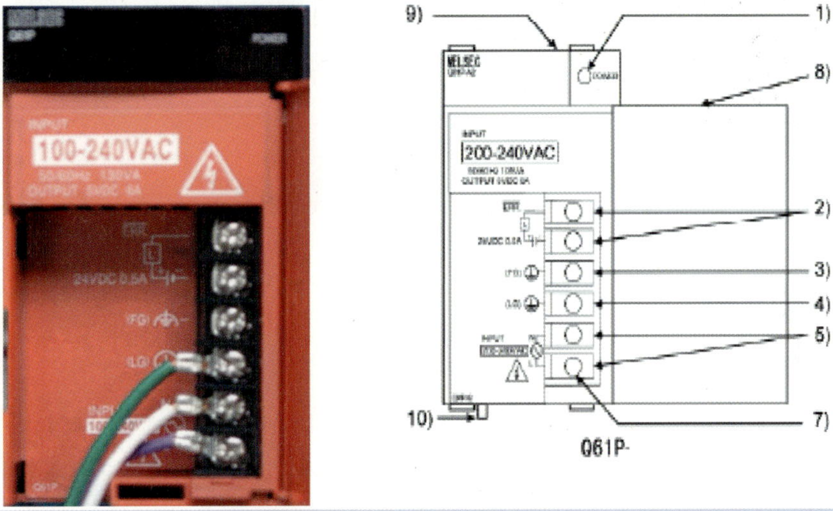

[그림 1-14] PLC의 전원모듈

[표 1-11] PLC 전원 명칭 및 용도

NO	명　칭	용　도
1)	「POWER」 LED	DC5V 전원표시용 LED
2)	$\overline{\text{ERR}}$ 단자	CPU 모듈에 정지 에러가 발생한 경우에 OFF (개방)하는 단자. 증설 베이스 모듈에 장착한 경우는, 항상 OFF.
3)	FG 단자	프린트 기판상의 차폐 패턴과 접속된 접속 단자
4)	LG 단자	전원 필터의 접지
5)	전원 입력 단자	전원의 입력 단자로 AC100V 또는 AC200V의 교류전원을 접속한다.
6)	전원 입력 단자	전원의 입력 단자로 DC24V의 직류전원을 접속한다.
7)	단자 나사	M3.5 x 7
8)	단자 커버	단자대 보호용 커버
9)	모듈 고정 나사 구멍	모듈을 베이스 모듈에 고정하는 나사 구멍 M3 x 12 나사, 조임 토오크 범위 36 ~ 48N•cm
10)	모듈 장착용 레버	베이스 모듈에 모듈을 장착할 때 사용

(5) PLC의 BASE

PLC 전원 및 CPU, 입출력 모듈들이 부착되는 장치이다.

[그림 1-15] PLC의 BASE

(6) PLC 분류

가) 일체형

PLC 구성에 필요한 전원부, CPU부, 입·출력부 등이 하나의 케이스에 들어 있는 구조로, 구조가 간단하고 사용하기 편리하며, 단독으로 자동화 기계를 제어하는 경우에 많이 이용되지만 PLC에 연결하여 사용 할 수 있는 입·출력 기기의 수가 고정되어 있어 기종 선정 단계에서 증설과 상위 PLC와의 접속 가능 여부를 고려하여 선전해야 한다.

입·출력 점수가 70점 이하로 간이형 공장자동화에 이용된다.

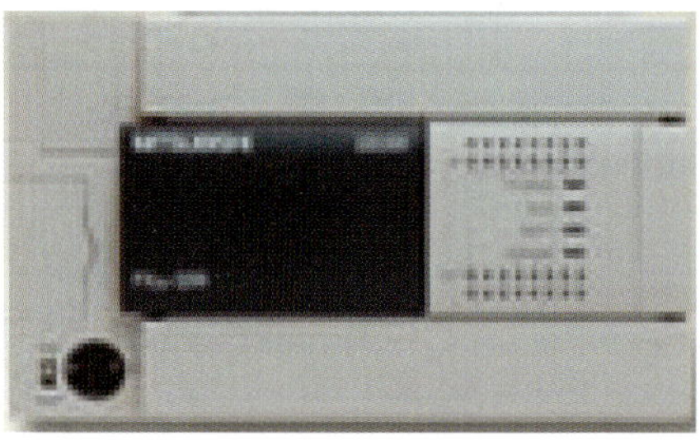

[그림 1-16] 일체형 PLC

나) 모듈형

베이스 보드에 외형 치수를 표준화한 전원 모듈, CPU모듈, 입·출력 모듈 등을 사용자가 그 용도에 적합하도록 선택하여 PLC를 구성하도록 한 구조로 PLC에 연결하여 사용 할 수 있는 입·출력 기기나 기능의 확장이 자유롭기 때문에 중·대형 PLC에 널리 쓰인다.

[그림 1-17] 모듈형 PLC

나. 소프트웨어의 구조

(1) 프로그래밍의 개요

PLC를 사용할 경우의 제어 Sequence와 종래의 Relay, Timer등을 사용한 경우의 Sequence와는 근본적으로 차이가 없다. Sequence를 이해하고 작성하기 위해서는 다음의 3가지 사항을 이해하여야 한다.

가) 제어해야 할 대상의 특성을 이해하여야 한다. 즉, 제어 목적, 운전 방법, 동작 등의 각종 전기적인 조건을 알고 있어야 한다.

나) 제어 장치에 대한 지식이 있어야 한다. 즉, Relay와 PLC의 특성 및 사용방법을 알고 있어야 한다.

다) Sequence를 작성하기 위한 약속을 알고 있어야 한다. 즉, 도 기호, 기구 번호, 상태 등에 대한 약속(규칙)을 알고 있어야 한다.

PLC를 사용 하던가, Relay/Timer를 사용 하던가 상기 두 항에는 차이가 없다. 따라서 PLC를 사용한 경우의 제어 Sequence를 이해하기 위해서는 PLC의 특성과 그 사용 방법을 아는 것이 중요하다. 예를 들면 입·출력 카드의 정격전압, 접점 수 등과 같은 물리적 특성(Hardware)과 논리연산, Timer, Counter와 같은 기능적인 특성(Software)이 있다. 이것에 대해서는 통상 Catalog의 사양 항목에 기재되어 있다. 따라서 PLC가 갖고 있는 많은 기능 중에서 제어장치의 어떤 부분의 기능을 실행시키는가 하는 것이 PLC를 사용하는 방법으로 가장 중요한 점이다.

(2) 하드 와이어드와 소프트 와이어드

종래의 릴레이 제어 방식은 일의 순서를 회로도에 전개하여 그곳에 필요한 제어기기를 결합하여 리드선으로 배선 작업을 하여 요구하는 동작을 실현하였다. 이 같은 방식을 하드 와이어드 로직(Hardwired Logic)이라고 한다.

하드 와이어드 로직 방식에서는 하드(기기)와 소프트가 한 쌍이 되어 있어 사양이 변경되면 하드와 소프트를 모두 변경해야 하므로, 따라서 하드와 소프트를 분리하는 연구 끝에 컴퓨터 방식이 개발되었다. 컴퓨터는 하드웨어(Hardware)만으로는 동작할 수 없다. 하드웨어 속에 있는 기억 장치에 일의 순서를 넣어야만 비로소 기대되는 일을 할 수가 있다. 이 일의 순서를 프로그램이라 하며, 또 기억 장치를 메모리라 하고, 이 메모리에 일의 순서를 넣는 작업을 프로그래밍이라 한다. 이는 마치 배선 작업과 같다고 생각하면 된다. 이 방식을 소프트 와이어드 로직(Softwired Logic)이라 한다. PLC는 이 소프트 와이어드 로직 방식을 취하고 있다.

(3) 릴레이 시퀀스와 PLC 프로그램의 차이점

PLC는 LSI 등 전자 부품의 집합으로 릴레이 시퀀스와 같은 접점이나 코일은 존재하지 않으며, 접점이나 코일을 연결하는 동작은 소프트웨어로 처리되므로 실제로 눈에 보이는 것이 아니다. 또, 동작도 코일이 여자 되면 접점이 닫혀 회로가 활성화되는 릴레이 시퀀스와는 달리, 메모리에 프로그램을 기억시켜 놓고 순차적으로 내용을 읽어서 그 내용에 따라 동작하는 방식으로 사용자가 제어 로직에 맞게 프로그램의 내용을 마음대로 작성할 수 있는 차이점이 있다.

가) 직렬 처리와 병렬 처리

PLC제어와 릴레이 시퀀스의 가장 근본적인 차이점은 [그림 1-18]에 나타낸 것과 같이 "직렬 처리와 병렬 처리"라는 동작상의 차이에 있다. PLC는 메모리에 있는 프로그램을 순차적으로 연산하는 직렬 처리 방식이고, 릴레이 시퀀스는 여러 회로가 전기적인 신호에 의해 동시에 동작하는 병렬 처리방식이다.

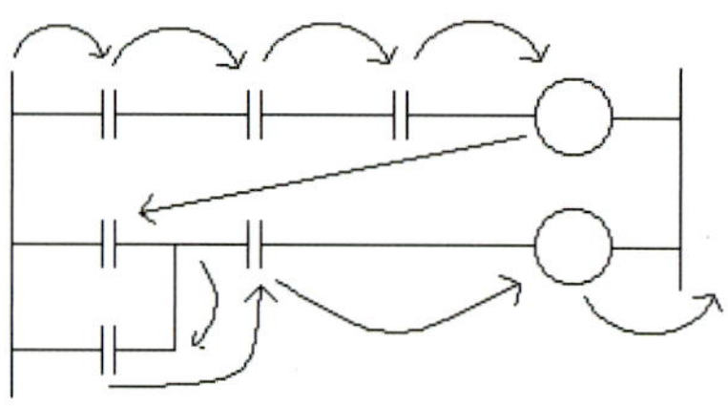

(a) 직렬 처리 방식

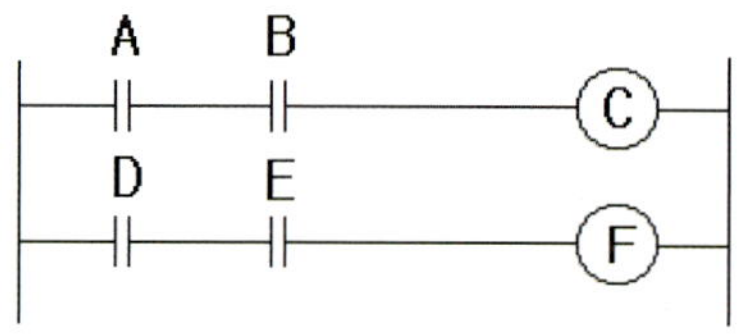

(a) 직렬 시퀀스도

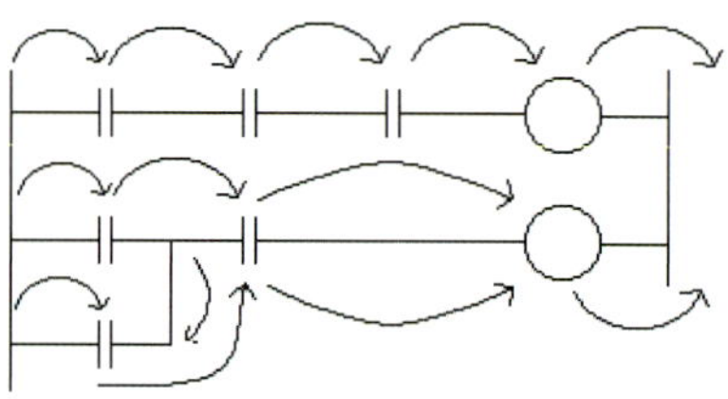

(b) 병렬처리 방식

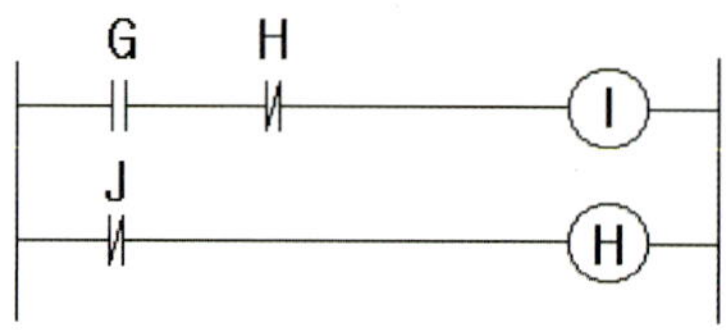

(b) 병렬 시퀀스도

[그림 1-18] 연산처리 방식　　**[그림 1-19] 시퀀스도**

따라서 PLC는 어느 한 순간을 포착해 보면 한 가지 일 밖에 하지 않는다.

먼저 그림 1-19(a)의 시퀀스도로 PLC와 릴레이의 동작상의 차이점을 설명한다.

릴레이 시퀀스에서는 전원이 투입되어 접점 "A"와 "B", 그리고 접점 "D"와 "E"가 동시에 닫히면, 출력 "C"와 "F"는 동작하고 어느 한쪽이 빠를수록 먼저 동작한다. 이에 비하면 PLC는 연산 순서에 따라 "C"가 먼저 출력되고 다음에 "F"가 출력된다.

PLC와 릴레이의 동작상의 차이점을 그림 1-19(b)의 경우에서 살펴보면, 먼저 릴레이 시퀀스에서는 전원이 투입되면 접점 "J"가 닫힘과 동시에 "H"가 동작되어 출력 "I"는 동작될 수 없다. PLC는 직렬 연산 처리되므로 최초의 연산 때 "G"가 닫히면 "I"가 출력되고 "J"가 닫히면 "H"가 출력된다. 둘째 번 연산 때 비로소 최초의 연산 때 출력된 "H"에 의해서 "I"의 출력이 해제된다.

나) 사용 접점 수의 제한

릴레이는 일반적으로 개당 가질 수 있는 접점 수에 한계가 있다. 따라서 릴레이 시퀀스를 작성할 때에는 가능한 접점 수를 절약해야 한다. 이에 비하여 PLC는 동일 접점에 대하여 사용 횟수에 제한을 받지 않으며 이는 접점에 대한 정보(ON/OFF)를 정해진 메모리에 저장해 놓고 연산할 때 메모리에 있는 정보를 읽어서 처리하기 때문이다.

다) 접점이나 코일 위치의 제한

PLC는 릴레이 시퀀스에 없는 약속 사항이 있다. 그 하나는 코일 이후 접점을 금지하는 사항이며 출력코일을 반드시 오른쪽 모선에 붙여서 작성해야 한다.

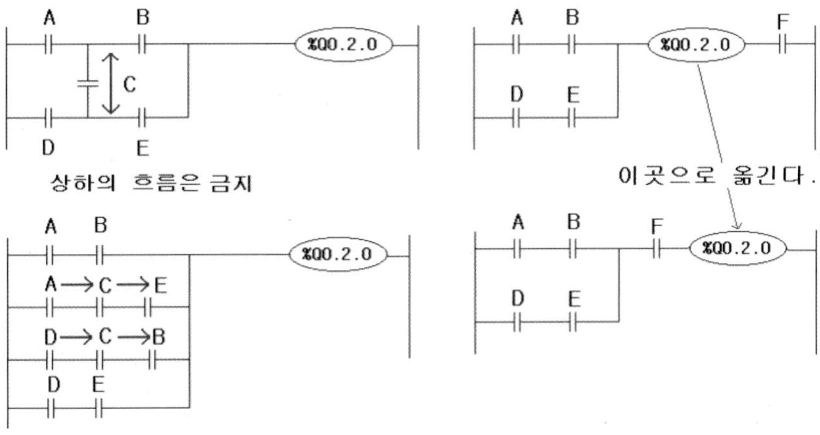

[그림 1-20] PLC 시퀀스의 약속 사항

그 밖에, PLC는 항상 신호가 왼쪽에서 오른쪽으로 전달되도록 구성되어 있어 릴레이 시퀀스와는 다르게 오른쪽에서 왼쪽으로 그리고 상하로 흐르는 회로 구성을 금지하고 있다. [그림 1-20]는 PLC 시퀀스의 약속사항을 나타내고 있다.

라) PLC 구성시 주의 사항

릴레이 회로의 경우 고장이 발생해도 그 이상 동작은 한정되지만 PLC의 경우는 시스템 전체의 이상 동작을 일으킨다. 이러한 점에서 제어 전체를 PLC에 맡기는 것은 좋은 방법이 아니며, 기계의 고장이나 전압 기기의 조작 회로 등은 PLC의 외부에서 구성 시켜야 한다. 또, PLC에 전원을 투입하는 순간에 출력 유니트의 출력이 ON으로 될 경우 사고를 일으키기 쉬우므로 아래와 같이 외부 출력기기 동작을 방지할 필요가 있다.

마) PLC 프로그래밍의 설계 순서

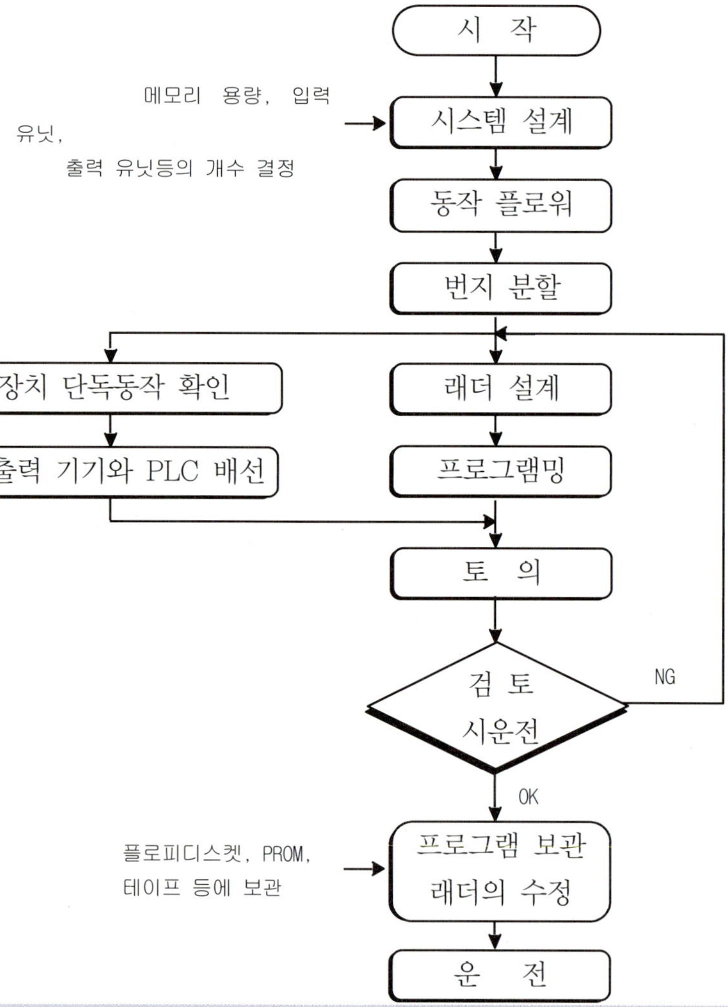

[그림 1-21] PLC 프로그래밍의 설계 순서

다. CPU 연산 처리

PLC의 연산 처리 방법은 입력 리프레시(Refresh) 과정을 통해 입력의 상태를 PLC의 CPU가 인식하고, 인식된 정보를 조건 또는 데이터로 이용하여 프로그램 처음부터 마지막 까지 순차적으로 연산을 실행하고 출력 리프레시(Refresh)를 한다.

이러한 동작은 고속으로 반복되는데 이러한 방식을 '반복 연산 방식'이라 하고 한 바퀴를 실행하는데 걸리는 시간을 '1 스캔 타임'(1 연산 주기)이라고 한다.

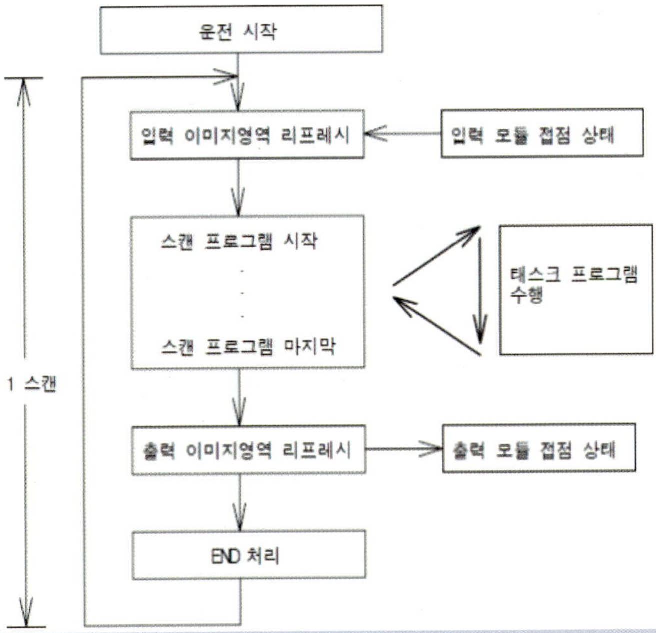

[그림 1-22] 1 스캔 타임

1) 입력 이미지 리프레시

PLC는 운전이 시작되면 입력 모듈을 통해 입력되는 정보들을 메모리의 입력 영역에 저장되어 연산이 수행되는 동안의 입력 데이터로 이용됩니다. 이렇게 입력 모듈의 정보를 읽어 그 정보를 메모리의 입력 영역에 저장하는 것을 'f입력 리프레시'(f Input Refresh)라고 한다.

입력 리프레시는 운전이 시작될 때 뿐만 아니라 매 스캔 END 처리가 끝나면 그 순간의 입력 정보를 메모리의 입력 영역으로 저장하여 연산의 기본 데이터 또는 연산의 조건으로 활용하게 된다.

2) 프로그램 연산

입력 리프레시 과정에서 읽어 들인 입력 접점의 정보를 조건 또는 데이터로 이용하여 사전에 입력된 프로그램에 따라 연산을 수행하고 그 결과를 내부 메모리 또는 출력 메모리에 저장하게 된다.

GLOFA-GM PLC에서 프로그램은 크게 스캔 프로그램과 태스크 프로그램의 두가지로 나눌 수 있는데, 스캔 프로그램이란 PLC의 CPU가 RUN 상태면 무조건 수행하는 프로그램이고, 태스크 프로그램이란 특정 조건을 만족해야만 동작하는 프로그램이다.

스캔 프로그램 연산을 수행하는 도중에 태스크 프로그램의 실행 조건이 만족되면 스캔 프로그램의 연산을 멈추고, 태스크 프로그램을 수행한 후 태스크 프로그램으로 전이하기 직전에 연산이 수행되던 스캔 프로그램의 위치로 복귀하여 스캔 프로그램의 연산을 계속하게 된다.

3) 자기 진단

연산의 과정에서 만들어진 결과는 바로 출력으로 내보내지 않고 출력 이미지 영역에 저장되게 됩니다. 그렇게 하는 이유는 프로그램의 마지막 스텝 연산이 끝나고 나면 PLC의 CPU는 시스템 상에 오류가 있는지를 검사하고 오류가 없을 때만 출력을 내보내기 때문이다.

만일 연산이 성공적으로 끝나서 그 결과가 출력 이미지 영역에 저장되었다고 해도 PLC의 CPU는 자기 시스템을 진단하여 시스템 상에 오류가 있다면 출력을 내보내지 않고 에러 메시지를 발생시키게 된다. 이것을 자기 진단이라고 한다.

4) 출력 리프레시

자기 진단 결과 시스템 상에 오류가 없다면 출력 이미지 영역에 저장된 연산 결과를 출력 모듈을 통해 출력으로 보낸다. 이 과정을 출력 리프레시라고 한다.

5) END 처리

출력 리프레시가 완료되면 다시 입력 리프레시를 하기위해 그 스캔에서 사용했던 입력 영역의 데이터를 일괄적으로 지운다. 이 과정을 END 처리라 하며 END 처리가 끝나면 다시 입력 리프레시를 실시함으로써 PLC는 반복적인 연산을 수행하게 된다.

3 시퀀스 제어

가. 시퀀스 개요

(1) 자동화(Automation)

고도의 생산성과 경제적 효과를 얻기 위해 자동적으로 제어 하는 일

(2) 자동화의 분야

가) FA(Factory Auto) : 공장 자동화

수주에서 출하까지의 생산 활동에 있어서 생산 시스템 전체의 효율적인 관리 및 제어를 행하는 것

나) OA(Office Auto) : 사무 자동화

다) HA(Home Auto) : 가정 자동화

[표 1-12] 자동화 시대별 구분

점의 자동화 (1965~)	선의 자동화 (1965~)	면의 자동화 (1980~)	입체의 자동화 (1986~)
설비의 근대화	성적화/자동화	OA/FA	CIM
기계화	라인화 Conveyer	FMS무인화	정보의 자동화 OA+FA+CAD

(3) 자동제어의 분류

자동제어를 분류하는 방식에는 되먹임 제어(Feedback Control)와 시퀀스제어(Sequence Control)가 있다. 이 중 시퀀스제어란 미리 정해진 순서에 따라 제어의 각 단계를 점차로 진행해 나가는 제어라 정의하고 있으며, 불연속적인 작업을 행하는 공정제어 등에 널리 이용된다.

이는 일종의 스위치나 버튼을 사용하여 전기회로의 부하를 운전하기도 하고, 부하의 운전 상태나 고장상태를 알리기도 하는 일련의 제어를 말하는 것으로 근래에 사용되는 전기회로는 모두 이러한 시퀀스회로로 만들어져 있으며, 예로 빌딩이나 공장 등에서 엘리베이터를 움직이고 고장을 알리기도 하고, 세탁기, 냉장고, 자동판매기 등도 시퀀스로 움직이고 있다.

가) Feed Back Control

각기의 단계에 있어서 그 단계에 만족하는 제어는 피드백에 의해 제어량을 목표 값과 비교하여 일치시키도록 정정 동작을 하는 제어이다. 무접점 소자를 이용한 제어회로에는 PLC 등의 전자회로를 사용한 것이 있고, 유 접점 소자는 버튼스위치나 각종 계전기(Relay)를 사용한 것이다.

나) 프로그램 제어(Program Control)

제어 대상의 상태를 독립적으로 제어의 순서대로 프로그램으로서 짜놓고 차례로된 프로그램으로부터 동작명령을 인출하여 제어의 각 단계를 진행하는 제어이다.

다) 수치 제어

여러 가지 기계의 조작을 자동 조작 방식에 의해서 행하는 것이고 종이테이프나 자기테이

프에 기록된 위치 등의 수치 데이터와 기계의 조작 순서 등을 지령하는 데이터에 의해서 기계를 조작하는 방식이다. (N.C 선반)

라) 계산기 제어(Computer Control)

제어장치 중에 전자계산기를 써서 그 고도의 기능을 이용하는 제어 (미사일)

마) Sequence Control

시퀀스(Sequence)제어란 미리 정해진 순서, 또는 일정한 논리에 의해서 정해진 순서에 따라 제어의 각 단계를 차례로 진행해 가는 제어를 말합니다. 즉, 시퀀스 제어란 다음 단계에서 행해야 할 제어동작이 미리 정해져 있어서 전 단계에서의 제어동작을 완료한 뒤, 또는 동작 후 일정한 시간을 경과한 다음에, 다음의 동작으로 이행할 경우나, 제어결과에 따라서 다음에 행해야 할 동작을 선정해서 다음단계로 이행(Transition)하는 제어를 말한다. 다시 말해 순서제어에 조건제어(Timer, Limit Switch.)를 합한 것이라 생각하면 된다.

나. 시퀀스 제어 방식

(1) 자동 제어(Automatic Control)

가로등의 자동 점멸 이라든가, 전동시 우물펌프처럼 제어 대상의 동작 그 하나하나가 사람의 손을 빌리지 않고 제어 장치의 판단에 의해서 자동적으로 행해지는 제어이다.

(2) 수동 제어(Manual Control)

선반, 드릴프레스의 정지, 운전 등과 같이 사람이 직접 판단하여 제어장치에 조작을 가하여 제어대상의 동작을 결정하는 것이다.

(3) 일인 제어(One man Control)

자동 엘리베이터와 같이 한 사람의 운전자가 인위적 원인을 주어서 정해 진 조작과정을 가동적으로 행하는 제어이다.

(4) 원격 제어(Remote Control)

리모트 컨트롤이 붙은 TV나 선풍기와 같이 어느 특정의 조건에 응해서 원거리에 있는 장치를 단독장치마다의 전기적 제어 회로를 통해서 인위적으로 제어하는 것이다.

(5) 원격 감시 제어(Supervisory Control)

두 곳의 수력발전소에서 주 발전소와 무인 발전소 사이에 수10분의 케이로서 연락을 취하며 무인발전소의 운전, 정지를 행하는 것과 같다. 먼 곳에 있는 장치를 소수의 공통 전기 회로를 통해서 인위적 선택제어 및 감시를 행하는 제어이다.

(6) 총괄 제어(General Control)

전철의 지령실 및 한전의 급전 사령실 등과 같이 한 곳으로부터 전기적 제어 회로를 통해서 다수의 단위 장치를 총괄적으로 제어하는 것이다.

(7) 시퀀스 제어기기의 종류

가) 입력기구 : 수동 스위치 , 검출 스위치 및 센서

1) 스위치(Switch) ; 회로의 개폐, 또는 접속 변경 등의 작업 수행

① 복귀형 수동 스위치

⇒ 조작중에만 접점 상태가 변하고 조작을 중지하면 원래상태로 복귀하는 스위치 (Push-Button Switch(PBS)와 Foot Switch)

② 유지형 수동 스위치

⇒ 조작하면 접점의 개폐 상태가 그대로 유지되는 마이크로 스위치, 텀블러 스위치, 셀렉터 스위치 등

③ 검출 스위치

⇒ 제어 대상의 상태, 또는 변화를 검출하는 리밋 스위치, 센서가 있고 위치, 압력, 힘, 빛, 온도, 수위, 속도, 전압, 전류 등의 물리량의 검출과 고장, 제품 수리등의 검출에 사용 (Limit s/w, Photo s/w, Proximity s/w 등)

나) 전자 계전기 (Magnetic Relay) : 전자력에 의하여 접점을 개폐하는 제어 장치

- 보조 릴레이, 전자 개폐기(MC)

다) 출력기구 : 전자 개폐기(MC), 전자 밸브(SV), 솔래노이드(Sol) 표시 램프 (Pilot Lamp), 경보기구 (Buzzer, Bell)

라) 보조기구 : 보조 릴레이, 논리소자, 타이머 소자, 입출력 소자, PLC 장치

(8) 조작용 기기

가) 푸시 버튼 스위치

① 푸시 버튼 스위치(PBS : Push Button Switch)는 수동으로 보턴을 누르면 접점이 열리거나 닫히는 동작을 한다.

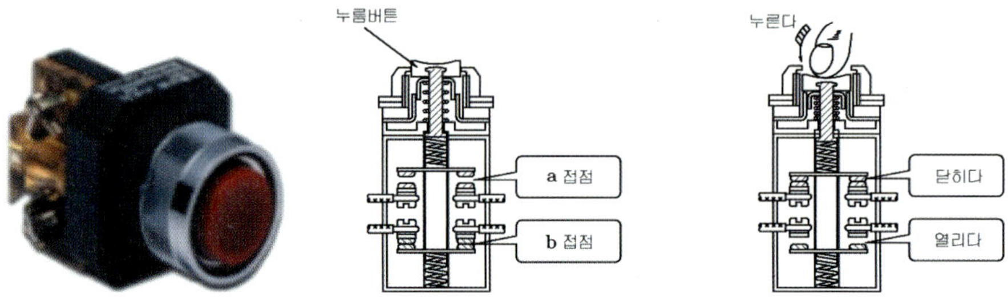

(a) 초기상태 (b) 동작상태

[그림 1-23] 푸시 버튼 스위치

② 복귀형 수동스위치는 수동 조작용 자동 복귀형 스위치로 대표적인 것으로는 엘리베이터 스위치, 컴퓨터 키보드, 풋 스위치, 자동 레버 스위치등이 있다.

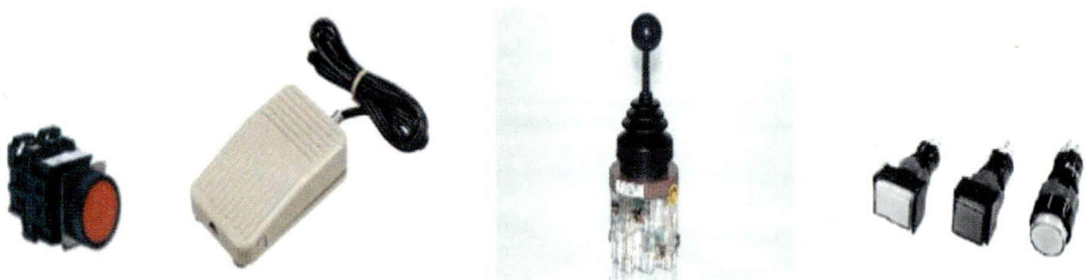

[그림 1-24] 복귀형 수동스위치

③ 유지형 수동스위치

[그림 1-25] 유지형 수동스위치

나) 릴레이(Relay)

① 보조 계전기(제어 릴레이, Auxiliary Relay)

- 전자계전기라고도 불리며, 전자석에 의한 철편의 흡입력을 이용해서 접점을 개폐하는 기능을 가진 제어기기

계전기는 푸시버튼과는 달리 사람의 손으로 동작되는 것이 아니라 계전기 내의 전자석에 의해 동작되며, 전자석 코일에 전류가 흐르는 동안에만 접점이 동작하는 스위치의 일종으로 코일부와 접점부로 나누어지고 기호로 나타낼 경우에도 코일부와 접점부로 나누어 표시한다.

접점은 a접점과 b접점이 공유하고 있는 접점을 주로 사용하며 이를 c접점이라 한다. c접점은 a접점, b접점을 동시에 사용할 수도 있고 별도로 한 접점만 사용할 수도 있다. 특히 c접점에서 a접점, b접점을 동시에 사용할 경우에 c접점(공통접점)으로 인하여 회로가 단락되는 경우가 있으니 반드시 공통접점부가 회로에서 공통으로 사용되고 있는지 확인하고 사용하여야 한다.

제어용 릴레이의 사용 시는 조작 전원의 정격, 필요한 접점의 수, 제어 전원의 용량 등을 고려하여 특성에 맞게 선택하여야 한다.

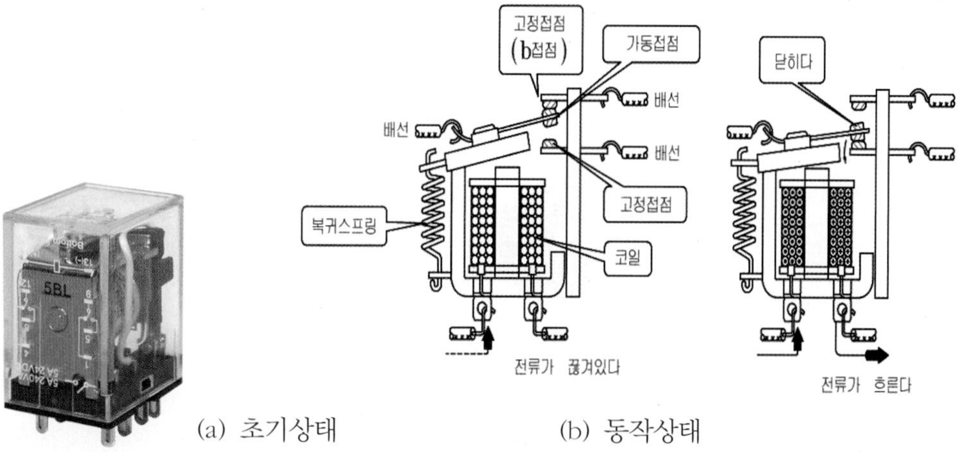

(a) 초기상태 (b) 동작상태

[그림 1-26] 보조 계전기

다) 타이머(Timer)

(1) 한시계전기

한시계전기는 입력신호를 받아 설정된 시간이 경과한 후 동작이 되는 일종의 계전기이다. 시간을 계산할 때에는 소형의 전동기를 사용하는 방법과 전자회로를 사용하는 방법이 있는데 주파수의 영향을 받는 경우가 있으므로 이를 고려해야 한다.

우리나라의 경우에는 교류전압의 상용주파수가 60[Hz]이므로 50/60[Hz]의 기구에서는 60[Hz]로 조정하여 사용한다. 접점 등은 계전기와 같지만 접점의 동작을 시간을 두고 동작시킬 수 있다는 것이 가장 큰 차이점이다.

접점의 동작은 한시동작접점과 한시복귀접점이 있다.

한시동작접점은 동작하는데 시간이 걸리는 접점으로, 타이머 기동 후 설정된 시간이 지나서 접점이 동작한다.

한시복귀접점은 복귀하는데 시간이 걸리는 접점으로, 타이머 기동과 동시에 접점이 동작하고 설정된 시간이 지난 후에 원래의 위치로 복귀되는 접점이다.

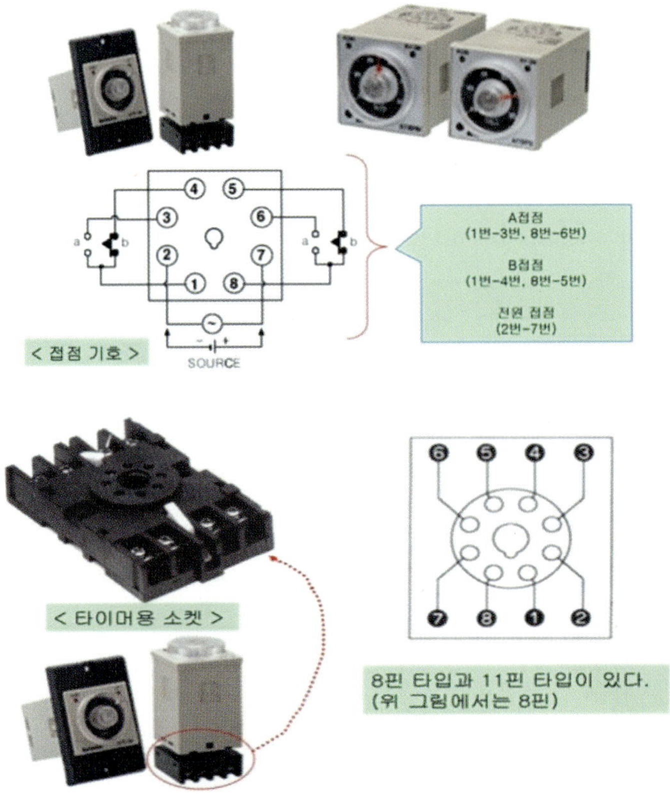

[그림 1-27] 타이머

대부분 한시 a접점과 한시 b접점은 한 쪽을 공통(c접점)으로 하여 사용되게 만들어져 있다

(2) 타이머(Timer) 동작형식에 따른 분류

① 동작시간이 늦은 한시 동작 타이머(ON Delay Timer)

- (On Delay Timer, 시한 동작 순시 복구형)
- 타이머 코일에 전기를 공급(여자됨-)동작하지 않음)
- 정해진 시간(t)가 지나면 타이머가 동작 : 시한동작
- 전기를 끊으면 복구

② 복귀시간이 늦은 한시 복귀 타이머(OFF Delay Timer)

- (Off Delay Timer, 순시 동작 시한 복구형)
- 타이머 코일에 전기를 공급(동작함)
- 전기를 끊으면 순간 복구하지 않고
- 정해진 시간(t)가 지나면 타이머가 복구 : 시한복구

③ 동작과 복귀가 모두 늦은 순한시 타이머(ON-OFF Delay Timer)

- (On-Off Delay Timer, 시한 동작 시한 복구형)
- 타이머 코일에 전기를 공급(여자함->동작하지 않음)
- 전기를 넣으면 바로 동작하지 않고 t초 후에 동작하고,
- 전기를 끊으면 순간 복구하지 않고 t초 후에 타이머가 복구

(3) 한시 동작 타이머 :

- 온 딜레이(ON Delay) 타이머시한 동작 순시 복구형 전압을 인가하면 일정시간이 경과하여 접점이 닫히고 (또는 열리고), 전압이 제거되면 순시에 접점이 열리는 (또는 닫히는) 동작
- 타이머 코일에 전기를 공급 (여자됨 -> 동작하지 않음)

정해진 시간(t)가 지나면 타이머가 동작 : 시한동작, 전기를 끊으면 복귀

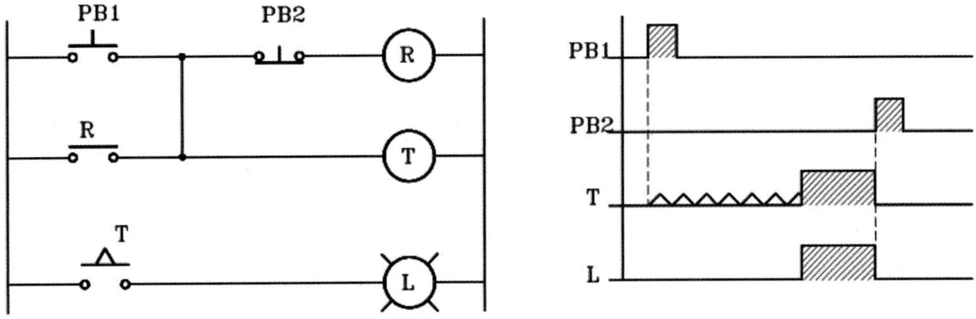

(a) 회로도 (b) 타임차트

[그림 1-28] 한시 동작 타이머

(4) 한시 복귀 타이머 :

- 오프 딜레이(OFF Delay) 타이머

- 순시 동작 시한 복구형 전압을 인가하면 순시에 접점이 닫히고(또는 열리고), 전압이 제거된 후 일정시간이 경과하여 접점이 열리는 (또는 닫히는)동작
- 타이머 코일에 전기를 공급(동작함) 전기를 끊으면 순간 복구하지 않고, 정해진 시간(t)가 지나면 타이머가 복구 : 시한복구

(5) 순한시 타이머 : 온오프 딜레이(ON-OFF Delay) 타이머

- 시한 동작 시한복귀형 : 전압을 인가하면 일정시간이 경과하여 접점이 닫히고(또는 열리고), 전압이 제거되면 일정시간이 경과하여 접점이 열리는(또는 닫히는) 동작

- 타이머 코일에 전기를 공급 (여자함->동작하지 않음)

전기를 넣으면 바로 동작하지 않고 t초 후에 동작하고, 전기를 끊으면 순간 복구하지 않고, 정해진 시간(t)가 지나면 타이머가 복구

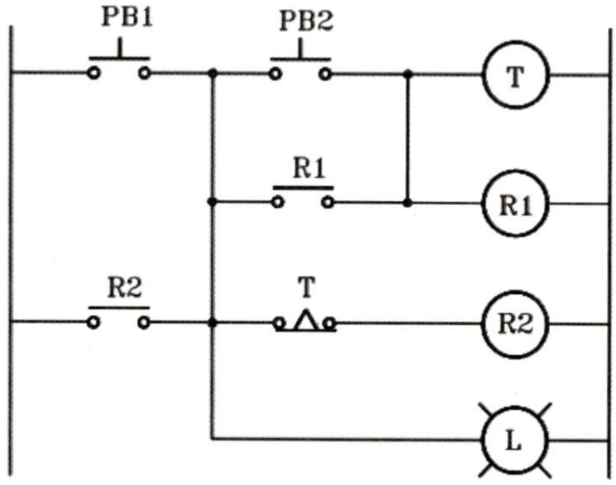

(a) 회로도

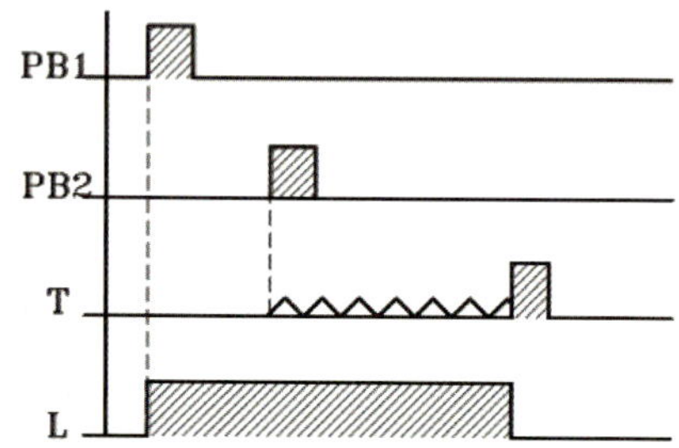

(b) 타임차트

[그림 1-29] 한시 복귀 타이머

라) 전자 개폐기

전자접촉기는 전자석의 동작에 의해 접점을 개폐하는 기구로서, 전동기 등의 동력부하에는 필수적으로 사용되고 있다. 동작은 계전기와 같고, 접점은 주접점과 보조접점으로 나뉘어 있어 주접점은 부하의 전원을 개폐하며 보조접점은 계전기와 동일하게 제어회로에 사용된다.

(1) 전자개폐기(MS : Magnetic Switch)

전자접촉기(MC) + 열동형과 부하계전기(THR)을 조합한 것

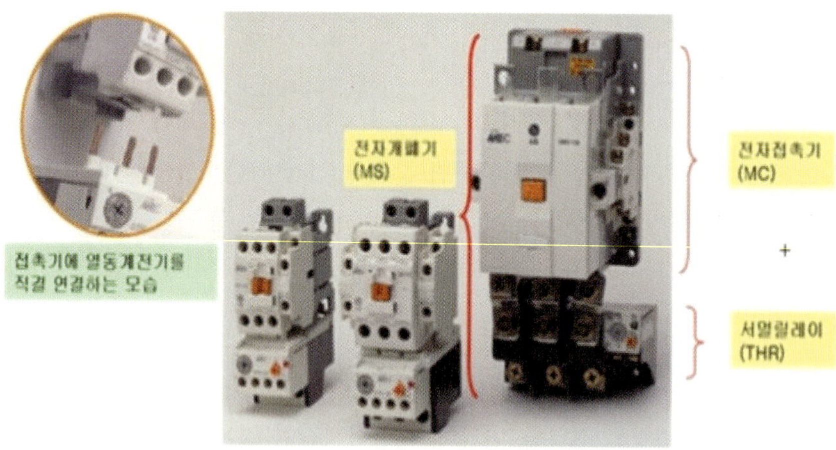

[그림 1-30] 전자개폐기

마) 전자 접촉기

- 전자접촉기의 전자코일(MC)에 전류가 흐르면 고정 철심이 전자석으로 되어 가동철심을 흡인하여 가동 철심에 부착된 주접점과 보조접점을 폐로하고, 전자코일에 전류가 흐르지 않으면 개로한다.

(a) 그림

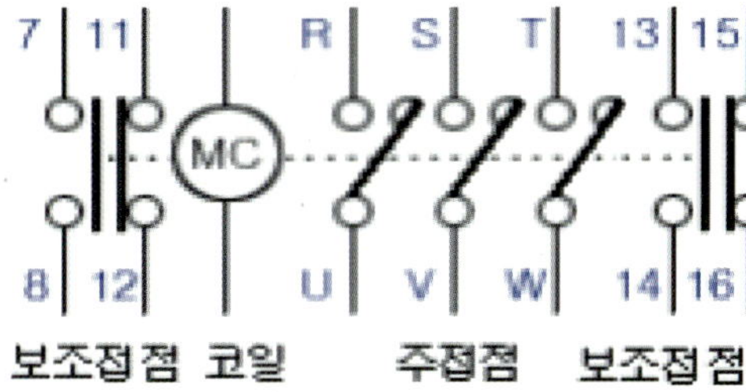

(b) 도형기호 표시법

[그림 1-31] 전자접촉기

바) 계전기

(1) 열동형 과부하계전기(THR: Thermal Relay)

과부하계전기는 열동계전기 또는 서멀릴레이라고도 하며 주로 과부하 보호에 사용된다. 열에 의해 동작하고 과부하에 동작하는 계전기로 전류가 많이 흐르거나 저항에 의해 흐르지 못하면 전선과 전기장비등에 열이 난다. 이열을 계전기가 감지해 흐르던 전기를 차단해서 화재를 방지하고 기계를 보호한다. 주로 용량이 큰 모터보호용 회로에 많이 쓰인다.

(a) 그림

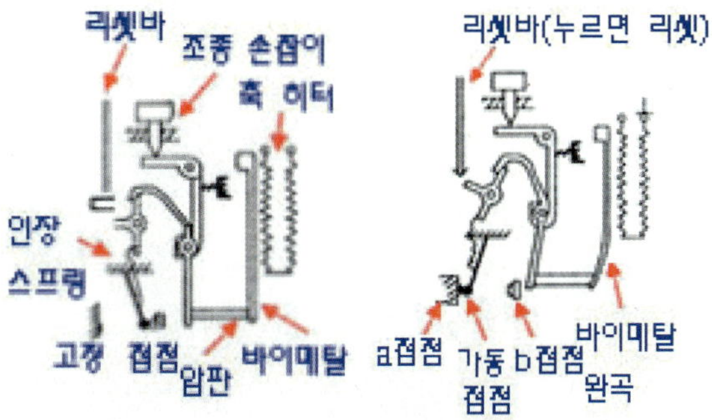

무통전 상태 동작(트립) 상태

(b) 동작 원리

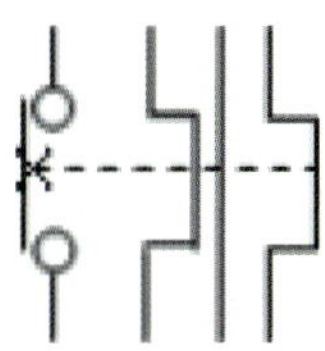

(c) 기호

[그림 1-32] 열동형 과부하계전기

(2) OCR

EOCR에서 E(일렉트릭)를 빼서 그냥 과전류 계전기입니다. 이건 과부하에 의해 동작한다. 주로 수전설비, 변전설비등 대용량 설비에 많이 쓰인다.

(3) EOCR

우리말로 전자 과전류 계전기로 과전류가 흐르면 전자부품에 의해 계전기를 동작시킨다. 주로 에어컨이나 냉장고 콤푸레샤의 모터 보호등 작은 모터보호에 많이 쓰인다.

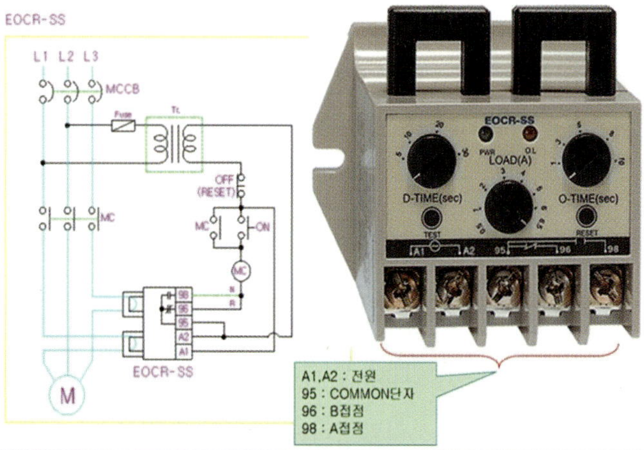

[그림 1-33] EOCR 과부하계전기

사) 배선용차단기(MCCB: Molded Case Circuit Breaker)

개폐기구, 트립장치 등을 절연물 용기내에 일체로 조립한 것으로 통전상태의 전로를 수동 또는 전기 조작에 의해 개폐할 수 있으며, 과부하 및 단로 등의 이상 상태시 자동적으로 전류를 차단하는 기구를 말한다.

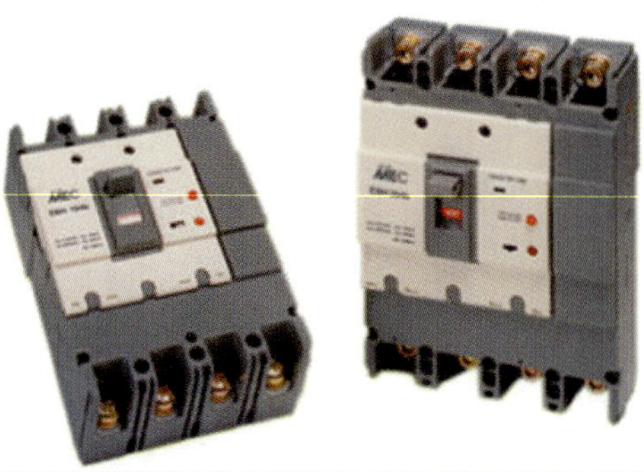

[그림 1-34] 배선용 차단기

아) 검출 스위치

검출 스위치는 자동화 시스템에서 없어서는 안될 만큼 제어 대상의 상태나 변화 등을 검출하기 위한 것으로 위치, 액면, 온도, 전압, 그 밖의 여러 제어량을 검출하는 데에 사용되고 있다. 사람이 가해주는 힘 이외에는 복귀형 스위치와 같은 동작을 한다.

(1) 마이크로 스위치 및 리밋 스위치(Limit Switch)

마이크로 스위치와 리밋 스위치는 접촉식 센서의 대표적인 기기로서 이 두 가지가 서로 다른 점은 구조와 용도면에 약간의 차이가 있다.

마이크로 스위치는 비교적 소형으로 성형품 케이스에 접점기구를 내장하고 밀봉되지 않은 구조로서 주로 계측장치나 소형 기계장치의 검출기용으로 사용한다.

리밋 스위치는 견고한 다이캐스트 케이스에 마이크로 스위치를 내장한 것으로 밀봉되어 내수(耐水), 내유(耐油), 방진(防塵)구조이기 때문에 내구성이 요구되는 장소나 외력으로부터 기계적 보호가 필요한 생산설비와 공장 자동화 설비 등에 사용된다. 따라서 리밋 스위치를 봉입형(封入形) 마이크로 스위치라 한다.

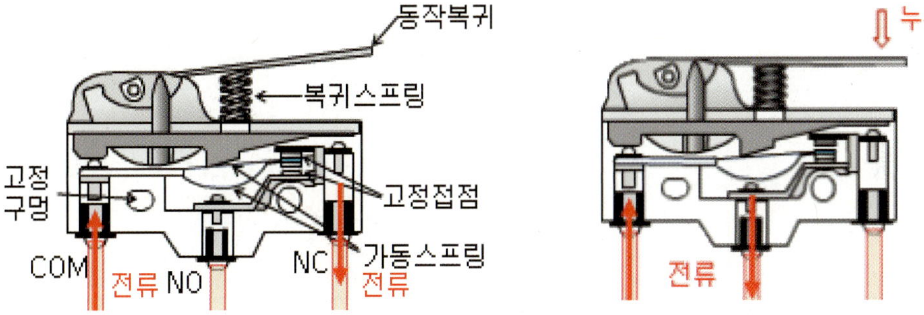

(a) 복귀 상태 (b) 복귀 상태

[그림 1-35] 마이크로 스위치

(2) 근접 스위치(Proximity Switch)

근접스위치는 물리적인 접촉으로 대상물의 유무 상태를 검출하는 무접촉형 스위치이다. 1차, 2차의 코일을 그림과 같이 배치하고, 1차 코일에 고주파 전류를 가하면 평상시는 평형을 유지하므로 2차측 코일에 전압이 발생하지 않는다.

그러나 검출헤드에 금속체를 접근시키면 맴돌이전류가 발생되어 평형상태가 무너지며 2차 코일에 전압이 발생한다.

이 전압을 증폭하여 출력릴레이를 구동한다.

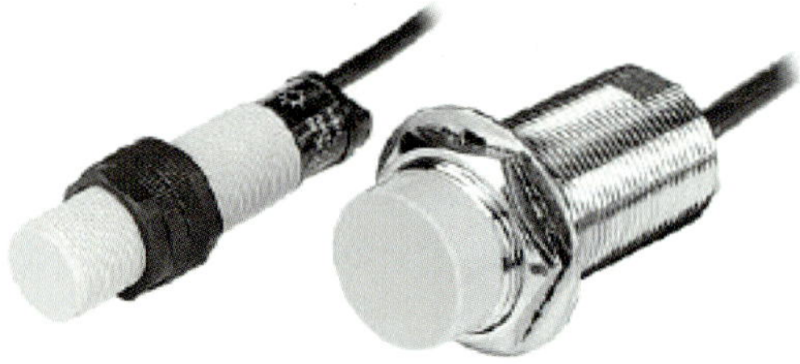

(a) 그림

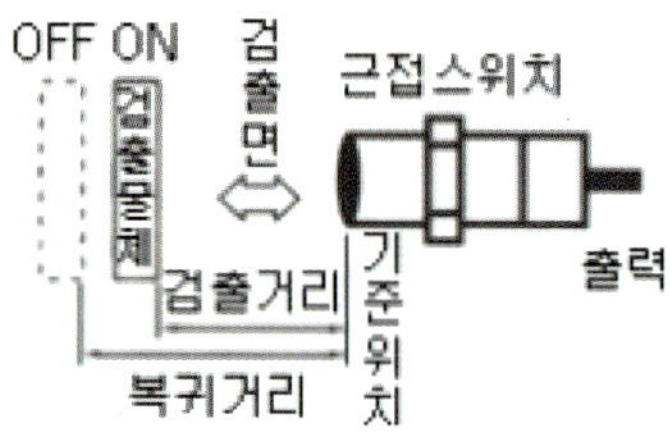

(b) 동작 원리

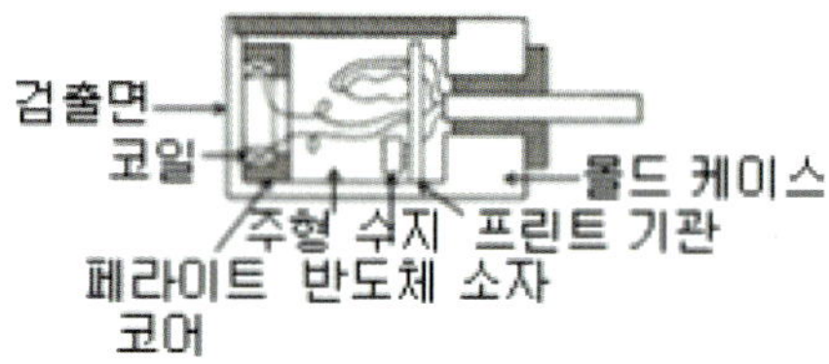

(c) 고주파 발진형 근접스위치 구조

[그림 1-36] 근접 스위치

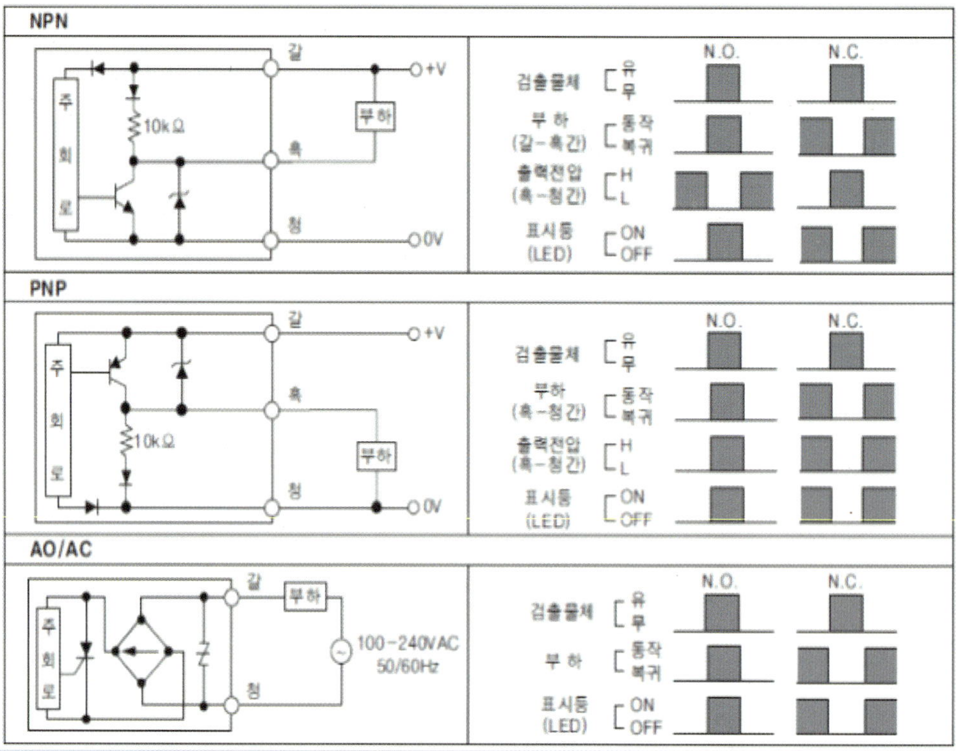

[그림 1-37] 근접 스위치 제어출력 회로도 및 부하동작

(3) 포토 스위치(Photo Electric Switch)

빛을 발생하는 광원과 빛을 받아들이는 포토 다이오드나 포토트랜지스터를 1개조로 하여 물체가 광로를 지나갈 때 광로의 변화나 광량의 변화를 이용하여 접점을 개폐하여 물체를 검출하는 접점으로, 물체의 접촉에 의한 것이 아니고 움직이는 물품의 계수나 기계적 동작의 제한 등에 사용한다.

[그림 1-38] 광전 스위치

빛의 전달속도가 빠르므로 무접점 회로의 경우 분당 수만 회의 검출도 가능하다. 이에는 투과형, 미러 반사형, 직접반사형이 있다.

투과형은 빛을 내는 투광기와 빛을 받아들이는 수광기 사이에 물체가 지나가는 것을 감지하는 것이고, 미러 반사형은 투광기에서 발사된 빛이 물체에 반사되어 수광기에 들어오는 방식이며, 직접반사형은 투광기 없이 물체의 자연 복사광에 의해 수광기에서 받아 물체를 검출하는 것이다.

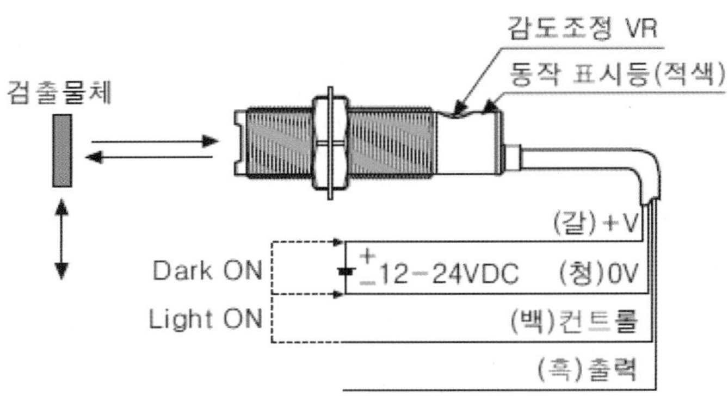

(a) 직접반사형

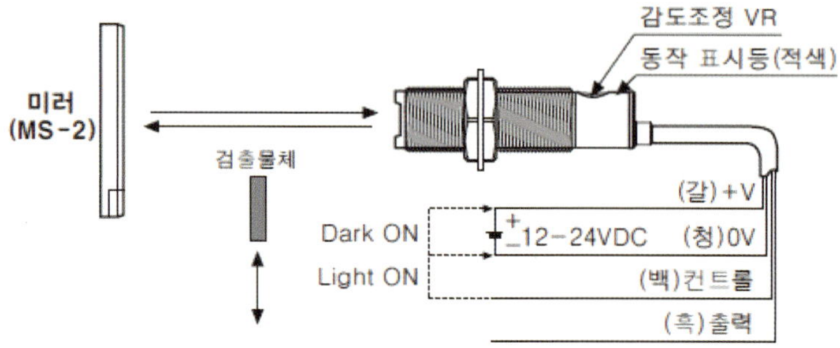

(b) 미러반사형

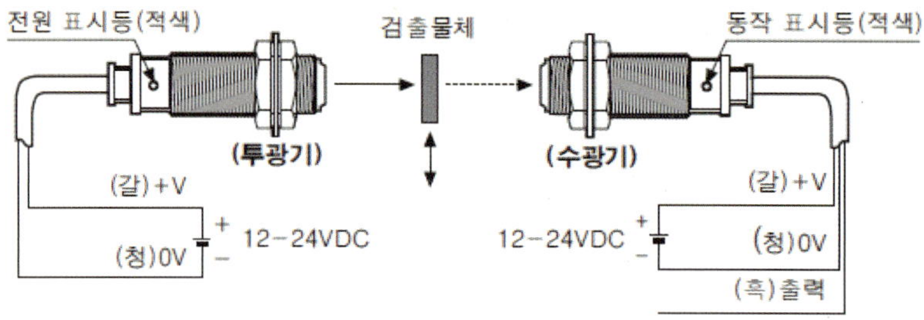

(c) 투과형

[그림 1-39] 광전 스위치 종류

(4) 플로트 스위치(Float Switch)

유체의 액면을 검출하는 스위치, 레벨 스위치라고도 하며, 액면의 높이를 검출하기 위한 것으로 액면이 올라가면 액면에 떠있는 플로트가 리밋스위치를 밀어 접점을 개폐하기 위한 것이다. 액면이 내려가면 플로트도 내려가 리밋스위치는 스프링의 힘에 의해 원상 복귀된다.

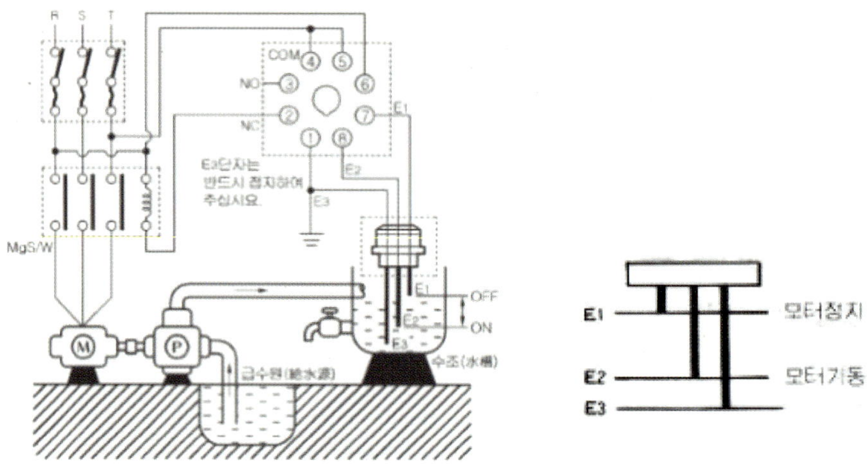

[그림 1-40] 플로트 스위치

(5) 온도스위치

온도에 따라 물질의 밀도, 저항, 기전력등의 변화를 이용하여 온도를 감지하는 센서.

① PT100 센서 : 섭씨 0℃일때 저항값이 100인 저항체를 이용한 센서.

② 써미스터 : 온도의 변화에 따라 저항이 상승되거나 하향되는 특성을 이용한 센서.

③ 열전대(써머커플러) : 서로 다른 2종의 금속을 접합하여 기전력의 차이로 온도를 측정하는 센서.

다. 시퀀스의 종류

(1) 유접점 시퀀스

유접점 시퀀스(Relay Sequence)란 제어계에 사용되는 논리소자로서 기계적 접점을 지닌 유접점 계전기, 즉 전자 계전기(Relay)에 의해서 구성되는 시퀀스 제어 회로를 말한다. 전자계전기라는 것은 전자코일에 전류를 흘리면 접점이 ON 또는 OFF 되고, 전류를 차단하면 반대의 동작을 하는 계전기를 말한다.

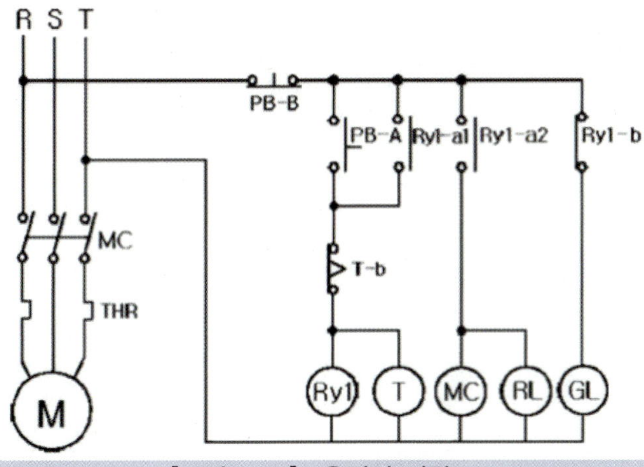

[그림 1-41] 유접점 시퀀스

가) 유접점 릴레이 소자의 장단점

(1) 장점

① 개폐부하 용량이 크다.

② 과부하에 견디는 힘이 크다.

③ 전기적 노이즈에 강하다.

④ 온도특성이 양호하다.

⑤ 입력과 출력이 양호하다.

⑥ 독립된 다수의 출력회로를 동 시에 얻을 수 있다.

⑦ 동작상태의 확인이 쉽다.

(2) 단점

① 소비전력이 비교적 크다.

② 접점이 소모되므로 수명에 한계가 있다.

③ 동작속도가 늦다.

④ 기계적 진동, 충격 등에 비교적 약하다.

나) 무접점 시퀀스

무접점 시퀀스란 제어계에 사용되는 논리소자로서, 반도체를 이용한 무접점 계전기에 의해 구성되는 시퀀스 제어를 말하며, 무접점 계전기란 가동접점부분이 없는 계전기로, 동작에서는 유접점 계전기와 다름이 없으나 다이오드, 트랜지스터, IC(집적회로)등 반도체 스위치소자를 사용한 계전기를 말한다.

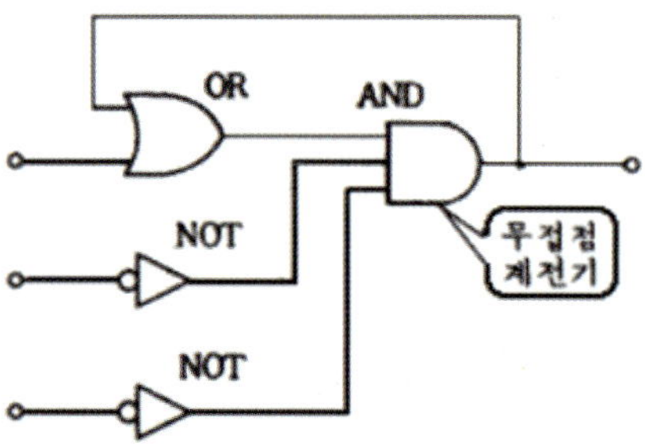

[그림 1-42] 무접점 시퀀스

가) 트랜지스터의 구조 및 기호

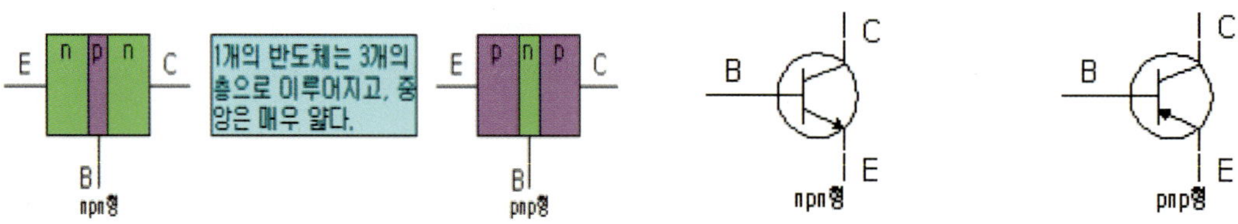

(a) 내부 구조 (b) 트랜지스터의 기호

[그림 1-43] 트랜지스터의 기호

* BE접합 : 순방향 바이어스전압(NPN)

BC접합 : 역방향 바이어스전압(PNP)

* 트랜지스터의 작용: 증폭작용과 무접점 스윗칭 작용

나) 기본적인 트랜지스터 동작

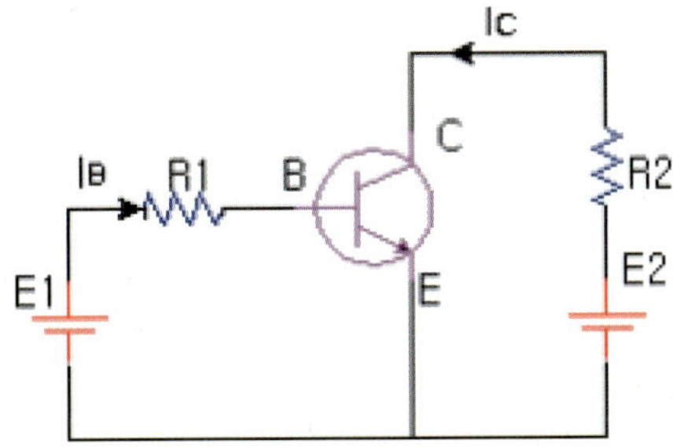

[그림 1-44] 트랜지스터의 동작회로

다) 무접점 릴레이 소자의 장단점

(1) 장점

- 동작속도가 빠르다.
- 수명이 길다
- 회로변경이 용이하다.
- 장치의 소형화가 가능하다.

(2) 단점

- 노이즈, 서지(Surge)에 약하다.
- 온도 변화에 약하다.
- 신뢰성이 떨어진다.
- 별도의 전원을 필요로 한다.

라) 무접점 스위치와 유접점 스위치 비교

[표 1-13] 무접점 스위치와 유접점 스위치 비교

장.단점	유접점 스위치	무접점 스위치
장점	개폐 부하의 용량이 크다. 온도 특성이 좋다 입.출력이 분리된다. 접점 수에 따라 많은 출력 회로를 얻을 수 있다.	스위칭 속도가 빠르다. 수명이 반영구적이다 신뢰성이 높다. 소형 · 경량이다.
단점	소비 전력이 비교적 크다. 제어반의 설치 면적이 크다. 접점의 동작이 느리다. 진동이나 충격 등에 약하다. 수명이 짧다.	개폐 부하 용량이 큰 것은 만들기 어렵다. 내압이 높은 것을 만들기 어렵다. 열에 약하다.

(3) 로직 시퀀스

로직(Logic)이란 "논리", 즉 "사리에 맞는 사고방식"이란 뜻으로 논리회로에 의해서 구성된 시퀀스제어 회로를 로직시퀀스라 한다.

논리회로란 구성되어 있는 회로를 논리적으로 분해했을 때의 최소 단위인 기본회로를 말하며, 로직 시퀀스에서는 상반되는 상태를 "0" 과 "1"에 대응시켜서 표현하고 릴레이 시퀀스에서는 접점의 개·폐, 무접점 시퀀스에서는 전압레벨의 "고", "저" 신호의 "유", "무"가 이에 해당한다.

한편 무접점 시퀀스는 논리기호를 이용한 로직 시퀀스로 표현되는 경우가 많고, 릴레이 시퀀스는 일반적으로 코일과 접점으로 표현되고 있다.

① 시퀀스 제어계 표현방법

- 전개접속도

가장 많이 사용하는 방법으로 시퀀스도라고도 하며, 시퀀스제어를 사용한 전기장치 및 기기 기구의 동작을 기능 중심으로 전개하여 표시한 도면이다. 시퀀스 제어기호를 사용하여 작성한다. 여기에는 주 회로와 제어회로, 표시회로로 구성된다.

주회로는 전원을 부하에 공급하기 위한 회로이며, 제어회로는 주회로의 개폐 및 표시회로의 동작 등의 모든 제어동작이 이루어지는 제어의 핵심 회로이다. 표시회로는 제어의 동작을 알아 볼 수 있도록 표현하는 부분이다. 실제의 현장에서는 주회로와 표시회로가 작업장에 있고, 제어회로와 표시회로는 제어실에 있는 경우가 많다.

- 타이밍도표

제어계의 각 접점 및 제어장치의 시간적인 동작 상태를 그림으로 표현한 것으로, 제어요소간의 동작 상황을 비교할 수 있다.

- 논리회로도

논리 기호를 사용하여 신호처리회로를 그림으로 나타낸 것이다.

- 표면접속도

제어반의 제작 및 점검 등에 사용하기 위하여 기구나 부품의 실제 배치를 그려놓은 도면이다.

- 블록선도

제어계의 신호 전달방식 등을 블록과 화살표로 그려놓은 도면으로 플로차트(흐름도)도 일종의 블록선도라 할 수 있고 시퀀스도는 이 플로 차트를 기초로 이루어진다.

- 시퀀스 제어계의 동작부

시퀀스 제어계는 일반적으로 명령 처리부, 조작부, 제어 대상, 표시 및 경보부, 검출부분으로 구성되어 있다.

라. 시퀀스(Sequence) 기초

(1) 접점의 종류

가) a접점(Arbeit Contact)

a접점이란 열려있는 접점을 말하며 "작동접점(Arbeit Contact)"이라는 의미로써 그 머리문자를 따서 반드시 소문자 "a"로 표현하고, 또한 a 접점은 "회로를 만드는 접점"(Make Contact)이라고 하여 메이크 접점이라고 하며, 또 "언제나 열려있는 접점"(Normally Open Contact)이라 하여 상개접점 N.O 접점(Normal Open)이라고도 한다.

조작력이 가해지지 않은 상태 즉, 초기상태에서 고정 접점과 가동접점이 떨어져 있는 접점을 말하며, 조작력이 가해지면 고정접점과 가동 접점이 접촉되어 전류가 흐른다.

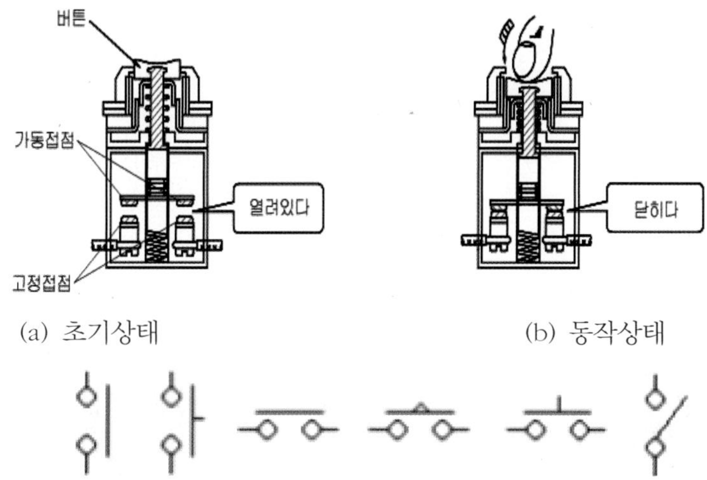

(a) 초기상태 (b) 동작상태

(c) a접점 기호

[그림 1-45] a접점(Arbeit Contact)

나) b접점(Break Contact)

b접점이란 닫혀 있는 접점을 말하며 "브레이크 접점"(Break Contact)이라는 의미로서 그 머리문자를 따서 반드시 소문자의 "b"로 표현한다.

또한 b접점은 브레이크 접점 외에도 "언제나 닫혀 있는 접점" (Normaly Close Contact) 이라는 것으로 상폐 접점이라고도 한다.)

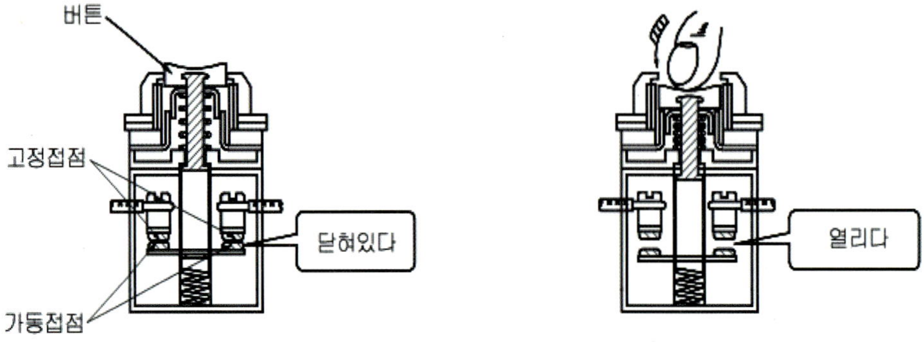

(a) 초기상태　　　　　　　　　　(b) 동작상태

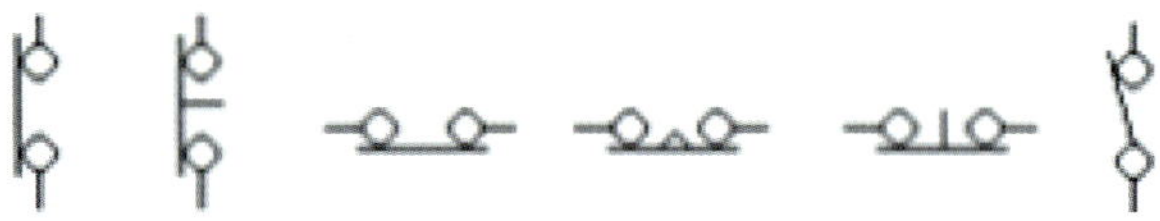

(c) b접점 기호

[그림 1-46] b접점(Break Contact)

조작력이 가해지지 않은 상태 즉, 초기상태에서 고정 접점과 가동접점이 닫혀 있는 접점을 말하며, 조작력이 가해지면 고정접점과 가동접점이 떨어져 전류가 흐르지 않는다.

다) c접점(Change Over Contact)

c접점이란 a접점과 b접점의 가동접점을 공유한 전환접점을 말하며 전환되는 접점(Change-Over Contact)이라는 의미의 머리문자를 따서 반드시 소문자의 "c"로 표현합니다. 또한 c접점은 "옮기는 접점"(Transfer Contact)이라는 점에서 트랜스퍼 접점이라고도 한다.

a접점과 b접점이 모두 가동접점을 공유한 형식의 전환접점을 말한다.

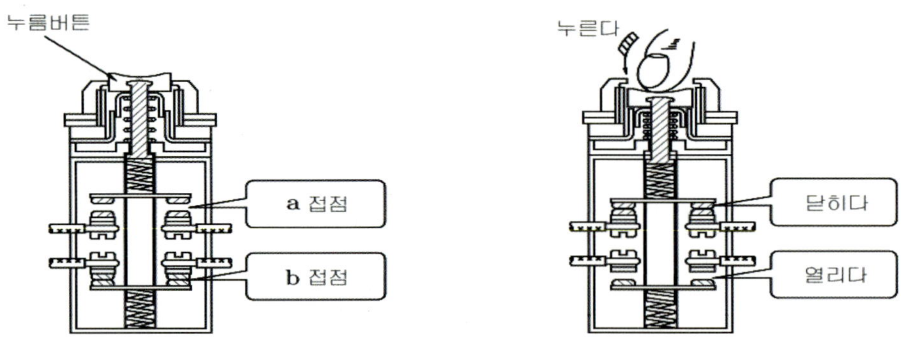

(a) 초기상태　　　　　　　　　　(b) 동작상태

[그림 1-47] c접점(Change Over Contact)

라) 접점의 분류

① 자동복귀 접점

누름버튼 스위치의 접점과 같이 누르고 있는 동안에는 ON 또는 OFF상태로 되지만, 버튼에서 손을 떼면 내장된 스프링에 의해 초기상태로 즉시 복귀하는 접점이다.

② 수동복귀 접점과 잔류접점

한번 변환시킨 후 원상태로 복귀시키려면 외력을 가해야만 변환되는 접점이며 대표적인 예로 가정의 점등 스위치를 들 수 있다.

③ 수동복귀 접점과 자동조작 접점

접점을 ON 또는 OFF시키는 것을 조작이라 하고, 누름 버튼스위치와 같이 손으로 눌러 조작하는 방식을 수동조작 접점이라 한다. 그리고 전자 릴레이나 전자 접촉기의 접점과 같이 전기신호에 의해 자유로이 개폐되는 접점을 자동조작 접점이라고 한다.

④ 기계적 접점

이 접점은 수동조작 접점이나 자동조작 접점과는 달리 기계적 운동 부분과 접촉하여 조작되는 접점을 말한다.

4 전기공압의 개요

압축된 공기는 에너지를 가지고 있으며, 이 에너지를 유체 에너지 또는 유체 파워라고 한다. 공압 기술은 공기를 압축하여 이와 같은 유체에너지를 만들고 이것을 기계적인 에너지나 파워로 변환하는 기술을 말한다.

공압 기술의 역사는 기원전 1500여년 전부터 그 유래를 찾을 수 있을 정도로 오래 되었고 최근에 와서 공압의 용도는 무한 시대를 맞이 했다고 해도 과언이 아닐 정도이다.

공기의 이용은 인간이 불을 사용하기 시작하면서 불을 발생 시킬 때, 입으로 공기를 불거나 풀무와 비슷한 도구를 이용한 것부터라는 학설도 있다. 또한, 공압 발생기로는 기원전 1500년 John Smealton이 수차 구동에 의한 실린더 방식의 블로워를 발명하였고, 1776년에는 John Wilkinson이 100[kPa]의 압력을 발생시키는 압축기를 발명하면서부터 공압 시대의 막을 열었다. 그러나 공압이 산업분야에 본격적으로 이용되기 시작한 것은 1950년대부터이고 최근에는 조립기계, 포장기계, 식품기계, 단조기계, 용접기계, 철강설비, 반송설비, 인쇄기계를 비롯하여 거의 모든 분야에 이용되고 있을 정도로, 단순한 장치에서부터 고도의 산업용 로봇이나 의료기기에 이르기까지 폭넓게 이용되고 있다.

이와 같이 공압이 자동화, 성력화에 폭넓게 사용되고 있는 이유는 다른 구동방식에 비하여 구조가 간단하고 가격이 싸며 보수가 용이할 뿐만 아니라, 손쉽게 사용할 수 있다는 이점이 있기 때문이다. 일례로 조립기계에 있어서 워크를 척킹하는 기구에 공압 기기를 이용한다면 공압 에너지는 공장 내에 있는 공압 배관에 의하여 용이하게 얻을 수 있고, 공압 기기를 사용한 것만으로 간단히 해결할 수 있는데 비해, 유압으로 하려면 에너지원인 유압펌프 등 유압 유닛을 새로이 설치해야 하고, 또 기계로 같은 동작을 시킨다면 구조가 복잡해지고 외관이 커지는 등의 단점이 있다.

더욱이 공압은 압축 공기의 이점을 적절히 이용하고 전기와 조합하여 원격조작을 할 수 있다는 등의 유연성이 있어 앞으로 산업분야에서 그 역할이 증대 될 것으로 보인다.

가. 공압의 특징

공압 시스템은 저가로 장치를 구성할 수 있다는 특징과 함께, 현재 사용하고 있는 장치나 기계를 쉽게 자동화, 성력화 할 수 있어서 그 경제적 효과가 매우 크다. 특히 요즈음 로봇화나 FA화가 추진되는 과정에서 공압 기술도 소형, 경량화의 요구에 일익을 담당하며 신뢰도가 높은 시스템을 구축하고 있다.

공압 방식의 특징을 동력전달과 그 제어성 면에서 같은 압력 에너지를 이용하는 유압 방식과 비교하여 살펴보면 다음과 같다.

1) 공압 기술의 장점

① 동력원인 압축 공기를 간단히 얻을 수 있다.

공기는 무료이고 무한대로 많다. 이 공기는 전동기와 컴프레서만 있으면 전력이 계속 공급되는 한 어느 장소에서 얼마든지 간단히 얻을 수 있는 에너지원 이다.

② 힘의 전달이 간단하고 어떤 형태로도 전달 가능하다.

유체에 의한 힘의 전달로서 멀리 떨어진 위치라도 배관만으로 간단하게 전달할 수 있다. 또한 기계의 구동축처럼 방향을 맞출 필요가 없고, 어느 방향이든 자유로이 전달 가능하다.

③ 힘의 증폭이 용이하다.

공압 실린더의 용량을 크게 함에 따라 같은 공압으로도 파워를 증대시킬 수 있다.

④ 속도 변경이 가능하다.

공기량의 증감에 따라 작동 기기(액추에이터)의 속도를 조절할 수 있다.

⑤ 제어가 간단하다.

압축 공기는 압력 조정에 의해 무단 또는 단계적으로 출력을 조절할 수 있으며, 이와 같이 압력을 증감시키거나 방향의 변환, 유량조정 등의 조작과 그 제어가 비교적 간단하다. 이 점이 공압 기술이 자동화에 이용되고 있는 큰 원인이다.

⑥ 취급이 간단하다

압축 공기는 사용한 공기를 대기로 방출하여도 오염될 염려가 없다. 또한 취급에 있어서도 손이나 의류가 오염되지 않고 냄새가 발생하는 일도 없다. 이점이 유압 기술에 비해 특히 장점이다.

⑦ 인화의 위험이 없다.

일반적으로 사용하는 7[kgf/㎠] 이하의 압력하에서는 인화나 폭발의 염려가 없다.

⑧ 탄력이 있다.

공기는 압축 가능한 물질이며, 이것은 충격을 받을 때 완충 작용을 한다. 이 성질을 응용한 것이 차량 등에 이용되고 있는 공기 스프링이다.

⑨ 에너지 축적이 용이하다

압축이 가능하다는 것은 반대로 압력을 축적할 수 있다는 것으로 공기 탱크만으로 축적이 가능하며, 정전시 비상운전이나 단시간 내 고속 운전, 축압을 이용한 프레스의 다이쿠션 등에 이용되고 있다.

⑩ 안전하다.

유압과 같이 서지 압력이 발생하지 않으므로 과부하에 대해 안전하다.

2) 공압기술의 단점

① 큰 힘을 얻을 수 없다.

공기는 높은 압력을 가하여 압축한다. 이것은 전항에서 설명한 것처럼 탄력성이 있어 장점인 반면, 유압과 같이 큰 힘을 얻을 수 없다. 그러나 공압에서는 압축성과 공압 기기들의 내구성 등으로 인해 10[kgf/㎠]까지가 한계이므로 유압과 비교가 안된다.

② 효율이 나쁘다

공압은 압축성 유체이므로 액추에이터의 위치 제어가 곤란하고, 또한 부하 변동시 작동속도가 영향을 받기 때문에 정밀한 속도 제어가 어렵다.

이상의 장단점을 비교하여 표로 정리한 것이 표 1-14이다. 표에서는 공압과 유압 외에도 전기 방식과 기계 방식 등에 대해서도 비교하였다.

[표 1-14] 각종 동력 전달과 제어방식의 비교

전달방식 / 항 목	공 압	유 압	전 기	기 계
에너지 축적	공기탱크에 의한 저장으로 간단	어큐뮬레이터로 저장	직류만 콘덴서로 저장	스프링, 추 등 소규모
동력원의 집중	용이	곤란	용이	다소 곤란
동력원의 발생	다소 용이	다소 곤란	용이	곤란
인 화폭 발	압축성에 의한 폭발을 제외하고는 염려 없음	작동유가 인화성이 있음	누전에 의한 가스 등에 인화성	영향 없음
외 부 누 설	영향 없음	오염, 인화	감전, 인화	관계 없음
과부하 안전대책	압력 조절 밸브	릴리프 밸브	복잡	복잡
출 력 유 지	용이	다소 곤란	곤란	곤란
작 동 속 도	10[m/sec]도 가능(대)	1[m/sec] 정도(중)	가장 빠르다	소
보 수 관 리	용이	다소 곤란	다소 곤란	용이
에너지 변환 효율	다소 나쁘다	다소 좋다	좋다	다소 좋다
출 력	중(1[ton]정도)	대(10[ton]이상 가능)	중	소
속 도 제 어	다소 나쁘다	우수하다	우수하다	나쁘다
중 간 정 지	곤란	용이	용이	다소 곤란
응 답 성	나쁘다	좋다	매우 좋다	좋다
부 하 특 성	변동이 크다	조금 있다	거의 없음	거의 없음
소 음	크다	다소 크다	적다	적다

나. 공압의 이용분야

최근 자동화에 의한 생산 공정 개선이 가속화 됨에 따라 공압은 여러 분야에서 많이 활용되고 있으며, 특히 간이 자동화(low cost automation)에 주로 활용되고 있다. 또한 전자 제어 기기의 발달과 가격 저하로 공압과 전기·전자 제어가 병용되어 프로그래머블 컨트롤러와 매칭되어 사용되고 있으며, 액추에이터도 종래의 ON-OFF식 제어에서 임의 위치 제어를 할 수 있는 아날로그식 운동이 가능한 것도 개발되고 있다. 공압 에너지의 이용분야를 살펴보면 다음과 같다.

1) 액추에이터에 압축 공기를 공급하여 힘을 얻는 방법과, 압축 공기의 분출유(噴出流)를 이용하는 방법이 있다. 전자는 자동화에 가장 일반적으로 사용되는 방법이며, 후자는 최근

에 그 이용 방법이 더욱 주목되고 있다. 분출유를 이용하는 예는 공기 커튼, 공압 반송, 에어제트에 의한 검출, 공압 베어링 및 공압 자동직기(自動織機) 등을 들 수 있다.

2) 압력의 범위로는 4~6[kgf/㎠]의 압력을 이용하는 일반 산업 분야와, 1[kgf/㎠]전후의 압력을 이용하는 프로세스 제어 분야로 크게 구별된다.

3) 산업별로는 석유 화학 등의 무휴 운전(無休運轉)으로 내 환경성이 중시되는 분야, 의료·식품 등 인체에 해를 끼치지 않아야 하는 분야, 차량 등 안전과 신뢰성을 요구하는 분야, 반도체 산업 등의 소형, 기밀, 방진 등을 매우 중요시하는 분야 등 여러분야에서 이용된다.

4) 기능별로는 가공 공정 자동화, 용접 자동화, 포장 자동화, 조립 자동화, 반송 자동화 및 계측 자동화 등에 이용되며 작동 횟수와 빈도도 연간 수회에서 수억회 작동하는 분야까지 활용된다.

<table>
<tr><td rowspan="13">공압기기의 응용</td><td rowspan="7">공압응용기기</td><td rowspan="3">공기 구동 공구</td><td>회전력 이용 – 그라인더, 드릴, 에어 드라이버, 렌치</td></tr>
<tr><td>왕복동력 이용 – 공기톱, 줄, 리벳터</td></tr>
<tr><td>압력과 압축성 이용 – 공기 바이스, 공기 척, 공기 스프링</td></tr>
<tr><td colspan="2">공기 착암기</td></tr>
<tr><td colspan="2">에어 프레스</td></tr>
<tr><td colspan="2">공기수송기 : 공기 컨베이어, 공기 슈터(Shooter), 공기 slide</td></tr>
<tr><td colspan="2">중기 : 에어 호이스트, 에어 리프트, 에어 권상기</td></tr>
<tr><td></td><td colspan="2">기타 : 스프레이건, 에어 커튼, 공기 타이머, 공기 브레이크, 공기 클러치등</td></tr>
<tr><td rowspan="4">공압관련기기</td><td colspan="2">철도 차량 분야 : 압축기, 브레이크, 안전장치 기기</td></tr>
<tr><td colspan="2">자동차 분야 : 브레이크, 안전장치 기기, 현가 장치</td></tr>
<tr><td colspan="2">공조 분야 : 공기 세정기, 필터, 조절기</td></tr>
<tr><td colspan="2">광산 기계 : 보링기, 착암기, 채굴기, 적재기, 운반기 등</td></tr>
</table>

[그림 1-48] 공압 기기의 이용분야

5 공압의 구조

가. 압력조절 밸브

압력조절 밸브는 공급 압력이나 작동압력을 일정하게 유지시키는 역할을 담당하는 밸브로 압력제어 밸브의 일종이다.

압력조절 밸브는 주로 회로의 전단에 설치되어 고압의 압축 공기를 일정한 공기압력으로 감압시켜 안정된 압축 공기를 공압 기기에 공급하는 목적으로 사용된다.

그림 1-49는 압력조절 밸브의 원리를 나타낸 것으로서, 교축밸브에 의해 공기의 통로를 교축시켜 출구측의 공기량을 감소시킴으로서 압력을 떨어뜨리는 밸브로서, 압력을 낮추는 밸브이므로 감압 밸브라고 부르기도 한다.

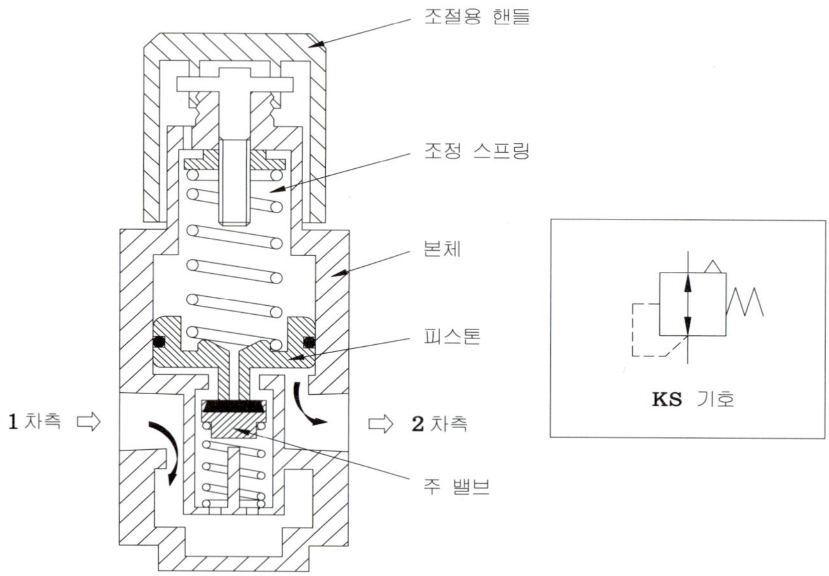

[그림 1-49] 압력조절 밸브의 원리

나. 루부리케이터(lubricator)

(1) 루부리케이터의 기능

공압 실린더나 공압 모터 등의 액추에이터의 구동부나 밸브의 스풀 등 윤활을 필요로 하는 곳에 벤투리(venturi) 원리에 의해 미세한 윤활유를 분무 상태로 공기 흐름에 혼합하여 보내 윤활 작용을 하는 기기를 루부리케이터라 한다.

공압 기기에 윤활을 하면 상호 상대 운동을 하는 고체 마찰에 의한 마모를 방지하고 내구성을 향상시키며, 섭동 저항을 감소시켜 기기의 효율을 상승시킨다. 또한 실(seal)에 급유하여 실재의 마모를 경감시켜 공기 누설을 방지하는 역할을 한다. 최근의 공압 실린더나 전자 밸브에는 오일 미스트(oil mist)에 의한 환경 오염 방지 및 윤활유 절약의 목적으로 기기 내부에 그리스가 내장된 무급유식도 사용되고 있는데 이경우도 급유하면 수명을 길게 할 수 있다.

(2) 원리 및 구조

공압용 루부리케이터는 대부분 장시간 연속 가동하고 있으며 더욱이 공압이 작용하고 있는 부분에 급유하여야 하므로 일반 기계에 사용되는 윤활기와는 다른 구조로 되어있다. 공압용 윤활기는 벤투리 원리를 이용한 것으로 그 대표적인 것이 그림 1-50과 같은 구조이다.

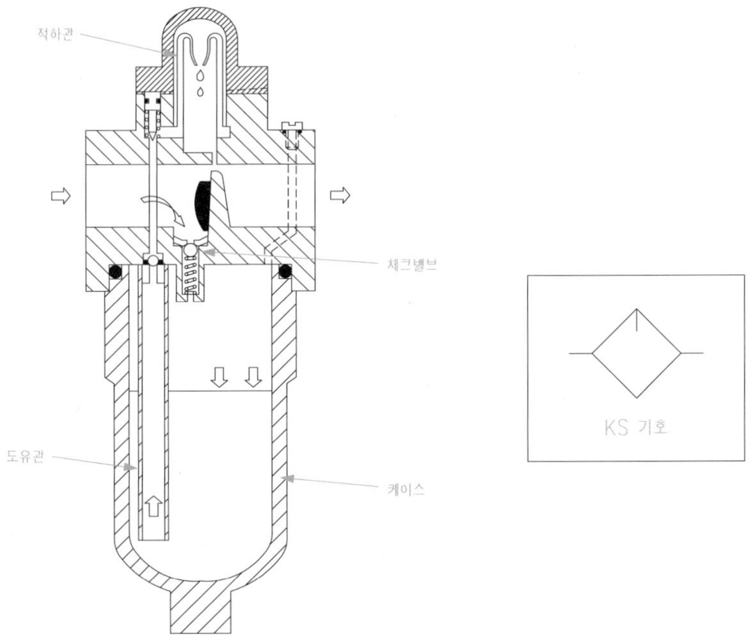

[그림 1-50] 루부리케이터의 구조 원리

원리는 입구측에서 공기가 들어와 출구측으로 나갈 때 유로가 교축되어 있으므로 공기의 유속이 빨라지고 분무 노즐을 통하여 케이스 내의 압력이 강하된다. 이 압력 강하로 인하여 적하실과 유관이 진공 상태로 되고 용기 내의 윤활유를 흡입한다. 또한 입구측의 공기 압력이 체크 밸브를 통하여 케이스 내의 유면을 가압함에 따라 윤활유는 유관을 통해 흡입되고 조정 나사로 윤활유량이 조정되어 적하(適下)되고 기름 안개(wet fog) 상태가 되어 공압 기기에 보내진다. 윤활유의 적하량(適下量)은 차압에 비례하므로, 유량 변화에 따라 적하 유량이 변화된다. 그러므로 공기 유량이 적을 때는 조정 나사로서 유량(油量)이 많이 흐르도록 하고 공기 유량이 많을 때는 윤활유가 과다하게 많이 나오지 않도록 조정한다. 이 방식의 분무식 윤활기는 기름 안개 입자의 크기가 비교적 크며 그 대부분은 사용 공압 기기에 도달되기 전에 관로에 부착되기 쉽고 부착된 윤활유는 방향제어 밸브가 변환될 때마다 서서히 전진한다.

그밖의 종류로는 2[μ m] 이하의 미세한 기름입자(dry fog)로 분무되어 관벽에 그다지 부착되지 않는 선택식 윤활기가 있다. 또한 압축 공기의 통로와는 별도로 윤활 대상기기에 직접 피스톤 등으로 강제 분사, 급유하는 사출 급유식(射出給油式)도 있다.

공압용 루부리케이터를 선정할 때 사용 목적이나 조건에 적합한 것을 선정하기 위해서는 공압용 루부리케이터의 유량 특성, 적하(適下) 최소 공기량, 응답시간, 사용 온도 및 케이스 파손에 대한 안정성 등을 고려하여야 한다.

(3) 루부리케이터의 도면기호 표시법

KS B 0054에는 루부리케이터의 도면기호에 대하여 다음과 같이 정의 하고 있다.

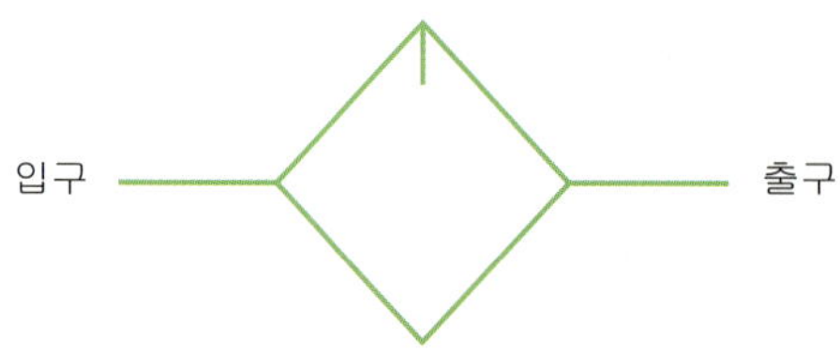

[그림 1-50] 루부리케이터의 도면기호

다. 공압 조정 유닛(Service Unit)

공압 조정 유닛은 이상에서 서술한 공압 필터와 압력조절 밸브, 루부리케이터 등 세 가지 기기를 사용이 편리하도록 조합한 것이다.

이 공압 조정 유닛은 공압 시스템마다 배관 상류에 설치되어 공기의 질을 조정하는 기기로서 반드시 사용되는 것으로 KS기호에도 이 세 가지 요소가 조합된 기호로 제정되어 있으며 간략화된 기호도 있다.

그림 1-52는 공압 필터와 압력계 붙이 압력조절 밸브, 루부리케이터 등을 순서대로 조립한 공압 조정 유닛이다. 이 공압 조정 유닛은 시스템마다 거의 사용되고 있으며 기호는 간략 기호로서 표시하는 경우가 많다. 또한 경우에 따라서는 회로도에 간략 기호마저 생략하는 경우도 있으나 반드시 사용된다는 것을 염두해 두어야 한다.

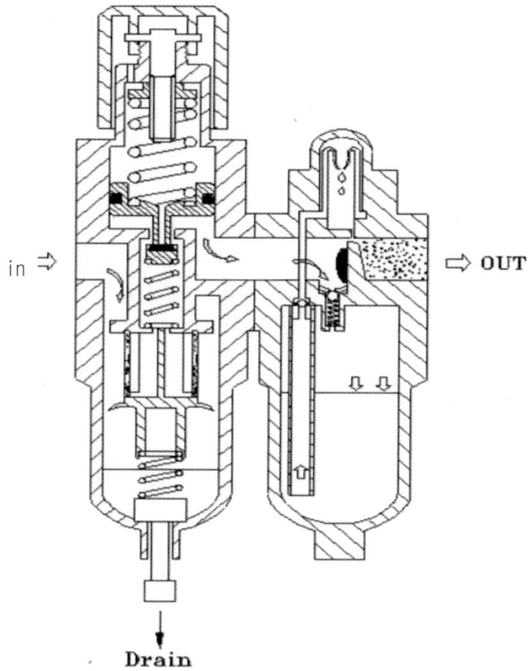

[그림 1-51] 공압 조정 유닛

(1) 공압 조정 유닛의 도면 기호

KS B 0054 정의된 공압 조정 유닛의 도면 기호는 다음과 같다.

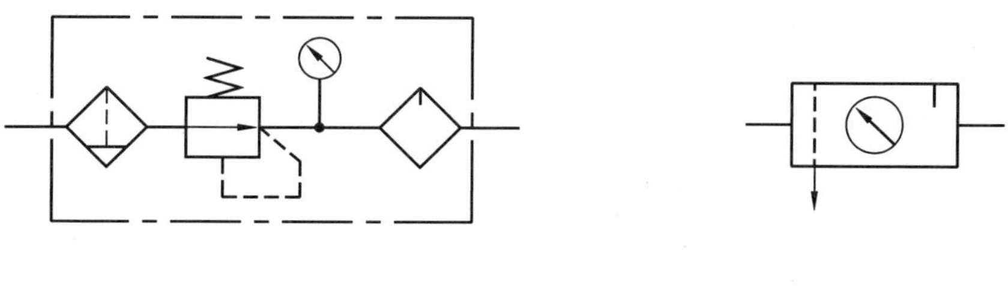

(수직 화살표는 배출기를 나타냄)

(a) 상세기호 (b) 간략기호

[그림 1-52] 공압 조정 유닛의 도면 기호

[기호 설명]

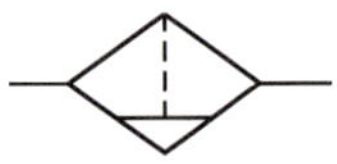

:드레인 배출기 붙이 공압 필터(수동 배출)

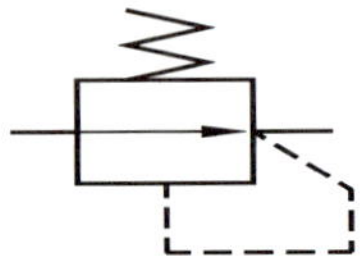

:감압 밸브

:압력계

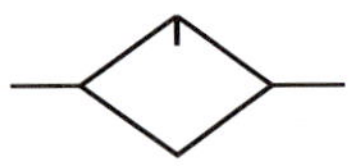

:루부리케이터

:관로의 접속을 나타냄

라. 공압 실린더의 종류

(1) 단동 실린더(Single acting cylinder)

단동 실린더는 한 방향의 운동에만 압축 공기를 사용하고 반대방향의 운동에는 스프링이나 피스톤 및 로드의 자중 또는 외력에 의해 복귀시킨다.

그림 1-53는 복귀운동용 스프링이 내장된 단동 실린더로서, 이와 같은 실린더는 스프링 때문에 행정거리가 제한 되는데 보통 150mm 정도가 최대 행정 길이이다.

주요 용도로는 클램핑, 프레싱, 이젝팅 등의 용도에 사용된다.

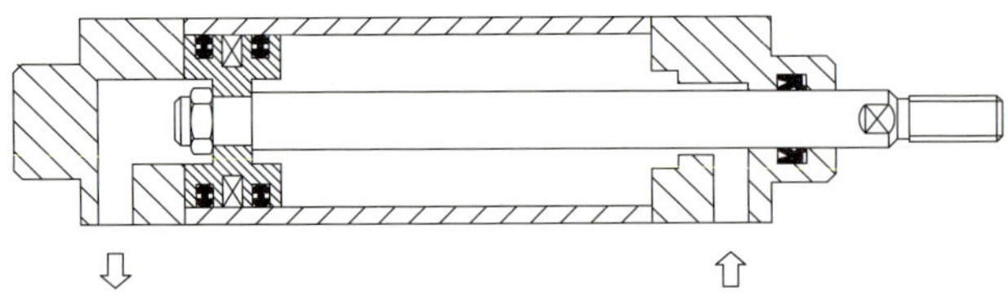

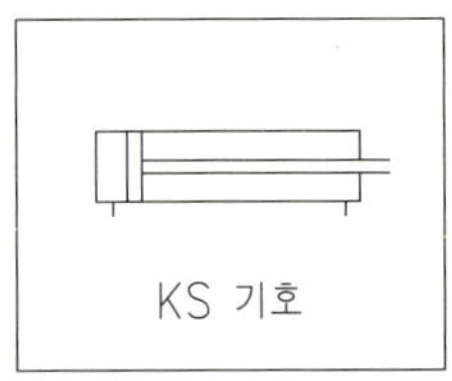

[그림 1-53] 단동 실린더

(2) 복동 실린더(Double acting cylinder)

복동 실린더는 압축 공기를 양측에 번갈아가며 공급하여 피스톤을 전진운동 시키거나 또는 후진운동을 시키는 실린더이다. 따라서 전진운동시나 후진운동시 모두 일을 할 수 있다.

일반적인 복동 실린더의 구조도를 그림 1-54에 나타냈다.

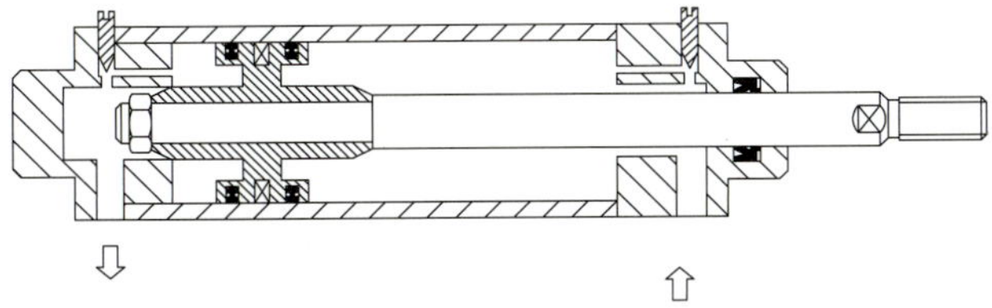

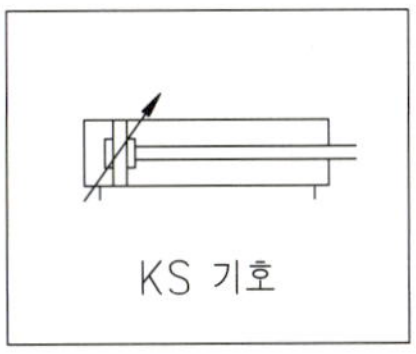

[그림 1-54] 복동 실린더

실린더의 운동속도가 빠르거나, 실린더로 무거운 물체를 움직일 때에는 관성으로 인한 충격으로 실린더가 손상을 입게 된다. 이와 같은 것을 방지하기 위한 것이 그림 1-55에 나타낸 쿠션붙이 실린더로, 피스톤 끝 부분에 쿠션기구를 장착한 실린더가 있다.

원리는 피스톤이 헤드 커버나 로드 커버에 닿기전에 쿠션링이 공기의 배출통로를 차단하여 공기는 교축된 좁은 통로를 통해 빠져 나가므로 배압이 형성되어 실린더의 속도가 끝단에서 감소하게 된다.

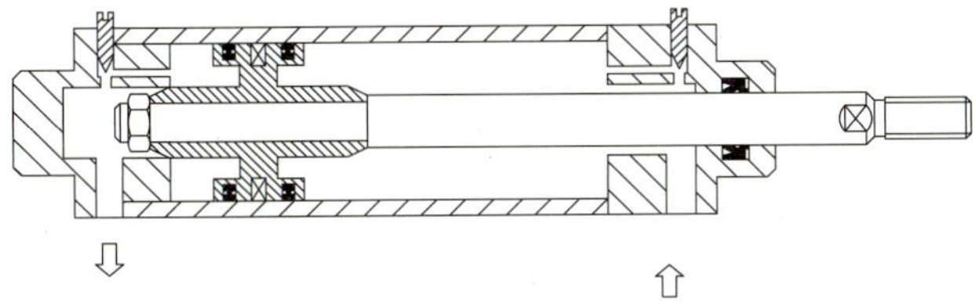

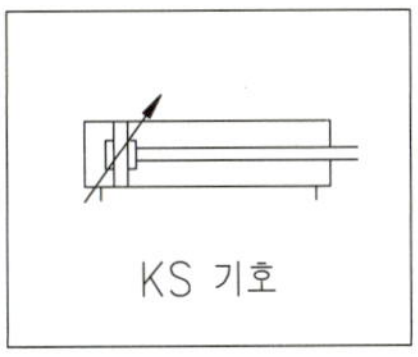

[그림 1-55] 쿠션붙이 복동 실린더

마. 방향제어 밸브

(1) 분류

방향제어 밸브란 공기 흐름의 방향을 조절하는 밸브로서 시동과 정지, 그리고 흐름의 방향을 변환하는 기능을 갖춘 밸브를 말한다.

공압에서의 방향제어 밸브는 액추에이터에 공급하는 공기 흐름의 방향을 제어하기 위해 사용되며 이러한 방향제어 밸브를 대별하면 그림 1-56와 같이 된다.

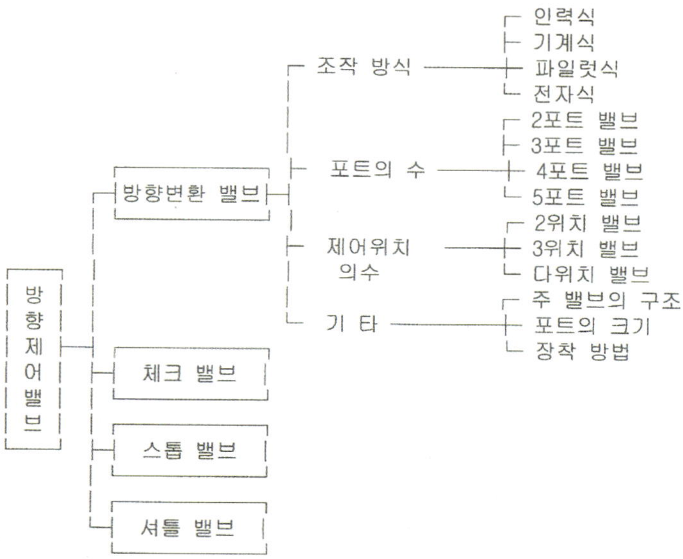

[그림 1-56] 방향제어 밸브의 분류

(1) 기능에 의한 분류

1) 포트의 수

방향제어 밸브는 그 사용 목적에서 제어 통로의 수가 기본적인 기능으로 이를 나타내는 것이 포트의 수, 즉 연결 접속구의 수이다. 포트의 수에 따라서 다음과 같이 구별된다.

2) 제어 위치의 수

방향제어 밸브의 흐름 상태를 결정하는 밸브 본체에 전환 위치 수를 말하는 것으로 제어 위치의 수가 두 개 있는 것을 2위치 밸브, 세 개 있는 것을 3위치 밸브, 네 개있는 것을 4위치 밸브라 한다. 일반적인 방향제어 밸브는 2위치 및 3위치 밸브가 대부분이고 4위치 이상의 것은 특수한 밸브에 사용된다.

3) 중립위치에서 흐름의 형식

3위치 제어 밸브나 4위치 제어 밸브 중 중립위치에서 흐름의 형식에 따라 올포트 블록형, PAB 접속형, ABR 접속형 등이 있다.

올포트 블록 상태란 말 그대로 중립 위치 상태에서 모든 포트가 닫혀 있는 상태를 말하며, PAB 접속은 중립 위치에서 P 포트가 A, B 포트로 이어져 압축 공기가 공급되는 상태를 말한다. 또한 ABR 접속은 A, B 포트와 R 포트가 이어진 상태로 중립 위치에서 A, B 포트는 R 포트를 통해 대기로 방출됨을 의미한다.

종 류		KS 기호	접속구의 기능
포트의 수	제어위치의 수		
2포트	2위치	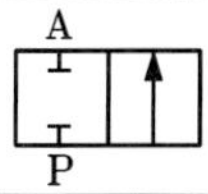	압축공기 입구 P, 압축공기 출구 A 등 2개의 포트
3포트	2위치	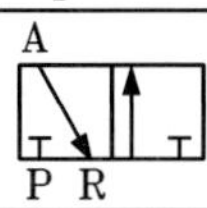	압축공기 입구 P, 압축공기 출구 A 배기구 R 등 3개의 포트
	3위치 (올포트 블록)	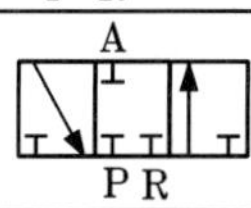	
4포트	2위치	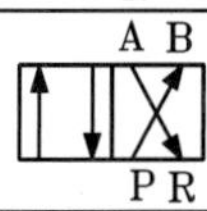	압축공기 입구 P, 압축공기 출구 A, 압축공기 출구 B, 배기구 R 등 4개의 포트
	3위치 (올포트 블록)	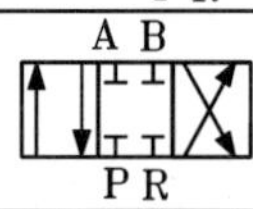	
	3위치 (ABR접속)	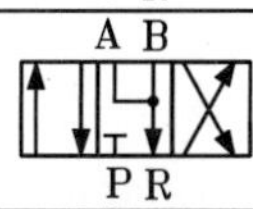	
	3위치 (PAB접속)	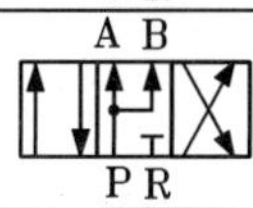	
5포트	2위치	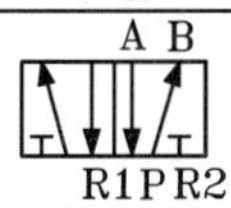	압축공기 입구 P, 압축공기 출구 A, 압축공기 출구 B, 배기구 R1, R2 등 5개의 포트
	3위치 (올포트 블록))	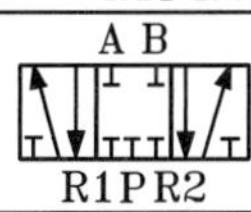	

[그림 1-57] 방향제어 밸브의 기능에 의한 분류

4) 밸브의 복귀 방식에 따른 분류

방향제어 밸브는 조작력이나 제어 신호를 제거하면 초기 상태로 복귀되어야 한다. 이와 같은 밸브의 복귀 방식은 크게 스프링 복귀 방식, 공압 신호에 의한 복귀 방식, 디텐트 방식 등으로 나눌 수 있다.

스프링 복귀 방식이란 밸브 본체에 내장되어 있는 스프링력으로 정상 상태로 복귀시키는 방식을 말하며, 공압 신호 복귀 방식은 내부의 파일럿 신호로서 복귀시키는 방식을 말한다. 또한 디텐트 방식은 메모리 방식으로 조작력이나 제어 신호를 제거하여도 정상 상태로 복귀하지 않고 반대 신호가 주어질 때까지 그 상태를 유지하는 방식을 말한다.

5) 정상 상태에서 흐름의 형식

밸브에 조작력이나 제어 신호를 가하지 않은 상태를 그 밸브의 정상 상태, 또는 초기 상태라고 말한다. 즉, 밸브가 닫혀 있거나 열려 있는 상태를 정상상태 열림(常時開, normally open)형 또는 정상상태 닫힘(常時閉, normally colsed)형으로 구분한다.

3포트 2위치 제어 밸브에서 P 포트와 A 포트가 초기 상태에서 연결된 상태이면 정상상태 열림형이고 A 포트와 R 포트가 연결된 상태이면 정상 상태 닫힘형이라고 말한다.

(2) 조작 방식에 의한 분류

1) 인력(人力) 조작 방식

방향제어 밸브의 제어 위치를 사람의 힘으로 제어하는 방식으로 누름 버튼 방식, 레버 조작 방식, 페달 조작 방식 등이 있다.

2) 기계적 조작 방식

밸브의 제어 위치를 캠, 링크, 그 밖의 기계적인 방법으로 제어하는 방식으로 플런저, 롤러 레버, 한 방향 롤러 레버, 스프링 방식 등이 있다. 기계적 조작 방식의 종류와 그 기호를 그림 6-13에 나타냈다.

3) 전자 조작 방식

방향제어 밸브의 제어 위치를 전자석에 의해 제어하는 것으로 직접 작동 방식과 간접 작동 방식이 있다. 직접 작동 방식이란 전자석, 즉 솔레노이드 자체가 직접 밸브의 스풀을 움직이는 것을 말하고, 간접 작동 방식이란 솔레노이드로 파일럿 밸브를 조작해서 공기 압력으로 밸브를 제어하는 방식을 말한다. 이와 같이 전자석에 의해 제어되는 밸브를 일반적으로 솔레노이드 밸브 또는 전자 밸브라고 말한다.

4) 공압 조작 방식

압력을 가하거나 제거하여 밸브의 위치를 제어하는 밸브로서 대표적인 것이 마스터 밸브이다.

그밖의 조작 방식으로는 차등 압력에 따라 작동되는 차등 압력 작동 방식, 솔레노이드와 파일럿 신호로서 작동되는 복합 작동 방식 등이 있다.

(3) 주 밸브의 구조에 따른 분류

주 밸브는 구조에 따라 포핏식, 스풀식, 미끄럼식(슬라이드식)과 이것들을 조합한 것 등으로 분류된다.

일반적으로 수동 조작 밸브는 미끄럼식 밸브가 대부분이고 전자 밸브 등의 자동 조작 밸브에는 포핏식이나 스풀식이 많이 사용된다.

1) 포핏 밸브

포핏식 밸브는 그림 1-58의 (a)와 같이 밸브 몸통이 밸브자리에서 직각 방향으로 이동하는 방식으로, 구조가 간단하고 먼지나 이물질의 영향을 적게 받으므로 소형에서 대형의 밸브에까지 폭넓게 이용된다.

포핏식 밸브의 특성은 다음과 같다.

① 포핏식 밸브는 작동 유체압에 의해 밸브 몸통이 밸브 스템에 직각으로 눌러서 실(seal)하므로 실 성이 양호하고 또한 스프링이 파손되어도 유체압에 의해 닫힌다.

② 가동 부분의 이동 거리가 짧으므로 개폐 속도가 빠르다

③ 완전히 열리기까지의 밸브 몸통의 리프트 양이 작으므로 유량 조절이 가능하고 대구경에도 적합하다.

④ 공급 압력이 밸브 몸통에 작용하므로 밸브 몸통을 열 때의 조작력은 유체압에 비례하여 커져야 한다.

조작방식	종 류	KS기호	비 고
인력조작방식	누름버튼방식 레 버 방 식 페 달 방 식	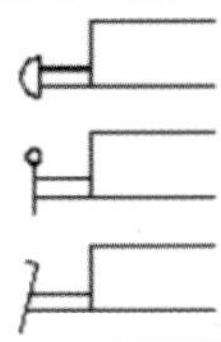	기본기호 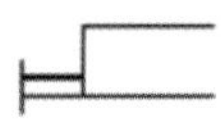
기계방식	플린저 방식 롤 로 방 식 스프링 방식	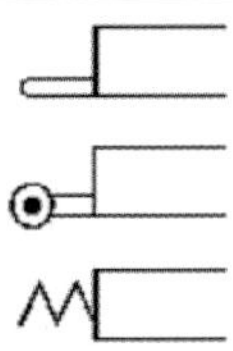	기본기호 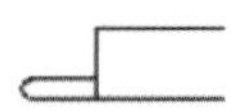
전자방식	직접작동방식 간접작동방식	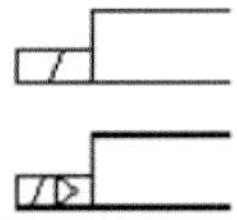 (1) (2)	(1) 직동식 (2) 파일럿식
공기압방식	직접파일럿 간접파일럿	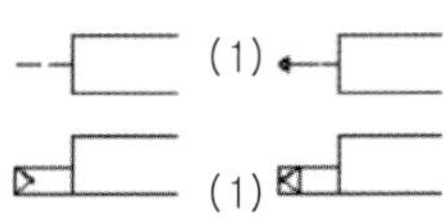 (1) (2) (1) (2)	(1) 압력을 가하여 조작 하는 방식 (2) 압력을 빼서 조작 하는 방식
기타방식	디텐트	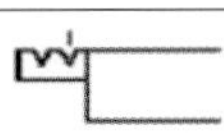	어느값 이상의 힘을 주지 않으면 움직이지 않는다.

[그림 1-58] 방향제어 밸브의 조작 방식에 따른 분류

2) 스풀 밸브

스풀 밸브는 그림 1-58의 (b)처럼 빗모양의 스풀이 원통형 미끄럼면을 축방향으로 이동하여 밸브를 개폐하는 구조로 되어 있다.

스풀 밸브는 여러 개의 가로 구멍이 뚫린 원통 모양의 슬리브 양쪽을 스풀이 이동하여 위치에 따라 유로의 연결 상태를 달리하므로 복잡한 기능의 밸브도 비교적 간단히 할 수 있으며 실의 상태에 따라 메탈식과 패킹식으로 나누어진다.

메탈식은 미끄럼면의 미세한 틈이 생기므로 이 부분에서 소량의 공기 누설이 있으며 또한 미끄럼면의 이물질은 벨브 고장의 원인이 되므로 공기의 질이나 윤활유의 관리가 필요하다.

이와 같은 스풀 밸브는 구조가 간단하고 고정밀도 가공이 용이하며 스풀이 축 방향으로 이동하므로 작은 힘으로 밸브를 제어할 수 있어 고압력용이나 자동조작 밸브 등에 이용된다.

3) 미끄럼식 밸브

미끄럼식 밸브는 밸브 몸통과 밸브체가 미끄러져 개폐 작용을 하는 형식으로 스풀 밸브를 평면적으로 한 구조이다.

미끄럼식 밸브의 섭동면은 랩 다듬질하여 실 부분을 스프링 등으로 누르기 때문에 누설량은 거의 없으나 이동 거리가 길고 섭동 저항이 커서 조작력이 크므로 수동 조작 밸브에 주로 이용하고 있다.

제 2 장 Programming의 기초

학습목표	1) GX WORKS2에 대해 설명할 수 있다. 2) 펑션 및 펑션 블록의 내용을 이해하고 익힐 수 있다. 3) 시퀀스 기본 회로를 이해하고 프로그램으로 작성할 수 있다.

1 데이터 메모리구성

(1) 입력 X

- 입력은 푸시버튼, 전환스위치, 리미트 스위치, 디지털스위치 등의 외부기기에 의해CPU 모듈에 지령이나 데이터를 송신하기위한접점입니다.

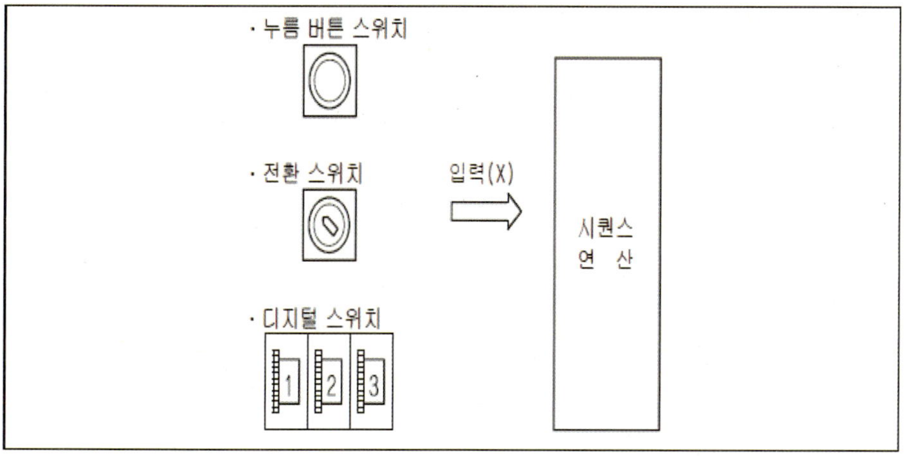

- 입력 1점에 대해 CPU 모듈내에 가상의 릴레이 Xn이 내장 되어있다고 가정하여 프로그램에서는 그Xn의 a 접점, b 접점을사용합니다.
- 프로그램 내에서의 Xn의 a 접점과 b 접점의 사용개수는 프로그램 용량의 범위 내라면 제한이 없습니다.

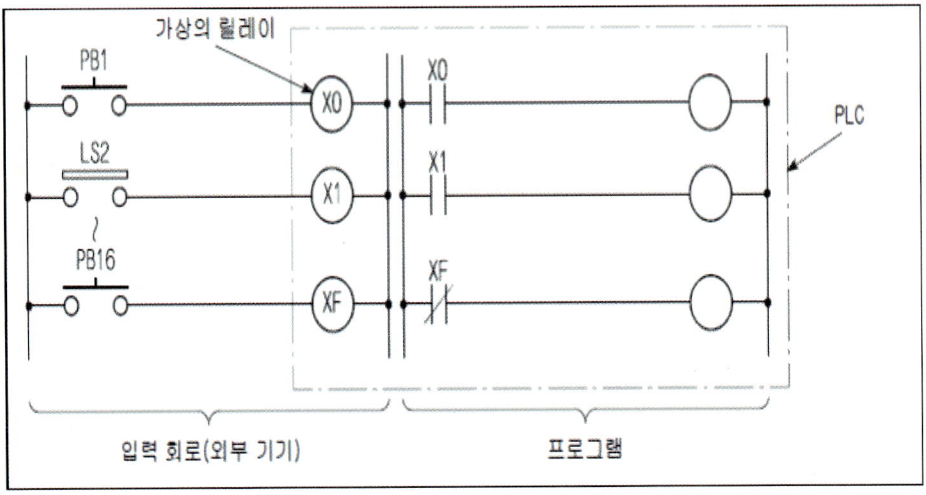

(2) 출력 Y

- 출력은 프로그램의 제어 결과를 외부의 신호등, 디지털 표시기, 전자 개폐기(콘택터), 솔레노이드 등에 출력하는 접점입니다.

출력은 외부에 1a 접점과 동등한 신호를 내보낼수 있습니다.

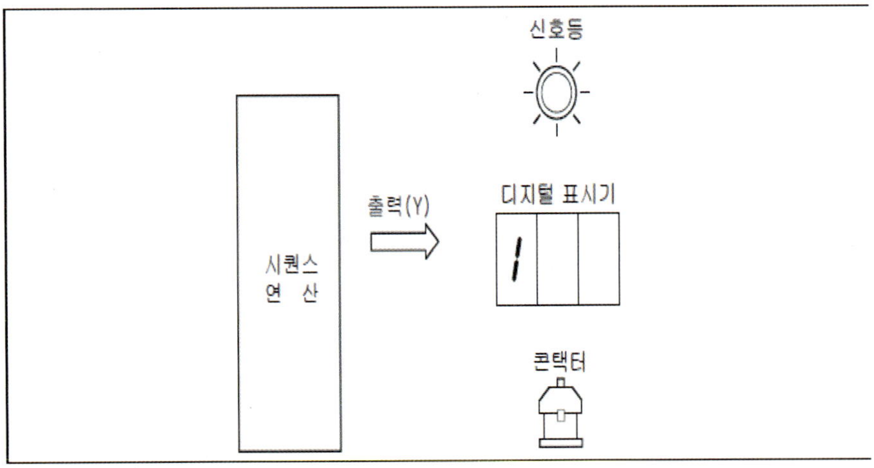

- 프로그램 내에서의 출력 Yn의 a 접점과 b 접점의사용 개수는 프로그램 용량의 범위내라면 제한이 없습니다.

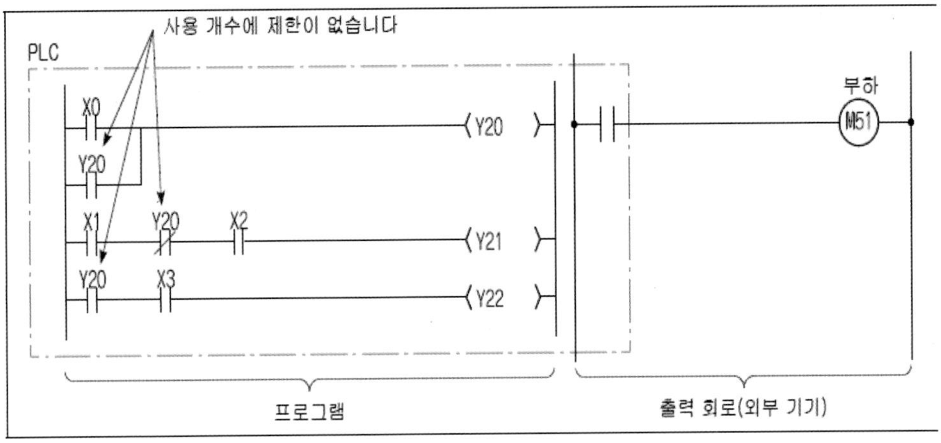

(3) 내부 릴레이 M

1) 내부 릴레이

- 내부 릴레이는 CPU 모듈 내부에서 사용하는 보조 릴레이입니다.
  아래와 같이 조작하면내부 릴레이는모두OFF합니다.
  - PLC의전원 OFF → ON
  - CPU 모듈을 리셋
  - 래치 클리어

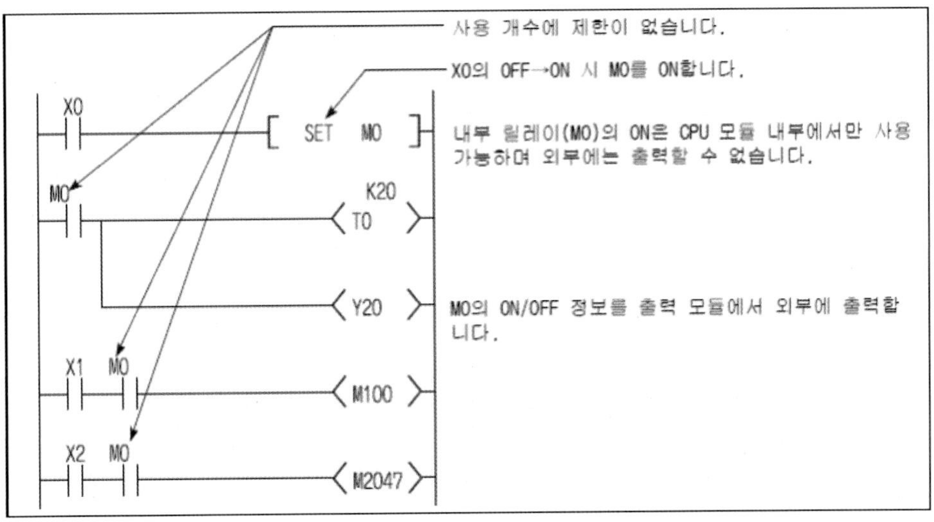

2) 래치(정전유지) 가능 여부

(a) 베이식 모델 QCPU, 하이퍼포먼스모델 QCPU, 프로세스 CPU, 유니버설 모델 QCPU의경

우 내부 릴레이는 래치(정전 유지)할 수없습니다.

(b) 이중화 CPU의 경우

스타트 모드가 핫스타트모드의 경우 래치(정전 유지)됩니다. 스타트모드가 초기화 스타트모드인 경우 래치(정전 유지)되지 않습니다.

3) a **접점과** b **접점의 사용개수**

프로그램내 에서의 접점(a 접점, b 접점)의 사용개수는 프로그램 용량의 범위내라면 제한이 없습니다.

(4) 래치 릴레이 L

1) 래치 릴레이

- 래치 릴레이는 CPU 모듈 내부에서 사용하는 래치(정전 유지)가 가능한 보조 릴레이 입니다. 래치 릴레이는 아래와 같이 조작해도 연산 결과(ON/OFF 정보)를 유지합니다.

、PLC의 전원 OFF → ON

、CPU 모듈리셋

래치는 CPU 모듈 본체의 배터리로 실행합니다.

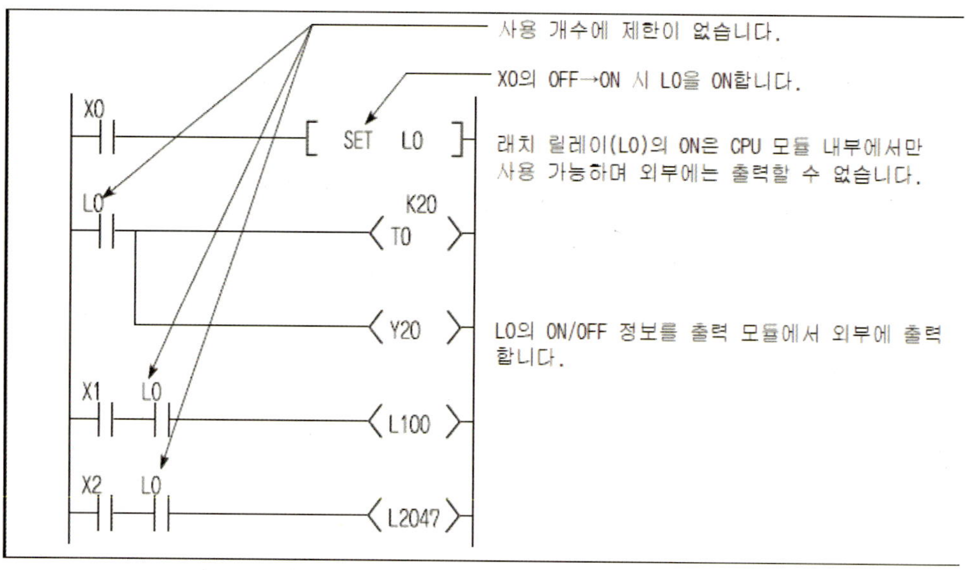

2) 래치 릴레이의 클리어

- 래치 릴레이는 래치 클리어 조작으로 OFF합니다.

다만 PLC 파라미터의 디바이스 설정에서 "래치(2) 선두/최종"에 설정한 래치릴레이는

RESET/L.CLR 스위치 /리모트 래치 클리어에 의해 래치 클리어를 실행해도 OFF할 수 없습니다.

3) a **접점과** b **접점의 사용개수**

- 프로그램 내에서의 접점(a 접점, b 접점)의 사용개수는 프로그램 용량의범위 내라면 제한이 없습니다.

(5) **링크 릴레이** B

- MELSECNET/H 네트워크 모듈의 링크 디바이스를 직접 액세스하는 디바이스입니다.
이 디바이스를 사용하면 링크 디바이스의 전송 시간을 단축할 수 있습니다.
또, 네트워크 리플래시 파라미터에 설정되지 않은 링크 범위에도 액세스할 수 있습니다.

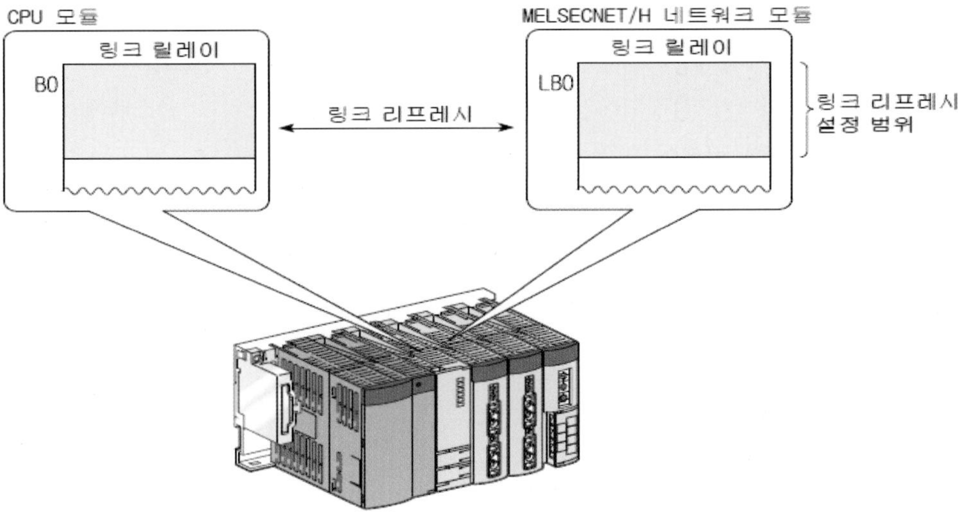

1) a **접점과** b **접점의 사용개수**

- 프로그램 내에서의 접점(a 접점, b 접점)의 사용개수는 프로그램 용량의 범위내라면 제한이 없습니다.

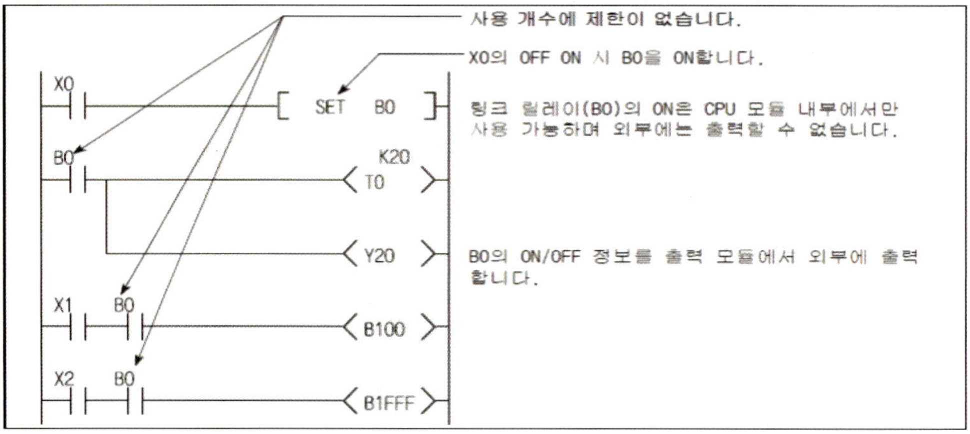

2) 네트워크 시스템에서 사용 시

- 네트워크 시스템에서사용하는경우, 네트워크 파라미터의 설정이 필요합니다.
  네트워크 파라미터가 설정되어있지 않는(MELSECNET/H 네트워크 시스템에서 사용하지 않는) 범위는 내부 릴레이 또는 래치릴레이로 사용할 수있습니다.
  - 링크 릴레이로 래치를 실행하지 않는 범위…내부 릴레이 상당
  - 링크 릴레이로 래치를 실행하는범위 ………래치 릴레이 상당

(6) 링크 특수 릴레이 SB

1) 링크 특수릴레이

- 링크 특수릴레이는 MELSECNET/H 네트워크 모듈등의 인텔리전트 기능모듈의 통신상태、이상 검출 상태를 나타내는 릴레이입니다.
  링크 특수릴레이는 데이터 링크 시에 발생하는 다양한 요인에 의해 ON/OFF 됩니다.
  링크 특수릴레이를 모니터하여 데이터 링크의 통신상태、이상상태 등을 파악할 수 있습니다.

2) 링크 특수릴레이 점수

링크 특수릴레이의 점수는 다음표와 같습니다.

CPU 모듈	링크 특수 릴레이 점수
베이식 모델 QCPU	1024점(SB0 ~ 3FF). MELSECNET/H 네트워크 모듈 등의 링크 특수 릴레이를 가지고 있는 인텔리전트 기능 모듈은 512점.
하이 퍼포먼스 모델 QCPU 프로세스 CPU 이중화 CPU	2048점(SB0 ~ 7FF). MELSECNET/H 네트워크 모듈 등의 링크 특수 릴레이 기능을 가지고 있는 인텔리전트 기능 모듈은 512점. 링크 특수 릴레이는 아래 그림과 같이 할당하는 것이 가능. 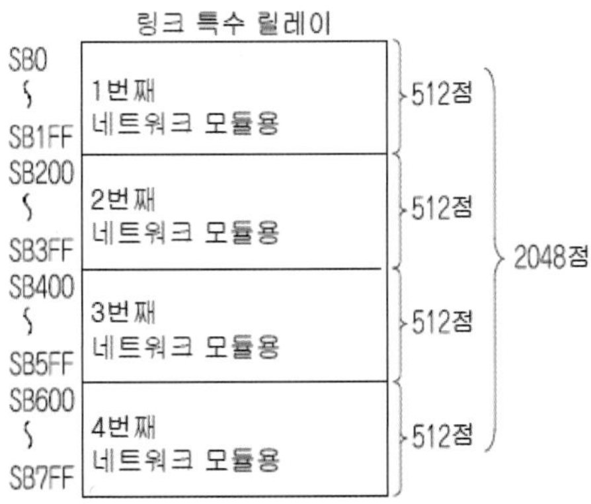

(7) 어넌시에이터 F

1) 어넌시에이터

- 어넌시에이터는 사용자가제작한 설비의 이상、고장 검출용 프로그램에 사용하면 편리한 내부릴레이입니다.

2) 어넌시에이터 ON 시의특수 릴레이와 특수레지스터

- 어넌시에이터를 ON하면, 특수릴레이(SM62)가 ON되고 특수레지스터(SD62 ~ 79)에 ON한 어넌시에이터의 개수와 번호가 저장됩니다.
  - 、특수릴레이 : SM62 어넌시에이터가 1개라도 ON하면 ON합니다.
  - 、특수레지스터 : SD62 최초로 ON된 어넌시에이터 번호를 저장합니다.

SD63 ON되어있는 어넌시에이터의 개수를 저장합니다.

SD64 ~ 79 (SD62와 SD64는 동일한 어넌시에이터 번호가 저장됩니다.)

또한, SD62에 저장되어 있는 어넌시에이터 번호는고장 이력 저장 영역에도 등록됩니다.

3) 어넌시에이터의용도

- 고장 검출 프로그램에 어넌시에이터를 사용한 경우, 특수 릴레이(SM62)가 ON되었을때

특수 레지스터(SD62 ~ 79)를모니터하면, 설비의 이상·고장 유무(어넌시에이터 번호)를 확인할 수 있습니다.

CPU 모듈	링크 특수 릴레이 점수
유니버설 모델 QCPU	2048점(SB0 ~ 7FF). 다만 PLC 파라미터의 디바이스 설정에서 변경할 수 있습니다. MELSECNET/H 네트워크 모듈 등의 링크 특수 릴레이 기능을 가지고 있는 인텔리전트 기능 모듈은 512점. 링크 특수 릴레이는 아래 그림과 같이 할당하면, CC-Link의 링크 특수 릴레이(SB)도 CPU 모듈의 링크 특수 릴레이(SB)에 리프레시할 수 있게 됩니다. 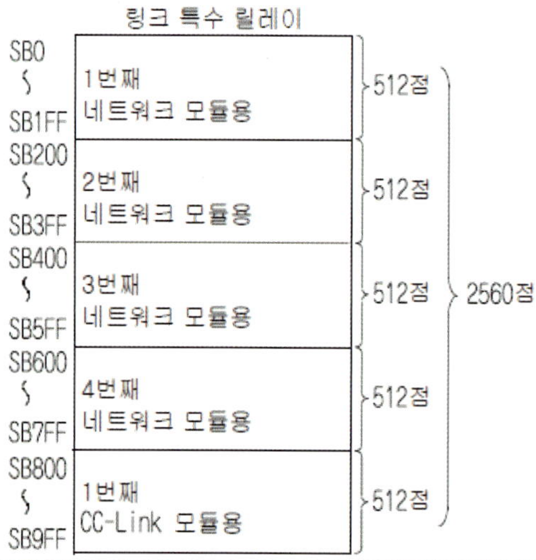

예

어넌시에이터(F5)가 ON되면, 외부에 ON된 어넌시에이터 번호를 출력하는 프로그램

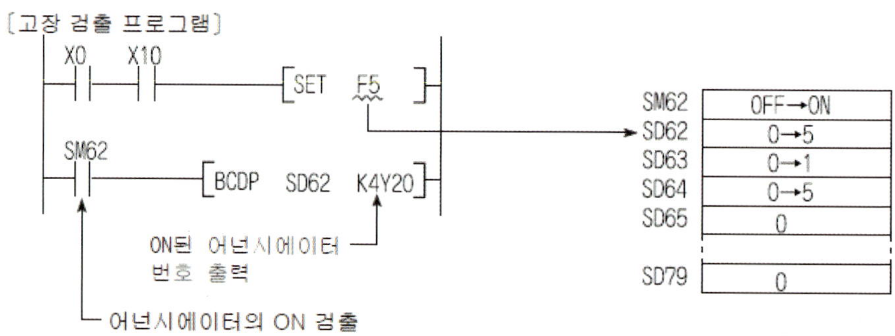

4) a **접점과** b **접점의 사용개수**

- 프로그램내에서의 접점(a 접점, b 접점)의 사용개수는프로그램 용량의 범위 내라면 제한이 없습니다.

(8) 에지 릴레이 V

1) **에지 릴레이**

- 에지 릴레이는 래더 블록의 선두부터의 연산 결과(ON/OFF 정보)를 기억하는 디바이스로, 접점에서만 사용할 수 있습니다.

에지 릴레이는 코일로 사용할 수 없습니다.

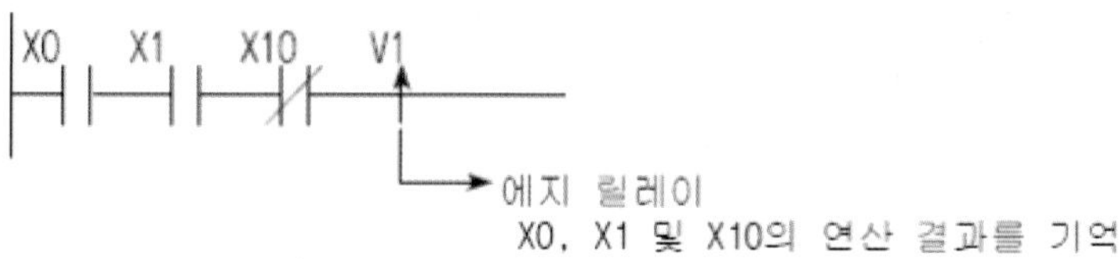

2) **에지 릴레이의 용도**

- 에지 릴레이는 인덱스 수식에 의한 구조화 프로그램에서 펄스상승 (OFF → ON) 검출시 실행하도록 하는 경우에 사용합니다.

3) **주의 사항**

- 프로그램에서 같은 번호의 에지 릴레이를 복수로 사용할수 없습니다.

(9) 스텝 릴레이 S

- SFC의 각 스텝의 활성 상태를 나타내는 SFC 전용 릴레이입니다.

시퀀스 프로그램에서는 스텝 릴레이를 지정하거나 블록을 첨부하여 지정할 수 있습니다.

(예) BL2₩S1 · · · · · · · 블록 No.2의 스텝 릴레이 1을 지정

[프로그램 예]

* 1 : X0Z1의 ON/OFF 정보를 에지 릴레이의 V0Z1에 기억합니다.
예를 들어 X0의 ON/OFF 정보를 V0에 기억하고, X1의 ON/OFF 정보를 V1에 기억합니다.

[타이밍 차트]

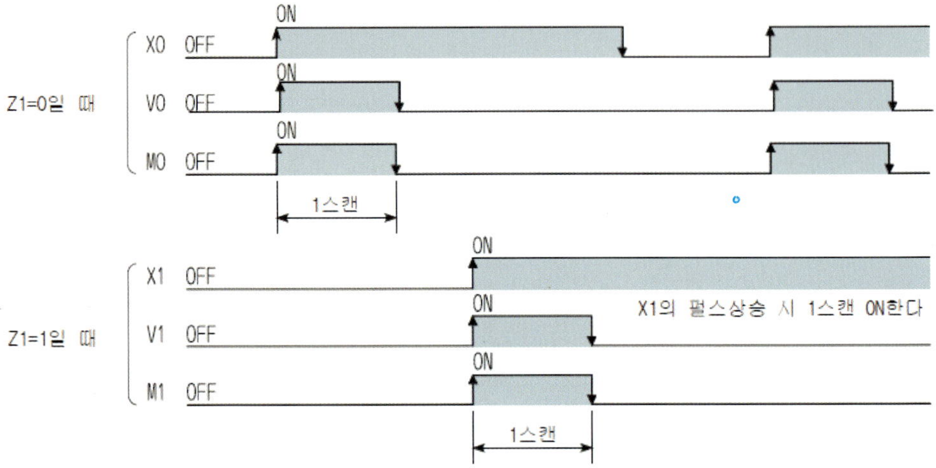

(10) 타이머 T

1) 타이머

- 타이머(T)는 타이머의 코일이 ON되면 계측을시작하고, 현재값이 설정값 이상이 되면 타임업 하여 접점이 ON되는 디바이스입니다.

  타이머는 덧셈 방식입니다.

  타이머가 타임업 하면 현재값과 설정값은 동일한 값이 됩니다.

2) 타이머의 종류

- 타이머에는 코일이 OFF 되었을때 현재값이 0이 되는 타이머와, 코일이 OFF되어도 현재값을 유지하는 적산타이머가 있습니다.

타이머에는 저속 타이머와 고속타이머가 있으며, 적산 타이머에는 저속적산 타이머 와 고속적산 타이머가 있습니다.

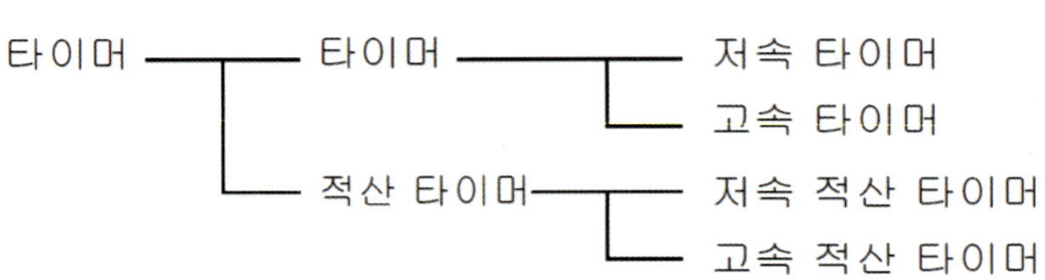

3) 타이머 사용 방법

- 저속타이머와 고속타이머는 같은 디바이스로, 타이머의 지정(명령을 쓰는방법)에 따라 저

속 타이머 또는고속타이머가됩니다. 예를들어, OUT T0을지정하면 저속 타이머가 되고, OUTH T0을지정하면 고속타이머가 됩니다.

저속적산 타이머와 고속적산 타이머는같은 디바이스로, 타이머의지정(명령을 쓰는방법)에 따라 저속적산타이머또는 고속적산 타이머가 됩니다. 예를 들어, OUT ST0을 지정하면 저속적산타이머가 되고, OUTH ST0을 지정하면 고속 적산타이머 가됩니다.

4) 저속 타이머

(a) 저속타이머

저속타이머는 계측단위가 1 ~ 1000ms인 타이머입니다.

타이머는 코일이 ON되어 있을 때만 유효합니다.

타이머의 코일이 ON되면 계측을시작하고, 타임업 하면 접점이 ON됩니다.

타이머의 코일이 OFF되면 현재값이 0이 되고 접점도 OFF됩니다.

[프로그램 예]

X0이 ON되면 T0의 코일이 ON되고, 이후 1초를 계측하면 접점이 ON됩니다.(저속 타이머의 계측 단위가 100ms인 경우)

[타임 차트]

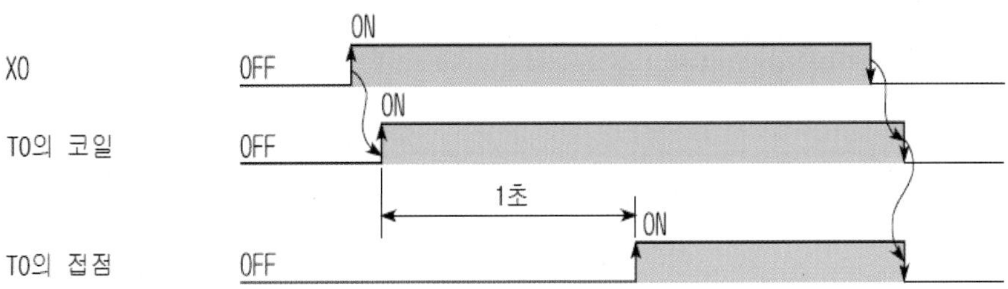

(b) 계측 단위

- 저속타이머의 계측단위(시한)의 디폴트값은 100ms 입니다.
  계측단위는 1 ~ 1000ms의 범위 내에서 1ms 단위로 변경할수 있습니다.
  계측단위는 PLC 파라미터의 PLC 시스템 설정에서 설정합니다.

5) 고속 타이머

(a) 고속 타이머

- 고속 타이머는 저속타이머 보다 계측 정밀도가 높은 타이머입니다. 각 CPU 모듈 에서의 계측단위를 다음표에 나타냅니다.
  타이머는 코일이 ON되어 있을 때만 유효하며기호"H"를 붙여넣습니다.

타이머의 코일이 ON되면 계측을시작하고, 타임업 하면 접점이 ON됩니다. 타이머의 코일이 OFF되면 현재값이 0이 되고 접점도 OFF됩니다.

[프로그램 예]

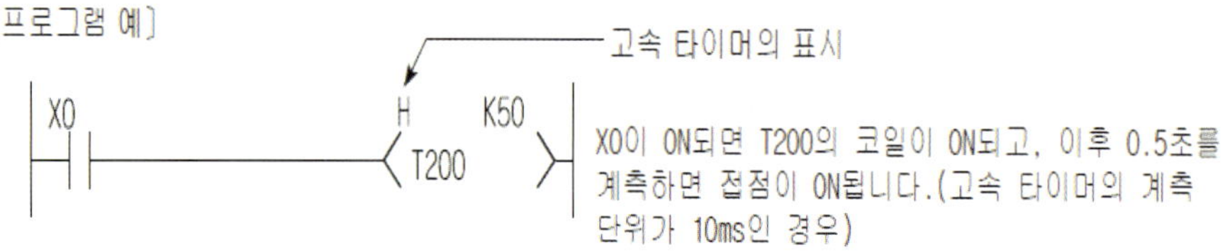

[타임 차트]

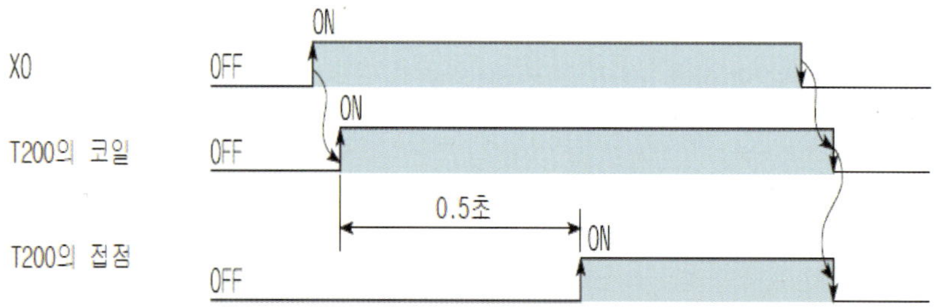

(b) 계측단위

- 설정은 PLC 파라미터의 PLC 시스템 설정에서설정합니다.

CPU 모듈	베이식 모델 QCPU, 하이 퍼포먼스 모델 QCPU, 프로세스 CPU, 이중화 CPU	유니버설 모델 QCPU
계측 단위	0.1 ~ 100ms (0.1ms 단위)	0.01 ~ 100ms (0.01ms 단위)

6) 적산 타이머

(a) 적산 타이머

- 적산 타이머는 코일이 ON되어있는 시간을 계측하는 타이머입니다.

  타이머의 코일이 ON되면 계측을 시작하고, 타임업 하면 접점이 ON됩니다.

  타이머의 코일이 OFF되어도 현재값및 접점의 ON/OFF 상태를 유지합니다.

  다시 코일이 ON되면, 유지하고 있던현재값부터 계측을 재개합니다.

(b) 적산 타이머의 종류

- 적산 타이머에는 저속적산타이머와 고속적산타이머의 2종류가 있습니다.

(c) 적산 타이머의 클리어

- 현재값의 클리어와 접점의 OFF는 RST ST 명령으로 실행합니다.

(d) 계측 단위

- 적산 타이머의계측 단위(시한)는 저속타이머, 고속타이머와동일합니다.

、저속적산 타이머 : 저속타이머

、고속적산 타이머 : 고속타이머

* 적산타이머를 사용하는 경우, PLC 파라미터의 디바이스 설정에서 적산타이머의 사용점수를 설정해야합니다.

〔프로그램 예〕

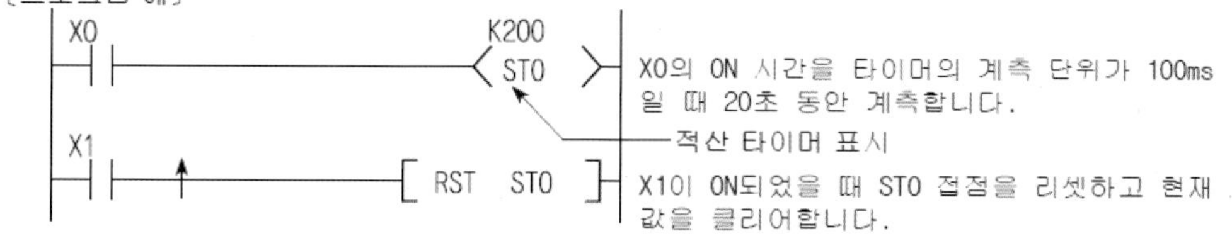

〔타임 차트〕

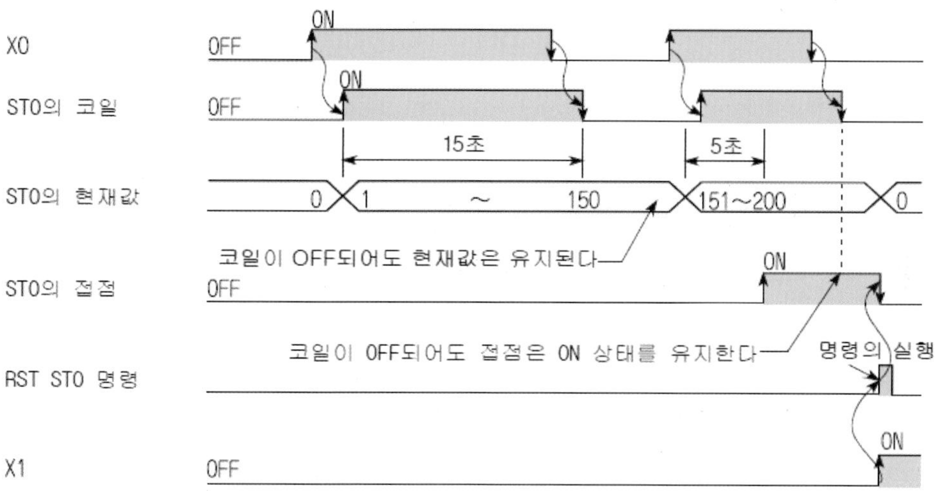

7) 타이머의처리 방법과정밀도

(a) 처리 방법

- OUT T 명령 실행 시 타이머코일의 ON/OFF, 현재값갱신 및 접점의 ON/OFF 처리를 합니다. END 처리시에는 타이머의 현재값 갱신과 접점의 ON/OFF를 처리하지 않습니다.

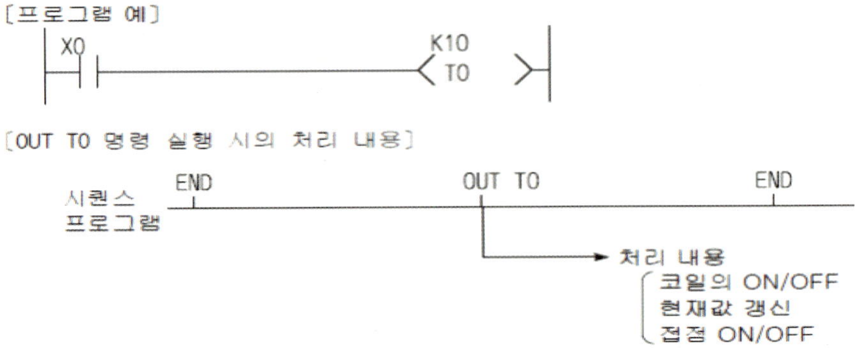

(b) 정밀도

- 현재값은 END 명령에서의 OUT T 명령실행시 계수를 더합니다.

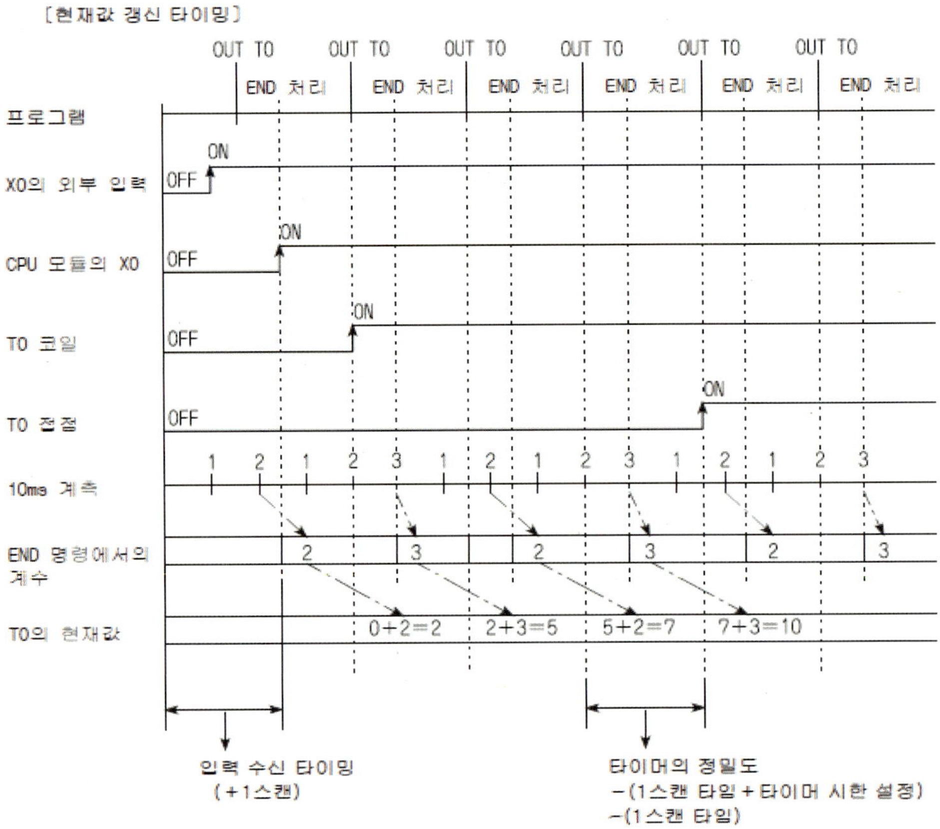

OUT T 명령 실행 시 타이머의 코일이 OFF되어 있는 경우에는 현재값을 갱신하지 않습니다.

입력(X)을 수신하여출력할 때까지의 타이머의 응답 정밀도는 최대 「2 스캔타임+타이머의 시한설정」 이 됩니다.

(11) 카운터 C

1) 카운터는 시퀀스 프로그램으로 입력조건의 펄스 상승횟수를 카운트하는 디바이스 입니다.
   카운트값과 설정값이 동일하게 되면 카운트업하여 접점이 ON됩니다.
   카운터는 덧셈 방식입니다.

2) 카운터의 종류
   카운터에는 시퀀스 프로그램으로 입력조건의 펄스 상승횟수를 카운트하는 카운터 와 인터럽트 요인의 발생 횟수를 카운트하는 인터럽트 카운터의 2종류가 있습니다.

3) 카운트 처리

(a) OUT C 명령실행 시

OUT C 명령실행 시 카운터 코일의 ON/OFF, 현재값 갱신(카운트값+ 1) 및접점의 ON/OFF 처리를 합니다.

END 처리시 카운터 현재값 갱신과 접점의 ON/OFF는 처리하지 않습니다.

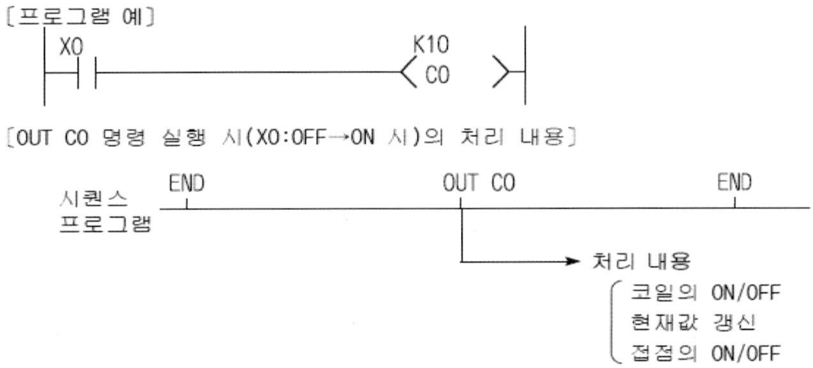

(b) 현재값 갱신(카운트값+ 1)

- 현재값 갱신(카운트값+ 1)은 OUT C 명령의 펄스상승 시(OFF → ON) 실행합니다.
  OUT C 명령이 OFF, ON → ON 및 ON → OFF 시는 현재값을 갱신하지 않습니다.

[프로그램 예]

[현재값 갱신 타이밍]

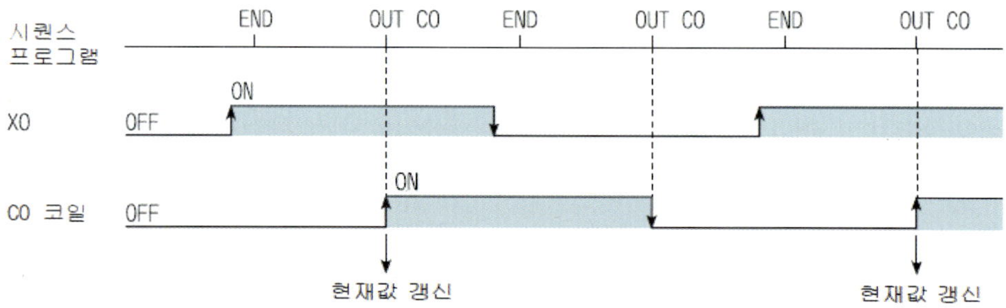

(c) 카운터 리셋

- 카운터 현재값은 OUT C 명령이 OFF되어도 클리어되지 않습니다.
  카운터 현재값의 클리어(리셋)와 접점의 OFF는 RST C 명령으로 실행합니다.
  RST C 명령을 실행한 시점에서 카운터값은 클리어되고 접점도 OFF됩니다.

[프로그램 예]

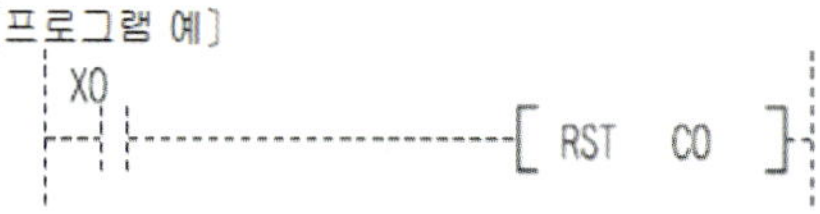

[카운터 리셋 타이밍]

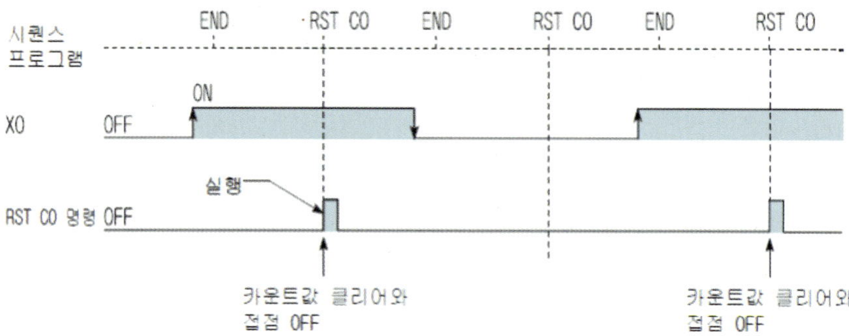

1) 카운터 리셋 시주의사항

- RST C 명령을 실행하면 C 의 코일도 OFF합니다.
  RST C 명령실행 후에도 OUT C 명령의 실행 조건이 ON되어 있는 경우,
  OUT C 명령실행 시 C 의 코일을 ON하여 현재값을 갱신(카운트값+ 1)합니다.

[프로그램 예]

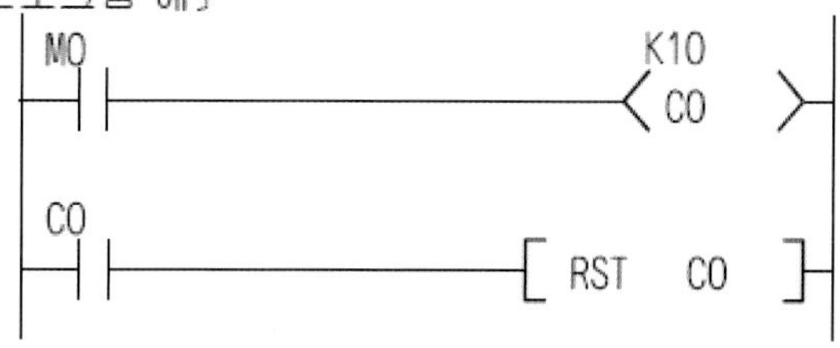

상기프로그램 예에서는 M0이 OFF → ON 시 C0의 코일이 ON되고 현재값이갱신 됩니다.

C0이 카운트업하면 C0의 접점이 ON되고, RST C0 명령의 실행에 의해 C0의현재값이 클리어 됩니다. 이 때, C0의 코일도 OFF됩니다.

다음스캔에서 M0이 ON되어 있는 경우, OUT C0 명령실행 시 C0의 코일이OFF → ON되므로 현재값이 갱신됩니다.(현재값이 1이 됩니다.)

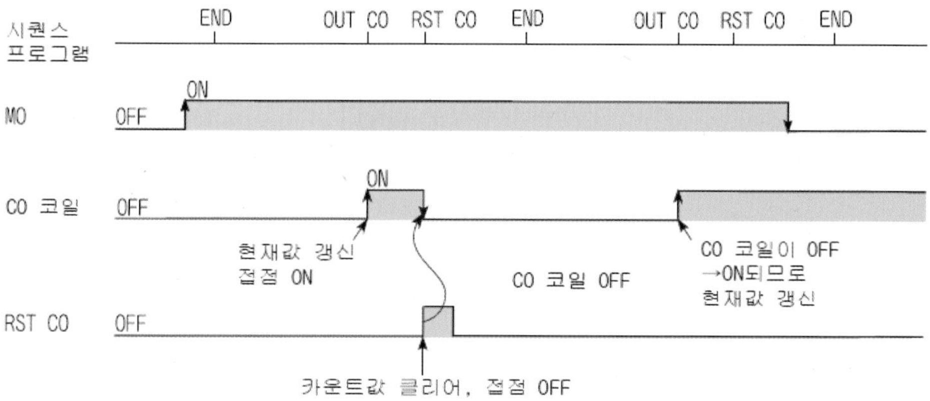

RST C0 명령의 실행 조건에 OUT C0 명령의 실행 조건의 b접점을 삽입하여, OUT C0 명령의 실행 조건(M0)이 ON되어 있는 동안 C0의 코일이 OFF되지 않게 할 것을 권합니다.

(12) 데이터 레지스터 D

1) 데이터 레지스터

- 데이터레지스터는 수치 데이터(– -32768 ~ 32767 또는 0000 ~ FFFF) 를 저장 할 수 있는 메모리입니다.

2) 데이터 레지스터의 비트 구성

(a) 비트 구성과 읽기및 쓰기 단위

데이터 레지스터는 1점이 16비트로 구성되어 있어, 16비트 단위로 읽거나 쓸 수 있습니다.

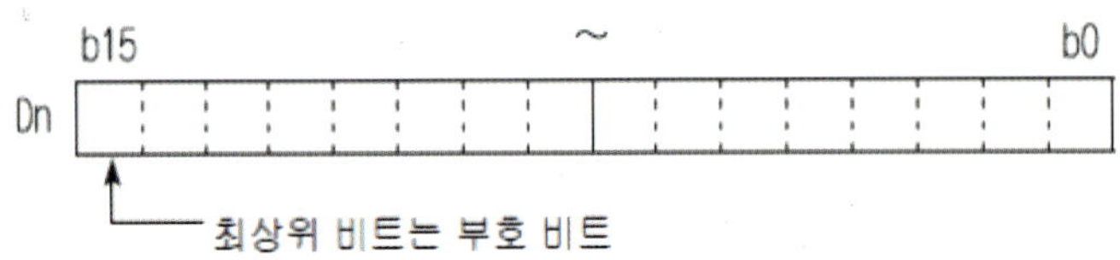

(b) 32비트 명령으로 데이터 레지스터 사용

32비트 명령으로 데이터레지스터를 사용하는 경우에는 Dn와 Dn + 1이 처리대상이 됩니다.

시퀀스 프로그램에서 지정하고있는 데이터레지스터 번호(Dn)가하위16비트, 시퀀스 프로그램에서 지정하고있는 데이터레지스터 번호+1의 데이터레지스터가 상위 16비트가 됩니다.

예를들어 DMOV 명령에서 D12를 지정한 경우, D12가 하위 16비트, D13이 상위16비트가 됩니다.

데이터레지스터 2점으로는 -2147483648 ~ 2147483647 또는0 ~FFFFFFFF 의 데이터를 저장할 수 있습니다.(32비트 구성 시의 최상위 비트는 부호 비트가됩니다.)

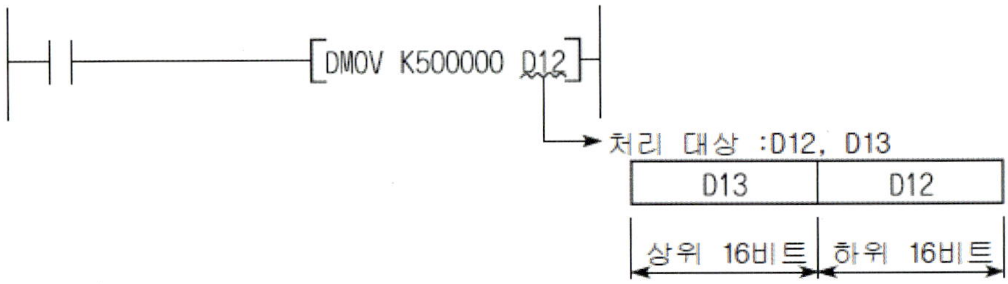

3) **입력데이터 유지**

데이터레지스터에 저장되어 있는 데이터는 다른데이터를 저장할 때까지 유지됩니다.

데이터레지스터에 저장되어 있는 데이터는 PLC의 전원을OFF하거나 CPU 모듈을 리셋하면 초기화됩니다.

(13) 링크 레지스터 W

1) **링크 레지스터**

- 링크 레지스터는 MELSECNET/H 네트워크모듈등 인텔리전트기능 모듈의링크 레지스터 (LW)의데이터를 CPU 모듈에 리프레시하는 경우에 사용하는 CPU 모듈측 메모리입니다.

링크 레지스터는수치데이터(-32768 ~ 32767 또는 0000 ~ FFFF)를 저장 할 수 있는 메모리입니다.

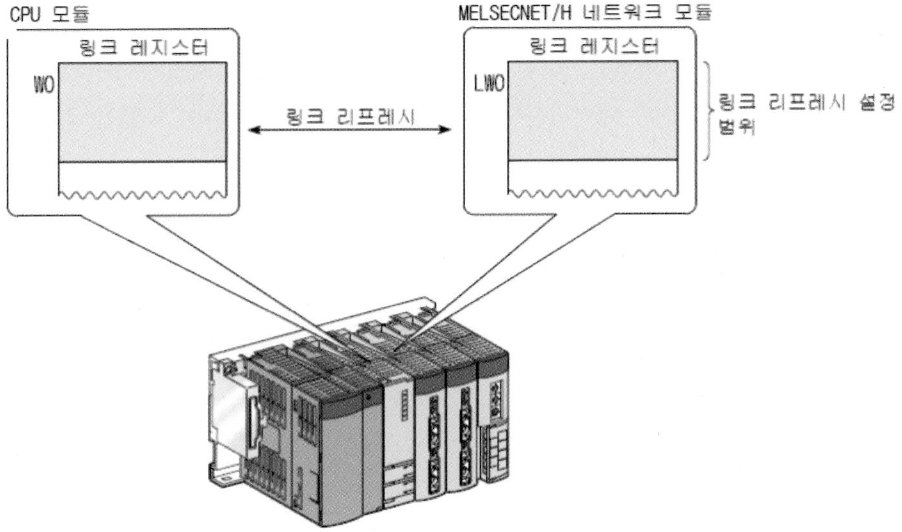

2) 링크 레지스터의 비트 구성

(a) 비트구성과 읽기 및 쓰기단위

링크레지스터는 1점이 16비트로 구성되어 있어, 16비트 단위로 읽거나 쓸 수 있습니다.

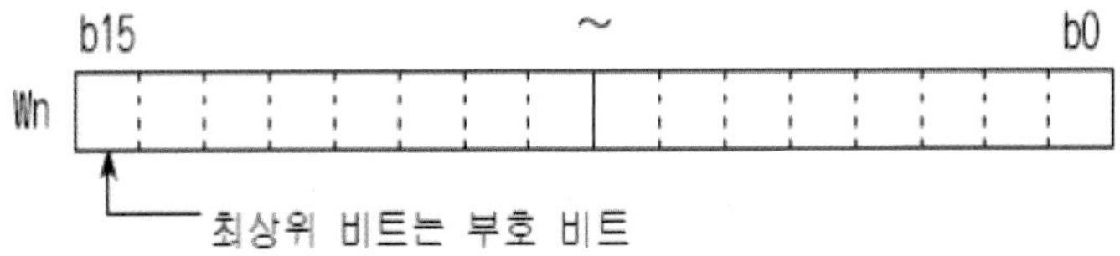

(b) 32비트 명령으로 링크 레지스터사용

- 32비트명령에서 링크 레지스터를 사용하는 경우에는 연속된 2점의 링크레지 스터(Wn와 Wn + 1)가 처리 대상이 됩니다.

시퀀스 프로그램에서 지정하고있는 링크 레지스터번호(Wn)가 하위 16비트, 시퀀스프로그램에서 지정하고 있는 링크 레지스터 번호+ 1의 링크레지스터가상위 16비트가 됩니다.

예를 들어 DMOV 명령에서 W12를 지정한 경우, W12가 하위 16비트, W13이 상위 16비트가 됩니다.

32비트 명령에 의한데이터의 전송과 저장 위치링크 레지스터 2점으로는 -2147483648 ~ 2147483647 또는0 ~ FFFFFFFF 의데이터를 저장할 수 있습니다.(32비트 구성시의 최상위비트는 부호 비트가 됩니다.)

3) 입력 데이터의 유지

- 링크레지스터에 저장 되어있는 데이터는 다른 데이터를 저장할때까지 유지됩니다.

링크레지스터에 저장되어있는데이터는 PLC의전원을 OFF하거나 CPU 모듈을 리셋하면 초기화됩니다.

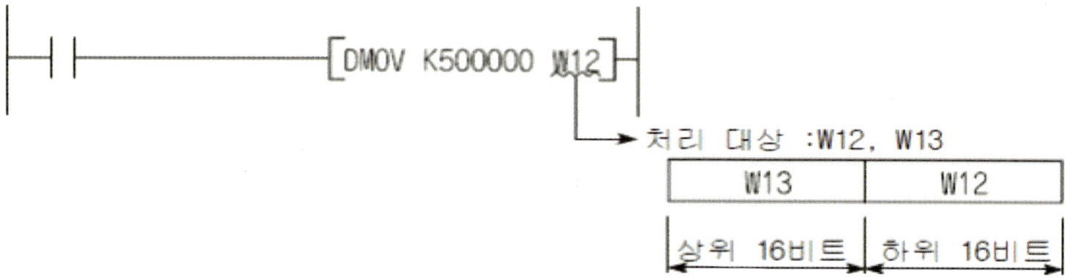

4) 네트워크 시스템에서 사용시

- 네트워크 시스템에서 사용하는 경우, 네트워크 파라미터의 설정이 필요합니다.

네트워크 파라미터에 설정되어 있지않은링크 레지스터는 데이터 레지스터의 대용으로 사용할 수 있습니다.

(14) 링크 특수 레지스터 W

1) 링크 특수 레지스터

- 링크 특수레지스터는 MELSECNET/H 네트워크모듈 등의 인텔리전트 기능모듈의 통신 상태 、이상상태를 저장하는 레지스터입니다.

데이터 링크 시의 정보가 수치로 저장되므로, 링크 특수 레지스터를 모니터하여 이상위치및 원인을 조사할 수 있습니다.

2) 링크 특수 레지스터 점수

링크 특수레지스터의 점수는 다음표와 같습니다.

CPU 모듈	링크 특수 레지스터 점수
베이식 모델 QCPU	1024점(SW0 ~ 3FF). MELSECNET/H 네트워크 모듈 등의 인텔리전트 기능 모듈 마다 512점.
하이퍼포먼스 모델 QCPU 프로세스 CPU 이중화 CPU	2048점(SW0 ~ 7FF). MELSECNET/H 네트워크 모듈 등의 인텔리전트 기능 모듈 마다 512점. 링크 특수 레지스터는 아래 그림과 같이 할당하는 것이 가능. 

(15) 파일 레지스터(R/ZR)

- 데이터 레지스터의 확장용 레지스터입니다. 파일 레지스터에는 표준 RAM 또는 메모리 카드(SRAM, Flash 카드)를 이용합니다.

파일 레지스터의 최대 용량은 표준 RAM: 131,072점 (Q12H/Q25HCPU 사용시), SRAM 카드: 1,041,408점, Flash 카드: 1,042,432점입니다. 이러한 대용량 데이터는 32k 워드의 블록 단위로 액세스하거나 파일 레지스터 전체를 번호순으로 액세스할 수 있습니다.

(a) 파일 레지스터를 블록 단위로 액세스할 경우

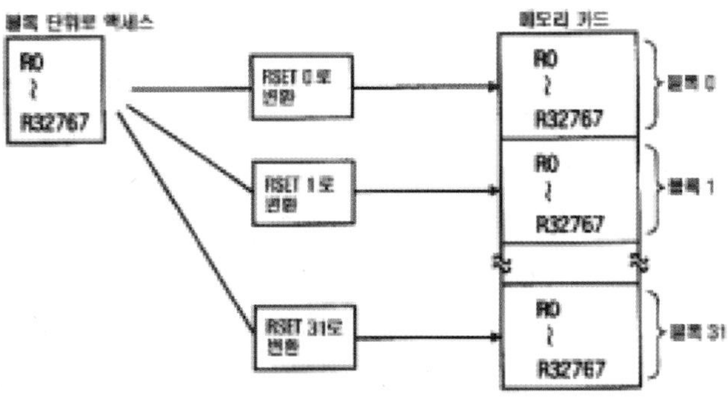

(b) 파일 레지스터를 번호순으로 액세스할 경우

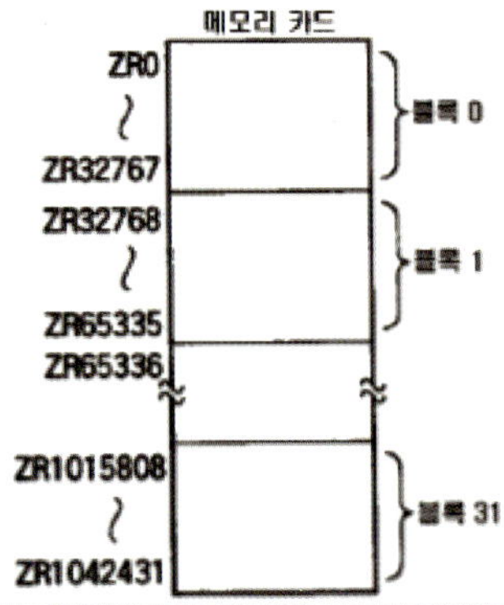

액세스 디바이스	사용 가능한 파일 레지스터 점수	비 고
[R](점)	• 표준 RAM 131,072(R0-32767, 32768점 단위로 블록 변환) • SRAM카드(2M바이트) 사용 시: 32,768(R0-32767)단위로 블록을 변환하여 최대 1,041,408점까지 사용 가능 • Flash(2M바이트)카드 사용 시: 32,768(R0-32767)단위로 블록을 변환하여 최대 1,041,408점까지 사용 가능 • Flash(4M바이트)카드 사용 시: 32,768(R0-32767)단위로 블록을 변환하여 Flash카드 사용시에는 최대 1,042,432점까지 사용 가능	Flash 카드 사용시는 Read만이 가능
[ZR](점)	• 표준 RAM 131,072(ZR0-131071) • SRAM카드(2M바이트) 사용 시: 1,041,408(ZR0-1041407), 블록 변환이 필요 없음 • Flash(2M바이트)카드 사용 시: 1,041,408(ZR0-1041407), 블록 변환이 필요 없음 • Flash(4M바이트)카드 사용 시: 1,042,432(ZR0-1042431), 블록 변환이 필요 없음	

제 3 장 PLC 사용방법

학습목표	1) PLC 프로그램인 GX WORK2로 프로그램을 작성 할 수 있다. 2) PLC의 데이터 구성에 대해 익힐 수 있다. 3) PLC의 연산처리 방식에 대해 설명할 수 있다.

1 주변기기와의 접속

- 접속 인터페이스와 접속 경로

Q 시리즈에서는 CPU와 주변 소프트웨어 GX Developer와 보다 유연하고 광범위하게 접속할 수 있다.

GX Developer에서는 [연결 대상 지정]의 설정에는 다음과 같은 항목이 있다.

(1) 인터페이스의 지령

- 퍼스널 컴퓨터의 I/F, PLC의 I/F

(2) 타국 지정과 네트워크 경로

- 타국 지정, 네트워크 통신 경로, 타 네트워크의 통신 경로
- 다음은 연결 대상 지정 화면의 각 항목에 대해 설명하였다.

① PC측 I/F

- PC의 인터페이스 종류를 선택한다.
- 각 인터페이스를 더블클릭하여 구체적으로 설정한다.

② PLC측 I/F

- 주변기기와 접속할 PLC의 모듈을 선택한다.
- 각 모듈을 더블 클릭하여 구체적으로 설정한다.

③ 타국 지정

- 자국 또는 타국을 지정할수 있다.

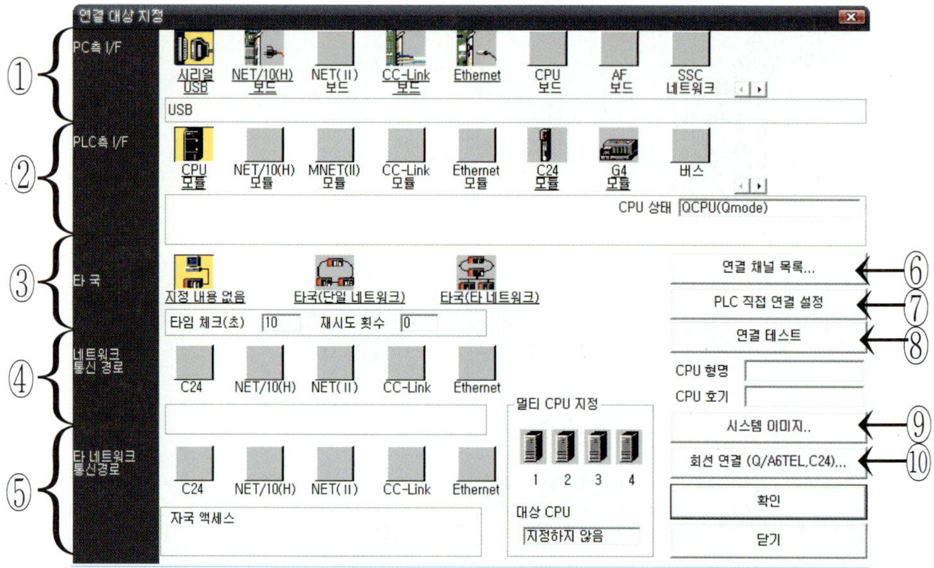

- 각 아이콘을 더블 클릭하여 상세 내용을 설성한다.
  - · 자국에 접속할 경우

    -〉 타국 지정 없음을 선택한다.
  - · 타국에 접속할 경우(자국과 동일 네트워크 상의 타국)

    -〉 자국과 같은 네트워크 상의 타국 PLC CPU에 액세스할 경우는 타(타 네트워크)을 선택한다.
  - · 타국에 접속할 경우(자국과 다른 네트워크 상의 타국)

    -〉 2종류의 네트워크를 경유하여 타국 PLC CPU에 액세스할 경우는 타국(타 네트워크)을 선택한다. (단 MELSECNET/10(H)와 Ethernet이 혼재된 시스템에서는 단일 네트워크로 지정하시오.)

④ 네트워크의 통신 경로

- 타국 지정의 경우는 액세TM 할 PLC CPU의 네트워크 종류를 선택한다.
- 각 아이콘을 더블 클릭하여 구체적으로 설정한다.

⑤ 타 네트워의 통신 경로

- 타국 지정(타 네트워크)의 경우는 액세스할 PLC CPU의 네트워크 종류를 선탁한다.
- 각 아이콘을 더블클릭하여 구체적으로 설정한다.

⑥ 연결채널 목록 버튼

- 접속 대상 지정의 종류를 일람으로 표시한다.

- 일람에서 접속 경로를 선택할 수 있다.

⑦ PLC 직접 연결 설정 버튼

- 타국 지정에서 자국 지정으로 변경할 경우에 편리하다.

⑧ 연결 테스트 버튼

- 접속 대상 지정 화면에서 설정한 액세스할 PLC CPU에 대해 정상적으로 액세스할 수 있는지를 테스트한다.
- 테스트가 성공했을 경우는 액세스된 PLC CPU의 형명을 CPU 형명 표시란에 표시한다.

⑨ 시스템 이미지 버튼

- 설정한 접속 대상 경로와 상세한 설정을 표시한다.

⑩ 회선 연결(Q/A6TEL, C24) 버튼

- 전화 회선을 사용하여 통신할 경우에 설정한다.

2 GX WORK2 공통사항

가. 화면 구성

- 아래의 그림은 GX WORK2의 화면 구성에 대하여 설명한 것이다.

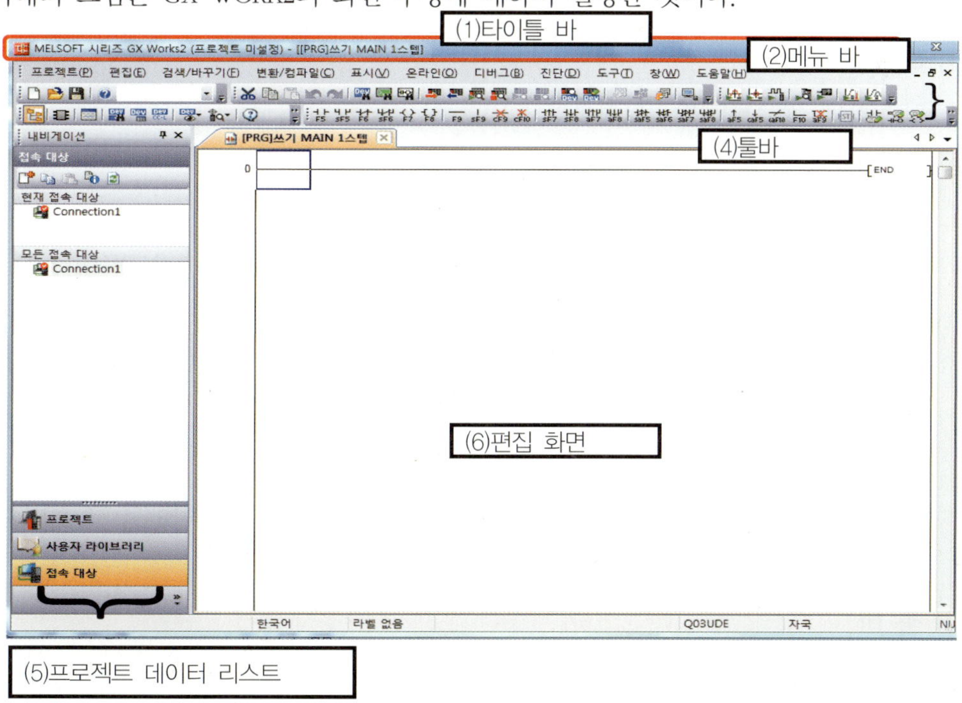

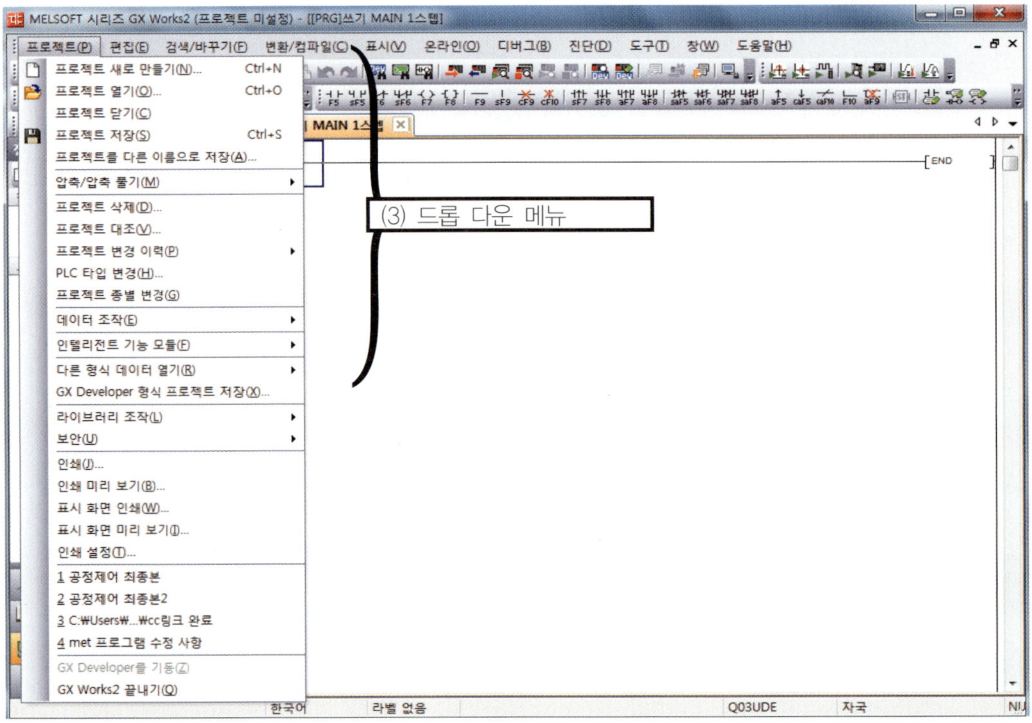

1) **타이틀 바**

- 열려 있는 프로젝트명을 표시한다.

2) **메뉴 바**

- GX Works2에서 사용할 수 있는 메뉴 명이 표시된다.
- 메뉴를 선택하면 드롭다운 메뉴가 표시되므로 다양한 기능을 사용할 수 있다.

3) **드롭다운 메뉴**

- GX Works2에서 사용할 수 있는 기능 이름이 표시되어 있다.
- 드롭다운 메뉴의 오른쪽에 "▶"가 표시된 경우는 선택한 기능의 드롭다운 메뉴가 나타난다.
  - 기능 명에 "..."가 표시된 경우 그 기능으로 커서를 이동시켜 클릭하면 설 정 대화상자가 표시된다.

4) **툴 바**

- 메뉴바에서 지원하는 기능 중에서 자주 사용한다고 생각되는 기능을 버튼으로 표시한 것이다.

5) 프로젝트 데이터 리스트

- 프로젝트의 데이터를 분류하여 일람(리스트)으로 표시한 것이다.
- 래더 작성 화면, 대화상자 등을 직접 호출할 수 있다.

6) 편집 화면

- 래더 작성 화면이나 코멘트 작성 화면을 표시하며, 래더, 코멘트, 파라미터 를 설정한다.

나. 프로젝트 생성

1) [시작]-[모든 프로그램]-[MELSEC 응용 프로그램]-[GX Works2] 메뉴를 클릭 한다.

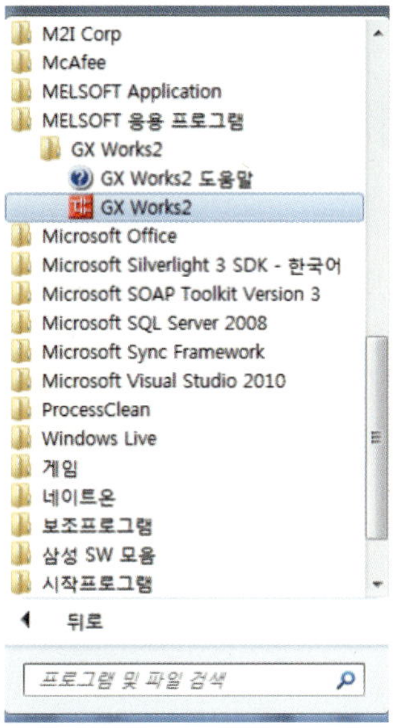

2) 툴 바에서 🗋 버튼을 클릭한다.

3) 프로젝트 새로 만들기 창 중 프로젝트 파일 이름은 사용자가 작성한 프로젝트 파일명이다. PLC의 종류는 사용하고자 하는 PLC의 종류를 선택하면 된다. 또한 사용언어는 래더, SFC, ST 중 사용하기 편리한 기능을 선택하는데 본 장에서는 래더(Ladder Diagram)를 설명하고자 한다.

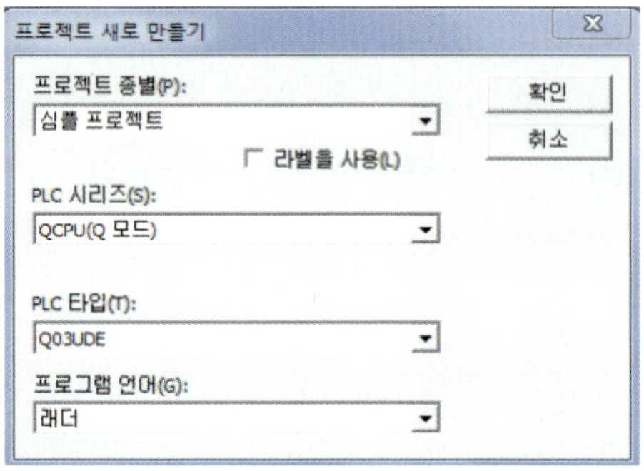

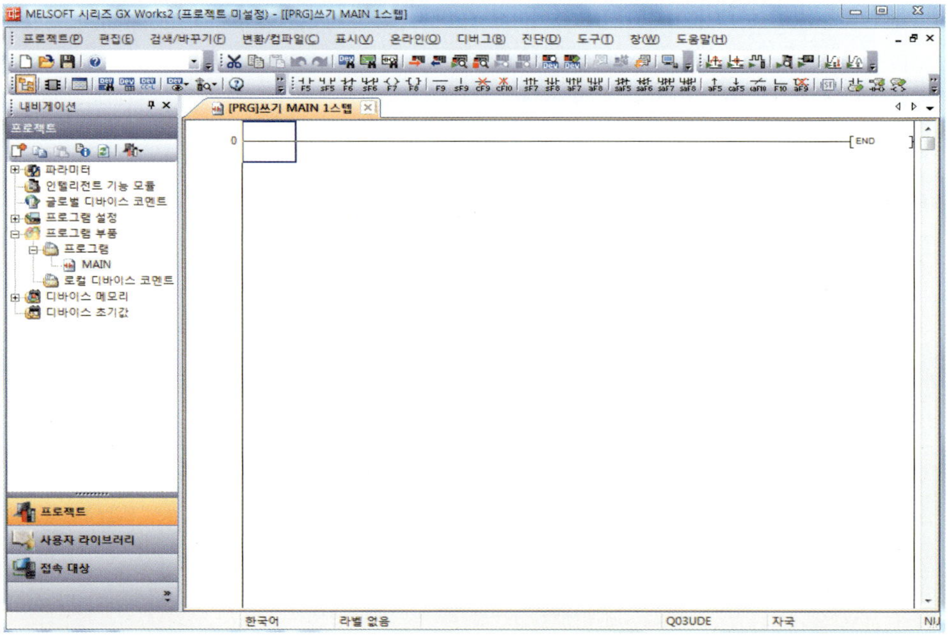

5) 위에 사항을 완료하면 다음과 같이 래더도를 작성할 수 있는 창이 생성된다.

다. 프로그램 작성

1) 작성할 프로그램

- PLC의 내부 릴레이 및 타이머를 사용하여 자기 유지와 3초 시간 지연 프로그램을 작성한다.

2) 사용할 디바이스

- X0(기동), X01(정지), Y20(램프)

3) 작성된 프로그램

4) 프로그램 작성 순서

- 래더 심볼에서 시퀀스 프로그램을 작성한다.
  여기에서는 툴 버튼을 사용하여 프로그램을 작성할 것이다.

* 비고 : 래더 작성 화면에서 오른쪽 버튼을 클릭하여 메뉴를 표시하면 여러 가지 편집이 나 검색 조작을 실행할 수 있다.

* 알아 두면 편리한 단축키 :

- 행 삽입: Shift + Ins
- 행 삭제: Shift + Del
- 열 삽입: Ctrl + Ins
- 열 삭제: Ctrl + Del

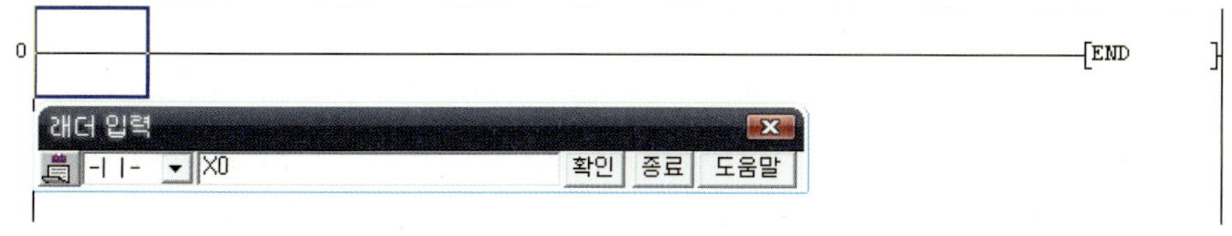

① 둘 바의 F5 버튼을 클릭하면 래더 입력 창이 표시된다. 래더 입력창에 "X0"을 입력한다. 잘못 입력한 경우는 취소 버튼을 클릭하면 된다.

② 정확히 입력하였으면 확인 버튼을 클릭한다.

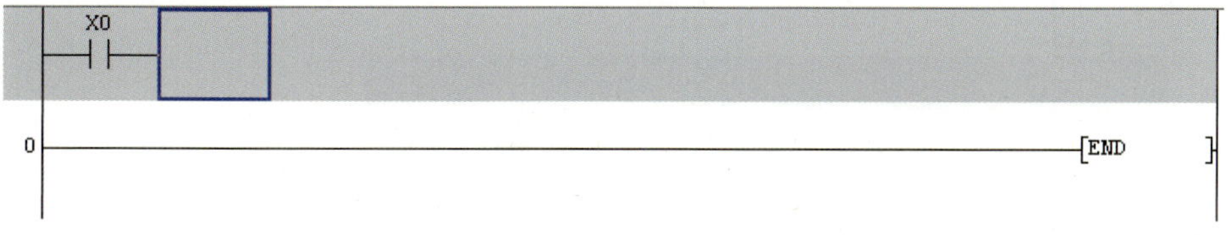

③ 위와 같이 입력한 래더(X0)가 표시된다.

④ 툴 바의 F6 버튼을 클릭한 다음 "X1"을 입력한다.

⑤ 확인 버튼을 클릭한다.

⑥ 위와 같이 입력한 래더(X1)가 표시된다.

⑦ 툴 바에서 F7 버튼을 클릭한 다음 "M0"을 입력한다.

⑧ 확인 버튼을 클릭한다.

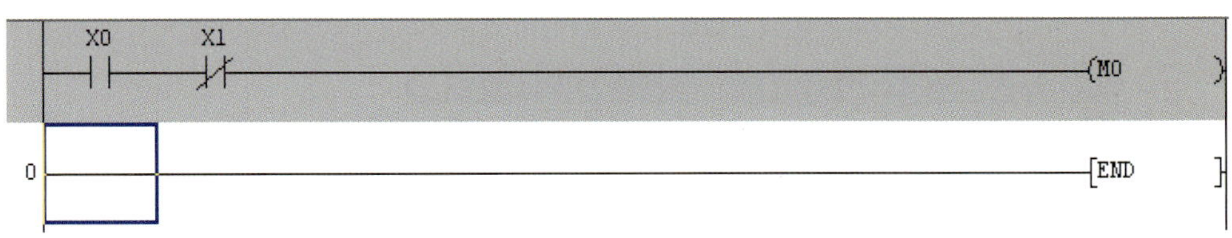

⑨ 위와 같이 입력한 래더(M0)가 표시된다.

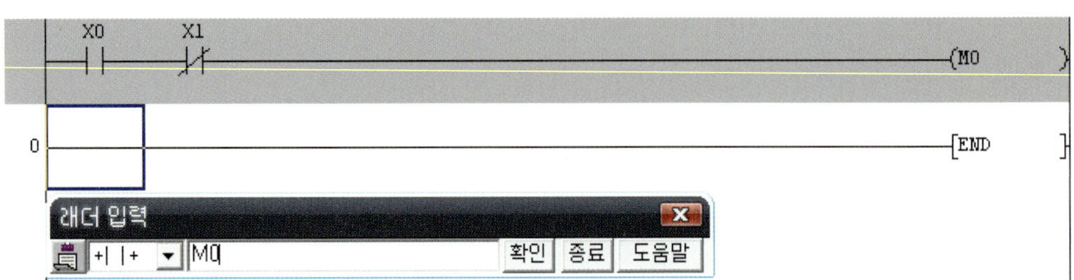

⑩ 툴 바에서 버튼을 클릭한 다음 "M0"을 입력한다.

⑪ 확인 버튼을 클릭한다.

⑫ 위와 같이 입력한 래더(M0)이 X0과 OR회로로 표시된다.

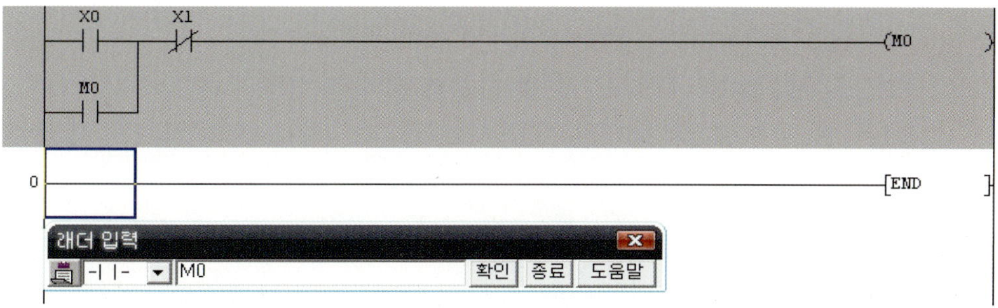

⑬ 입력 커서를 다음 행으로 이동 시킨 후 툴 바에서 버튼을 클릭한 다음 "M0"을 입력한다.

⑭ 확인 버튼을 클릭한다.

⑭ 위과 같이 입력한 래더(M0)가 표시된다.

⑮ 툴 바에서 버튼을 클릭한 다음 "T0 K30"을 입력한다.

⑯ 확인 버튼을 누른다.

* 비고 - T0 K30 이란?

- T: 타이머를 나타내는 문자　　0: 타이머의 번호

  K: 상수를 의미함　　30: 3초를 의미함 (설정 시간)

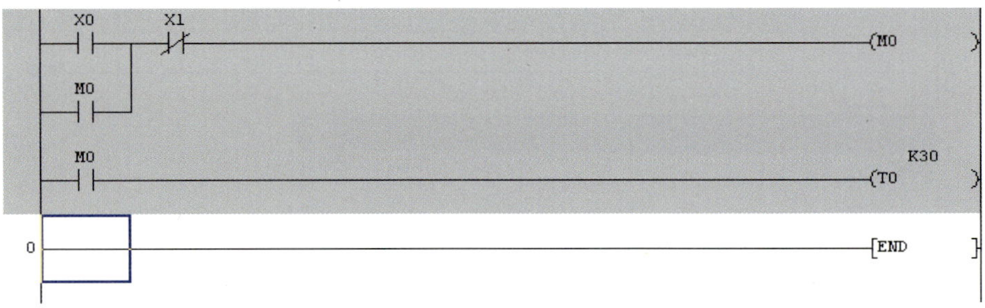

⑰ 위와 같이 입력한 래더(T0 K30)가 표시된다.

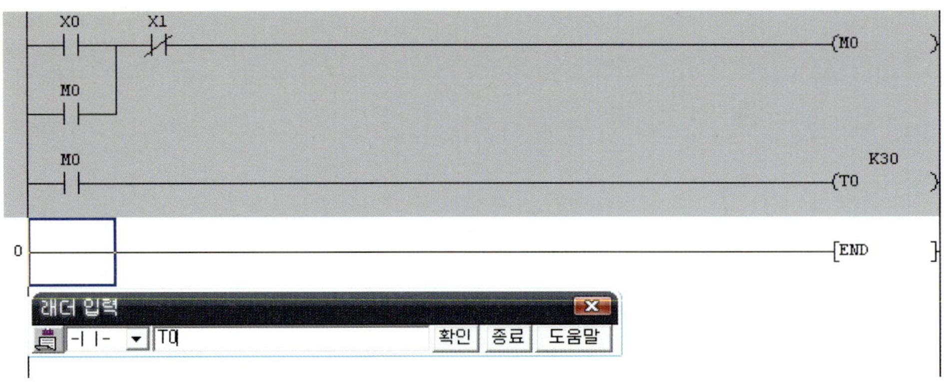

⑱ 툴 바에서 버튼을 클릭한 다음 "T0"를 입력한다.

⑲ 확인 버튼을 누른다.

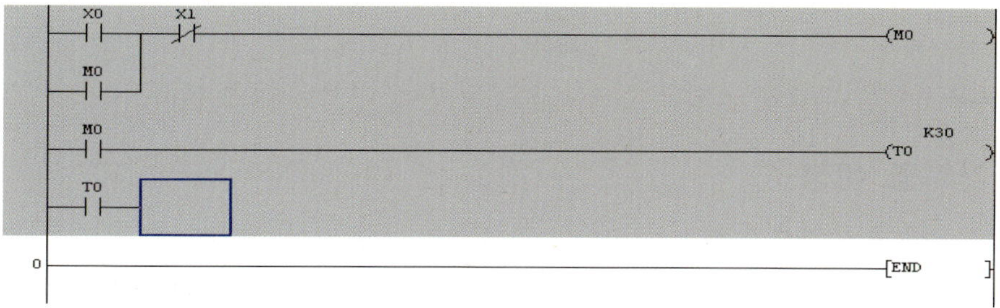

⑳ 위와 같이 입력한 래더(T0)가 표시된다.

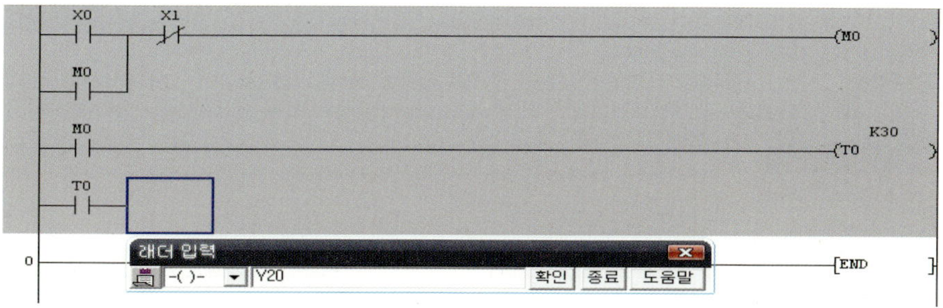

㉑ 툴 바에서  버튼을 클릭한 다음 "Y10"을 입력한다.

㉒ 확인 버튼을 누른다

㉓ 위의 같이 입력한 래더(Y10)가 표시된다.

㉔ 이로서 래더 작성이 종료되었다.

㉕ 래더 작성이 완료가 되면 반드시 툴 바에서  버튼을 클릭하여 변환을 해야 한다.

㉖ 만약 래더 작성 후 변화(F4)또는 버튼을 누르지 않고 다른 작업을 속행할 시에 변환되지 않는 래더를 삭제할지 여부를 묻는 창이 활성화 하게 된다.

라. 기기명 설정

*비고 : 변수명을 작성할 때는 코멘트와 기기명을 사용하여 나타낼 수 있는데 코멘트는 보다 자세하게 변수명을 입력할 수 있는 반면에 행과 행 간격이 너무 커서 프로그램을 작성 또는 모니터링시 불편함이 있으므로 코멘트보다는 기기명을 권장한다.

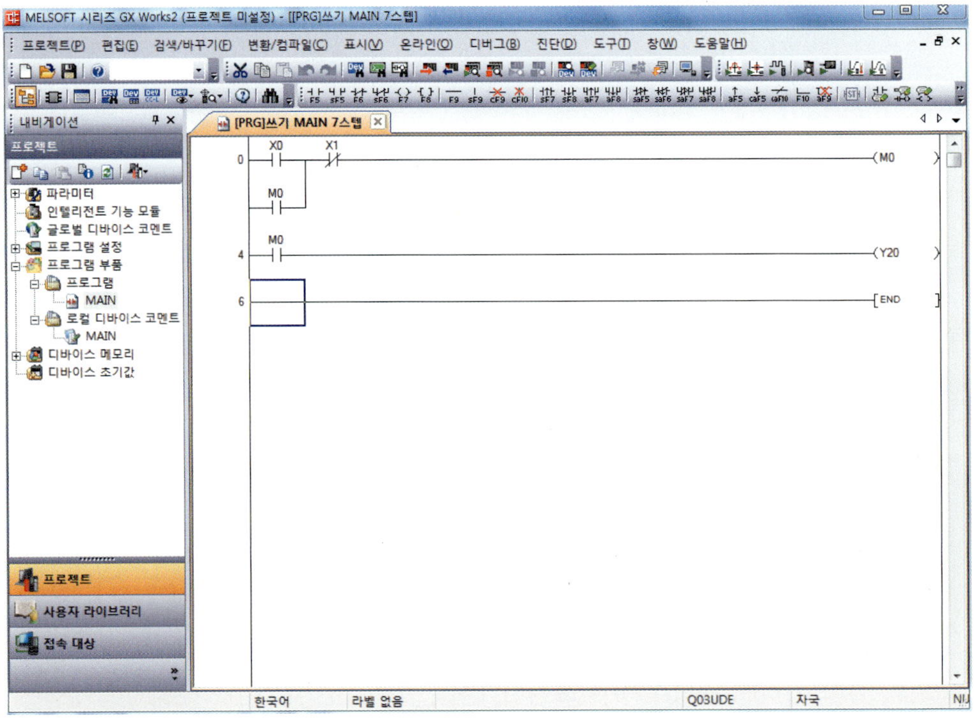

1) 사용된 디바이스 및 변수명

- X0: 기동, X01: 정지, Y20: 램프

2) 기기명 설정 및 입력 방법

① 좌측의 [프로젝트 데이트 목록]창 - [글로벌 디바이스 코멘트]를 클릭한다.

② 다음과 같이 디바이스 코멘트 창이 화면에 나타나게 된다.

③ 디바이스명에 “X0"을 입력 후 표시버튼을 누르게 되면 "X0"이후의 디바이스명이 위와 같이 나열된다.

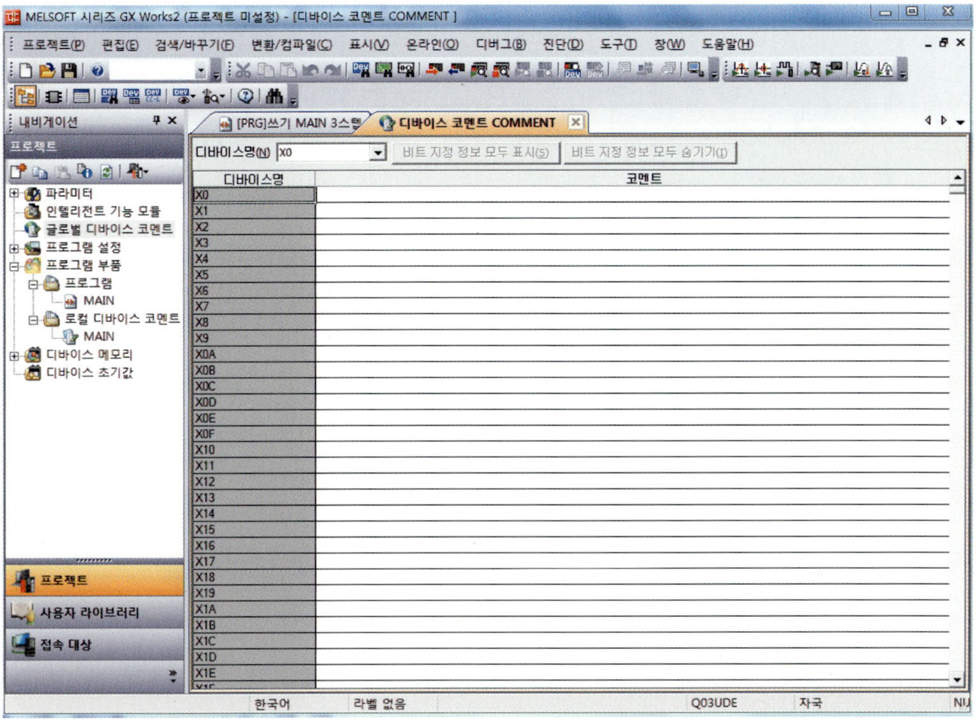

④ 해당하는 디바이스명의 기기명 입력란에 위에 제시된 변수명을 디바이스명에 맞게 입력한다.

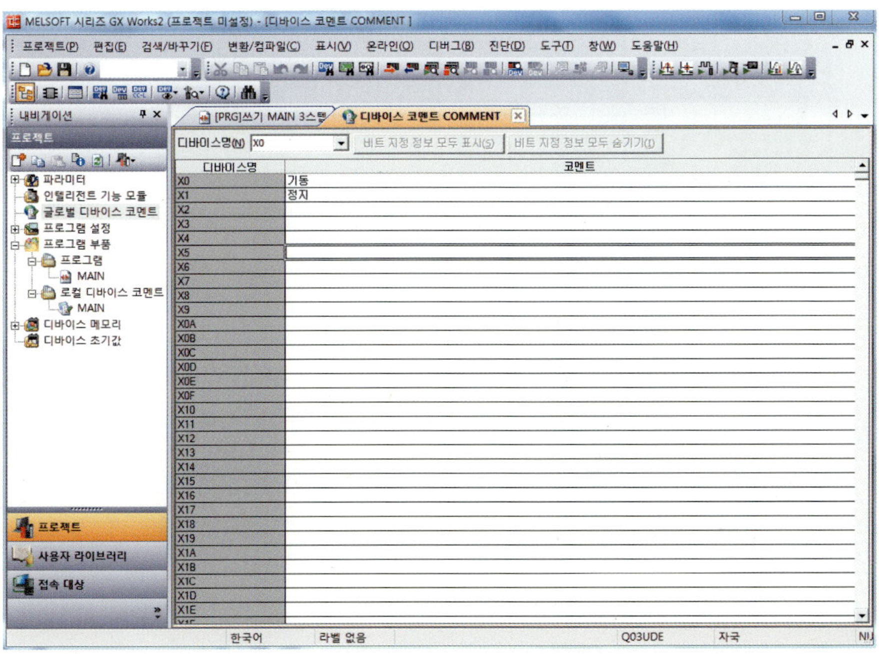

⑤ 입력설정 X0이 끝나면 다시 디바이스명 입력창에 "Y20"을 입력하고 표시 버튼을 누른다.

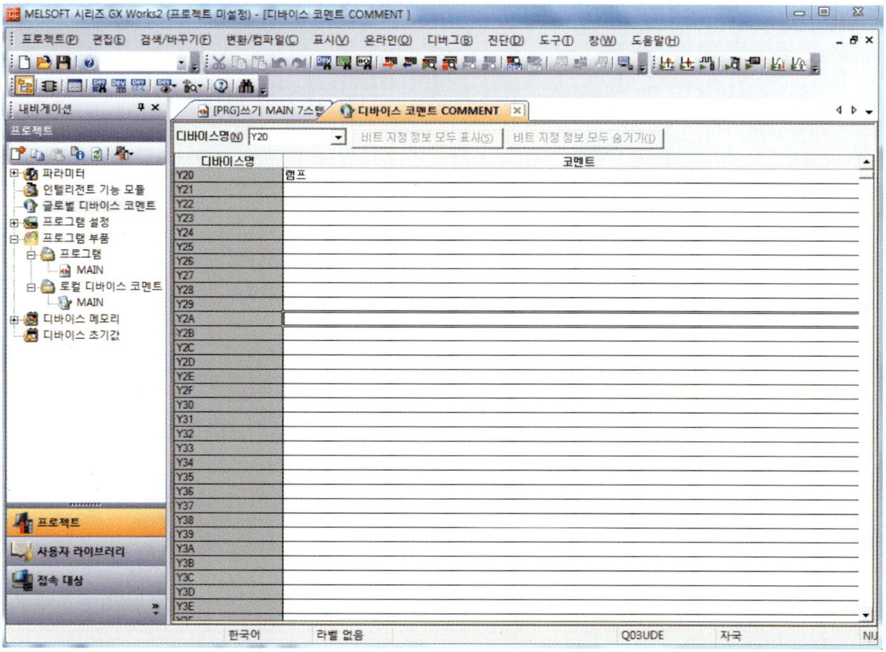

⑥ "Y20" 이후의 디바이스명이 위와 같이 나열된다.

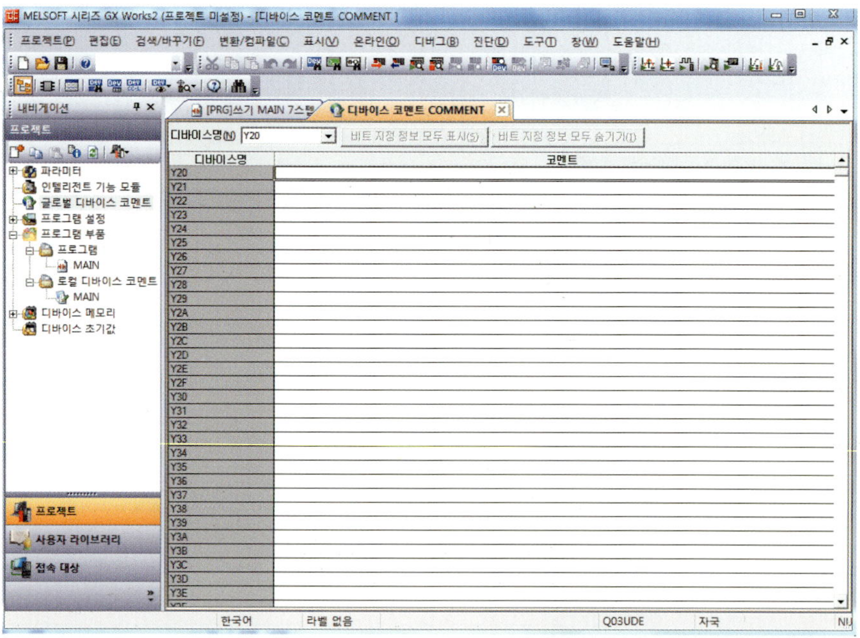

⑦ 입력측에서 입력한 방법과 동일하게 기기명 입력란에 해당하는 디바이스명에 변수명을 입력한다.

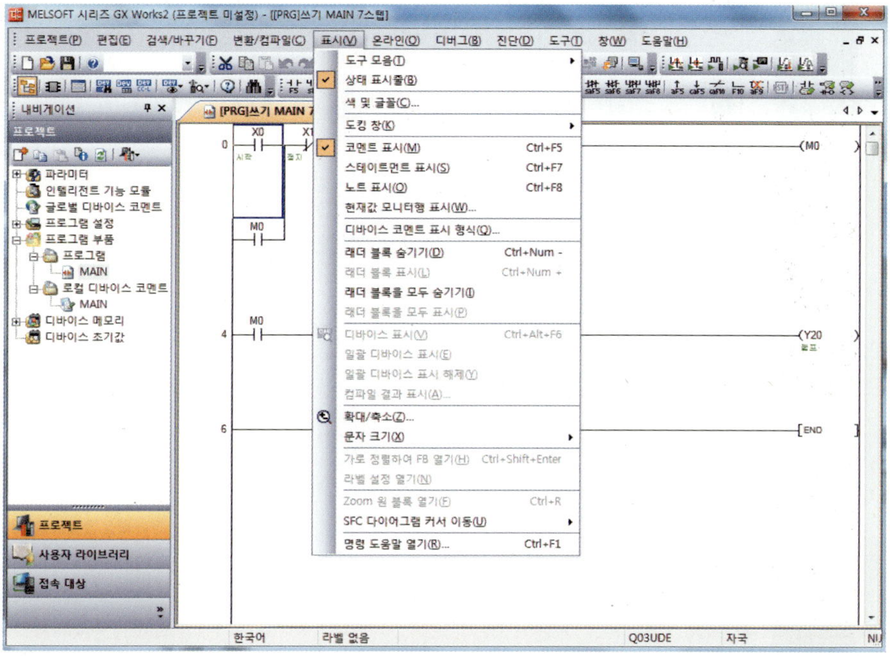

⑧ 이로서 코멘트의 입력은 완료되었다. 코멘트 창을 끄거나 또는 좌측의 [프로젝트 부품] - [프로그램] - [MAIN]을 클릭하게 되면 작성된 래더창이 나타나게 된다.

⑨ 작성된 기기명을 표시하기 위해서는 위와 같이 [메뉴바] - [표시] - [코멘트 표시]를 체크하여야한다.

마. 연결 대상 지정

① 메뉴 바에서 [내비게이션] - [접속 대상] - [Connection1]을 클릭한다.

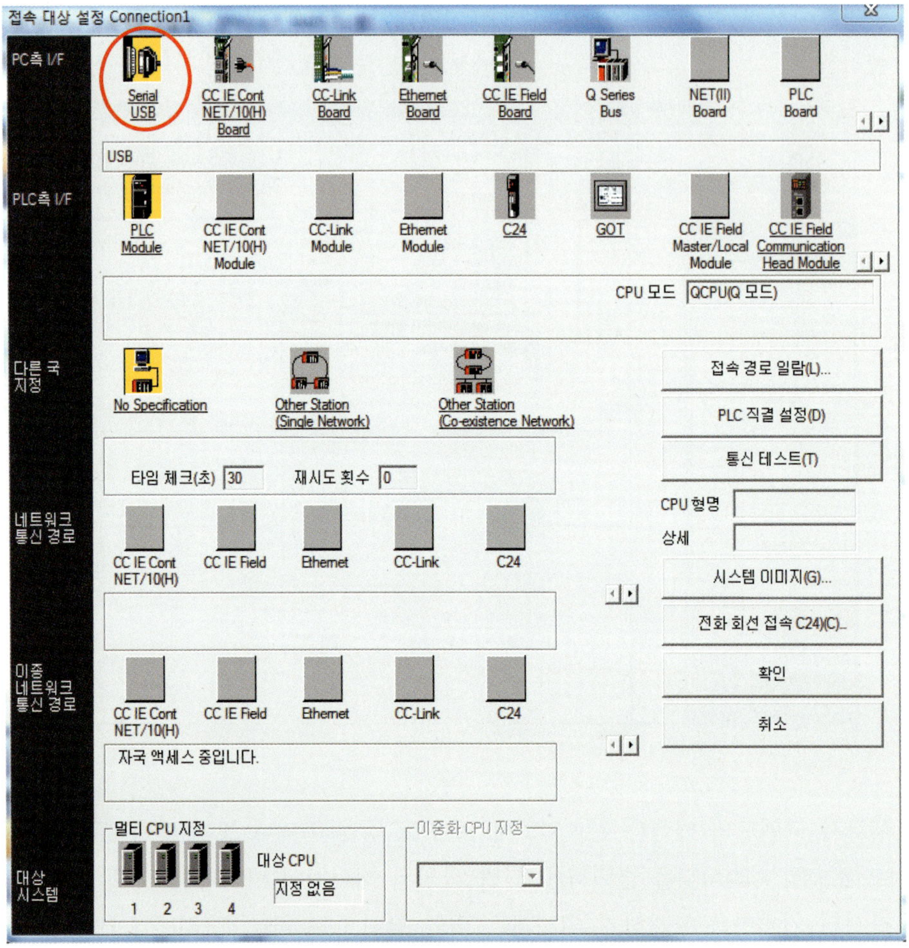

② 좌측 상단에 표시된 시리얼, USB라고 적혀 있는 아이콘을 클릭한다.

③ PC측 I/F 직렬 설정 창이 나타나게 된다.

④ 사용자 PLC 연결 상태에 맞게 RS-232C 또는 USB로 체크한 후 확인 버튼을 누른다.

⑤ 우측 하단 부의 통신 테스트 버튼을 누르게 되면 연결 상태가 올바르게 되어 있는지를 확인 할 수 있다.

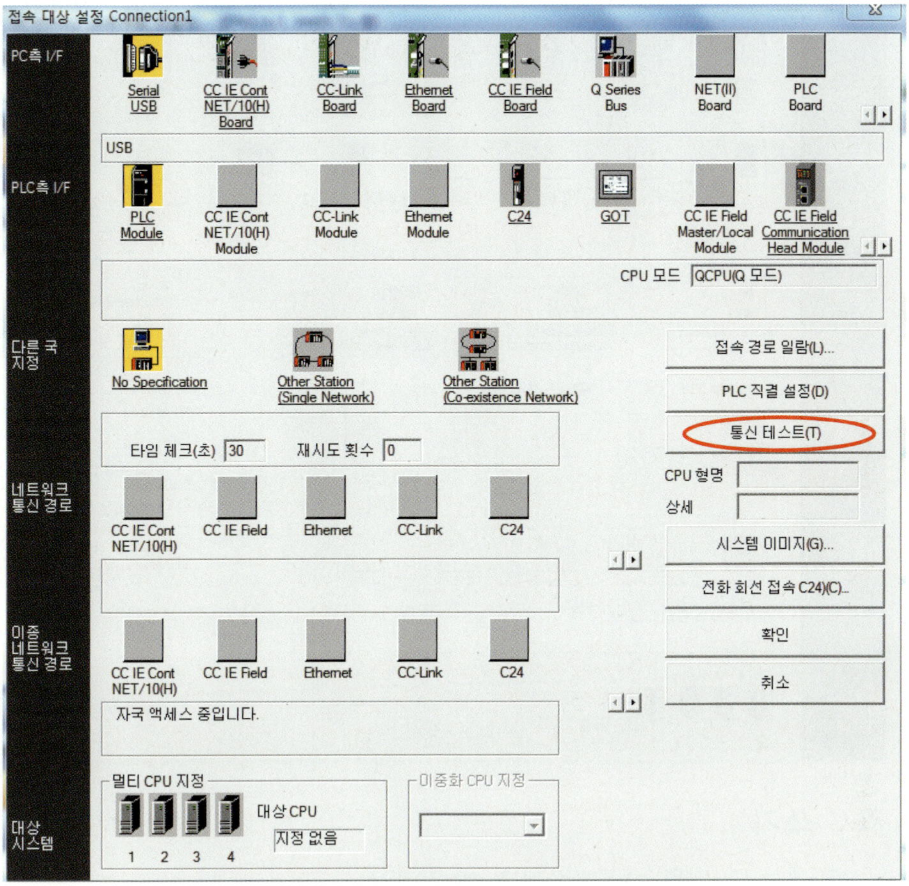

⑥ 연결이 올바르게 된 경우 위와 같이 접속에 성공하였다는 메시지 창이 뜨게 된다.

⑦ 연결설정을 마친 후 반드시 우측 하단에 있는 확인 버튼을 클릭한다. 만일 확인 버튼을 누르지 않고 닫기 버튼을 누르게 되면 현재 설정한 연결상태가 저장되지 않고 창을 닫게 된다.

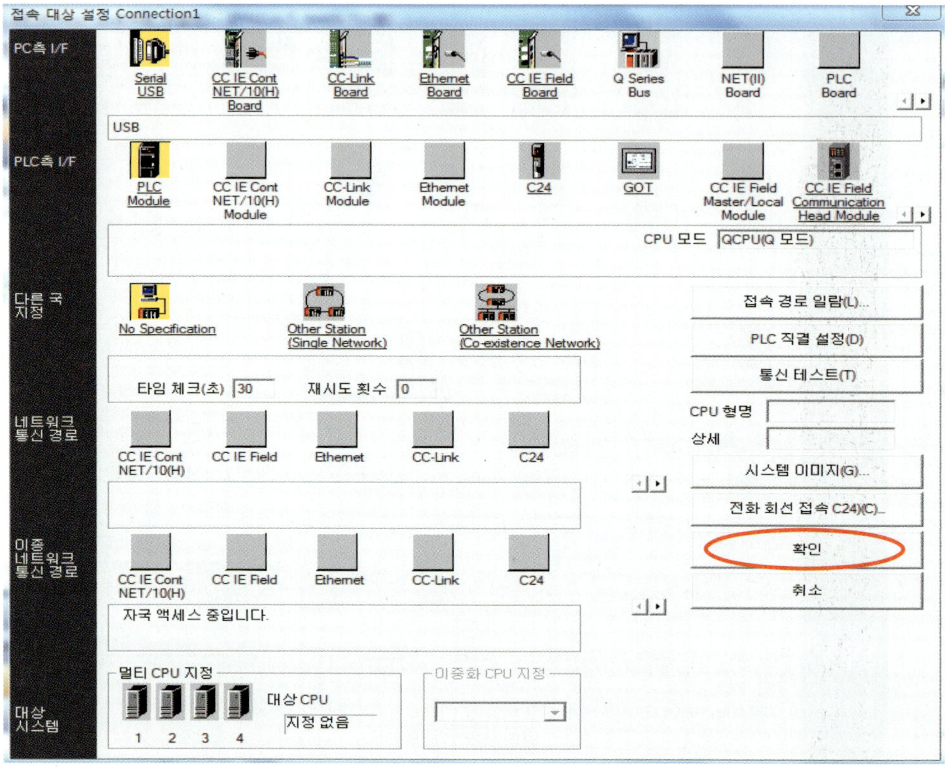

바. PLC 쓰기

① 메뉴 바에서 [온라인] - [PLC 쓰기]를 클릭한다.

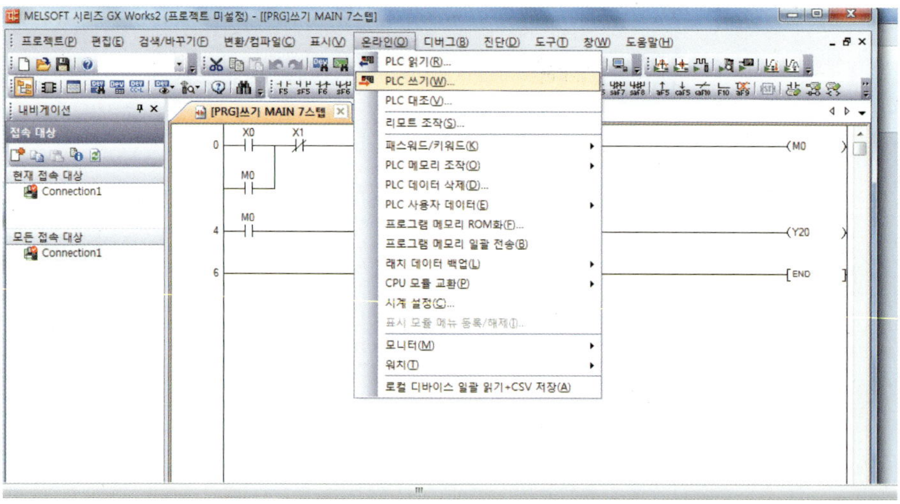

② 모두선택 버튼을 클릭한다.(코멘트 미 입력시 "파라미터+프로그램" 버튼 클릭)

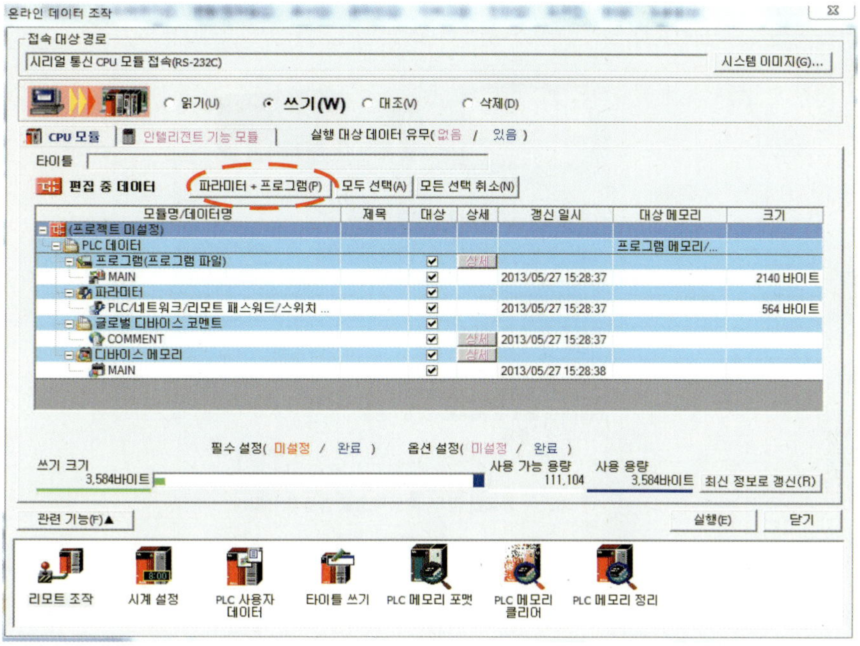

③ 모두 선택 버튼을 클릭한 후 실행버튼을 눌러 PLC쓰기를 시작한다. (실행 도중에 메시지 창이 뜨면 "예"또는"모두 예"를 클릭한다.)

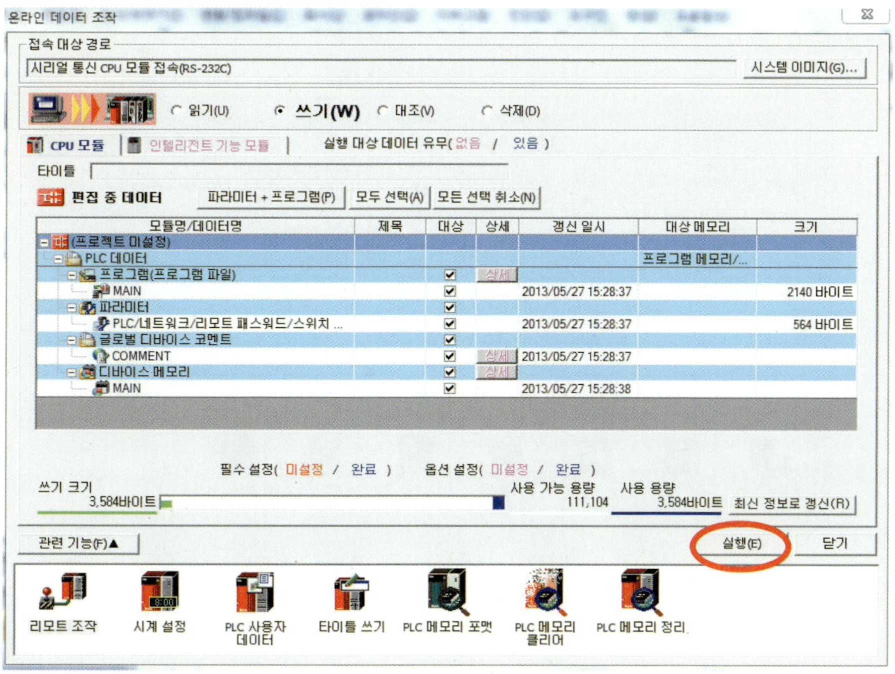

④ PLC쓰기가 완료가 되면 위와 같이 완료 창이 나타난다.

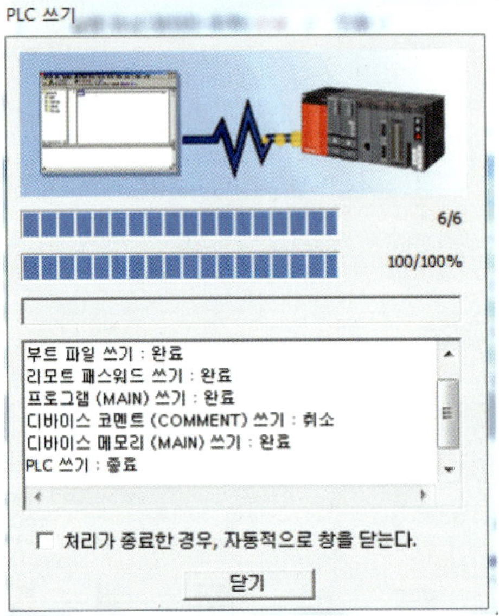

⑤ PLC쓰기 완료 후 닫기 버튼을 클릭한다.

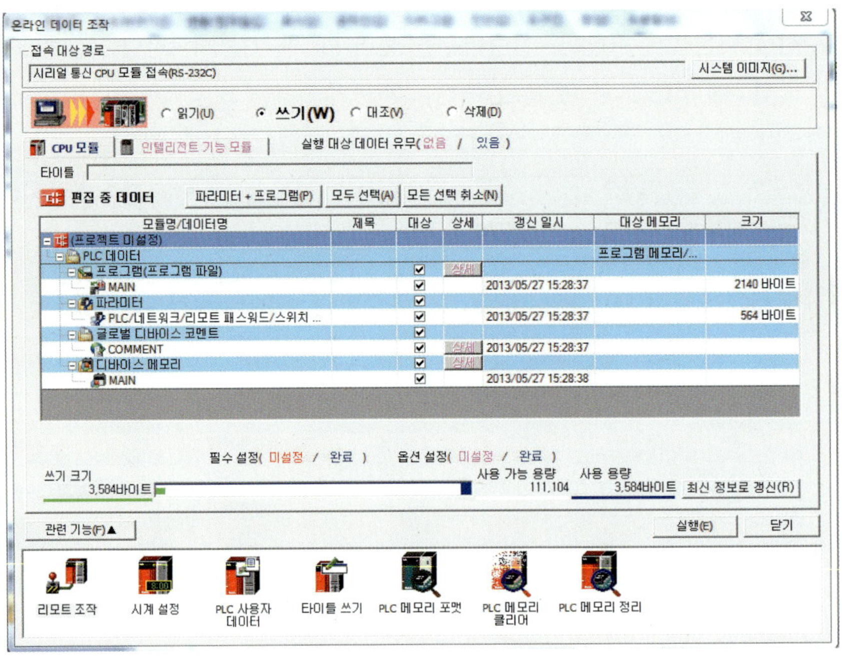

사. 모니터 모드

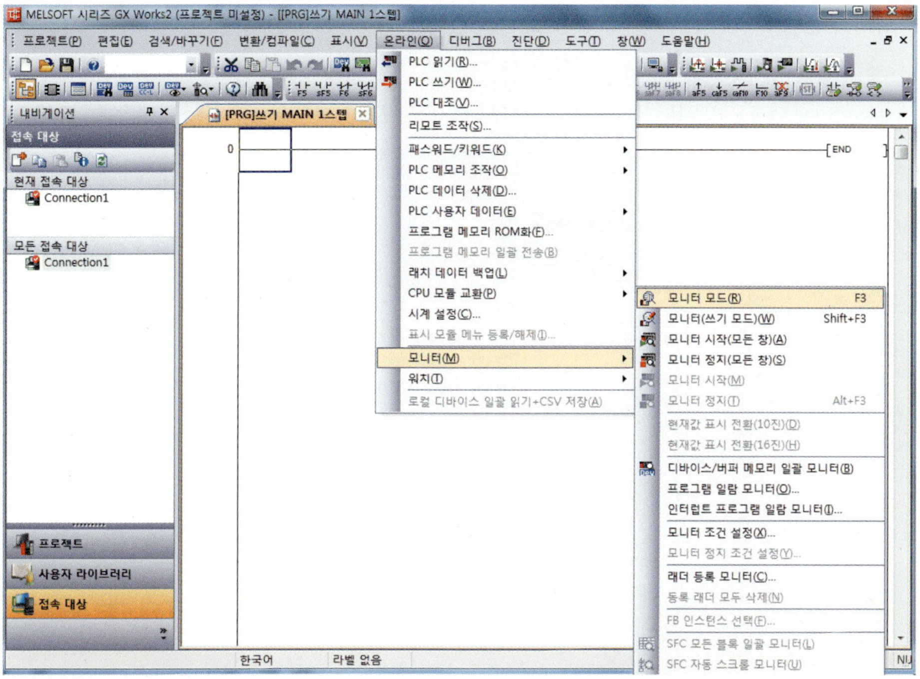

① 메뉴 바에서 [온라인] - [모니터] - [모니터 모드] 또는 F3을 누른다.

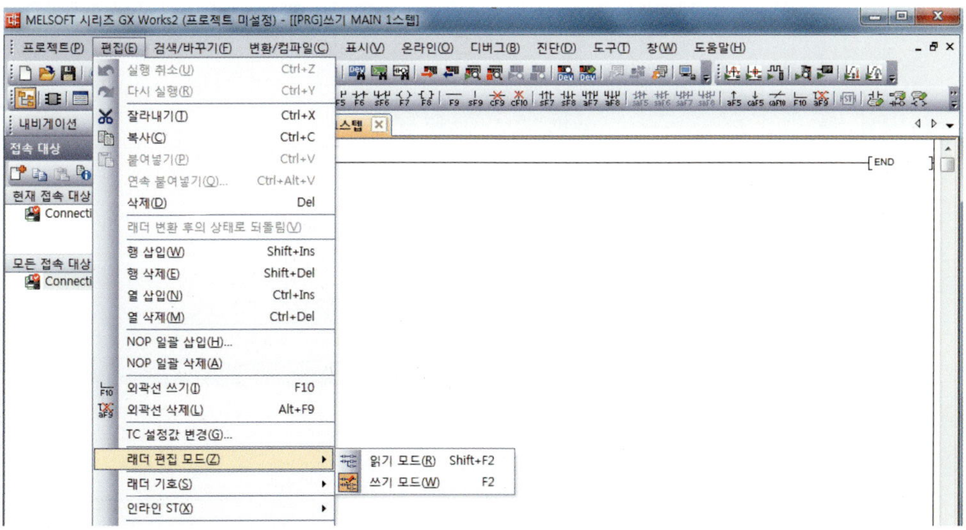

② 모니터 모드에서 다시 쓰기 모드로 전환 할 경우 메뉴 바에서 [편집] - [래더 편집 모드] - [쓰기 모드] 또는 F2를 누르면 된다.

아. 런 중 수정

- 모니터 모드 중 래더 편집이 필요할 경우 모니터링 상태에서 프로그램을 수정 또는 편집 할 수 있는 모드이다.

① 메뉴 바에서 [온라인] - [모니터] - [모니터(쓰기모드)]또는 Shift + F3을 누르면 된다.

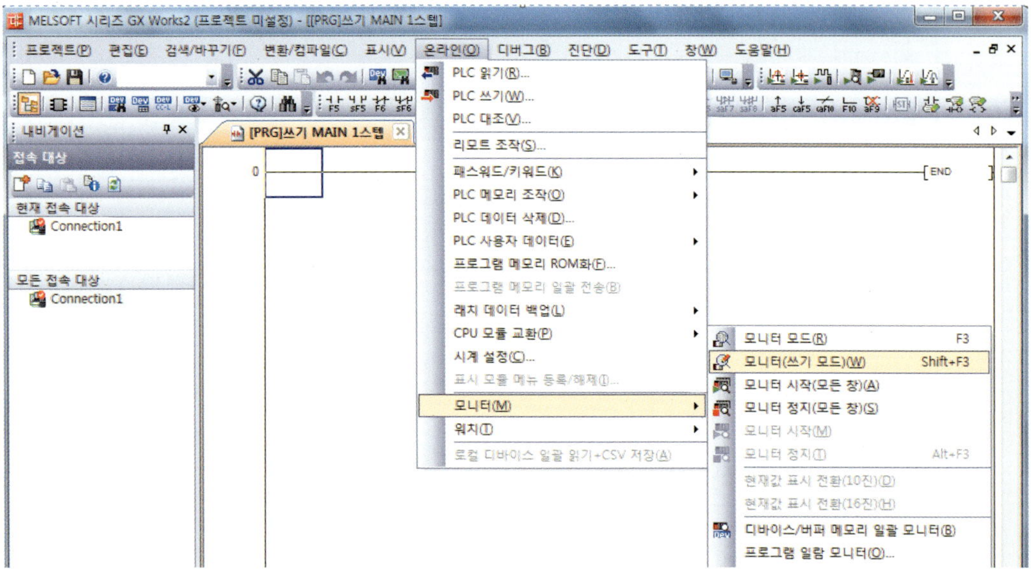

② 모니터(쓰기모드) 중에 커서를 타이머 출력을 현재 3초에 설정된 값을 5초로 수정 해보도록 한다.

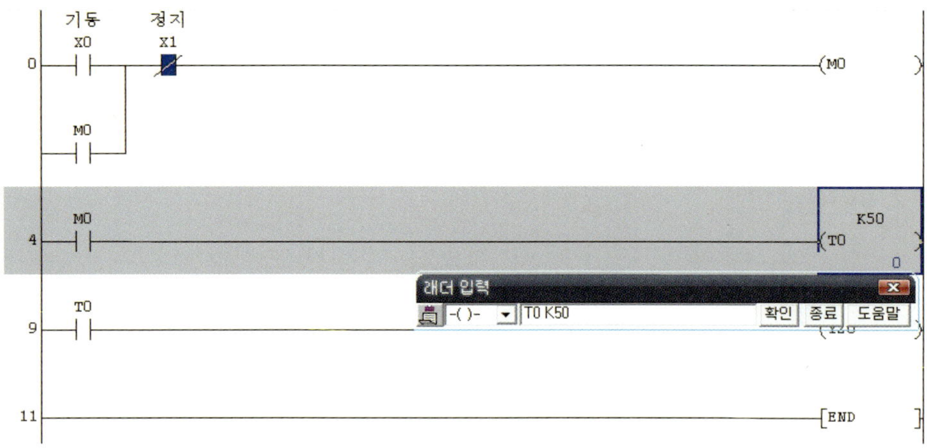

③ 커서를 타이머 출력 코일에 이동 후 Enter↵ 또는 더블클릭을 하여 위와 같이 래더 입력 창이 뜨면 "T0 K30"으로 되어 있는 값을 "T0 K50"으로 수정한다.

④ 입력이 완료 되었으면 확인버튼을 누른다.

⑤ 위와 같이 수정한 부분이 변환되지 않은 래더로 표시 되어 있을 것이다.

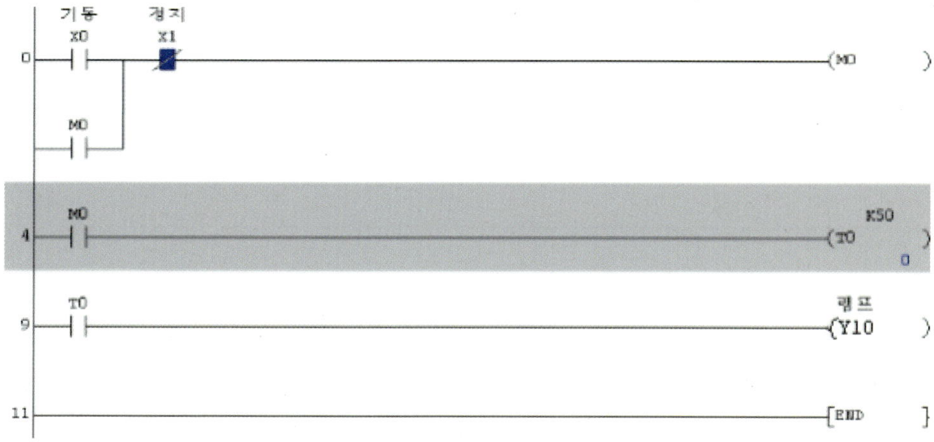

⑥ 런중 쓰기에서 변환되지 않은 래더를 변환하기 위해서는 메뉴 바에서 [변환] - [변환(RUN 중 쓰기)] 또는 Shift + F4를 누르면 된다.

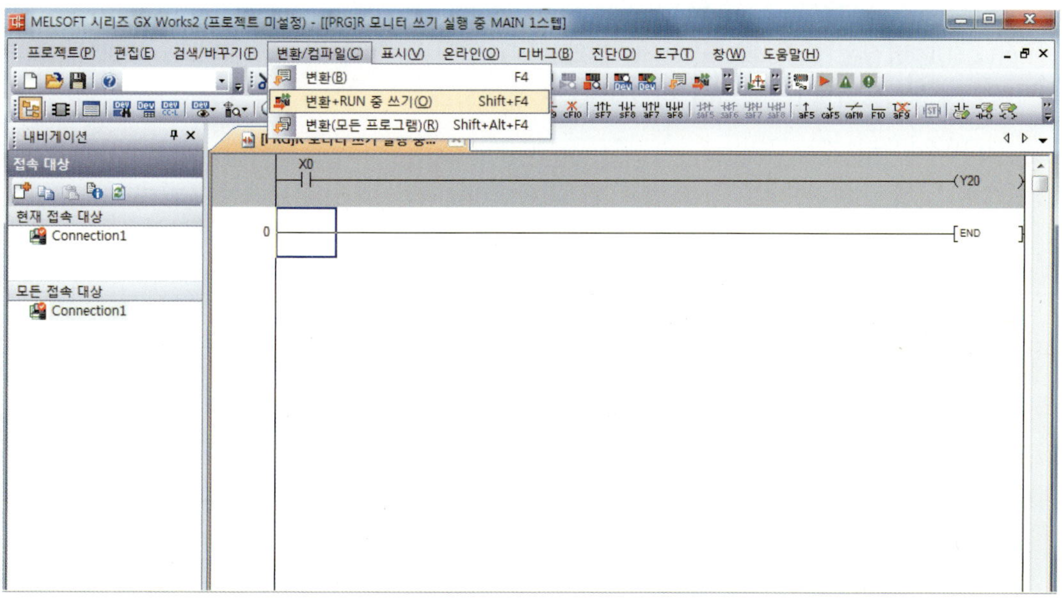

⑦ 위와 같이 타이머의 설정 시간이 바뀐 상태로 변환이 완료 되었다.

3 GX Works2 응용명령

가. SET명령과 RST명령

1) SET 명령은 동작신호가 ON이 되었을 때 입력된 디바이스가 ON되고, RST명령에 의해 OFF되기 전까지 ON되어 있는 상태를 유지한다.

2) 사용법 및 기능 설명

- 실행 조건: "X0"을 ON하였을 때 SET 명령을 사용한 내부릴레이 "M0"가 ON상태를 유지하고 "X1"을 ON하면 "M0"가 RST명령에 의해 OFF된다.
- 프로그램:

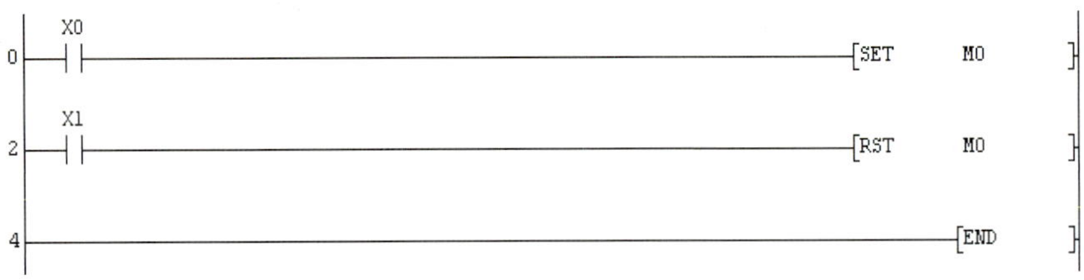

나. PLS명령과 PLF명령

1) PLS명령은 입력 신호가 ON되는 순간 1펄스 동안만 출력을 ON시킨다.
PLF명령은 입력 신호가 ON상태였다가 OFF되는 순간 1펄스 동안만 출력을 ON시킨다.

2) 사용법 및 기능 설명

- 실행 조건: "X0"을 ON하는 순간 "MO"이 1펄스동안 ON되어 "M2"을 SET명령을 사용하여 ON시키고, "X0"이 OFF되는 순간 "M1"가 1펄스동안 ON되어 "M2"을 RST명령을 사용하여 OFF시킨다.
- 프로그램:

다. MC명령과 MCS명령

1) 마스터 컨트롤 명령은 회로의 공통 모선을 개폐함으로써, 효율성 높은 회로 전환용 시퀀스 프로그램을 작성할 수 있는 명령이다.

2) 사용법 및 기능 설명

- 실행 조건: "X0"이 ON되면, "Y10"이 ON되고 MC명령어를 안에 작성한 프로그램은 "X1"이 ON되어야만 작동하도록 프로그램 되어 있다.
- 프로그램:

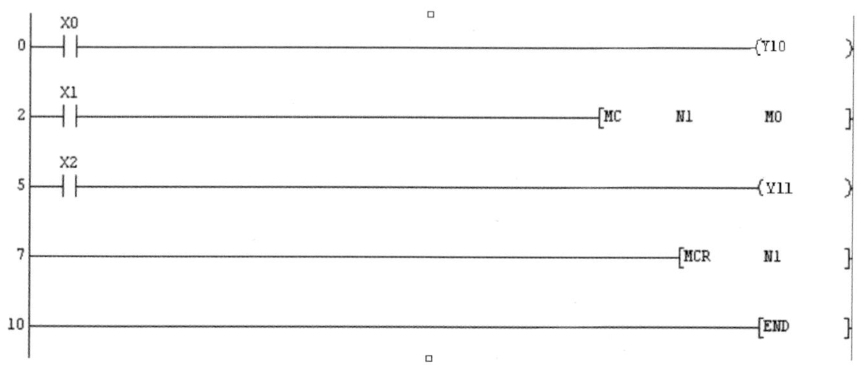

* 비고 : MC N1 M0 란?

- · MC: 마스터 컨트롤 작동
- · N1: 네스팅 번호 (0번부터 14번까지 사용할 수 있음)

· M0: MC동작시 ON됨 (내부릴레이 또는 Y 디바이스 사용)

라. 비교 연산 명령

1) 비교 연산 명령에는 = (같다), 〉 (크다), 〈 (작다), 〉= (크거나 같다), 〈= (작거나 같다), 〈〉 (같지 않다)가 있다. 사용 방법은 모두 동일하고, 상황에 맞게 알맞은 명령을 사용하면 된다.

2) 사용법 및 기능 설명

- 실행 조건: = (같다) 명령을 사용하여 "D0" 값과 "D1" 값이 같을 경우에만 "Y10" ON된다.
- 프로그램:

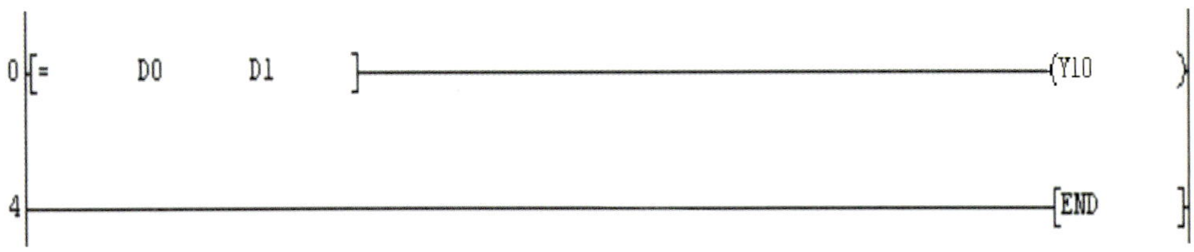

마. 사칙 연산 명령

1) 사칙 연산 명령에는 + (더하기), - (빼기), * (곱하기), / (나눗기)가 있다. 사용 방법은 모두 동일하고, 상황에 맞게 알맞은 명령을 사용하면 된다.

2) 사용법 및 기능 설명

- 실행 조건: + (더하기) 명령을 사용하여 "X0"을 ON 할 때 마다 "D0" 값에 1씩 더한다.
- 프로그램:

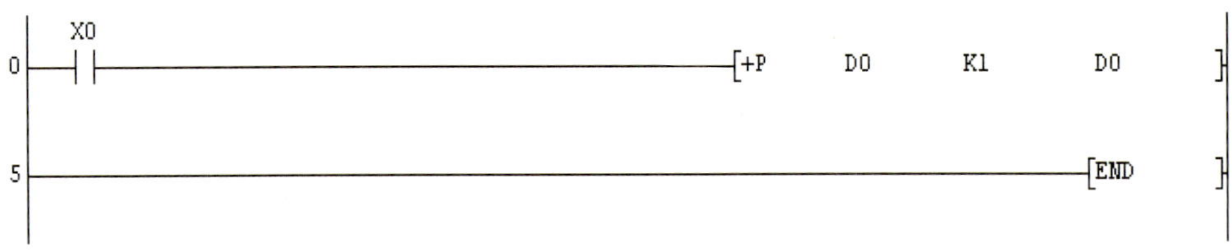

* 비고 : +P란?

· + (더하기)명령에 P를 붙여 사용했을 경우에는 입력이 ON되면, 1펄스동안만 + (더하기) 명령이 동작 하도록 한다.

바. 데이터 변환 명령

1) BCD 변환과 BIN변환을 주로 사용하는데, BCD변환은 BIN을 BCD로 변화하는 것이고

BIN변환은 BCD를 BIN으로 변환하는 것이다.

2) 사용법 및 기능 설명

- 실행 조건: “X0"을 ON하면 ”D0"에 있는 값이 BCD로 변환 되어 “D1"에 저장된다.
- 프로그램:

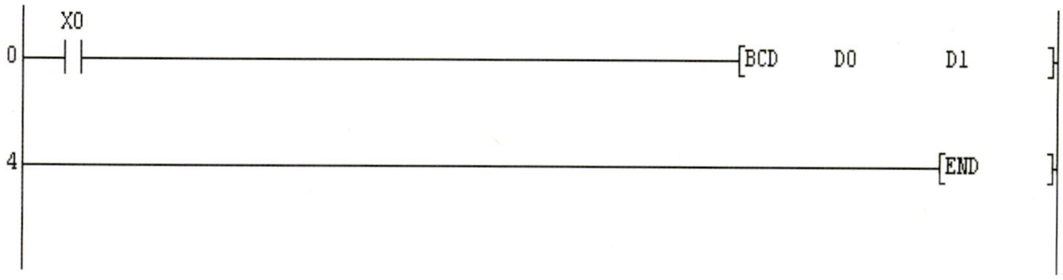

* 비고 : BIN변화시도 위와 동일하며 “D0"값 대신에 직접적으로 값을 지정하여 사용 할 수도있다. (예: BCD K2903 D1)

사. 데이터 전송 명령

1) MOV(데이터 전송)명령은 데이터의 값을 임의적으로 바꾸거나 다른 데이터의 값을 복사하여 저장할 수 있도록 되어 있다.

2) 사용법 및 기능 설명

- 실행 조건: “X0"이 ON되면 "K200"의 값이 ”D0"에 저장 된다.
- 프로그램:

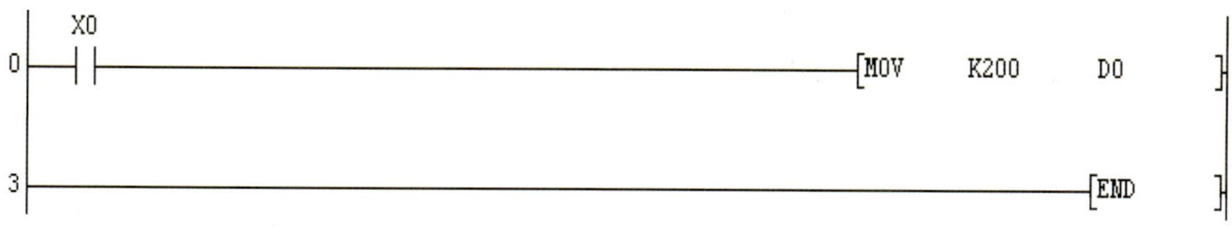

제 4 장 PLC 트레이너

학습목표
1) PLC 트레이너 각각의 명칭을 알 수 있다.
2) PLC 트레이너 사용법을 알 수 있다.

1 PLC TRANER(N-2210)

- CPU에 이더넷 포트가 있어 이더넷을 통한 통신이 가능하다.
- 디지털 입력 및 출력이 32점씩 사용이 가능하다.
- 24V 전원 출력을 가지고 있다.

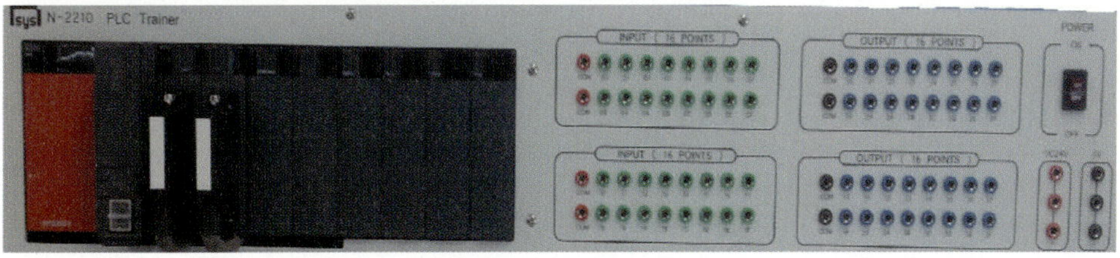

2 입출력 모듈 및 릴레이 모듈

① ② ③ ④

① 입력모듈(E3001)

- 2개의 일반 푸시버튼과 1개의 락버튼이 구성되어있다.
- 각각의 버튼마다 A접점과 B접점을 구현할 수 있다.

②,③ 릴레이 모듈(E3004)

- 3개의 릴레이로 구성이 되어 있다.
- 각각의 릴레이 마다 4개의 COM을 통해 릴레이 회로 구성이 가능 하다.

④ 부저 및 램프모듈(E3008-1)

- 6개의 램프와 2개의 부저가 부착 되어있다.

3 PROXIMITY SENSOR

- 비접촉으로 대상물이 근접해 온 것을 검출하는 센서의 총칭. 자기의 영향으로 내부의 전류가 변화하는 홀 소자와 영구 자석을 결합한 것, 램프나 발광 다이오드와 광센서를 결합시킨 것, 정전(靜電) 용량의 변화를 검출하는 것 등을 이용하는 것이 있다. 이동하는 대상물이 일정한 거리에 들어온 것을 알아낼 목적으로 사용된다.

가. PHOTO TYPE (E3009)

- 빛 자체 또는 빛에 포함되는 정보를 전기신호로 변환하여 검지하는 소자. 검지가 비접촉, 비파괴, 고속도, 게다가 주변에 잡음의 영향을 주지 않고 할 수 있는 특징이 있다.

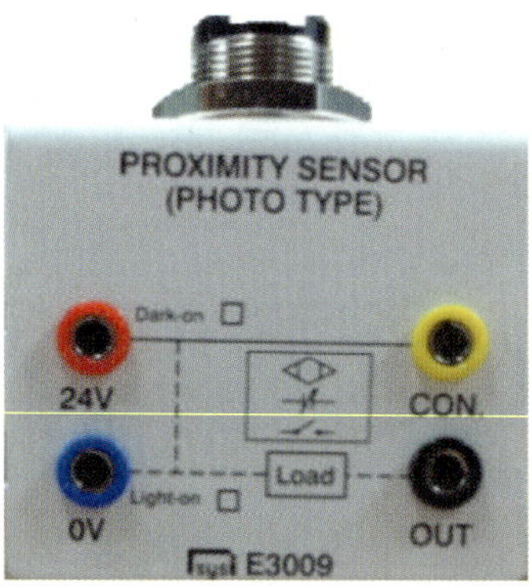

나. CAPACITIVE TYPE (E3010)

- 대상으로 하는 물체와의 거리를 비접촉상태로 검출하는 근접(각)센서로써, 정전용량의 변

화를 이용하는 것이다. 대상물과 센서간의 정전용량이 둘 사이의 거리에 반비례하는 것을 이용하고 있다. 미세한 변위를 검출하는데 적합하며, 간단한 구성으로서, 정밀도 높은 검출을 할 수 있다. 한편, 센서를 구성할 때 기계적 정밀도를 필요로 하고, 출력 임피던스가 높고, 부유용량의 영향을 받기 쉬운 것 등이 주된 단점이다.

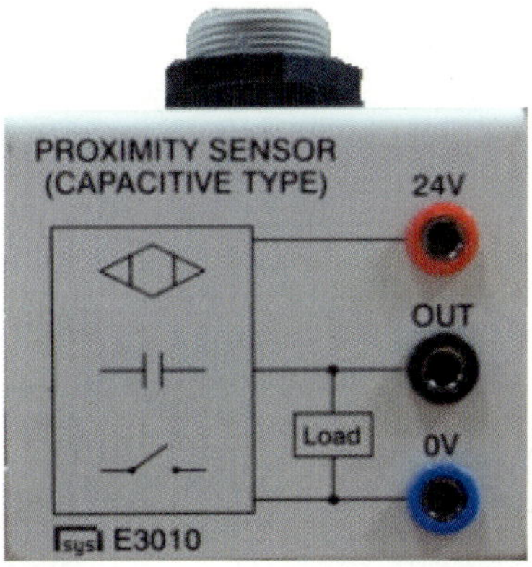

다. INDUCTIVE TYPE (E3011)

- 근접 스위치의 일종. 코일의 고주파 발진으로 생긴 전자장에 금속물체(검출체)가 접근하면 검출체내에 유도전류가 흐르고, 이 전류로 발생하는 자장과 코일이 전자결합을 하기 때문에 발진코일의 실효(實效) 임피던스의 저항력이 증가하고, 인덕턴스분이 감소하여 발진이 정지된다.

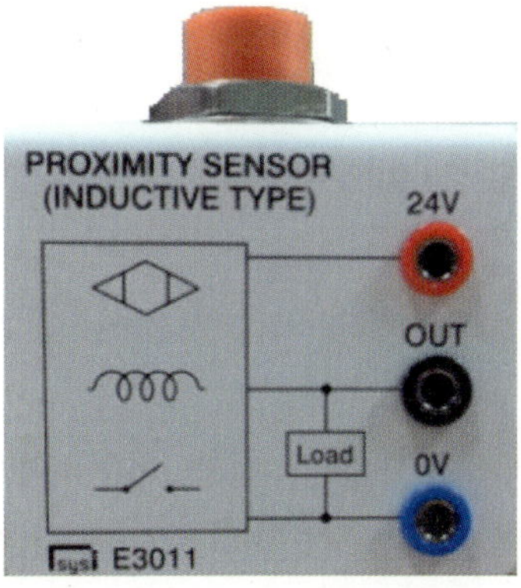

이 현상을 이용하여 스위칭 회로를 동작시켜 출력신호를 얻으려고 한 근접센서, 동작원리는 검출체 금속의 재질적 제약을 잘 받지 않기 때문에 근접 스위치의 주류가 되어 있다.

4 MICRO SWITCH (E3012 & E3013)

- 미소접점 간격과 스냅 동작기구를 가졌고, 규정된 동작과 규정된 힘으로 개폐동작을 하는 접점기구가 케이스로 덮여지고, 그 외부에 액추에이터를 갖추어 소형으로 만들어진 스위치. 그림에 마이크로 스위치의 내부구조와 그 동작원리가 나타나 있다. 마이크로 스위치의 사용분야는 다방면에 걸쳐 있다. 그 이유는 마이크로 스위치의 신뢰성이 높고, 성능이 우수하고, 소형, 높은 용량, 저가격, 기기의 풍부함, 보수점검이 용이한 것 등으로 말미암은 것이다.

5 AIR SERVIC (P1003)

- 공압 조정 유닛은 공압 필터와 압력조절 밸브, 루부리케이터 등 세 가지 기기를 사용이 편리하도록 조합한 것이다. 이 공압 조정 유닛은 공압 시스템마다 배관 상류에 설치되어 공기의 질을 조정하는 기기로서 반드시 사용된다.

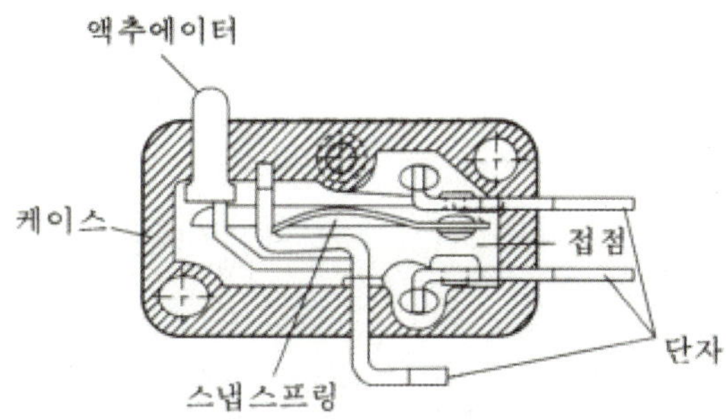

(a) 내부구조

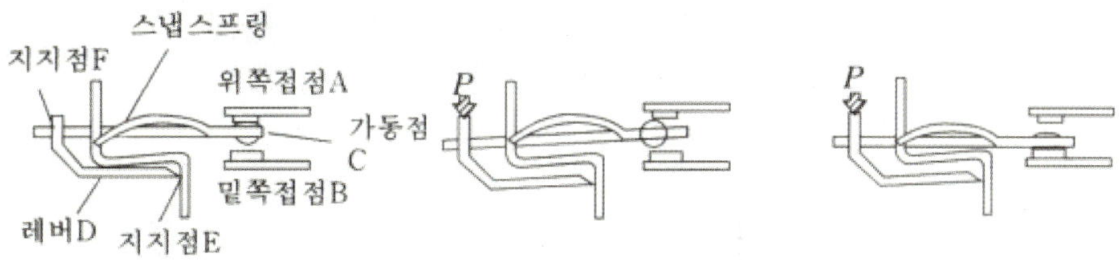

(b) 동작원리

6 AIR DISTRIBUTOR (P1004)

- 공압을 분배 해주는 역할을 한다.

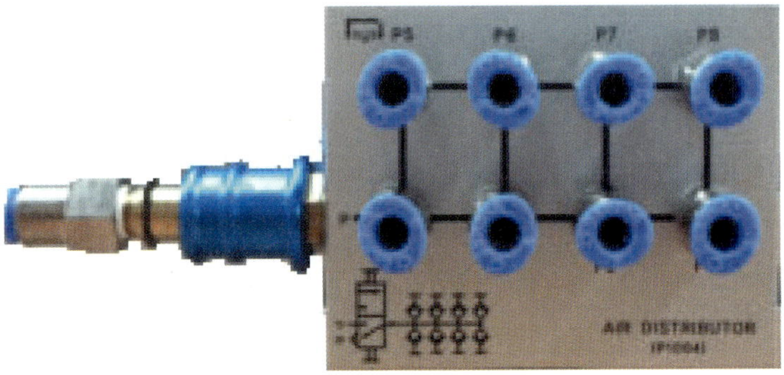

7 DOUBLE ACTING CYLINDER WITH REED SWITCH (P1104)

- 복동 실린더는 압축 공기를 양측에 번갈아가며 공급하여 피스톤을 전진운동 시키거나 또는 후진운동을 시키는 실린더이다. 따라서 전진운동시나 후진운동시 모두 일을 할 수 있다. 실린더의 전,후진단에 리드스위치가 부착이 되어 있어 실린더의 전, 후진 시 신호를 받아 제어가 가능하다.

8 5/2-WAY SOLENOID VALVE (P1306)

- 방향제어 밸브의 제어 위치를 전자석에 의해 제어하는 것으로 직접 작동 방식과 간접 작동 방식이 있다. 직접 작동 방식이란 전자석, 즉 솔레노이드 자체가 직접 밸브의 스풀을 움직이는 것을 말하고, 간접 작동 방식이란 솔레노이드로 파일럿 밸브를 조작해서 공기 압력으로 밸브를 제어하는 방식을 말한다. 이와 같이 전자석에 의해 제어되는 밸브를 일반적으로 솔레노이드 밸브 또는 전자 밸브라고 말한다.

1) 압축공기 입구 P
2) 압축공기 출구 A, B
3) 배기구 R, R1

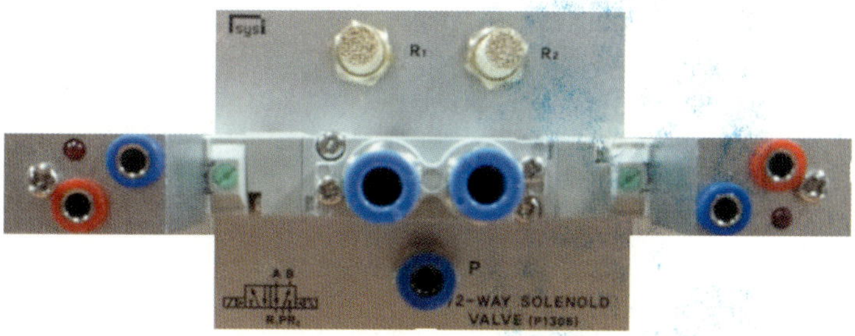

9 5/2-WAY SOLENOID VALVE (P1304)

1) 압축공기 입구 P
2) 압축공기 출구 A, B
3) 배기구 R, R1

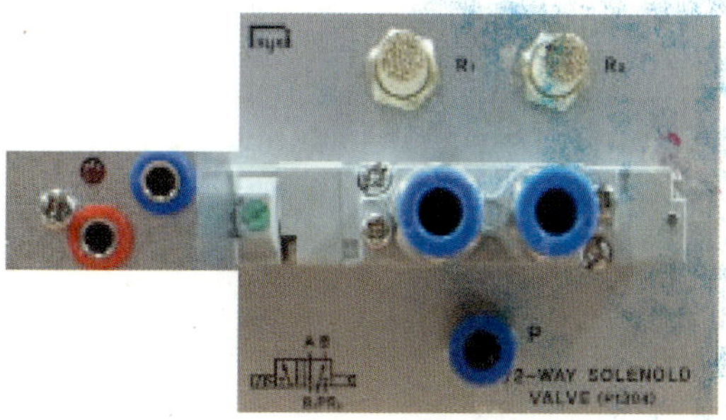

제 5 장 응용 실습과제

1 시퀀스 회로

1.1. a접점 누름 스위치 동작

(1) 실험목적

- 푸쉬버튼을 이용해서 파일럿 램프를 점등 할 수 있다.

(2) 사용모듈

1) DC Power Supply (N2210)

2) Push Button (E3001)

3) Pilot Lamp (E3008)

(3) 동작조건

- PB1을 눌렀을 경우 PL1이 점등한다.

(4) 시퀀스 도면

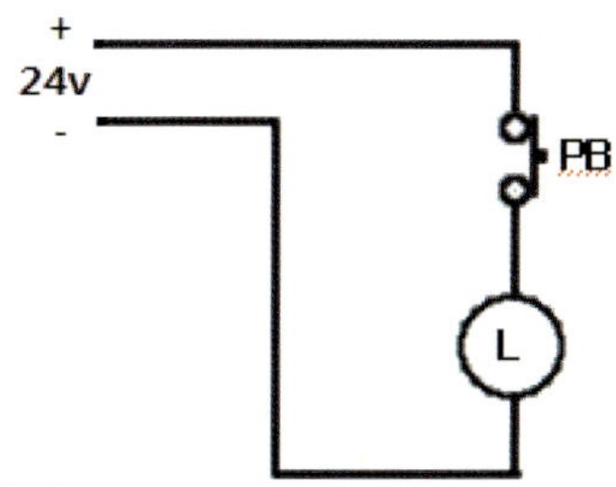

(5) 결선도

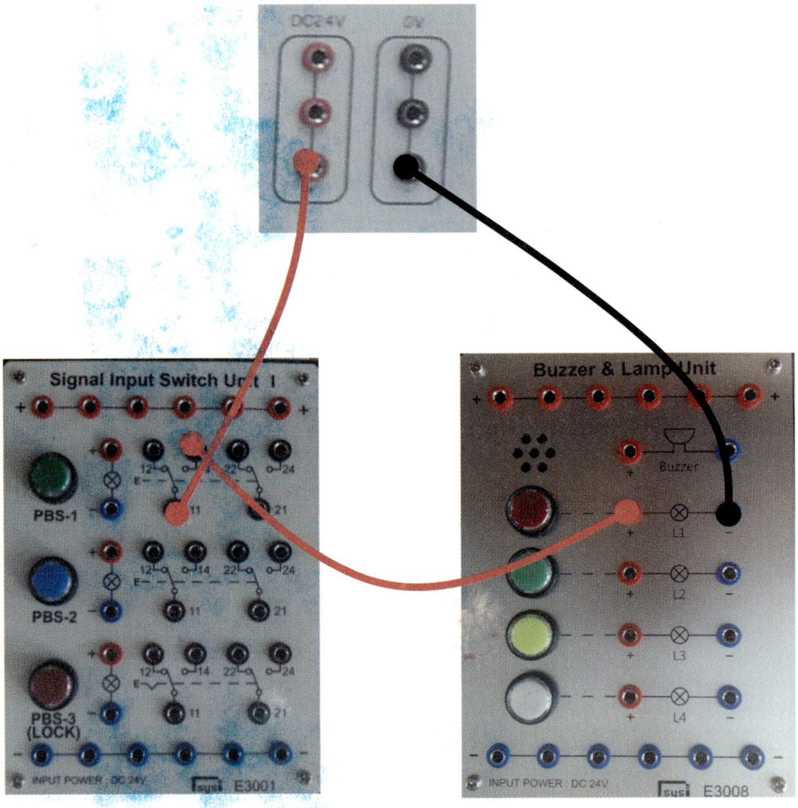

1.2. b접점 누름 스위치 동작

(1) 실험목적

- 푸쉬버튼을 이용해서 파일럿 램프를 소등 할 수 있다.

(2) 사용모듈

1) DC Power Supply (N2210)
2) Push Button (E3001)
3) Pilot Lamp (E3008)

(3) 동작조건

- PB1을 눌렀을 경우 PL1이 소등한다.

(4) 시퀀스 도면

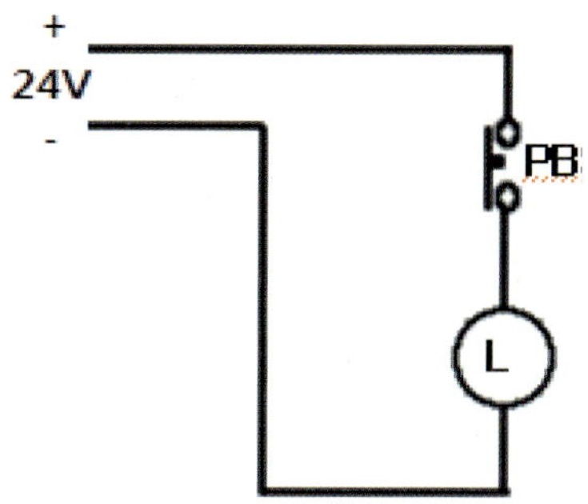

+
24V
-
PB
L

(5) 결선도

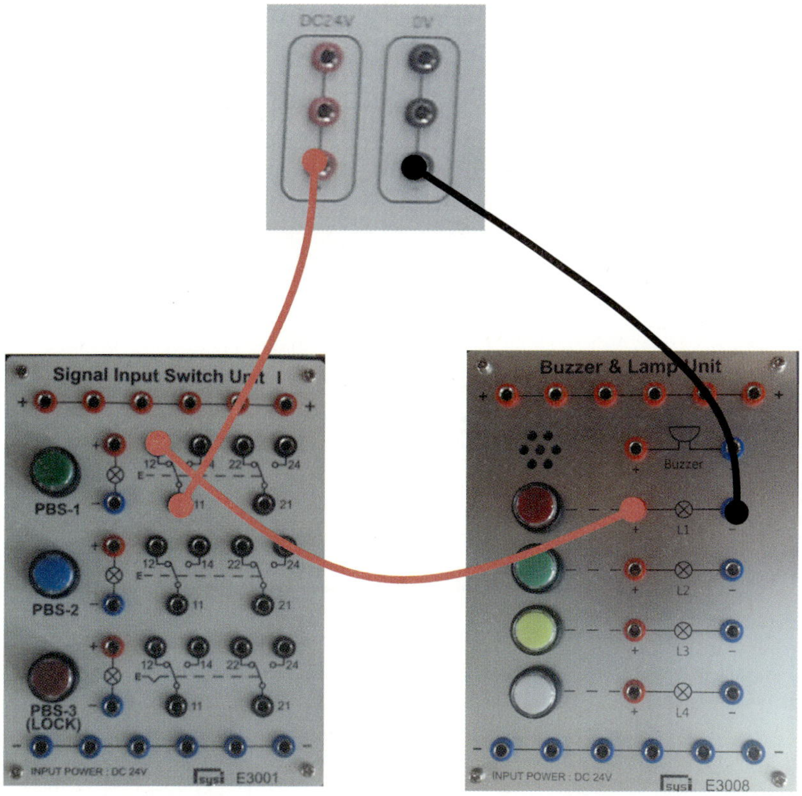

DC24V
0V
Signal Input Switch Unit I
PBS-1
PBS-2
PBS-3
(LOCK)
INPUT POWER : DC 24V
E3001
Buzzer & Lamp Unit
Buzzer
L1
L2
L3
L4
INPUT POWER : DC 24V
E3008

1.3 AND 회로

(1) 실험목적

- 푸쉬버튼과 파일럿 램프를 사용해서 AND회로를 만들 수 있다.

(2) 사용모듈

(1) DC Power Supply (N2210)

(2) Push Button (E3001)

(3) Pilot Lamp (E3008)

(3) 동작조건

- AND 회로는 PB1와 PB2를 같이 눌렀을 경우에 PL1 이 점등된다.

입력		출력
PB1	PB2	PL1
0	0	0
0	1	0
1	0	0
1	1	1

(4) 시퀀스 도면

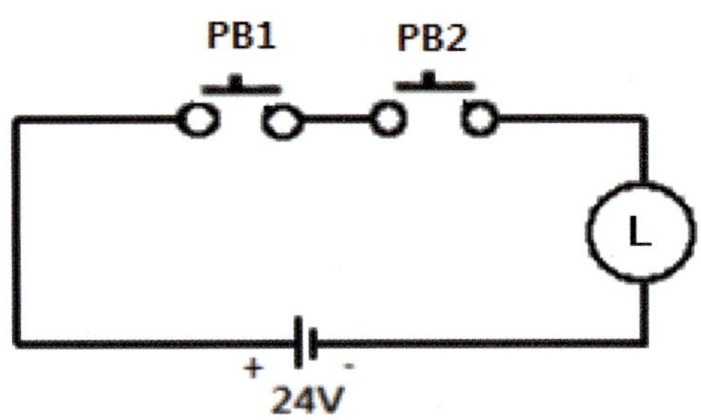

(5) 결선도

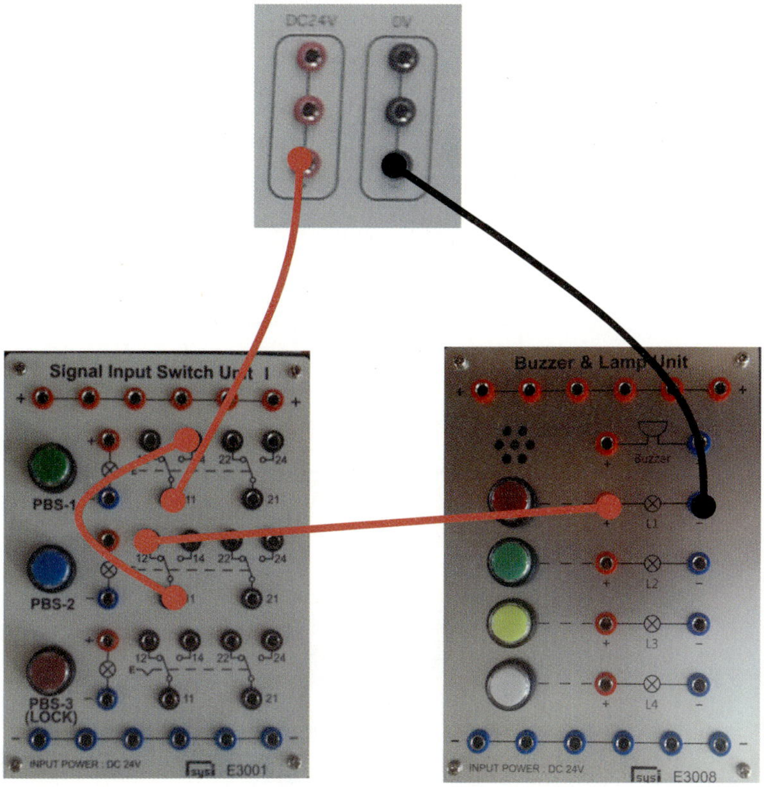

1.4. OR **회로**

(1) 실험목적

- 푸쉬버튼과 파일럿 램프를 사용해서 OR회로를 만들 수 있다.

(2) 사용모듈

1) DC Power Supply (N2210)
2) Push Button (E3001)
3) Pilot Lamp (E3008)

(3) 동작조건

- OR 회로는 PB1나 PB2를 눌렀을 경우에 PL1 이 점등된다.

입력		출력
PB1	PB2	PL1
0	0	0
0	1	1
1	0	1
1	1	1

(4) 시퀀스 도면

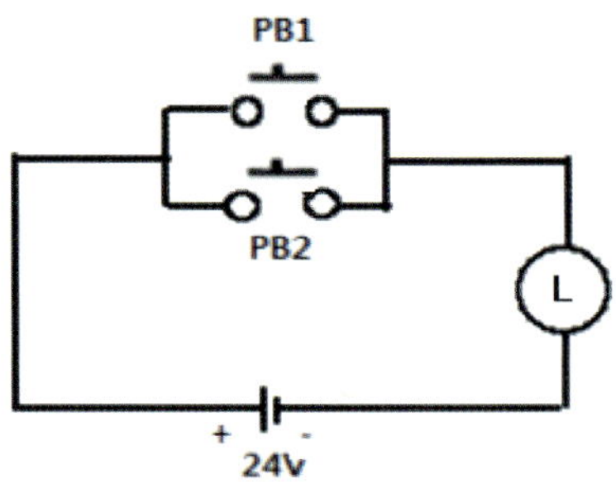

(5) 결선도

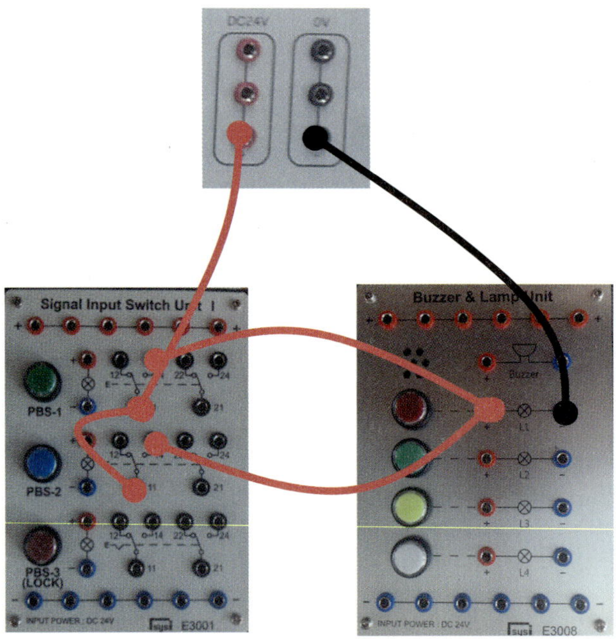

1.5. 자기 유지 회로-1

(1) 실험목적

- 푸쉬버튼과 파일럿 부저를 사용해서 자기유지회로를 만들 수 있다.

(2) 사용모듈

1) DC Power Supply (N2210)
2) Push Button (E3001)
3) Buzzer (E3008)
4) Relay (E3004)

(3) 동작조건

- PB1을 누르고 때도 릴레이에 전원이 공급된다.
- 릴레이가 동작을 하면 BZ가 동작한다.
- PB2를 눌리면 릴레이에 전원이 공급되지 않고 BZ가 정지한다.

(4) 시퀀스 도면

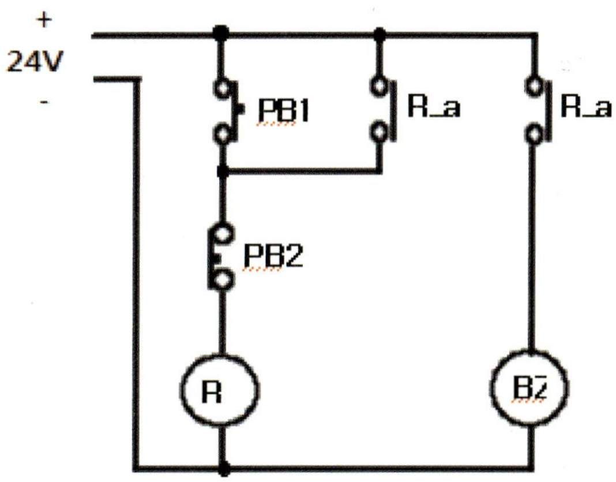

(5) 결선도

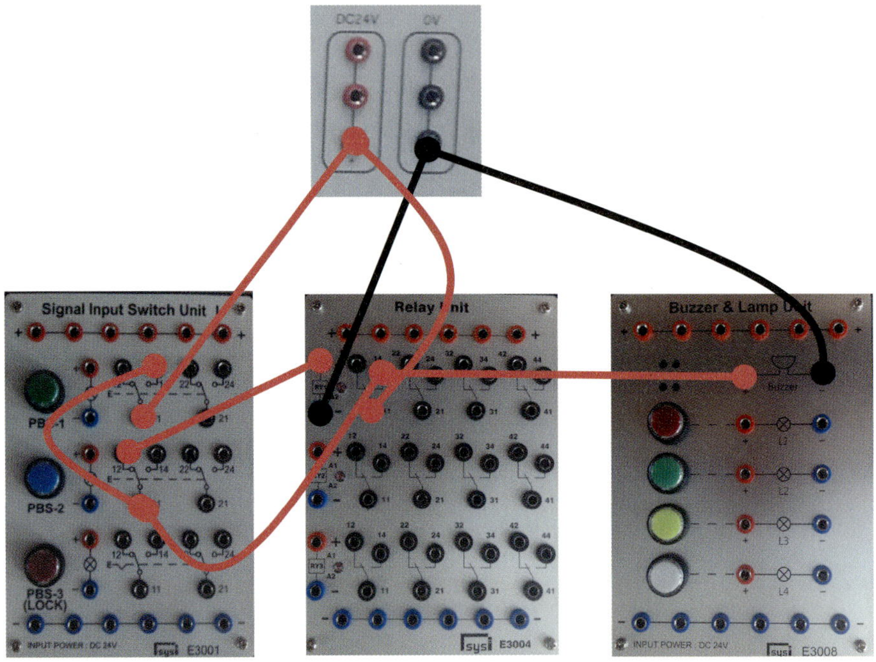

1.6. **자기 유지 회로**-2

(1) 실험목적

- 푸쉬버튼과 파일럿 램프를 사용해서 자기유지회로를 만들 수 있다.

(2) 사용모듈

1) DC Power Supply (N2210)
2) Push Button (E3001)
3) Pilot Lamp (E3008)
4) Relay (E3004)

(3) 동작조건

- 전원이 공급되면 PL2가 점등한다.
- PB1을 누르고 때도 릴레이에 전원이 공급된다.
- 릴레이가 동작을 하면 PL1은 점등 하고 PL2는 소등한다.

- PB2를 눌리면 릴레이에 전원이 공급되지 않고 PL1은 소등하고 PL2는 점등한다.

(4) 시퀀스 도면 및 릴레이 내부

접점

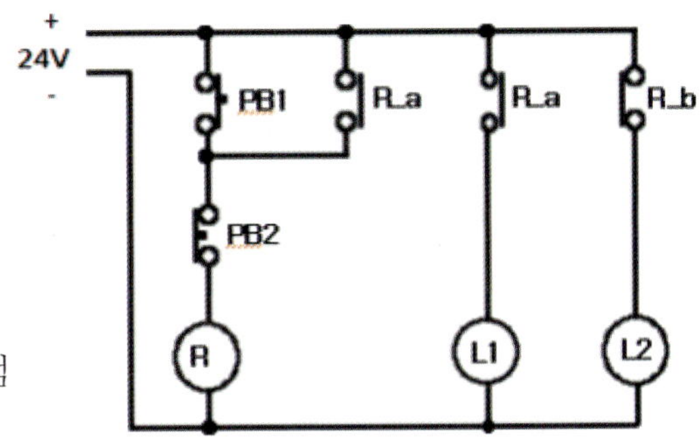

(5) 결선도

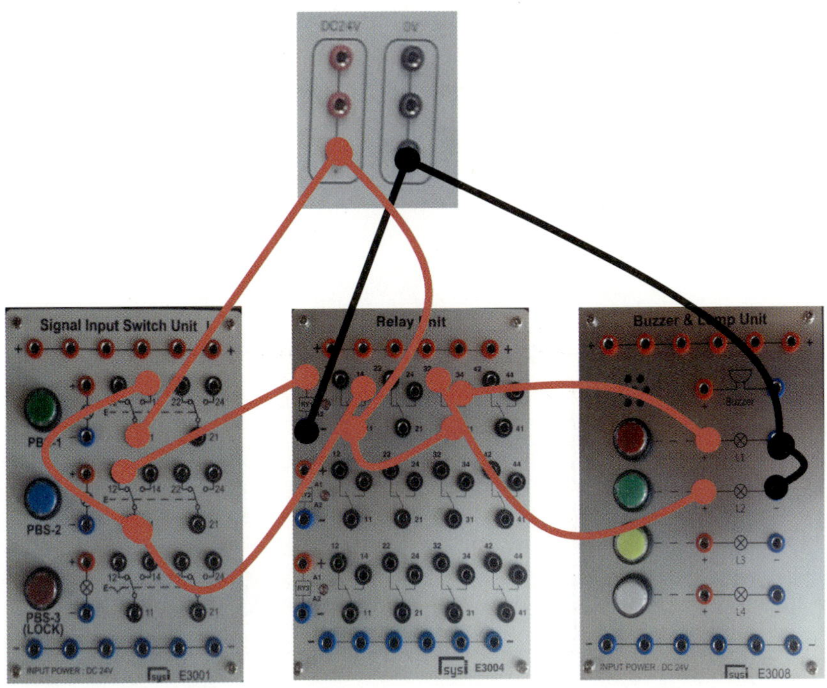

1.7. 인터록 회로

(1) 실험목적

- 푸쉬버튼과 파일럿 램프를 사용해서 인터록를 만들 수 있다.

(2) 사용모듈

1) DC Power Supply (N2210)
2) Push Button (E3001)
3) Pilot Lamp (E3008)
4) Relay (E3004)

(3) 동작조건

- PB1를 눌리면 PL1이 점등한다.
- PB2를 눌리면 PL2가 점등한다.
- PB0를 눌리면 PL1과 PL2가 소등한다.
- PL1이 점등되어 있으면 PL2가 점등되지 않는다.
- PL2가 점등되어 있으면 PL1이 점등되지 않는다.

(4) 시퀀스 도면 및 릴레이 내부 접점

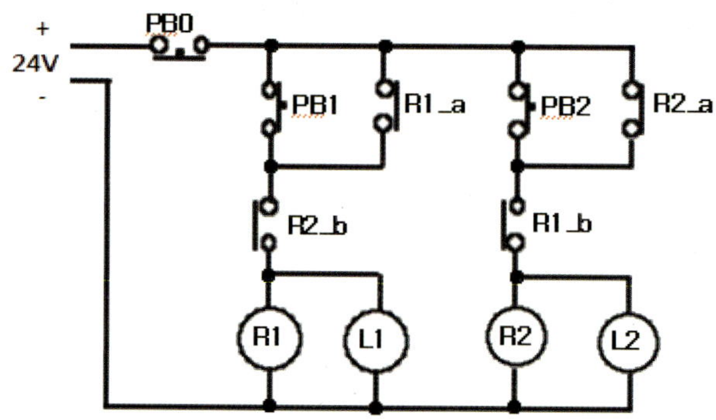

(5) 결선도

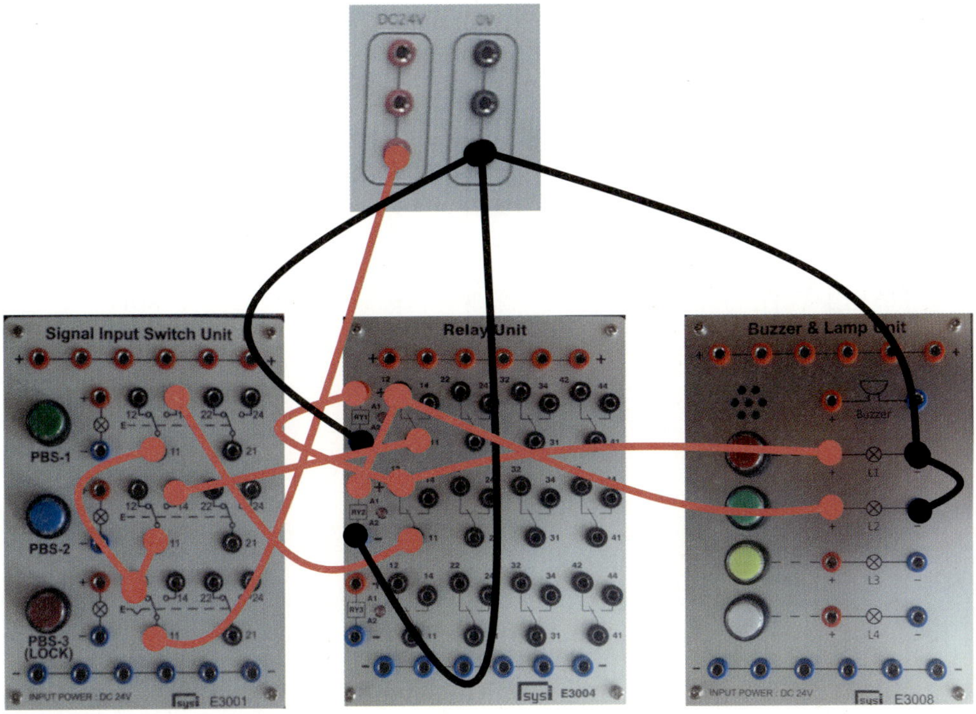

2 전기 공압

2.1. 복동 실린더의 제어회로 실습-1

(1) 실험목적

- 전자 밸브에 의한 복동 실린더 제어 회로의 구성을 익힌다.

(2) 사용모듈

1) DC Power Supply (N2210)
2) AIR SERVIC (P1003)
3) AIR DISTRIBUTOR (P1004)
4) DOUBLE ACTING CYLINDER WITH REED SWITCH (P1104)

5) 5/2-WAY SOLENOID VALVE (P1304)

6) Push Button (E3001)

7) Relay (E3004)

(3) 회로도

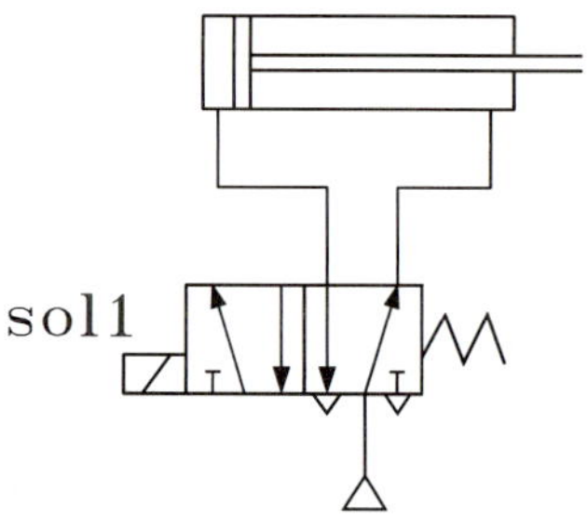

공압 회로도

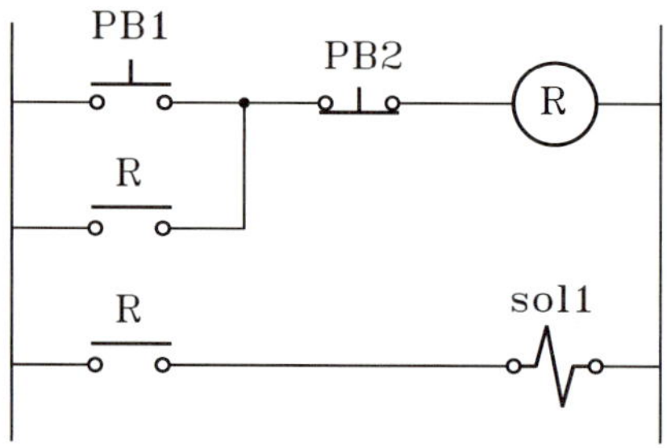

제어 회로

(4) 동작조건

- 공압 복동 실린더를 제어 하려면 4포트 밸브나 5포트 밸브가 필요하다.

공압 회로도는 5포트 2위치 편측 전자 밸브로 복동 실린더를 제어 하는 구성도이다.

누름버튼 스위치 PB1을 누르면 릴레이에 의해 자기유지 되고 실린더가 전진한다. 복귀는 PB2를 ON시켜 자기유지를 해제하면 밸브가 원위치 되고 실린더가 후진하게 된다. 이와 같이 편측 전자 밸브로 실린더를 제어 하려면 자기유지 회로가 필요하다.

(5) 결선도

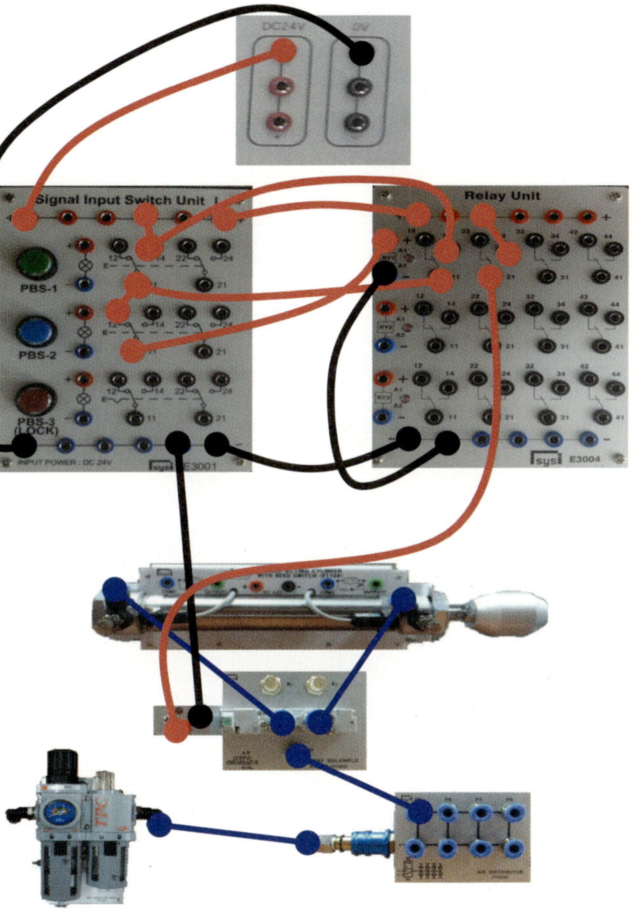

2.2. **복동 실린더의 제어회로 실습**-2

(1) 실험목적

- 양측(double) 전자 밸브에 의한 복동 실린더 제어회로의 구성을 익힌

(2) 사용모듈

1) DC Power Supply (N2210)
2) AIR SERVIC (P1003)
3) AIR DISTRIBUTOR (P1004)

4) DOUBLE ACTING CYLINDER WITH REED SWITCH (P1104)

5) 5/2-WAY SOLENOID VALVE (P1306)

6) Push Button (E3001)

7) Relay (E3004)

(3) 회로도

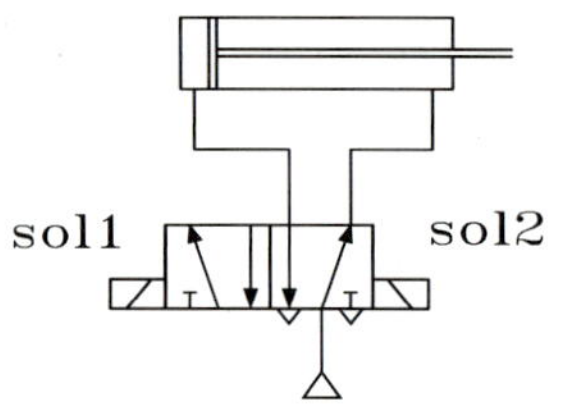

공압 회로도

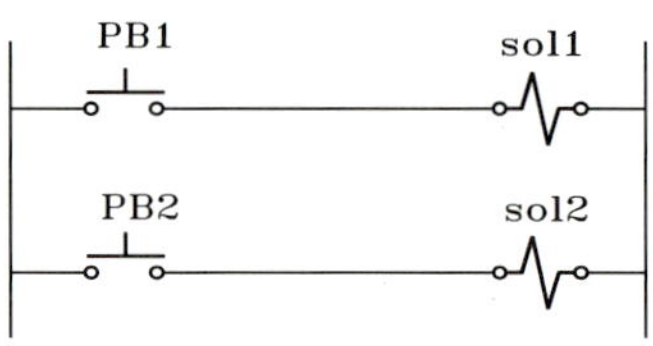

직접 제어회로

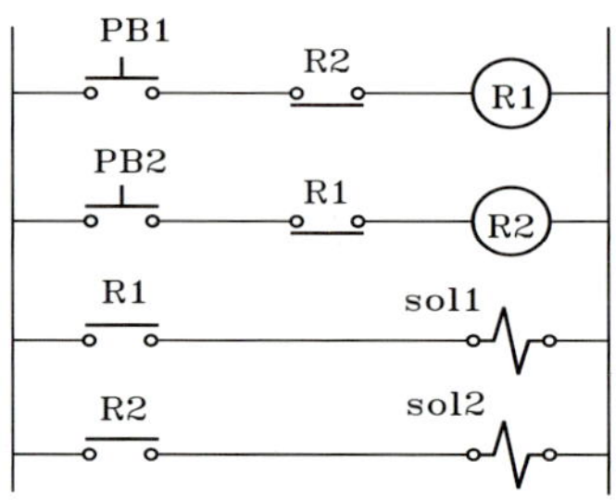

간접 제어회로

(4) 동작조건

- 공압 실린더를 제어하는 전자 밸브가 양측인 경우는 신호를 주었다 제거해도 밸브는 반대신호를 줄때까지 그 상태를 유지하므로, 편측 전자 밸브에서와 같이 반드시 자기유지 회로를 구성할 필요가 없다. 직접제어 회로는 누름버튼 스위치 PB1을 누르면 실린더가 전진하고 PB2를 누르면 실린더가 후진하는 회로이다. 그러나 이 회로는 만일 PB1과 PB2가 동시에 눌려진다면 전자 밸브의 양측 솔레노이드가 여자되고 실린더는 그 상태대로 있으나, 통전시간이 길어지면 솔레노이드가 타버리는 일이 발생된다. 이것을 방지하기 위해서는 인터록 회로를 구성해야 한다. 즉 R1이 ON되어있는 동안은 R2가 여자될 수 없고, 반대로 R2가 ON되어 있는 동안은 R1이 동작할 수 없도록 인터록을 취한 회로이다. 다만 위의 두 회로에서 누름 버튼을 누르고 있는 조작시간은 솔레노이드가 여자되어 밸브가 위치 전환시킬 시간만큼 충분히 길어야 한다는 것이다.

(5) 결선도

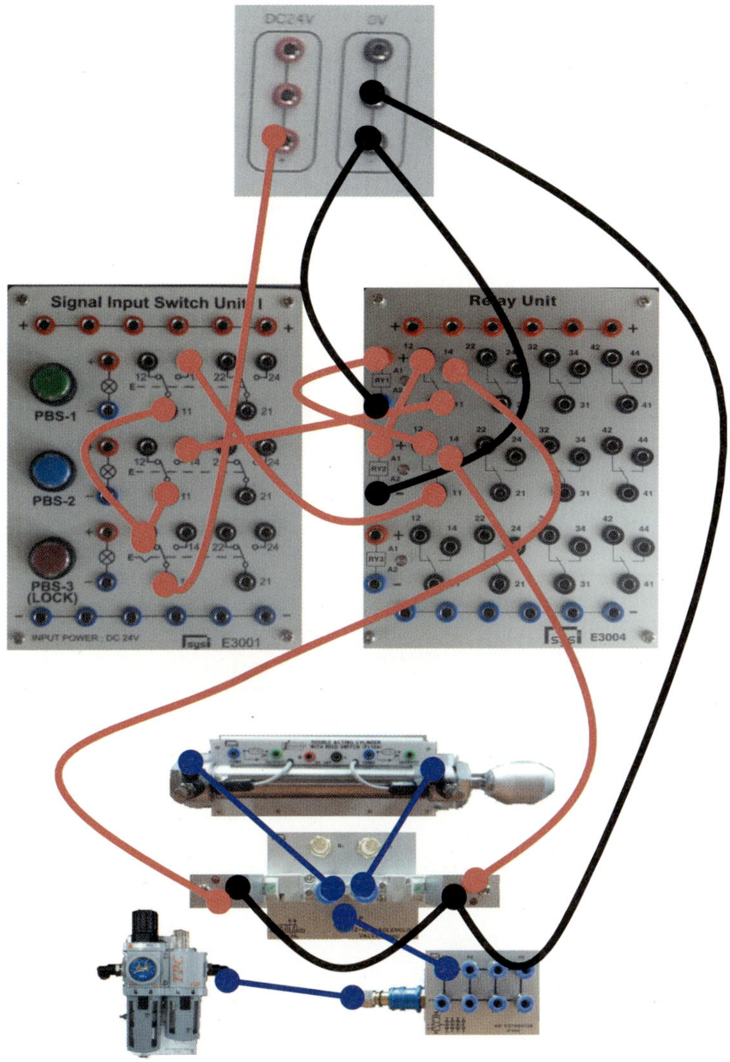

2.3. **복동 실린더의 자동 복귀회로**-1

(1) 실험목적

- 실린더의 자동복귀 회로에 대해 알아본다.
- 리밋 스위치의 구조원리를 이해한다.

(2) 사용모듈

1) DC Power Supply (E3015)
2) AIR SERVIC (P1003)
3) AIR DISTRIBUTOR (P1004)
4) DOUBLE ACTING CYLINDER WITH REED SWITCH (P1104)
5) 5/2-WAY SOLENOID VALVE (P1304)
6) Push Button (E3001)
7) Relay (E3004)
8) MICRO SWITCH (CU-3010-11)

(3) 회로도

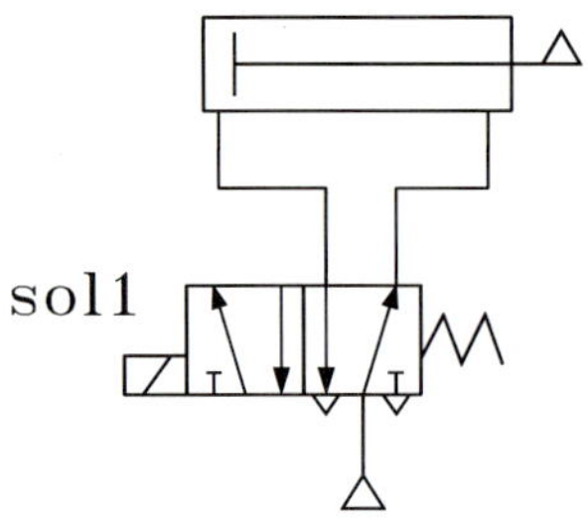

공압 회로

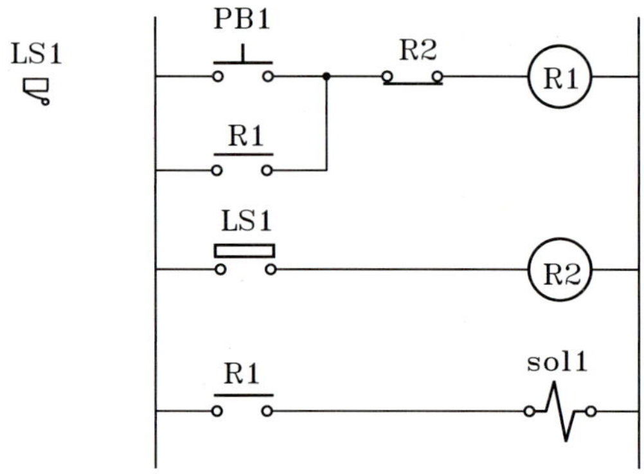

제어회로

(4) 동작조건

- 공압 회로를 작동시키는 제어회로로서 누름버튼 스위치 PB1을 누르면 R1 릴레이가 여자되고 자기유지 되며, 동시에 솔레노이드 코일에 통전시켜 실린더를 전진시킨다. 실린더의 피스톤이 전진 완료되어 LS1 리밋 스위치를 ON시키면, R2 릴레이가 여자되어 솔레노이드에 통전하고 있는 R1릴레이를 복귀시킴에 따라 5포트 밸브가 스프링에 의해 원위치 되고 실린더가 후진한다.

다시 실린더를 전진시키려면 누름버튼 스위치를 눌러야 된다.

(5) 결선도

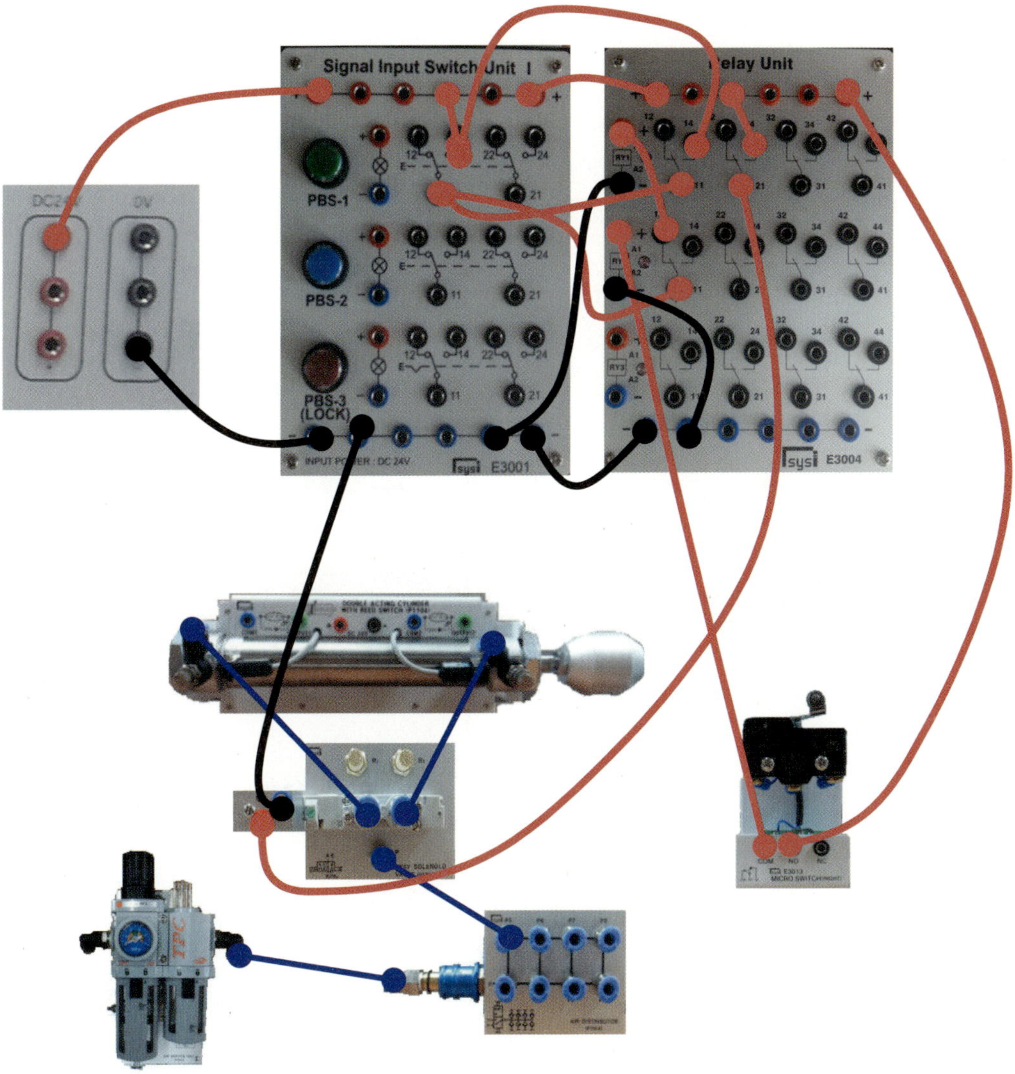

2.4. **복동 실린더의 자동 복귀회로**-2

(1) 실험목적

- 실린더의 자동복귀 회로에 대해 알아본다.
- 리밋 스위치의 구조원리를 이해한다.

(2) 사용모듈

1) DC Power Supply (N2210)
2) AIR SERVIC (P1003)
3) AIR DISTRIBUTOR (P1004)
4) DOUBLE ACTING CYLINDER WITH REED SWITCH (P1104)
5) 5/2-WAY SOLENOID VALVE (P1304)
6) Push Button (E3001)
7) Relay (E3004)
8) MICRO SWITCH (E3013)

(3) 회로도

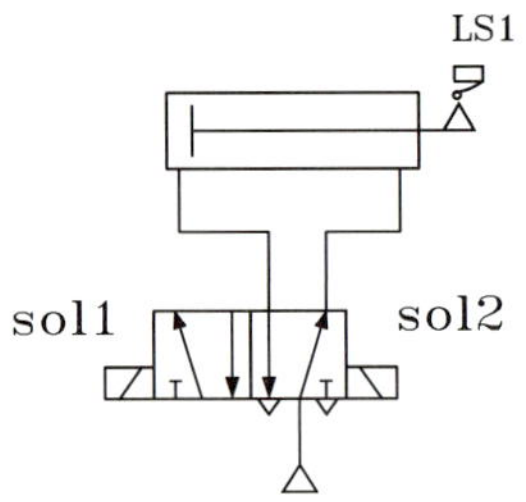

공압 회로

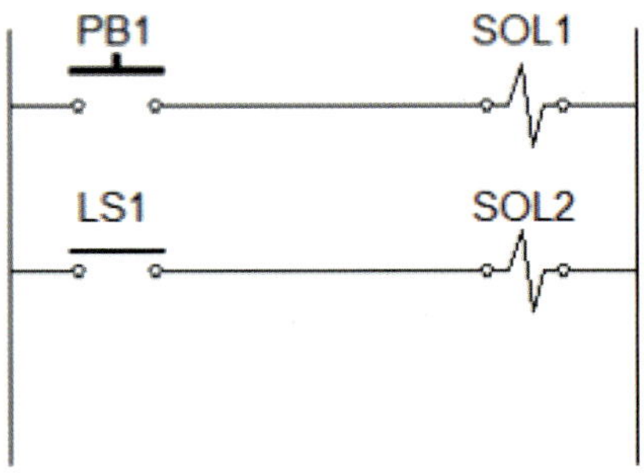

제어회로

(4) 동작조건

- PB1을 누르면 SOL1이 여자가 되어 실린더가 전진을한다.

실린더가 전진을 완료하면 리밋스위치가 눌러지게 되고 SOL2이 여자가 되어 실린더는 후진을 하게 된다.

(5) 결선도

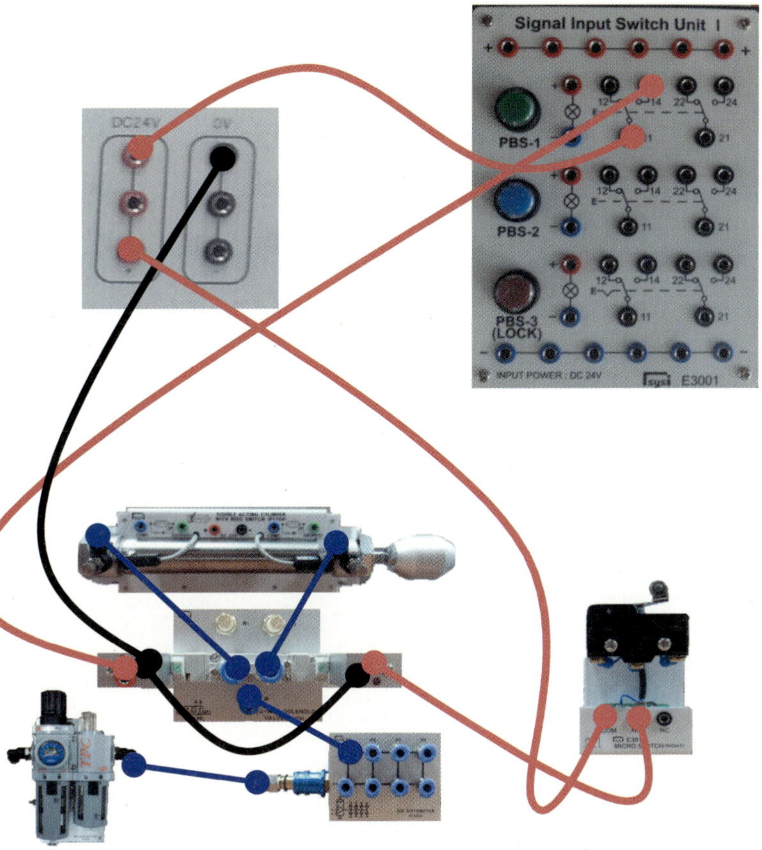

2.5. 복동 실린더의 연속왕복 작동 회로-1

(1) 실험목적

- 실린더의 연속 왕복 작동 회로의 구성에 대해 알아본다.

(2) 사용모듈

1) DC Power Supply (E3015)
2) AIR SERVIC (P1003)
3) AIR DISTRIBUTOR (P1004)
4) DOUBLE ACTING CYLINDER WITH REED SWITCH (P1104)
5) 5/2-WAY SOLENOID VALVE (P1304)

6) Push Button (E3001)

7) Relay (E3004)

8) MICRO SWITCH (CU-3010-11)

(3) 회로도

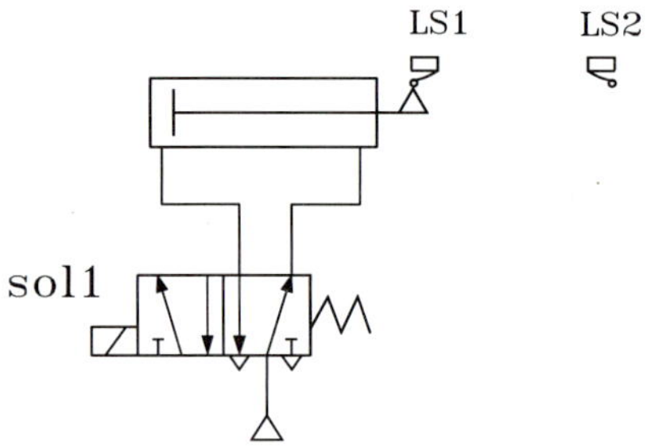

공압 회로

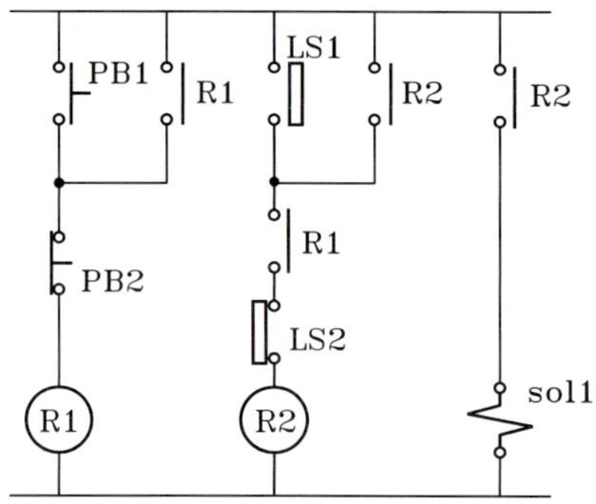

제어회로

(4) 동작조건

- PB1은 기동 스위치이고 PB2는 정지 스위치이다. 먼저 PB1 누름버튼 스위치를 누르면 릴레이 R1이 여자되고 자기유지 된다. 이때 실린더가 후진되어 있어 LS1이 ON 상태이므로 R2가 여자되고 자기유지 되며, 솔레노이드 sol1에 통전시켜 밸브가 위치 전환되고 실린더가 전진한다. 실린더가 전진완료 되어 전진끝단에 설치되어 있는 리밋 스위치 LS2가 ON되면 릴레이 R2 코일 위의 LS2가 b접점이므로 끊어져 R2의 자기유지를 해제 시킨다. 따라서 R2릴레이 a접점에 의해 sol1에 통전하던 전류가 끊기므로 밸브가 내장된 스프링에 의해 원위치 되고 실린더가 후진한다. 실린더가 후진하면서 LS2에서 떨어지면 LS2가 OFF되므로 LS2 b접점은 다시 원위치 되며, 실린더가 완전히 복귀하여 LS1 리밋 스위치를 ON시키면 다시 R2가 여자되어 자기유지 되고 실린더가 전진한다. 즉 이와 같이 R1이 ON되어있는 동안은 실린더가 전진과 후진운동을 반복하고, 정지시키기 위해서는 R1의 자기유지를 해제하는 PB2를 ON시키면 된다.

(5) 결선도

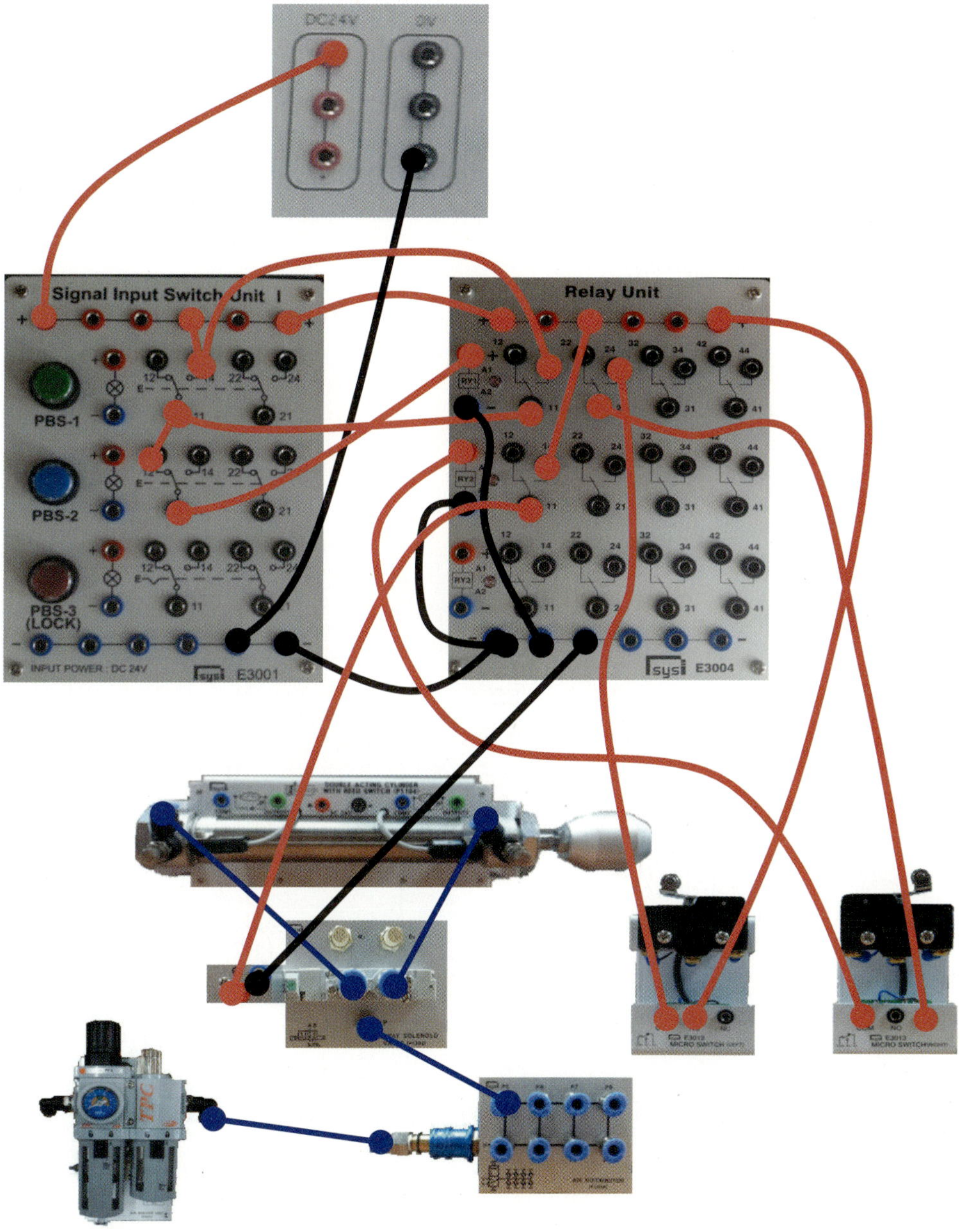
DC24V
0V
Signal Input Switch Unit I
PBS-1
PBS-2
PBS-3
(LOCK)
INPUT POWER : DC 24V
E3001
Relay Unit
RY1
RY2
RY3
E3004

2.6. 복동 실린더의 연속왕복 작동 회로 -2

(1) 실험목적

- 실린더의 연속 왕복 작동 회로의 구성에 대해 알아본다.

(2) 사용모듈

1) DC Power Supply (N2210)
2) AIR SERVIC (P1003)
3) AIR DISTRIBUTOR (P1004)
4) DOUBLE ACTING CYLINDER WITH REED SWITCH (P1104)
5) 5/2-WAY SOLENOID VALVE (P1304)
6) Push Button (E3001)
7) Relay (E3004)
8) MICRO SWITCH (E3013)

(3) 회로도

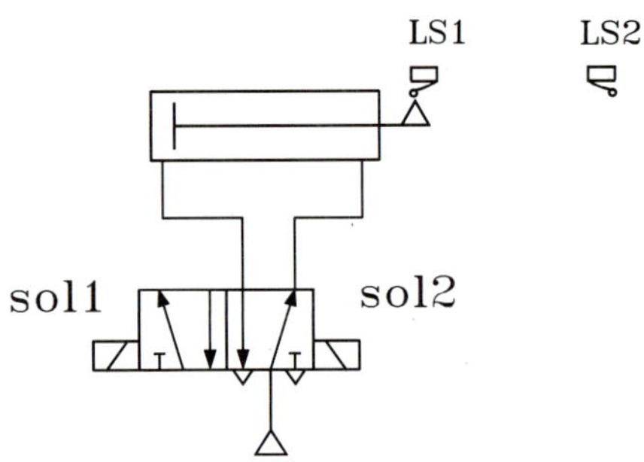

공압 회로

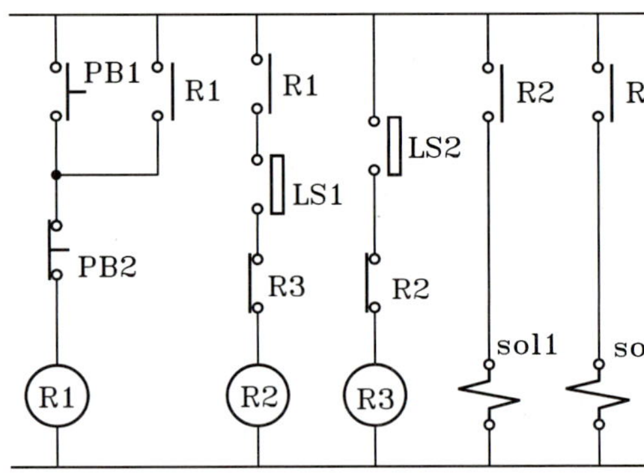

제어회로

(4) 동작조건

- PB1을 누르면 R1이 자기 유지가 된다.

R1이 자기유지가 되고 실린더가 후진 상태이면 R2가 여자되고 SOL1이 동작하여 실린더는

전진을 하게된다.

실린더가 전진을 하면 LS2가 신호를 받아 R3이 여자가 되고 SOL2가 동작을하여 실린더는 후진을 한다.

다시 실린더가 후진을 하면 LS1이 신호를 받아 SOL1이 동작하여 실린더는 전,후진 반복을 한다. PB2를 누르면 실린더는 정지한다.

(5) 결선도

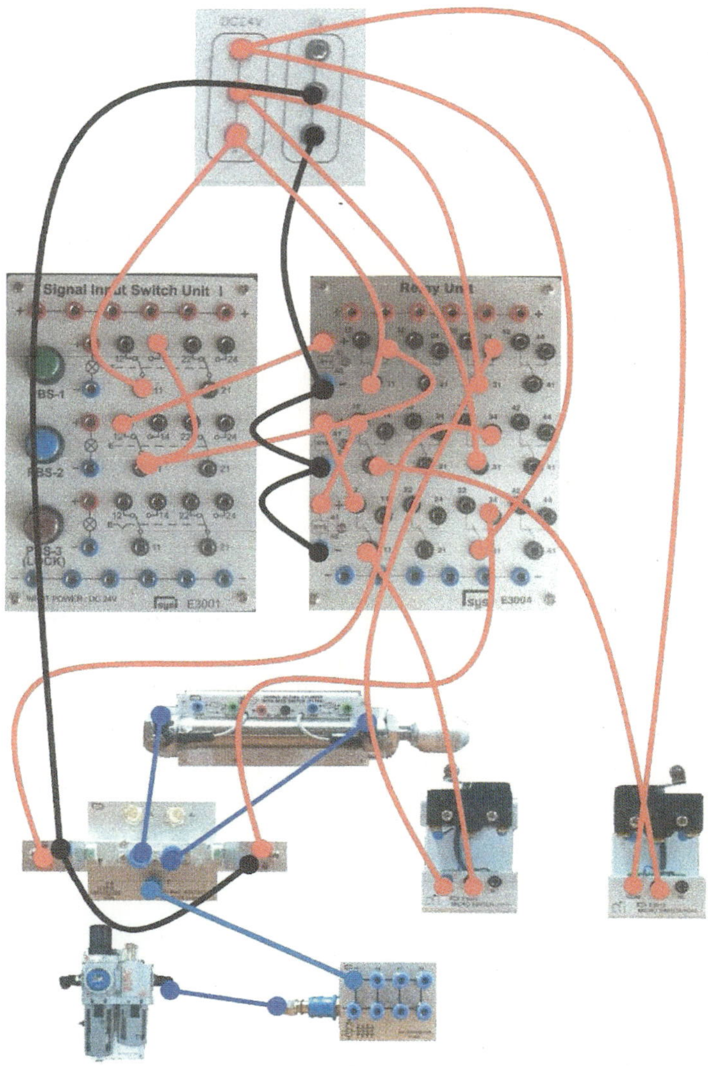

3 GX WORKS2 예제

3.1. 점등회로

(1) 실험목적

- 푸쉬버튼을 이용해서 파일럿 램프를 점등 할 수 있다.

(2) 사용모듈

1) PLC TRANER (N2210)
2) Push Button (E3001)
3) Pilot Lamp (E3008-1)

(3) 동작조건

- PB1을 눌렀을 경우 PL1이 점등한다.

(4) 프로그램 작성

〈PLC I/O맵〉

구분	명칭	기능설명	I/O 할당
입력	PB1	누름 버튼 스위치1	X00
출력	PL1	파일롯 램프1	Y20

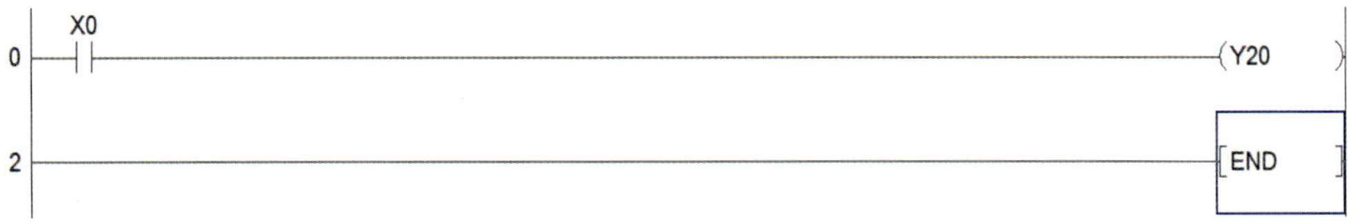

(5) 결선도

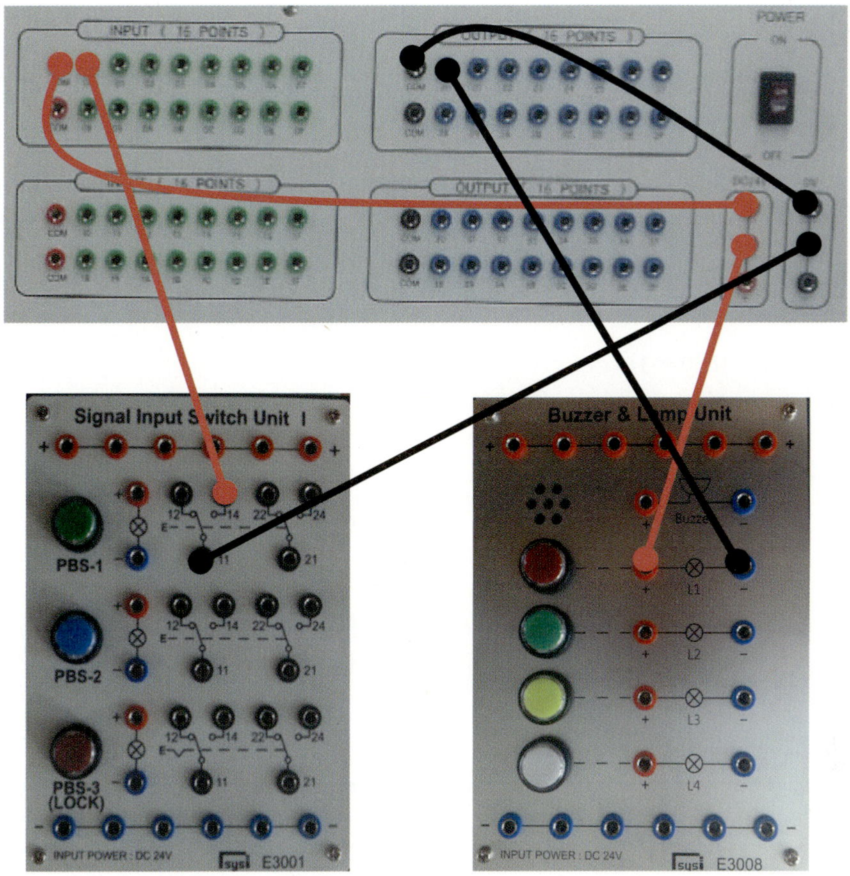
INPUT (16 POINTS)
POWER
ON
OFF
PBS-1
PBS-2
PBS-3
(LOCK)
INPUT POWER : DC 24V
E3001
L1
L2
L3
L4
INPUT POWER : DC 24V
E3008

3.2. 자기유지회로

(1) 실험목적

- 푸쉬버튼과 파일럿 램프를 사용해서 자기유지회로를 만들 수 있다.

(2) 사용모듈

1) PLC TRANER (N2210)
2) Push Button (E3001)
3) Pilot Lamp (E3008-1)

(3) 동작조건

- PB1을 눌렀다 때도 PL1이 점등한다.
- PB2을 눌러야 PL1이 소등된다.

(4) 프로그램 작성

〈PLC I/0맵〉

구분	명칭	기능설명	I/O 할당
입력	PB1	누름 버튼 스위치1	X00
	PB2	누름 버튼 스위치2	X01
출력	PL1	파일롯 램프1	Y20

(5) 결선도

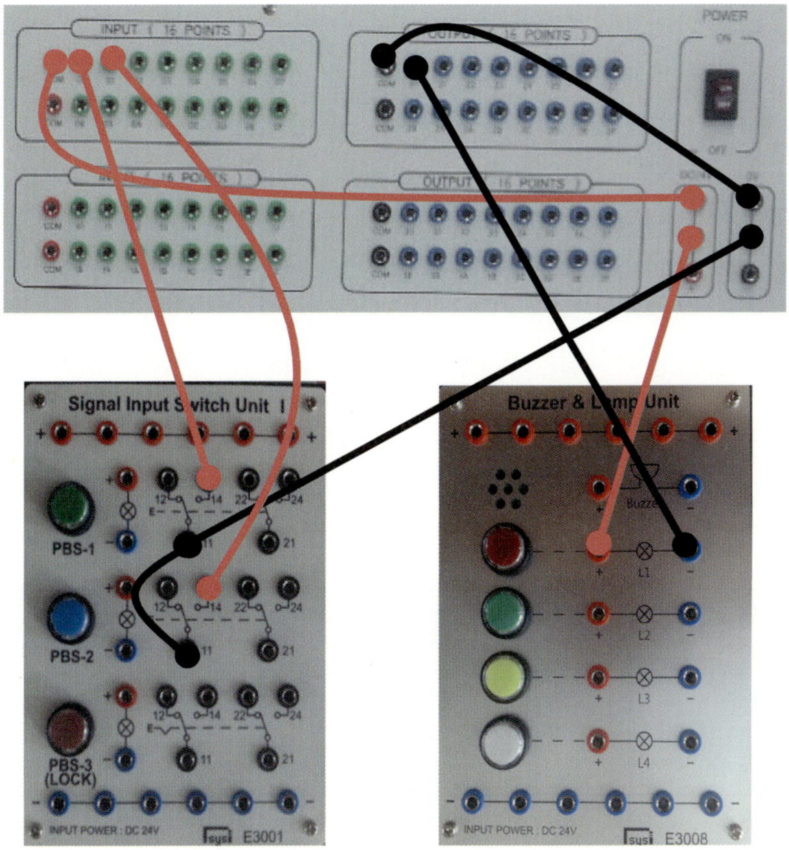

POWER
Signal Input Switch Unit I
PBS-1
PBS-2
PBS-3 (LOCK)
INPUT POWER : DC 24V
E3001
Buzzer & Lamp Unit
INPUT POWER : DC 24V
E3008

3.3. AND 회로

(1) 실험목적

- 푸쉬버튼과 파일럿 램프를 사용해서 AND회로를 만들 수 있다.

(2) 사용모듈

1) PLC TRANER (N2210)
2) Push Button (E3001)
3) Pilot Lamp (E3008-1)

(3) 동작조건

- AND 회로는 PB1와 PB2를 같이 눌렀을 경우에 PL1 이 점등된다.

(4) 프로그램 작성

〈PLC I/0맵〉

구분	명칭	기능설명	I/O 할당
입력	PB1	누름 버튼 스위치1	X00
	PB2	누름 버튼 스위치2	X01
출력	PL1	파일롯 램프1	Y20

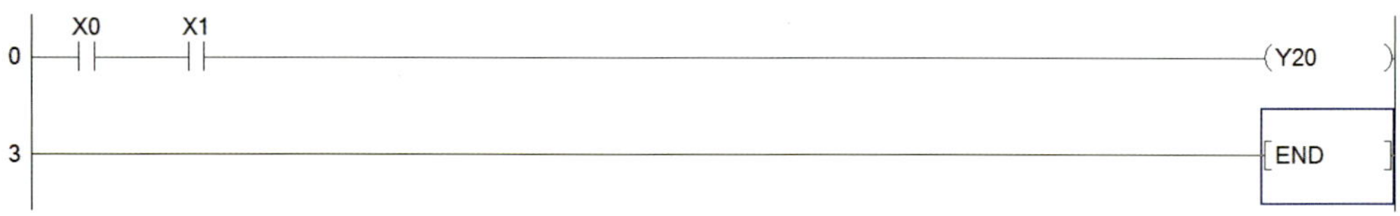

(5) 결선도

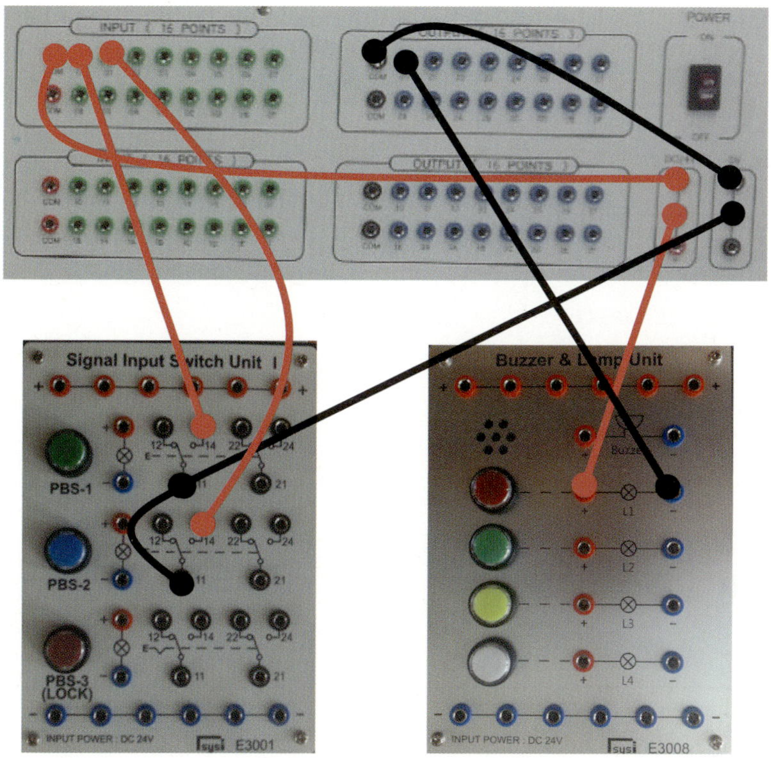

INPUT (16 POINTS)
POWER
OUTPUT (16 POINTS)
PBS-1
PBS-2
PBS-3
(LOCK)
INPUT POWER : DC 24V
E3001
L1
L2
L3
L4
INPUT POWER : DC 24V
E3008

3.4. OR 회로

(1) 실험목적

- 푸쉬버튼과 파일럿 램프를 사용해서 OR회로를 만들 수 있다.

(2) 사용모듈

1) PLC TRANER (N2210)
2) Push Button (E3001)
3) Pilot Lamp (E3008-1)

(3) 동작조건

- OR 회로는 PB1나 PB2 중 하나만 눌러도 PL1 이 점등된다.

(4) 프로그램 작성

〈PLC I/0맵〉

구분	명칭	기능설명	I/O 할당
입력	PB1	누름 버튼 스위치1	X00
	PB2	누름 버튼 스위치2	X01
출력	PL1	파일롯 램프1	Y20

(5) 결선도

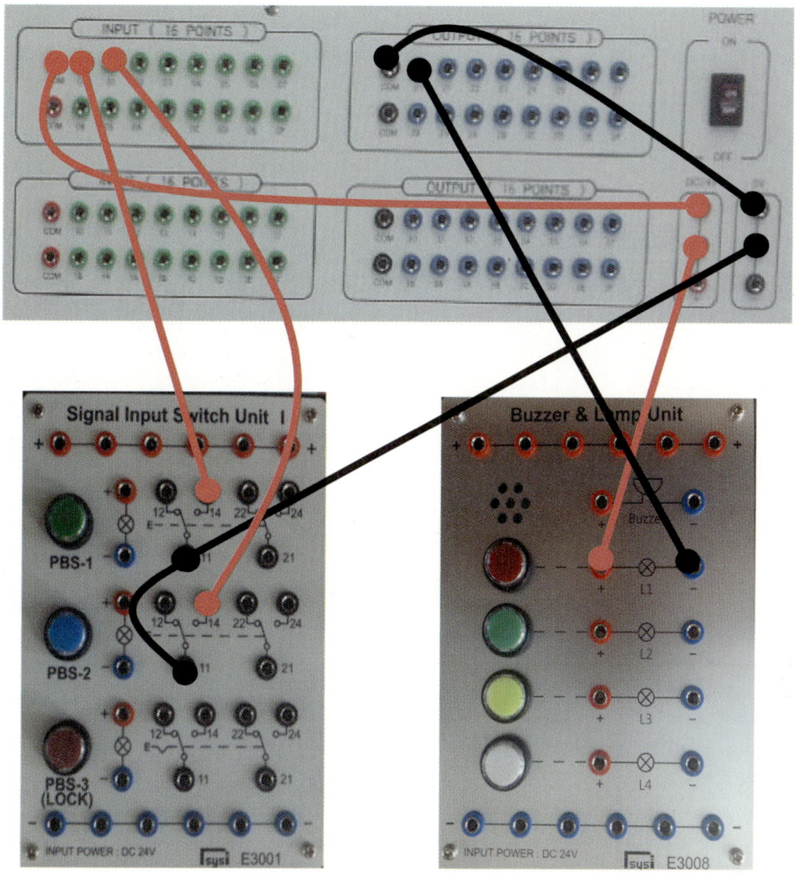
INPUT (16 POINTS)
OUTPUT (16 POINTS)
POWER
ON
OFF
Signal Input Switch Unit I
PBS-1
PBS-2
PBS-3
(LOCK)
INPUT POWER : DC 24V
E3001
Buzzer & Lamp Unit
L1
L2
L3
L4
INPUT POWER : DC 24V
E3008

3.5. XOR (Exclusive or) 회로

(1) 실험목적

- 푸쉬버튼과 파일럿 램프를 사용해서 XOR회로를 만들 수 있다.

(2) 사용모듈

1) PLC TRANER (N2210)
2) Push Button (E3001)
3) Pilot Lamp (E3008-1)

(3) 동작조건

- XOR 회로는 PB1나 PB2 중 하나만 눌러야 PL1 이 점등된다.

(4) 프로그램 작성

〈PLC I/0맵〉

구분	명칭	기능설명	I/O 할당
입력	PB1	누름 버튼 스위치1	X00
	PB2	누름 버튼 스위치2	X01
출력	PL1	파일롯 램프1	Y20

(5) 결선도

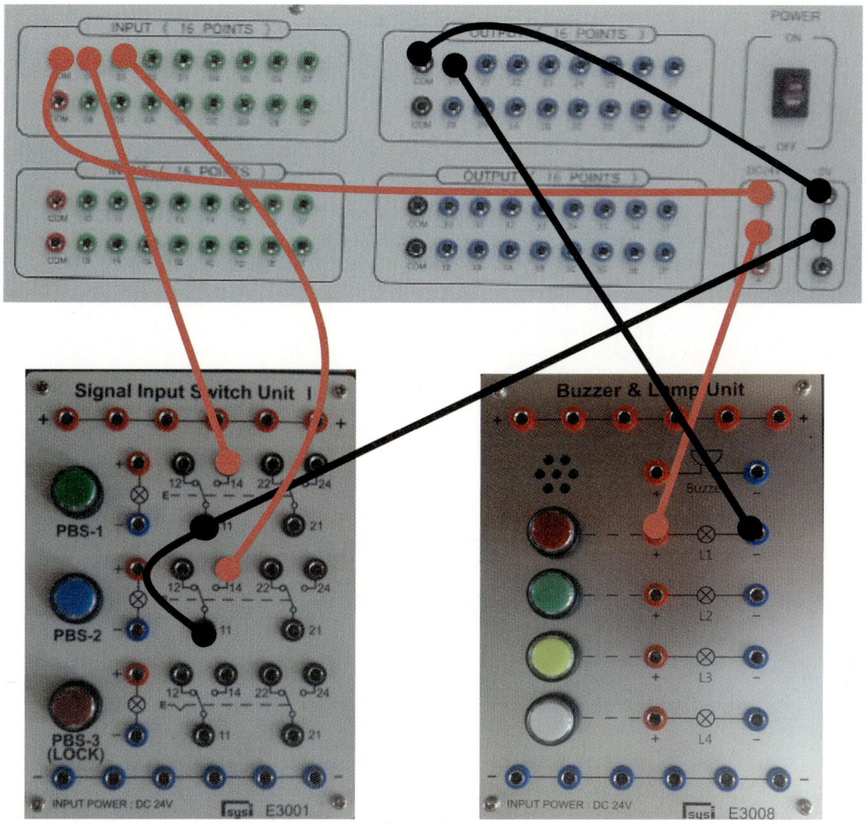
INPUT (16 POINTS)
OUTPUT (16 POINTS)
POWER
ON
OFF
Signal Input Switch Unit I
PBS-1
PBS-2
PBS-3
(LOCK)
INPUT POWER : DC 24V
E3001
Buzzer & Lamp Unit
L1
L2
L3
L4
E3008

3.6. XNOR 회로

(1) 실험목적

- 푸쉬버튼과 파일럿 램프를 사용해서 XNOR회로를 만들 수 있다.

(2) 사용모듈

1) PLC TRANER (N2210)
2) Push Button (E3001)
3) Pilot Lamp (E3008-1)

(3) 동작조건

- XNOR 회로는 PB1를 PB2 둘 다 눌리거나 둘 다 눌리지 않으면 PL1 이 점등된다.

(4) 프로그램 작성

〈PLC I/0맵〉

구분	명칭	기능설명	I/O 할당
입력	PB1	누름 버튼 스위치1	X00
	PB2	누름 버튼 스위치2	X01
출력	PL1	파일롯 램프1	Y20

(5) 결선도

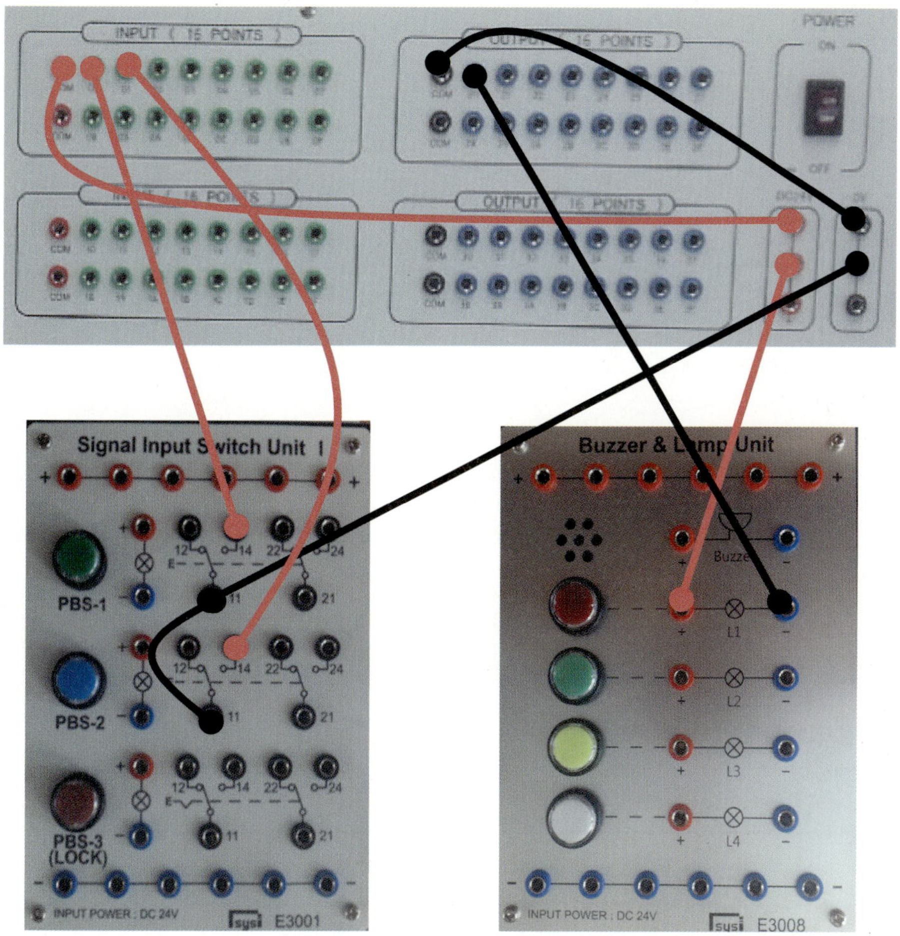
INPUT (16 POINTS)
OUTPUT (16 POINTS)
POWER
ON
OFF
Signal Input Switch Unit I
PBS-1
PBS-2
PBS-3
(LOCK)
INPUT POWER : DC 24V
E3001
Buzzer & Lamp Unit
L1
L2
L3
L4
E3008

3.7. 동작 우선 회로

(1) 실험목적

- 푸쉬버튼과 파일럿 램프를 사용해서 동작 우선 회로를 만들 수 있다.

(2) 사용모듈

1) PLC TRANER (N2210)
2) Push Button (E3001)
3) Pilot Lamp (E3008-1)

(3) 동작조건

- 동작우선 회로는 PB1를 눌렀 다 때면 PL1이 점등한다.
- PB1을 눌리 않은 상태에서 PB2를 눌리면 PL1이 소등한다.
- PB1과 PB2를 동시에 눌리면 PL1이 점등한다.

(4) 프로그램 작성

〈PLC I/0맵〉

구분	명칭	기능설명	I/O 할당
입력	PB1	누름 버튼 스위치1	X00
	PB2	누름 버튼 스위치2	X01
출력	PL1	파일롯 램프1	Y20

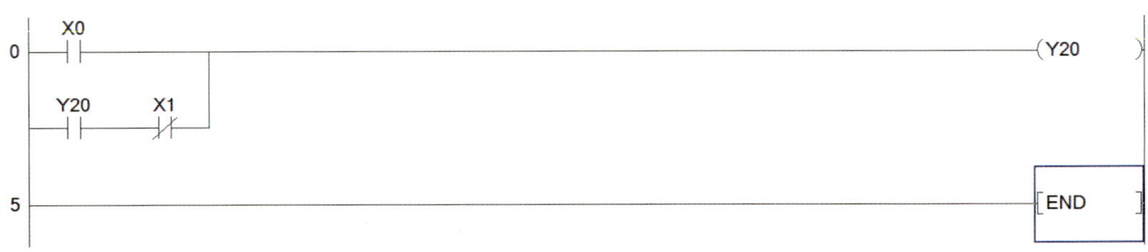

(5) 결선도

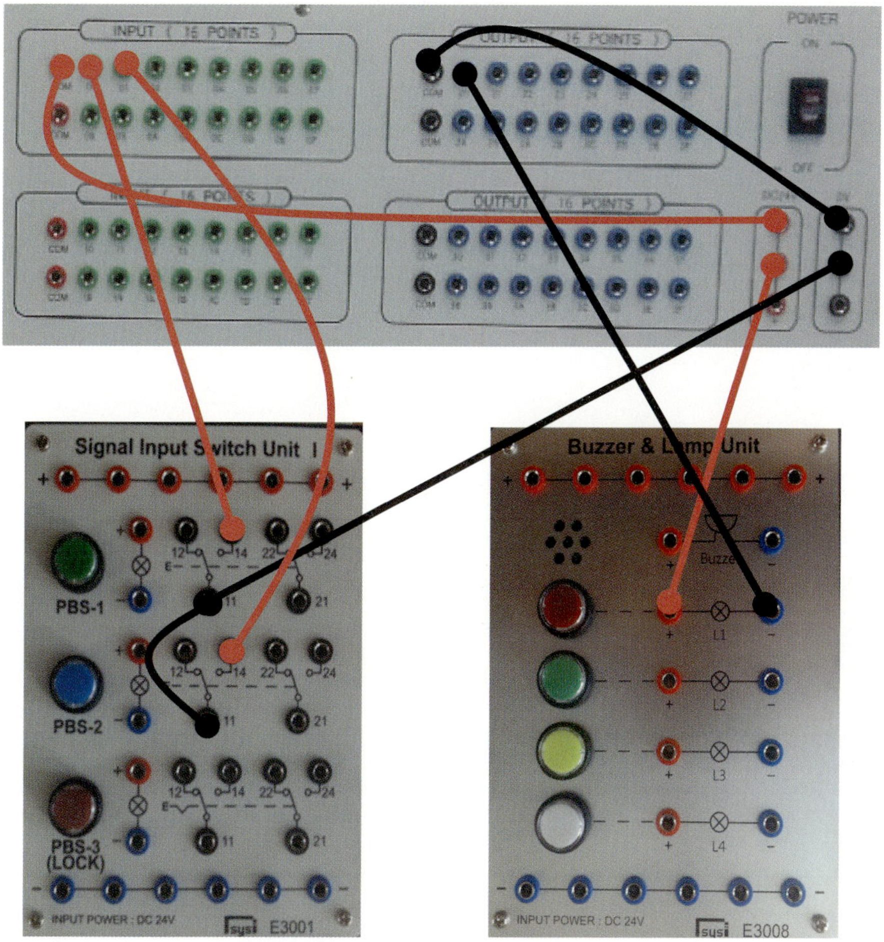
POWER
ON
OFF
Signal Input Switch Unit I
PBS-1
PBS-2
PBS-3
(LOCK)
INPUT POWER : DC 24V
E3001
Buzzer & Lamp Unit
L1
L2
L3
L4
INPUT POWER : DC 24V
E3008

3.8. 양변환 검출

(1) 실험목적

- 푸쉬버튼과 파일럿 램프를 사용해서 양변환 검출를 이해할 수 있다.

(2) 사용모듈

1) PLC TRANER (N2210)
2) Push Button (E3001)
3) Pilot Lamp (E3008-1)

(3) 동작조건

- PB1를 눌리면 PL1이 점등한다.
- PB1을 눌리면 PL2가 점등했다가 꺼진다.(눈에 보이지 않음)
- PB2를 눌리면 PL1이 소등한다.
- PLS명령어를 사용한다.

(4) 프로그램 작성

〈PLC I/O맵〉

구분	명칭	기능설명	I/O 할당
입력	PB1	누름 버튼 스위치1	X00
	PB2	누름 버튼 스위치2	X01
출력	PL1	파일롯 램프1	Y20
	PL2	파일롯 램프2	Y21

(5) 결선도

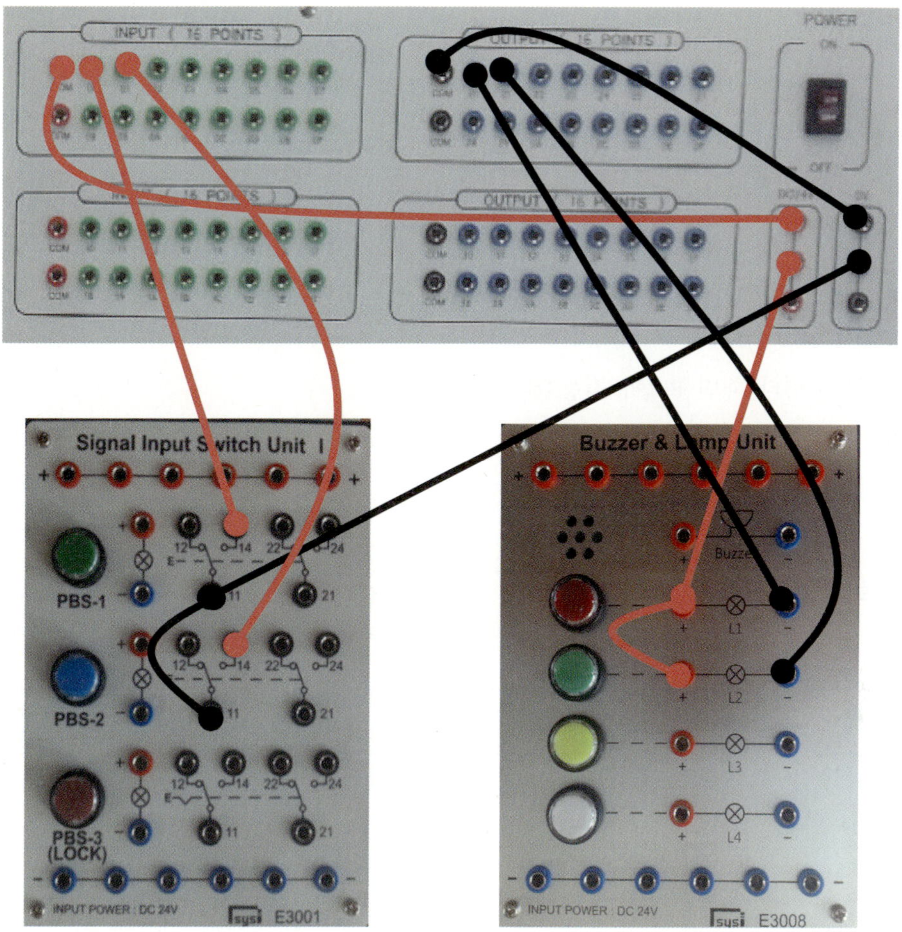
INPUT (16 POINTS)
OUTPUT (16 POINTS)
POWER
ON
OFF
Signal Input Switch Unit I
PBS-1
PBS-2
PBS-3
(LOCK)
INPUT POWER : DC 24V
E3001
Buzzer & Lamp Unit
L1
L2
L3
L4
INPUT POWER : DC 24V
E3008

3.9. 음변환 검출

(1) 실험목적

- 푸쉬버튼과 파일럿 램프를 사용해서 음변환 검출를 이해할 수 있다.

(2) 사용모듈

1) PLC TRANER (N2210)

2) Push Button (E3001)

3) Pilot Lamp (E3008-1)

(3) 동작조건

- PB1를 눌렀다 때면 PL1이 점등한다.
- PB1을 눌렀다 때면 PL2가 점등했다가 꺼진다.(눈에 보이지 않음)
- PB2를 눌리면 PL1이 소등한다.
- PLF 명령어를 사용한다.

(4) 프로그램 작성

〈PLC I/0맵〉

구분	명칭	기능설명	I/O 할당
입력	PB1	누름 버튼 스위치1	X00
	PB2	누름 버튼 스위치2	X01
출력	PL1	파일롯 램프1	Y20
	PL2	파일롯 램프2	Y21

(5) 결선도

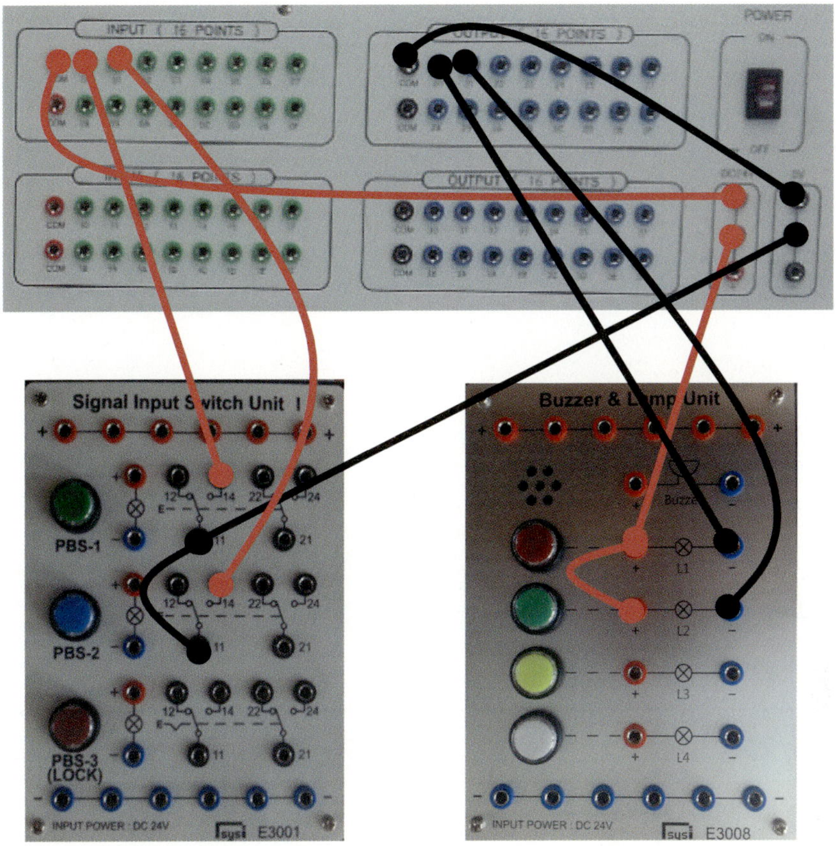
POWER
PBS-1
PBS-2
PBS-3
(LOCK)
INPUT POWER : DC 24V
E3001
INPUT POWER : DC 24V
E3008
L1
L2
L3
L4

3.10. 양변환 검출 응용

(1) 실험목적

- 푸쉬버튼과 파일럿 램프를 사용해서 양변환 검출 응용 회로를 만들 수 있다.

(2) 사용모듈

1) PLC TRANER (N2210)
2) Push Button (E3001)
3) Pilot Lamp (E3008-1)

(3) 동작조건

- PB1를 눌리면 PL1이 점등한다.
- 다시 PB1을 눌리면 때면 PL1가 소등 한다.

(4) 프로그램 작성

〈PLC I/0맵〉

구분	명칭	기능설명	I/O 할당
입력	PB1	누름 버튼 스위치1	X00
출력	PL1	파일롯 램프1	Y20

(5) 결선도

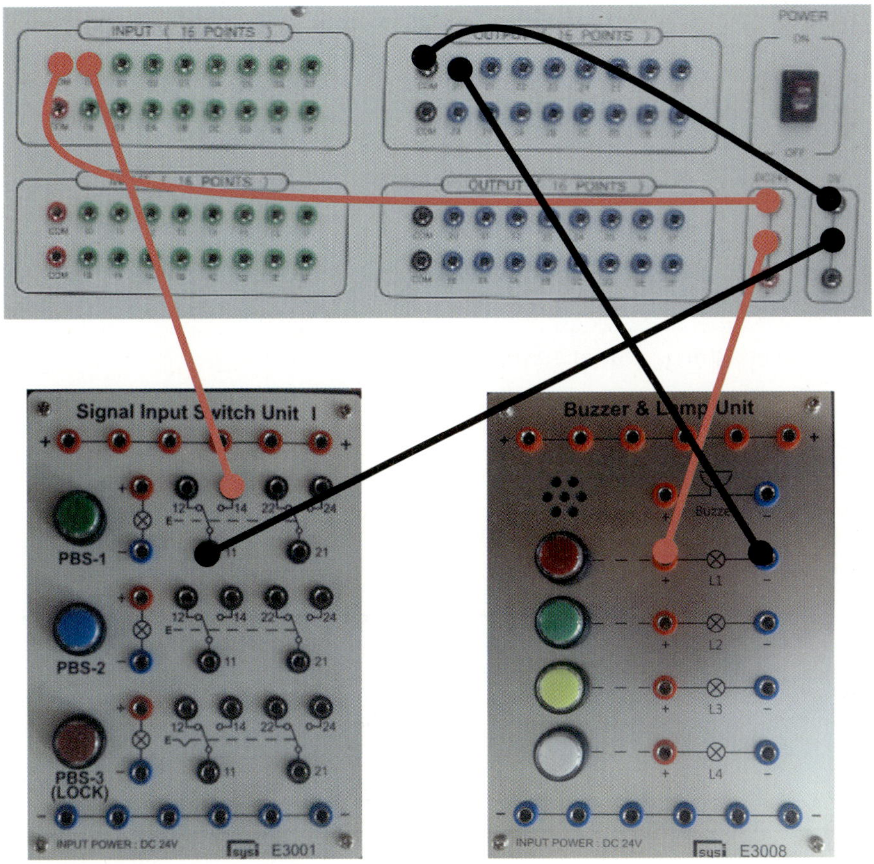
INPUT (16 POINTS)
OUTPUT (16 POINTS)
POWER
Signal Input Switch Unit I
PBS-1
PBS-2
PBS-3
(LOCK)
INPUT POWER : DC 24V
E3001
Buzzer & Lamp Unit
L1
L2
L3
L4
INPUT POWER : DC 24V
E3008

3.11. 음변환 검출 응용

(1) 실험목적

- 푸쉬버튼과 파일럿 램프를 사용해서 음변환 검출 응용 회로를 만들 수 있다.

(2) 사용모듈

1) PLC TRANER (N2010)

2) Push Button (PB-3010-1)

3) Pilot Lamp (PL-3010-3)

(3) 동작조건

- PB1를 눌렀다 때면 PL1이 점등한다.
- 다시 PB1을 눌렀다 때면 PL2가 점등 한다.
- PB2를 눌리면 PL1과 PL2가 소등한다.

(4) 프로그램 작성

〈PLC I/0맵〉

구분	명칭	기능설명	I/O 할당
입력	PB1	누름 버튼 스위치1	X00
	PB2	누름 버튼 스위치2	X01
출력	PL1	파일롯 램프1	Y20
	PL2	파일롯 램프2	Y21

(5) 결선도

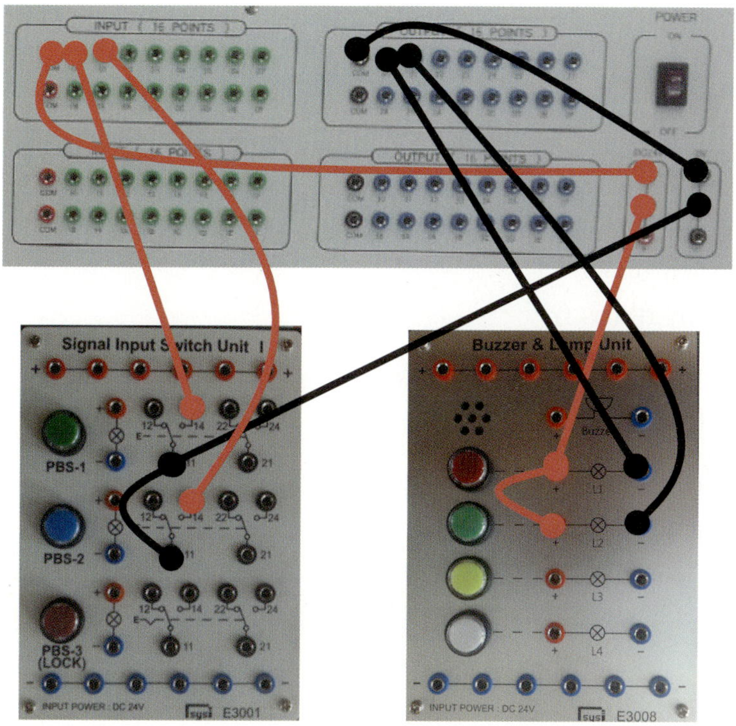
INPUT (16 POINTS)
OUTPUT (16 POINTS)
POWER
ON
OFF
COM
OUTPUT (16 POINTS)
Signal Input Switch Unit I
PBS-1
PBS-2
PBS-3
(LOCK)
INPUT POWER : DC 24V
E3001
Buzzer & Lamp Unit
Buzzer
L1
L2
L3
L4
INPUT POWER : DC 24V
E3008

3.12. 상태 유지 명령

(1) 실험목적

- 푸쉬버튼과 파일럿 램프를 사용해서 상태 유지 명령회로를 이해 할 수 있다.

(2) 사용모듈

1) PLC TRANER (N2210)
2) Push Button (E3001)
3) Pilot Lamp (E3008-1)

(3) 동작조건

- PB1를 눌리면면 PL1이 점등한다.
- PB2를 눌리면 PL1이 소등한다.
- SET, RST 명령어를 이용한다.

(4) 프로그램 작성

〈PLC I/0맵〉

구분	명칭	기능설명	I/O 할당
입력	PB1	누름 버튼 스위치1	X00
	PB2	누름 버튼 스위치2	X01
출력	PL1	파일롯 램프1	Y20

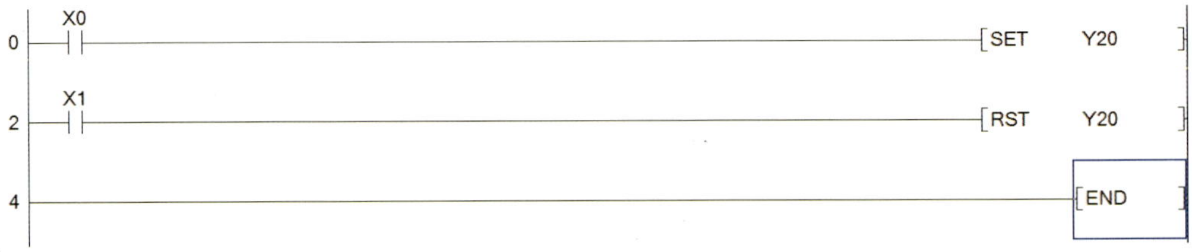

(5) 결선도

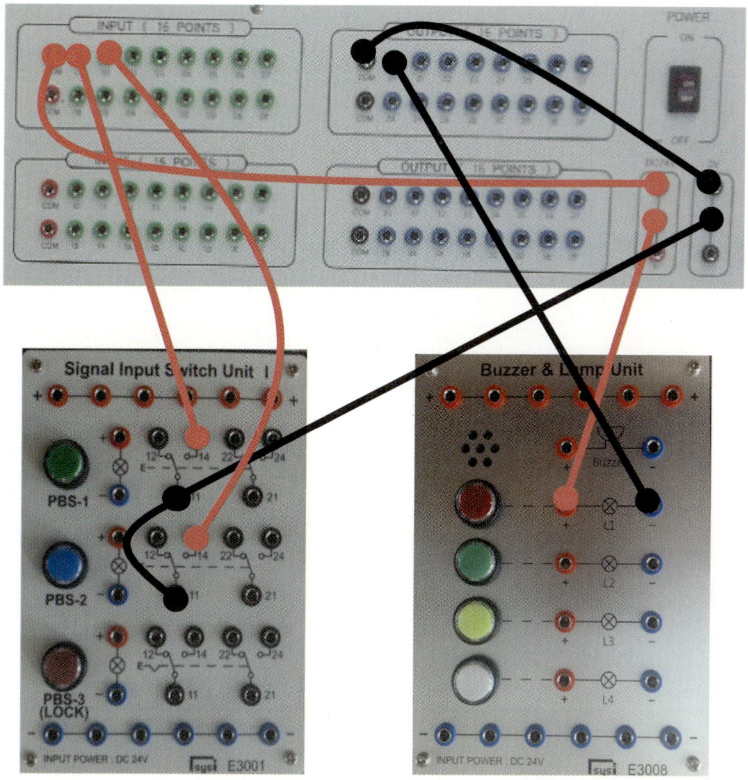

INPUT (16 POINTS)
OUTPUT (16 POINTS)
POWER
Signal Input Switch Unit I
PBS-1
PBS-2
PBS-3 (LOCK)
INPUT POWER : DC 24V
E3001
Buzzer & Lamp Unit
E3008

3.13. 인터록 회로

(1) 실험목적

- 푸쉬버튼과 파일럿 램프를 사용해서 인터록회로를 이해 할 수 있다.

(2) 사용모듈

1) PLC TRANER (N2210)
2) Push Button (E3001)
3) Pilot Lamp (E3008-1)

(3) 동작조건

- PB1를 눌리면 PL1이 점등한다.
- PB2를 눌리면 PL2가 점등한다.
- PB3를 눌리면 PL1과 PL2가 소등한다.
- PL1이 점등되어 있으면 PL2가 점등되지 않는다.
- PL2가 점등되어 있으면 PL1이 점등되지 않는다.

(4) 프로그램 작성

〈PLC I/0맵〉

구분	명칭	기능설명	I/O 할당
입력	PB1	누름 버튼 스위치1	X00
	PB2	누름 버튼 스위치2	X01
출력	PL1	파일롯 램프1	Y20
	PL2	파일롯 램프2	Y21

(5) 결선도

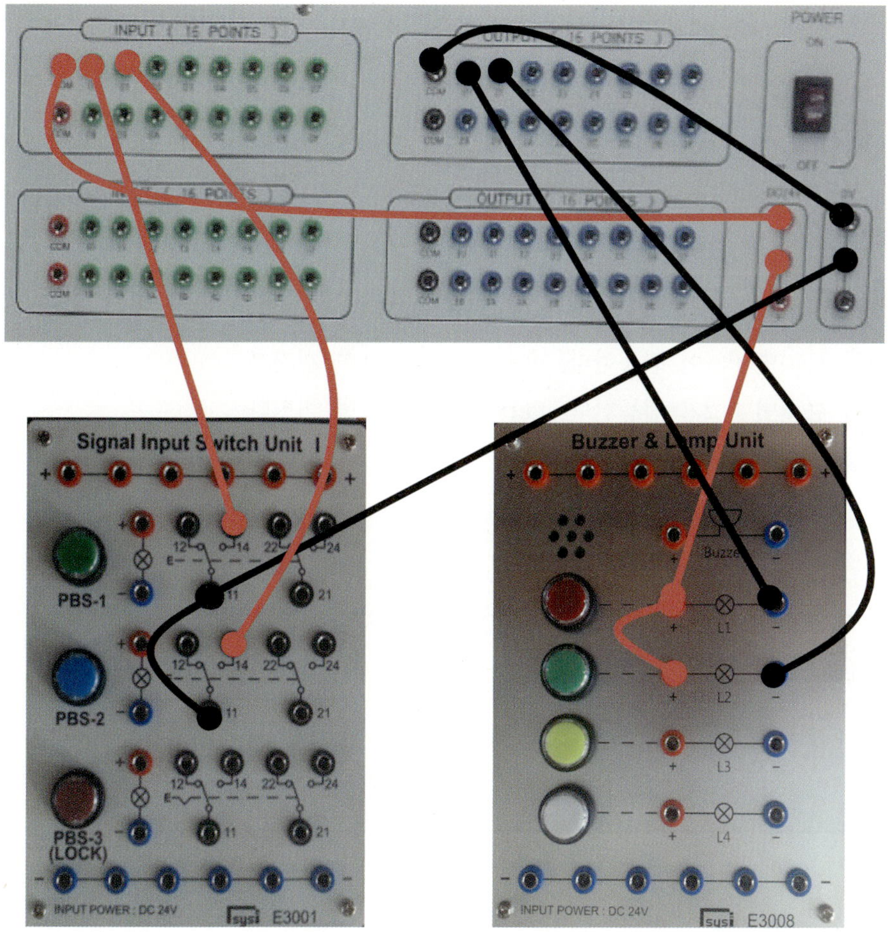
INPUT (16 POINTS)
OUTPUT (16 POINTS)
POWER
ON
OFF
Signal Input Switch Unit I
PBS-1
PBS-2
PBS-3
(LOCK)
INPUT POWER : DC 24V
E3001
Buzzer & Lamp Unit
L1
L2
L3
L4
INPUT POWER : DC 24V
E3008

3.14. 플리커 회로

(1) 실험목적

- 푸쉬버튼과 파일럿 램프를 사용해서 플리커회로를 이해 할 수 있다.

(2) 사용모듈

1) PLC TRANER (N2210)
2) Push Button (E3001)
3) Pilot Lamp (E3008-1)

(3) 동작조건

- PB1를 눌리면 PL1이 점등한다. PL2가 켜져 있으면 꺼진다.
- PB2를 눌리면 PL2가 점등한다. PL1이 켜져 있으면 꺼진다.
- PB3를 눌리면 PL1과 PL2가 소등한다.

(4) 프로그램 작성

〈PLC I/0맵〉

구분	명칭	기능설명	I/O 할당
입력	PB1	누름 버튼 스위치1	X00
	PB2	누름 버튼 스위치2	X01
출력	PL1	파일롯 램프1	Y20
	PL2	파일롯 램프2	Y21

(5) 결선도

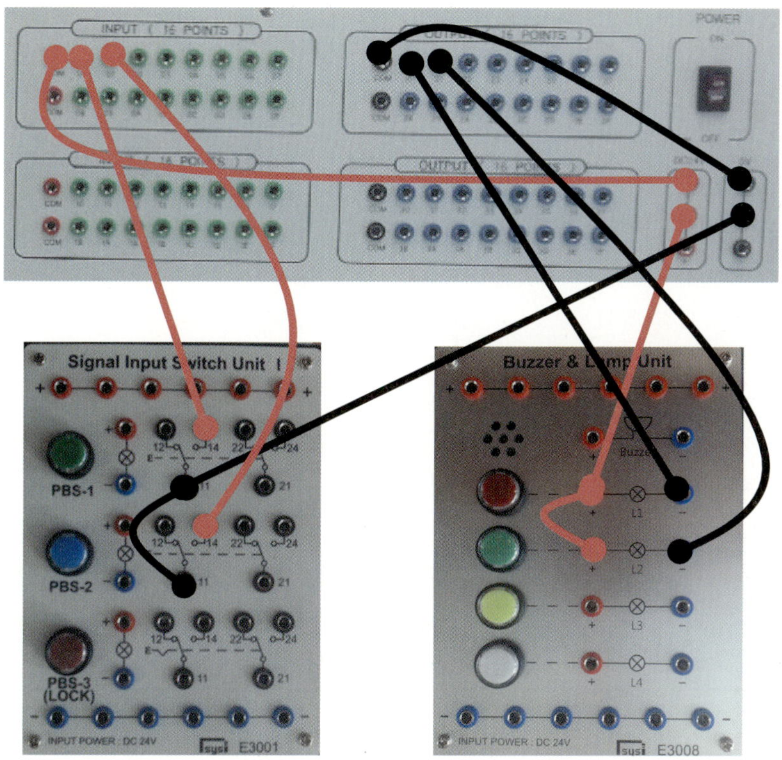
INPUT (16 POINTS)
POWER
Signal Input Switch Unit I
PBS-1
PBS-2
PBS-3
(LOCK)
INPUT POWER : DC 24V
E3001
Buzzer & Lamp Unit
L1
L2
L3
L4
INPUT POWER : DC 24V
E3008

3.15. 타이머 명령어

(1) 실험목적

- 푸쉬버튼과 파일럿 램프를 사용해서 타이머 명령어를 이해 할 수 있다.

(2) 사용모듈

1) PLC TRANER (N2210)
2) Push Button (E3001)
3) Pilot Lamp (E3008-1)

(3) 동작조건

- PB1를 3초 동안 눌리면 PL1이 점등한다.

(4) 프로그램 작성

〈PLC I/0맵〉

구분	명칭	기능설명	I/O 할당
입력	PB1	누름 버튼 스위치1	X00
출력	PL1	파일롯 램프1	Y20

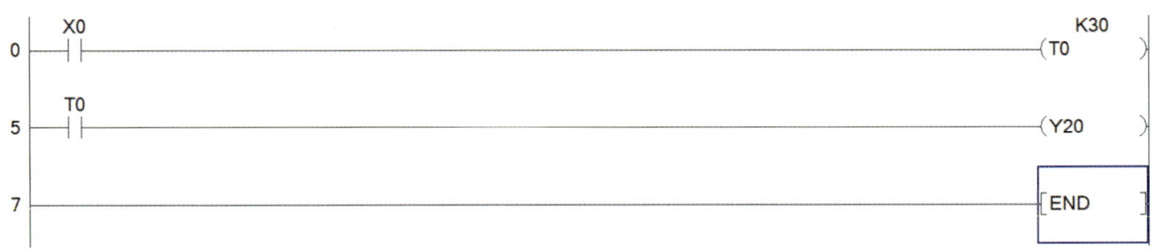

(5) 결선도

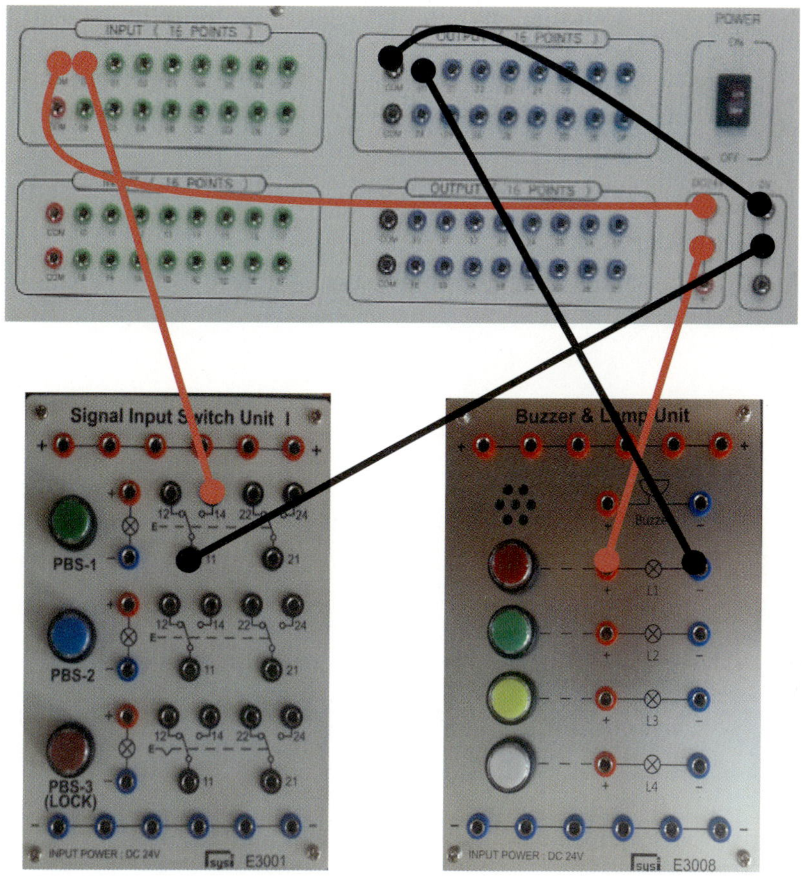
INPUT (16 POINTS)
OUTPUT (16 POINTS)
POWER
Signal Input Switch Unit I
PBS-1
PBS-2
PBS-3 (LOCK)
INPUT POWER : DC 24V
E3001
Buzzer & Lamp Unit
L1
L2
L3
L4
E3008

3-16. 타이머 명령어 응용

(1) 실험목적

- 푸쉬버튼과 파일럿 램프를 사용해서 TON 명령어 응용회로를 만들 수 있다.

(2) 사용모듈

1) PLC TRANER (N2210)
2) Push Button (E3001)
3) Pilot Lamp (E3008-1)

(3) 동작조건

- PB1를 눌렀다 때면 PL1이 점등한다.
- 3초 후 PL1이 소등한다.

(4) 프로그램 작성

〈PLC I/0맵〉

구분	명칭	기능설명	I/O 할당
입력	PB1	누름 버튼 스위치1	X00
출력	PL1	파일롯 램프1	Y20

(5) 결선도

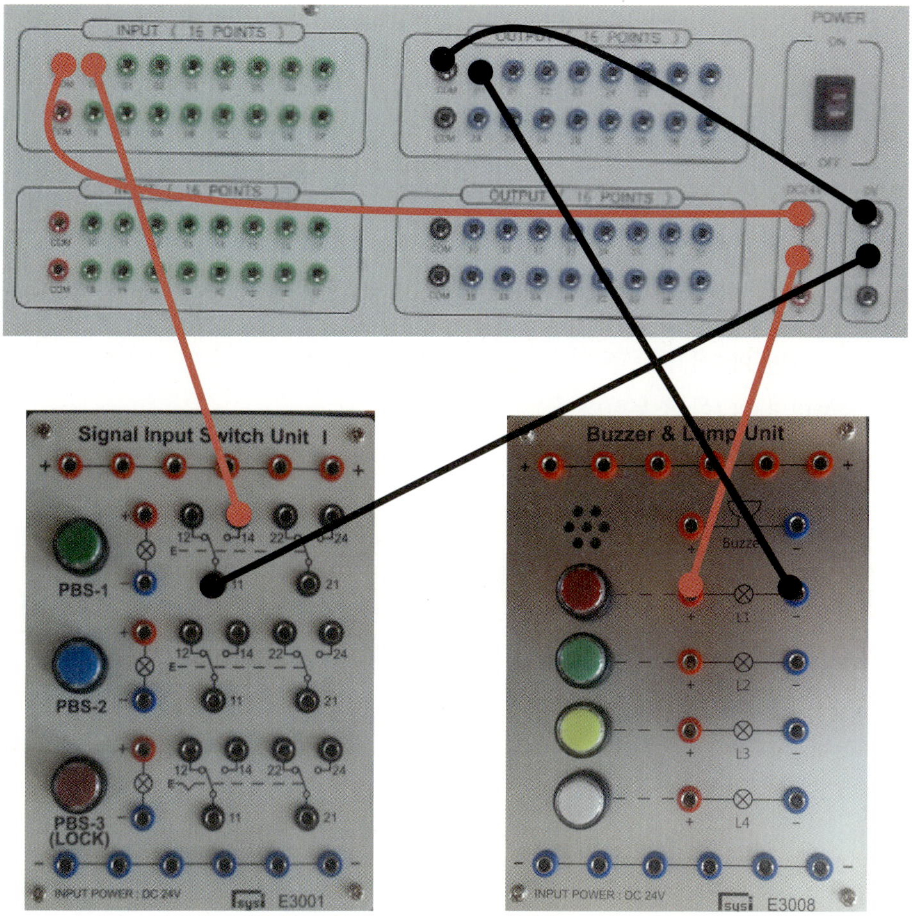
INPUT (16 POINTS)
POWER
ON
OFF
OUTPUT (16 POINTS)
Signal Input Switch Unit I
PBS-1
PBS-2
PBS-3
(LOCK)
INPUT POWER : DC 24V
E3001
Buzzer & Lamp Unit
L1
L2
L3
L4
INPUT POWER : DC 24V
E3008

3-17. 1초 깜박이 회로

(1) 실험목적

- 푸쉬버튼과 파일럿 램프를 사용해서 1초 깜박이 회로를 만들 수 있다.

(2) 사용모듈

1) PLC TRANER (N2210)
2) Push Button (E3001)
3) Pilot Lamp (E3008-1)

(3) 동작조건

- PB1를 눌리면 PL1이 1초 주기로 점등과 소등을 반복한다.
- PB2를 눌리면 PL1이 소등한다.

(4) 프로그램 작성

〈PLC I/O맵〉

구분	명칭	기능설명	I/O 할당
입력	PB1	누름 버튼 스위치1	X00
	PB2	누름 버튼 스위치2	X01
출력	PL1	파일롯 램프1	Y20

(5) 결선도

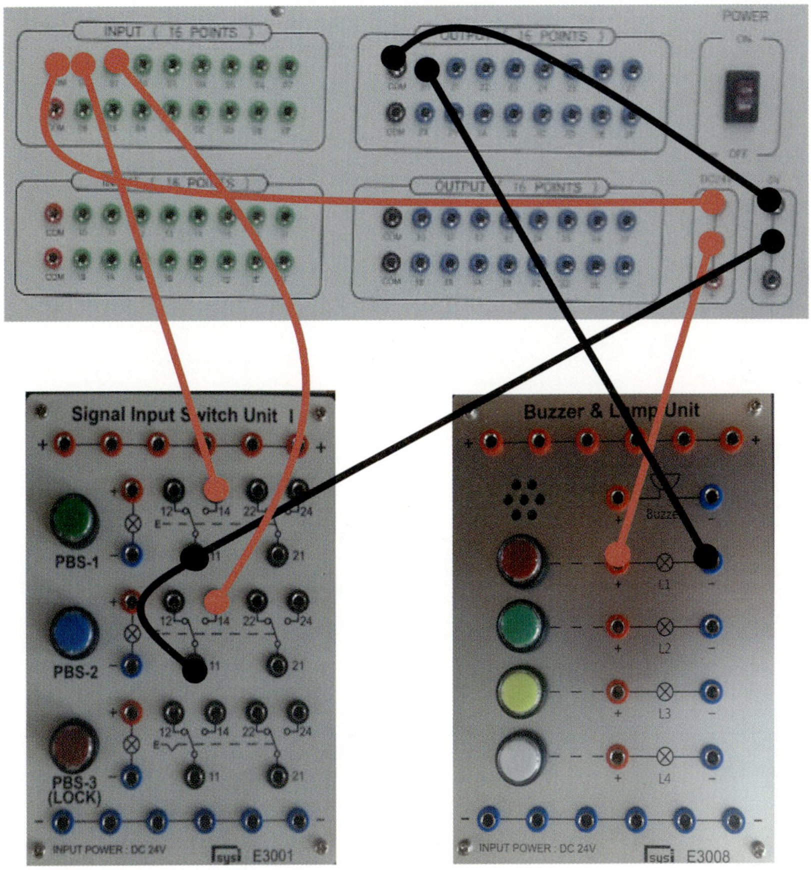
INPUT (16 POINTS)
OUTPUT (16 POINTS)
POWER
Signal Input Switch Unit I
PBS-1
PBS-2
PBS-3 (LOCK)
INPUT POWER : DC 24V
E3001
Buzzer & Lamp Unit
Buzzer
L1
L2
L3
L4
E3008

3-18. 카운터 명령어

(1) 실험목적

- 푸쉬버튼과 파일럿 램프를 사용해서 카운터 명령어를 이해 할 수 있다.

(2) 사용모듈

1) PLC TRANER (N2210)
2) Push Button (E3001)
3) Pilot Lamp (E3008-1)

(3) 동작조건

- PB1를 3번 눌리면 PL1이 점등한다.
- PB2를 눌리면 PL1이 소등하고 카운터는 리셋된다.

(4) 프로그램 작성

〈PLC I/0맵〉

구분	명칭	기능설명	I/O 할당
입력	PB1	누름 버튼 스위치1	X00
	PB2	누름 버튼 스위치2	X01
출력	PL1	파일롯 램프1	Y20

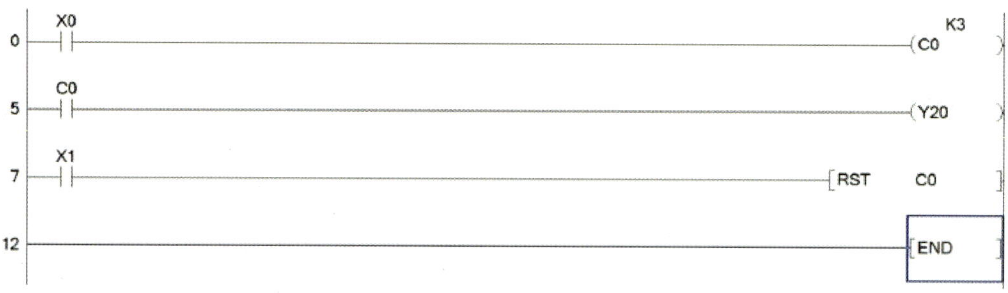

(5) 결선도

POWER
INPUT (16 POINTS)
PBS-1
PBS-2
PBS-3
(LOCK)
Buzzer
L1
L2
L3
L4
INPUT POWER : DC 24V
E3001
INPUT POWER : DC 24V
E3008

3-19. 카운터회로 응용

(1) 실험목적

- 푸쉬버튼과 파일럿 램프를 사용해서 카운터 회로 응용 회로를 만들 수 있다.

(2) 사용모듈

1) PLC TRANER (N2210)
2) Push Button (E3001)
3) Pilot Lamp (E3008-1)

(3) 동작조건

- PB1를 1번 눌리면 PL1이 점등한다.
- PB1를 2번 눌리면 PL2이 점등한다.
- PB1를 3번 눌리면 PL1, PL2가 소등한다.

(4) 프로그램 작성

〈PLC I/0맵〉

구분	명칭	기능설명	I/O 할당
입력	PB1	누름 버튼 스위치1	X00
	PB2	누름 버튼 스위치2	X01
출력	PL1	파일롯 램프1	Y20

(5) 결선도

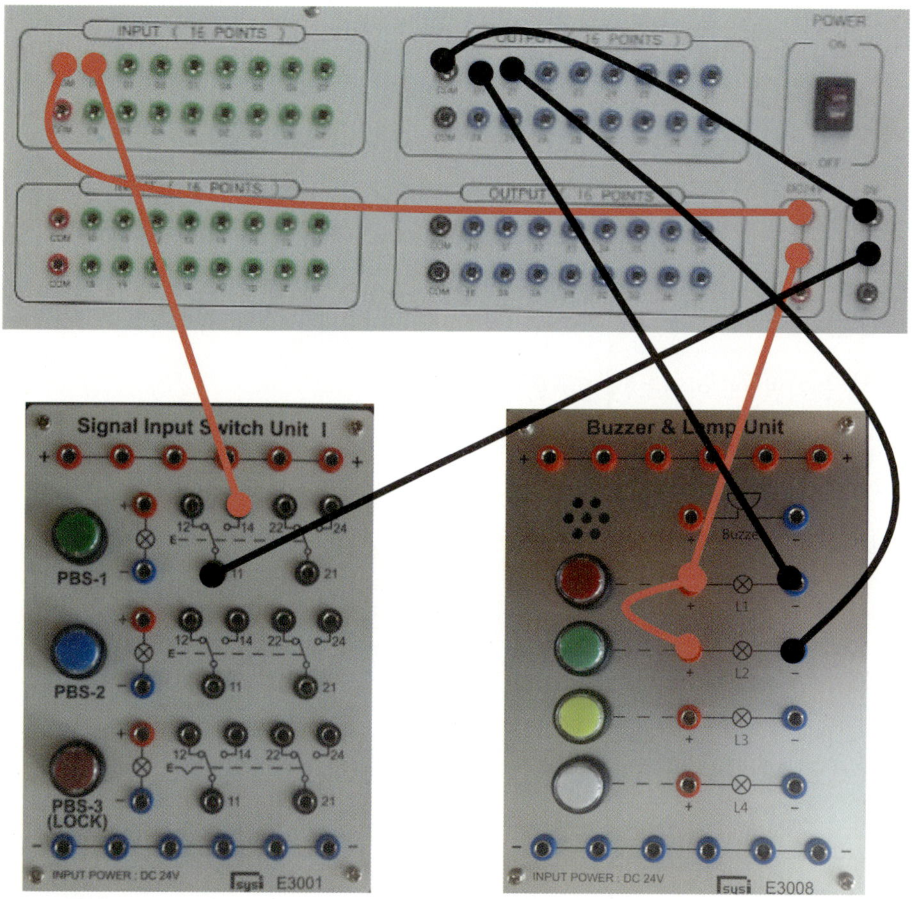
INPUT (16 POINTS)
OUTPUT (16 POINTS)
POWER
Signal Input Switch Unit Ⅰ
PBS-1
PBS-2
PBS-3
(LOCK)
INPUT POWER : DC 24V
E3001
Buzzer & Lamp Unit
INPUT POWER : DC 24V
E3008

3-20. 카운터 + 타이머 응용 회로

(1) 실험목적

- 푸쉬버튼과 파일럿 램프를 사용해서 카운터 + 타이머 응용 회로를 만들 수 있다.

(2) 사용모듈

1) PLC TRANER (N2210)
2) Push Button (E3001)
3) Pilot Lamp (E3008-1)

(3) 동작조건

- PB1를 눌리면 PL1이 3초간 점등한 뒤 소등한다.
- PB1를 3번 눌리면 더 이상 PL1이 점등하지 않고 부저가 울린다.
- PB2를 눌리면 카운터가 리셋 되면서 부저가 울리지 않는다.

(4) 프로그램 작성

〈PLC I/0맵〉

구분	명칭	기능설명	I/O 할당
입력	PB1	누름 버튼 스위치1	X00
	PB2	누름 버튼 스위치2	X01
출력	PL1	파일롯 램프1	Y20
	BZ1	부저1	Y21

(5) 결선도

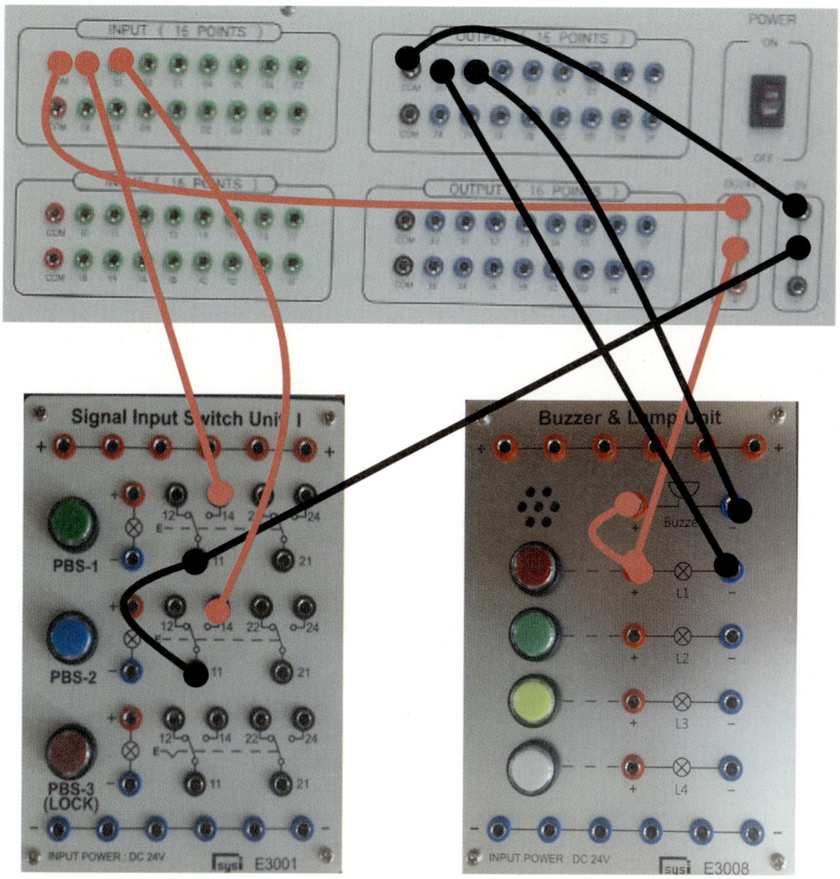
INPUT (16 POINTS)
POWER
ON
OFF
PBS-1
PBS-2
PBS-3
(LOCK)
INPUT POWER : DC 24V
E3001
INPUT POWER : DC 24V
E3008
L1
L2
L3
L4

3-21. 포토센서

(1) 실험목적

- 포토 센서를 이용해서 파일럿 램프를 동작 시킬 수 있다.

(2) 사용모듈

1) PLC TRANER (N2210)
2) PROXIMITY SENSOR PHOTO TYPE (E3009)
3) Pilot Lamp (E3008-1)

(3) 동작조건

- 포토센서가 감지가 되면 PL1이 점등 된다.
- 금속 물체를 가까이 가져가면 PL1이 점등 된다.
- 비금속 물체를 가까이 가져가면 PL1이 점등 된다.

(4) 프로그램 작성

〈PLC I/0맵〉

구분	명칭	기능설명	I/O 할당
입력	PS1	포토센서1	X00
출력	PL1	파일롯 램프1	Y20

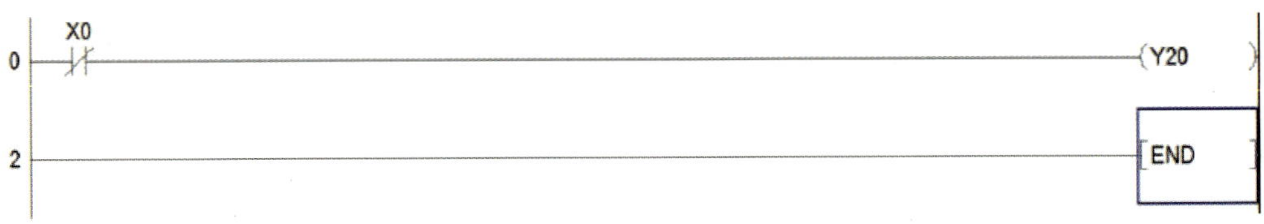

(5) 결선도

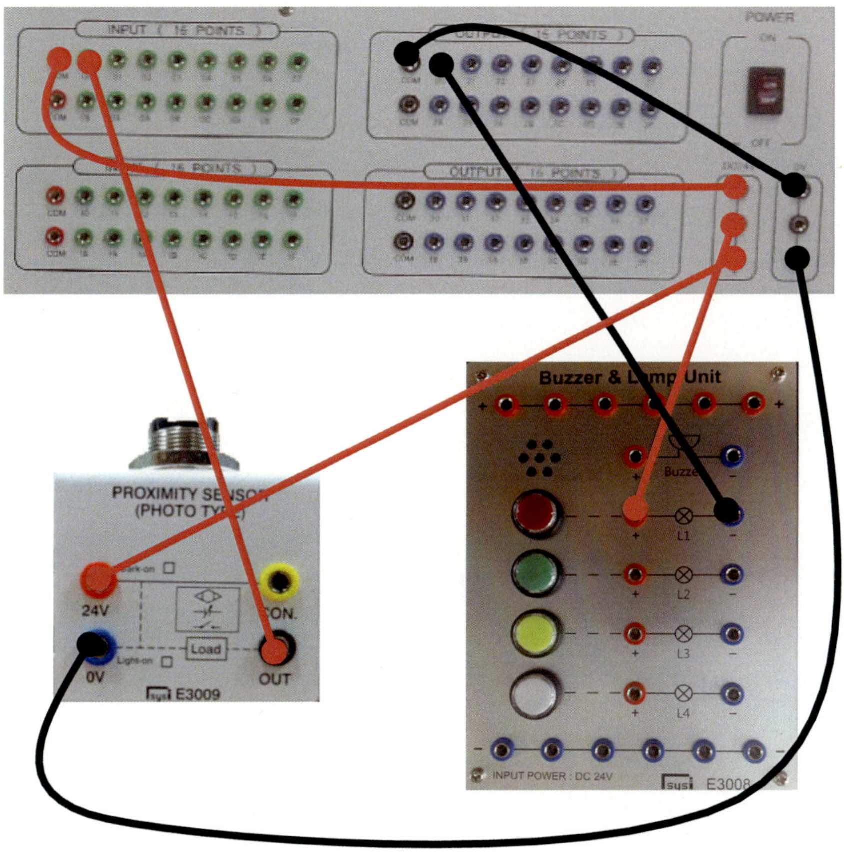
INPUT (16 POINTS)
OUTPUT (16 POINTS)
POWER
ON
OFF
Buzzer & Lamp Unit
Buzzer
L1
L2
L3
L4
INPUT POWER : DC 24V
E3008
PROXIMITY SENSOR
(PHOTO TYPE)
24V
CON.
Load
0V
OUT
E3009

3-22. 정전용량형 센서

(1) 실험목적

- 정전용량형 센서를 이용해서 파일럿 램프를 동작 시킬 수 있다.

(2) 사용모듈

1) PLC TRANER (N2210)
2) PROXIMITY CAPACITIVE TYPE (E3010)
3) Pilot Lamp (PL-3010-3)

(3) 동작조건

- 정전용량센서가 감지가 되면 PL1이 점등 된다.
- 금속 물체를 가까이 가져가면 PL1이 점등 된다.
- 비금속 물체를 가까이 가져가면 PL1이 점등 된다.

(4) 프로그램 작성

〈PLC I/0맵〉

구분	명칭	기능설명	I/O 할당
입력	CS1	정전용량형 센서1	X00
출력	PL1	파일롯 램프1	Y20

(5) 결선도

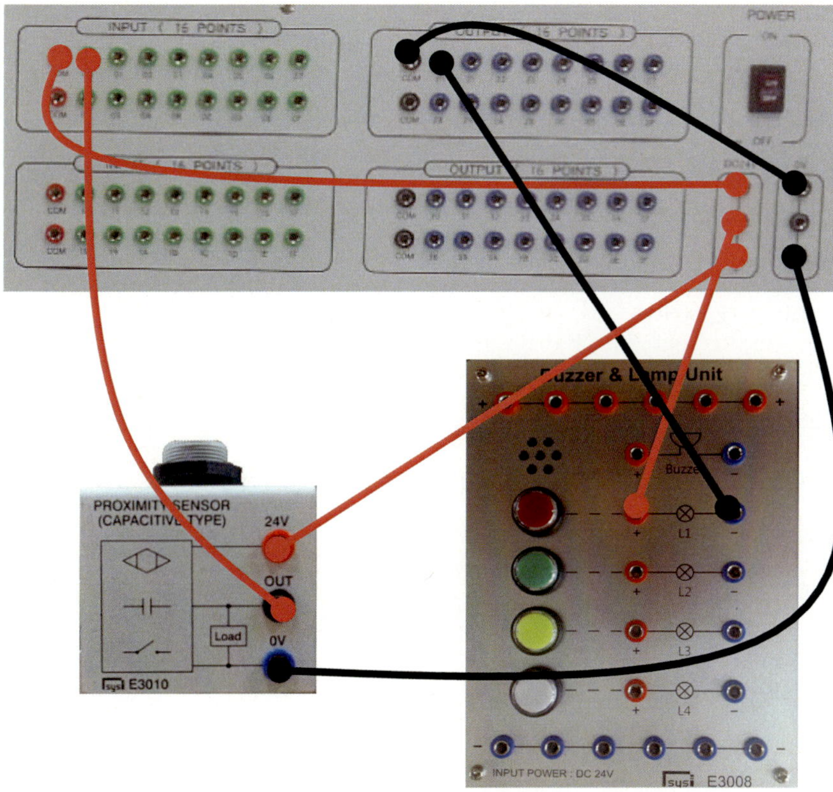
INPUT (16 POINTS)
POWER
24V
OUT
0V
Load
E3010
L1
L2
L3
L4
INPUT POWER : DC 24V
E3008

3-23. 인덕턴스 센서

(1) 실험목적

- 인덕턴스 센서를 이용해서 파일럿 램프를 동작 시킬 수 있다.

(2) 사용모듈

1) PLC TRANER (N2210)
2) PROXIMITY INDUCTIVE TYPE (E3011)
3) Pilot Lamp (E3008-1)

(3) 동작조건

- 정전용량센서가 감지가 되면 PL1이 점등 된다.
- 금속 물체를 가까이 가져가면 PL1이 점등 된다.
- 비금속 물체를 가까이 가져가면 PL1이 점등 되지 않는다.

(4) 프로그램 작성

〈PLC I/0맵〉

구분	명칭	기능설명	I/O 할당
입력	IS1	인덕턴스 센서1	X00
출력	PL1	파일롯 램프1	Y20

(5) 결선도

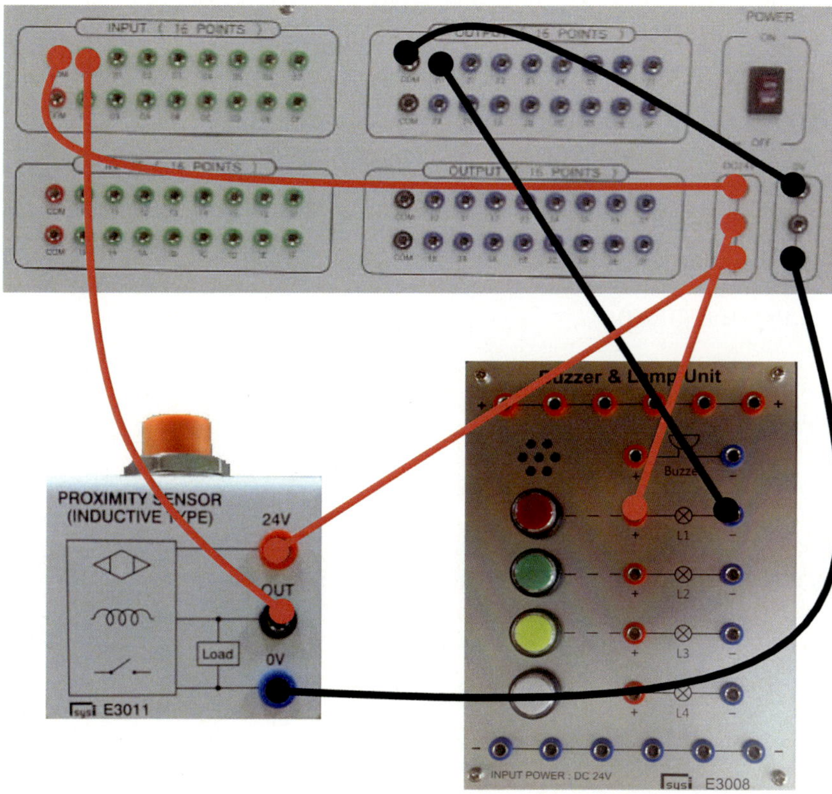

INPUT (16 POINTS)
OUTPUT (16 POINTS)
POWER
ON
OFF
Buzzer & Lamp Unit
Buzzer
L1
L2
L3
L4
INPUT POWER : DC 24V
E3008
PROXIMITY SENSOR
(INDUCTIVE TYPE)
24V
OUT
Load
0V
E3011

3-24. MOV 명령어

(1) 실험목적

- 푸쉬 버튼과 파일럿 램프를 이용하여 MOV 펑션을 동작 시킬 수 있다.

(2) 사용모듈

1) PLC TRANER (N2010)
2) Push Button (PB-3010-1)
3) Pilot Lamp (PL-3010-3)

(3) 동작조건

- PB1을 눌리면 PL1이 점등한다.
- PB2을 눌리면 PL1이 소등한다.
- 단, MOVE 명령을 이용하여 프로그램한다.

(4) 프로그램 작성

〈PLC I/0맵〉

구분	명칭	기능설명	I/O 할당
입력	PB1	푸시버튼 스위치1	X00
	PB2	푸시버튼 스위치2	X01
출력	PL1	파일롯 램프1	Y20

(5) 결선도

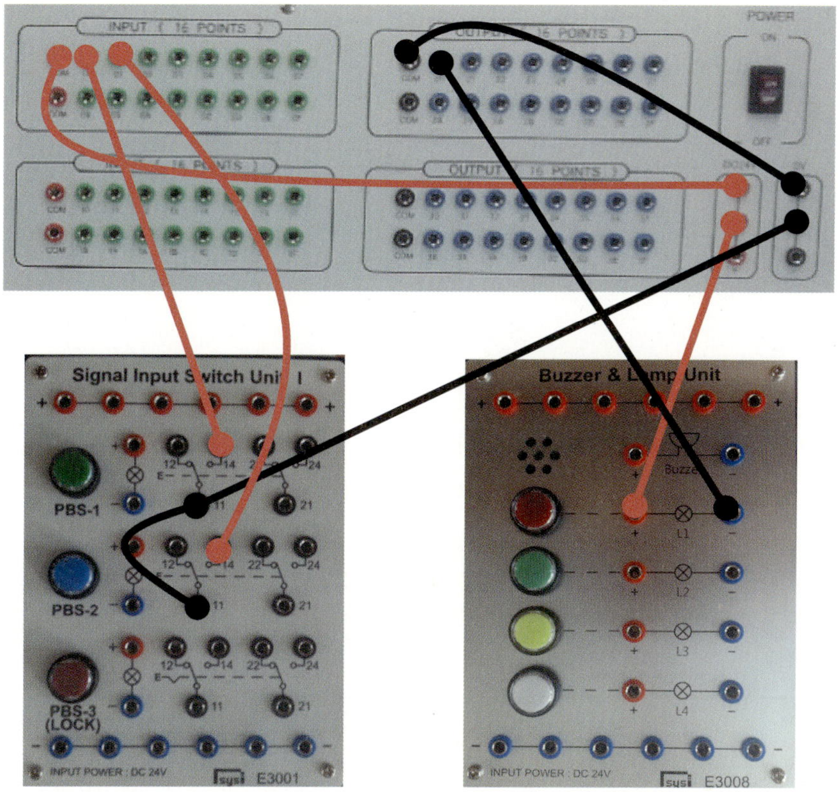
INPUT (16 POINTS)
OUTPUT (16 POINTS)
POWER
ON
OFF
Signal Input Switch Unit I
PBS-1
PBS-2
PBS-3
(LOCK)
INPUT POWER : DC 24V
E3001
Buzzer & Lamp Unit
Buzzer
L1
L2
L3
L4
E3008

3-25. 타이머 시간 바꾸기

(1) 실험목적

- 푸쉬 버튼과 파일럿 램프를 이용하여 타이머 시간 바꾸기 이해 할 수 있다.

(2) 사용모듈

1) PLC TRANER (N2010)
2) Push Button (PB-3010-1)
3) Pilot Lamp (PL-3010-3)

(3) 동작조건

- PB1을 눌리면 타이머의 시간이 2초가 된다.
- PB2을 눌리면 타이머의 시간이 4초가 된다.
- PB3을 눌리고 때면 PL1이 점등하고 타이머 시간만큼이 지난 후 소등한다.
- 단, MOV 명령어을 이용하여 프로그램한다.

(4) 프로그램 작성

〈PLC I/0맵〉

구분	명칭	기능설명	I/O 할당
입력	PB1	푸시버튼 스위치1	X00
	PB2	푸시버튼 스위치2	X01
	PB3	푸시버튼 스위치3	X02
출력	PL1	파일롯 램프1	Y20

(5) 결선도

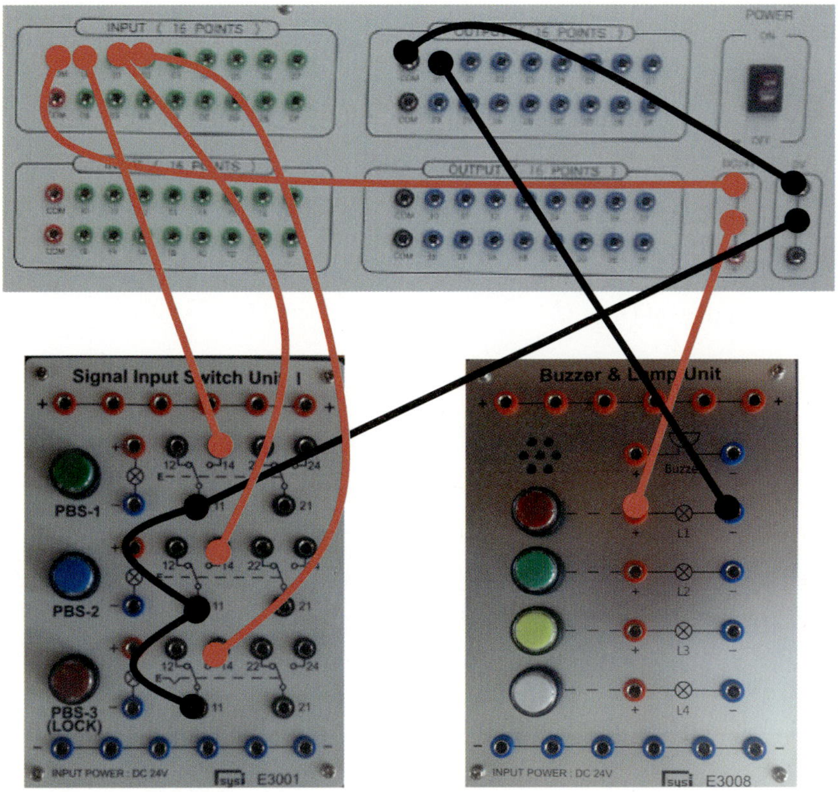

INPUT (16 POINTS)
OUTPUT (16 POINTS)
POWER
Signal Input Switch Unit I
PBS-1
PBS-2
PBS-3
(LOCK)
INPUT POWER : DC 24V
E3001
Buzzer & Lamp Unit
L1
L2
L3
L4
INPUT POWER : DC 24V
E3008

3-26. 카운터 PV값 바꾸기

(1) 실험목적

- 푸쉬 버튼과 파일럿 램프를 이용하여 카운터 PV값 바꾸기 이해 할 수 있다.

(2) 사용모듈

1) PLC TRANER (N2210)
2) Push Button (E3001)
3) Pilot Lamp (E3008-1)

(3) 동작조건

- PB1을 눌리면 카운터의 값이 초기0부터 1씩 증가한다.
- PB2을 눌리면 카운터가 동작을 하게되고 설정값에 도달하면 PL1이 점등한다.
- PB3 카운터 값이 초기화 되면서 PL1이 소멸한다.

(4) 프로그램 작성

〈PLC I/0맵〉

구분	명칭	기능설명	I/O 할당
입력	PB1	푸시버튼 스위치1	X00
	PB2	푸시버튼 스위치2	X01
	PB3	푸시버튼 스위치3	X02
출력	PL1	파일롯 램프1	Y20

(5) 결선도

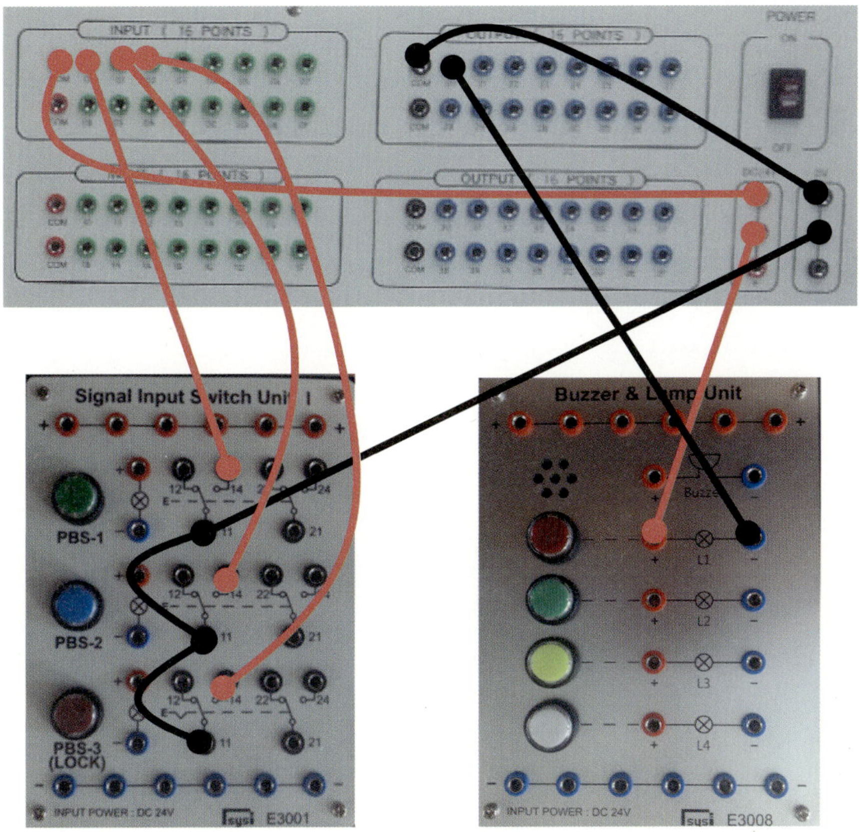
POWER
Signal Input Switch Unit I
PBS-1
PBS-2
PBS-3
(LOCK)
INPUT POWER : DC 24V
E3001
Buzzer & Lamp Unit
L1
L2
L3
L4
INPUT POWER : DC 24V
E3008

3-27. 순차점등회로

(1) 실험목적

- 푸쉬 버튼과 파일럿 램프를 이용하여 순차점등회로를 만들 수 있다.

(2) 사용모듈

1) PLC TRANER (N2210)
2) Push Button (E3001)
3) Pilot Lamp (E3008-1)

(3) 동작조건

- PB1을 누르면 PL1이 즉시 켜진 후 1초 동안 ON된다.
- PL2는 PL1이 OFF 된 후 1초 후에 ON된다.
- PL3는 PL2가 OFF 된 후 1초 후에 ON된다.
- PL2는 PL3가 OFF 된 후 1초 후에 ON된다.
- PL1은 PL2가 OFF 된 후 1초 후에 ON된다.
- 이러한 동작을 무한 반복하다가 PB2를 누르면 즉시 모든 램프가 소등된다.

〈 동작순서 : PB1 -〉 PB2 -〉 PB3 -〉 PB2 -〉 PB1 〉

(4) 프로그램 작성

〈PLC I/0맵〉

구분	명칭	기능설명	I/O 할당
입력	PB1	푸시버튼 스위치1	X00
	PB2	푸시버튼 스위치2	X01
출력	PL1	파일롯 램프1	Y20
	PL2	파일롯 램프2	Y21
	PL3	파일롯 램프3	Y22

31 T0 T1 Y21
T2 T3
37 T1 T2 Y22
40 END
0 X0 X1 M0
M0
4 M0 T3 T0 K10
10 T0 T1 K10
15 T1 T2 K10
20 T2 T3 K10
25 M0 T0 Y20
T3 T4

(5) 결선도

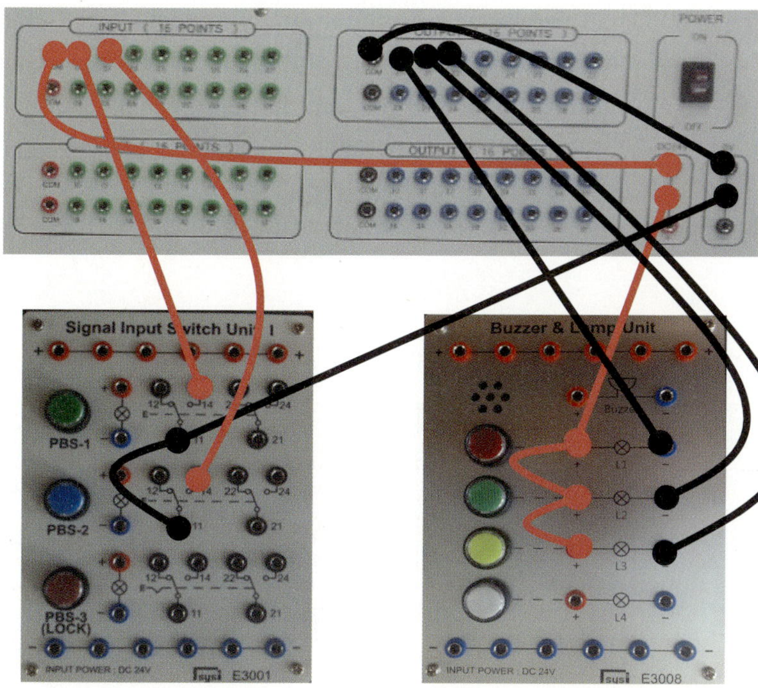
Signal Input Switch Unit I
PBS-1
PBS-2
PBS-3 (LOCK)
INPUT POWER : DC 24V
E3001
Buzzer & Lamp Unit
INPUT POWER : DC 24V
E3008

3-28. 비교기

(1) 실험목적

- 푸쉬 버튼과 파일럿 램프를 이용하여 비교기 회로를 만들 수 있다.

(2) 사용모듈

1) PLC TRANER (N2210)

2) Push Button (E3001)

3) Pilot Lamp (E3008-1)

(3) 동작조건

- A와 B 스위치 상태를 비교한다.
- 스위치의 상태가 ON이면 1, OFF는 0을 표시한다.
- A가 B보다 크면 PL1 램프가 들어온다.
- A와 B가 같으면 PL2 램프가 들어온다.
- A가 B보다 작으면 PL3 램프가 들어온다.

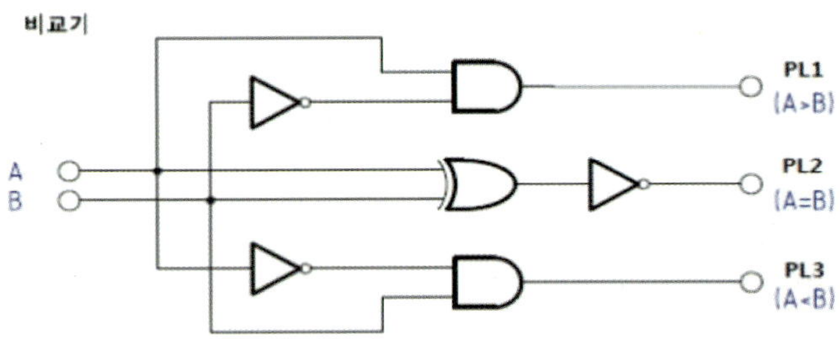

(4) 프로그램 작성

〈PLC I/0맵〉

구분	명칭	기능설명	I/O 할당
입력	PB1	푸시버튼 스위치1	X00
	PB2	푸시버튼 스위치2	X01
출력	PL1	파일롯 램프1	Y20
	PL2	파일롯 램프2	Y21
	PL3	파일롯 램프3	Y22

0
X0
X1
Y20
3
X0
X1
Y21
X0
X0
9
X0
X1
Y22
12
END

(5) 결선도

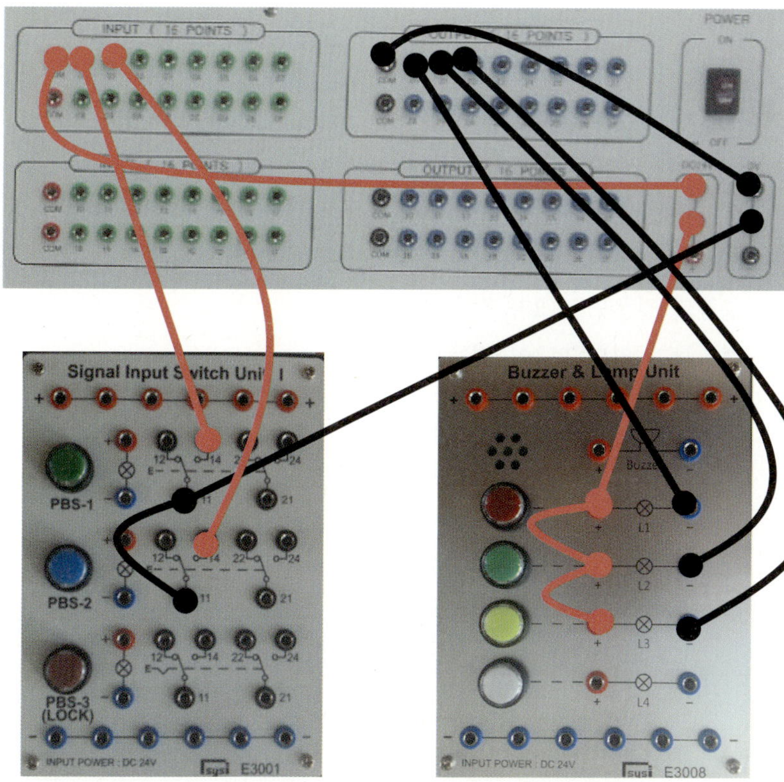
INPUT (16 POINTS)
POWER
PBS-1
PBS-2
PBS-3
(LOCK)
INPUT POWER : DC 24V
E3001
L1
L2
L3
L4
INPUT POWER : DC 24V
E3008

3-29. 비교연산 명령어

(1) 실험목적

- 푸쉬 버튼과 파일럿 램프를 이용하여 〈 명령어를 이해 할 수 있다.

(2) 사용모듈

1) PLC TRANER (N2210)
2) Push Button (E3001)
3) Pilot Lamp (E3008-1)

(3) 동작조건

- PB1를 누르면 D0에 100의 값이 들어간다.
- PB2를 누르면 D0에 200의 값이 들어간다.
- PB3를 누르면 D0에 300의 값이 들어간다.
- 기준값은 200 이고 D의 값이 기준값보다 작으면 PL1이 점등된다.
- D의값이 기준값과 같은면 PL2가 점등된다.
- D의값이 기준값보다 크면 PL3이 점등된다.

(4) 프로그램 작성

〈PLC I/0맵〉

구분	명칭	기능설명	I/O 할당
입력	PB1	푸시버튼 스위치1	X00
	PB2	푸시버튼 스위치2	X01
	PB3	푸시버튼 스위치3	X02
출력	PL1	파일롯 램프1	Y20
	PL2	파일롯 램프2	Y21
	PL3	파일롯 램프3	Y22

0 X0 [MOV K100 D0]
3 X1 [MOV K200 D0]
6 X2 [MOV K300 D0]
9 [> K200 D0] (Y20)
13 [= K200 D0] (Y21)
17 [< K200 D0] (Y22)
21 [END]

(5) 결선도

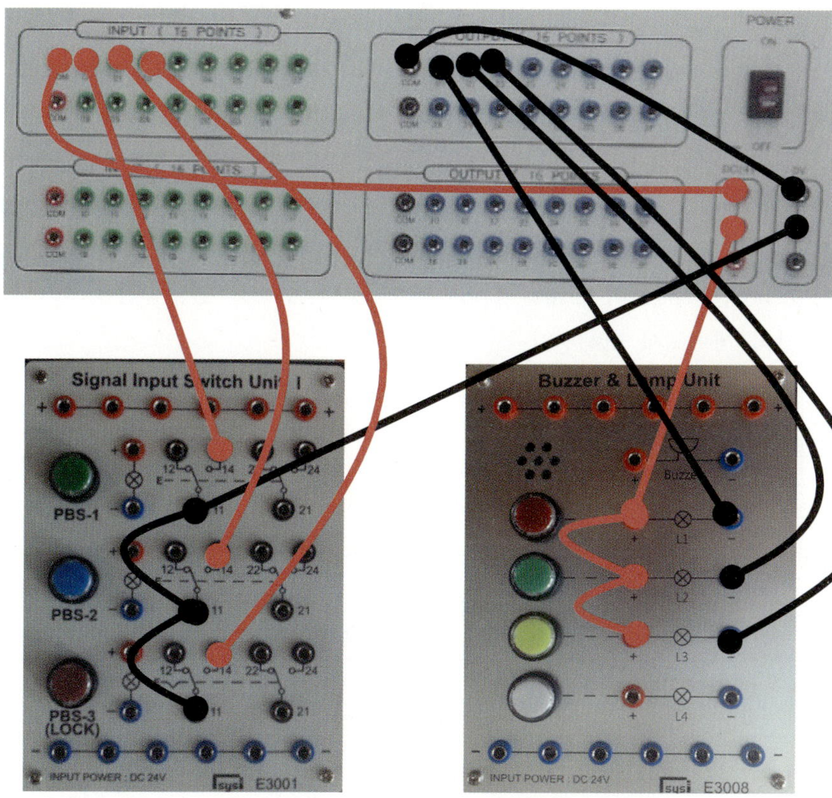
INPUT (16 POINTS)
OUTPUT (16 POINTS)
POWER
Signal Input Switch Unit I
PBS-1
PBS-2
PBS-3
(LOCK)
INPUT POWER : DC 24V
E3001
Buzzer & Lamp Unit
L1
L2
L3
L4
INPUT POWER : DC 24V
E3008

3-30. INC 명령어

(1) 실험목적

- 푸쉬 버튼과 파일럿 램프를 이용하여 INC 명령어를 이해 할 수 있다.

(2) 사용모듈

1) PLC TRANER (N2210)
2) Push Button (E3001)
3) Pilot Lamp (E3008-1)

(3) 동작조건

- PB1를 누르면 D0에 값이 1씩 증가한다.
- [=] 명령에 의해서 1과 값이 같은때는 PL1이 점등된다.
- [=] 명령에 의해서 2과 값이 같은때는 PL2이 점등된다.
- [=] 명령에 의해서 3과 값이 같은때는 PL3이 점등된다.
- 주의 : 펄스신호를 사용하지 않을시에는 PB1버튼을 누르고 있는동안 값이 계속해서 더해진다.

(4) 프로그램 작성

〈PLC I/0맵〉

구분	명칭	기능설명	I/O 할당
입력	PB1	푸시버튼 스위치1	X00
	PB2	푸시버튼 스위치2	X01
출력	PL1	파일롯 램프1	Y20
	PL2	파일롯 램프2	Y21
	PL3	파일롯 램프3	Y22

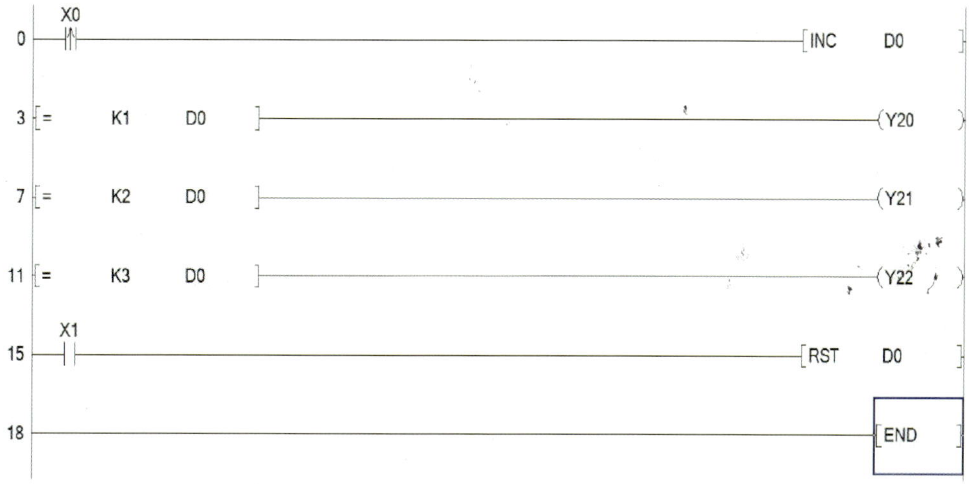

X0
0
INC D0
3 = K1 D0
Y20
7 = K2 D0
Y21
11 = K3 D0
Y22
X1
15
RST D0
18
END

(5) 결선도

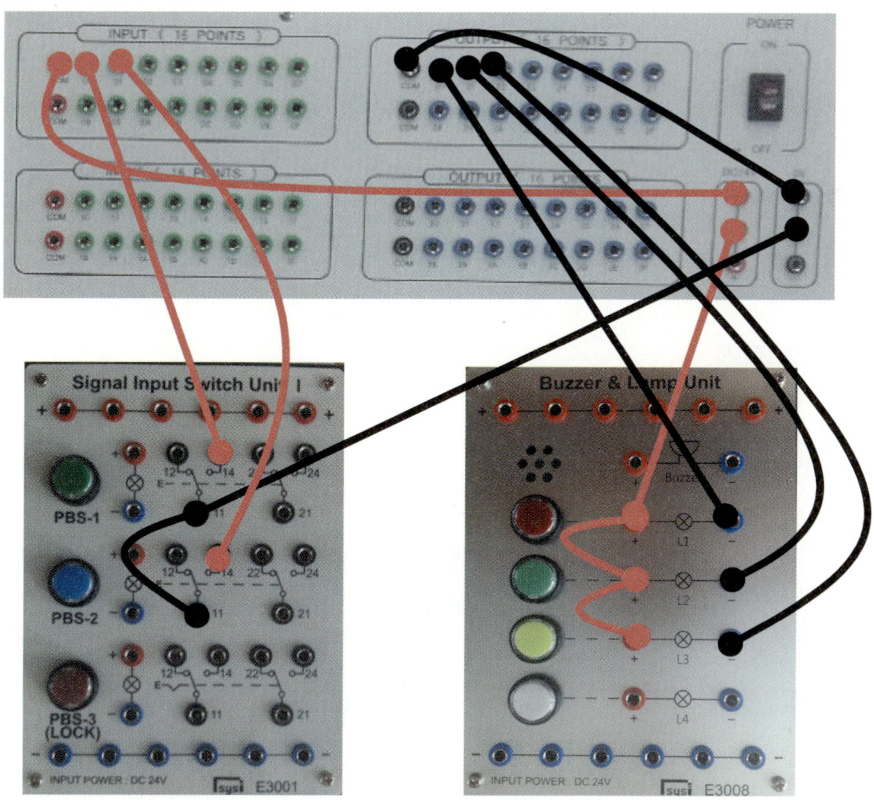

INPUT (16 POINTS)
OUTPUT (16 POINTS)
POWER
ON
OFF
Signal Input Switch Unit I
PBS-1
PBS-2
PBS-3 (LOCK)
INPUT POWER : DC 24V
E3001
Buzzer & Lamp Unit
L1
L2
L3
L4
INPUT POWER : DC 24V
E3008

3-31. DEC 명령어

(1) 실험목적

- 푸쉬 버튼과 파일럿 램프를 이용하여 DEC 명령어를 이해 할 수 있다.

(2) 사용모듈

1) PLC TRANER (N2210)
2) Push Button (E3001)
3) Pilot Lamp (E3008-1)

(3) 동작조건

- PB1를 누르면 D0에 3의 값이 입력된다.
- PB2를 누르면 D0에 값이 1씩 감소한다.
- [=] 명령에 의해서 1과 값이 같은때는 PL1이 점등된다.
- [=] 명령에 의해서 2과 값이 같은때는 PL2이 점등된다.
- [=] 명령에 의해서 3과 값이 같은때는 PL3이 점등된다.
- 주의 : 펄스신호를 사용하지 않으면 한번에 많은 수가 증가한다.

(4) 프로그램 작성

〈PLC I/0맵〉

구분	명칭	기능설명	I/O 할당
입력	PB1	푸시버튼 스위치1	X00
	PB2	푸시버튼 스위치2	X01
출력	PL1	파일롯 램프1	Y20
	PL2	파일롯 램프2	Y21
	PL3	파일롯 램프3	Y22

0
X0
MOV K3 D0
3
X1
DEC D0
6
= K1 D0
Y20
10
= K2 D0
Y21
14
= K3 D0
Y22
18
END

(5) 결선도

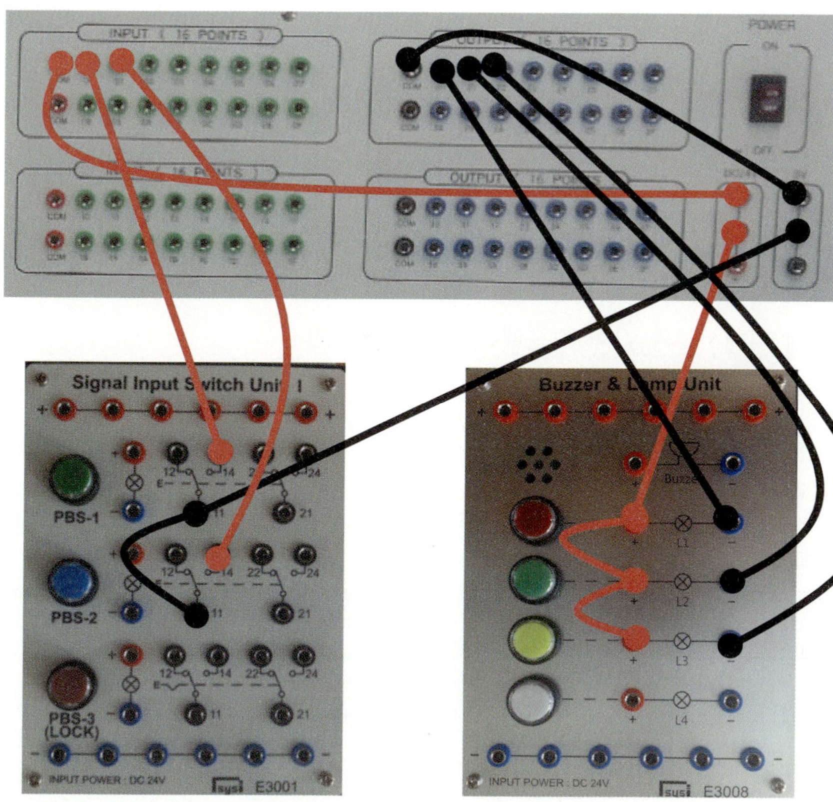

POWER
ON
OFF
PBS-1
PBS-2
PBS-3 (LOCK)
INPUT POWER : DC 24V
E3001
L1
L2
L3
L4
INPUT POWER : DC 24V
E3008

3-32. INC + DEC 응용 회로

(1) 실험목적

- 푸쉬 버튼과 파일럿 램프를 이용하여 INC + DEC 응용 회로를 만들 수 있다.

(2) 사용모듈

1) PLC TRANER (N2010)
2) Push Button (PB-3010-1)
3) Pilot Lamp (PL-3010-3)

(3) 동작조건

- PB1를 누르면 D0에 값이 1씩 증가된다.
- PB2를 누르면 D0에 값이 1씩 감소된다.
- PB3을 누르면 D0의 값이 초기화(0)된다.
- [=] 명령에 의해서 1과 값이 같은때는 PL1이 점등된다.
- [=] 명령에 의해서 2과 값이 같은때는 PL2이 점등된다.
- [=] 명령에 의해서 3과 값이 같은때는 PL3이 점등된다.
- 주의 : 펄스신호를 사용하지 않으면 한번에 많은 수가 증가한다.

(4) 프로그램 작성

〈PLC I/0맵〉

구분	명칭	기능설명	I/O 할당
입력	PB1	푸시버튼 스위치1	X00
	PB2	푸시버튼 스위치2	X01
	PB3	푸시버튼 스위치3	X02
출력	PL1	파일롯 램프1	Y20
	PL2	파일롯 램프2	Y21
	PL3	파일롯 램프3	Y22

0 X0 [INC D0]
3 X1 [DEC D0]
6 [= K1 D0] (Y20)
10 [= K2 D0] (Y21)
14 [= K3 D0] (Y22)
18 X2 [RST D0]
21 [END]

(5) 결선도

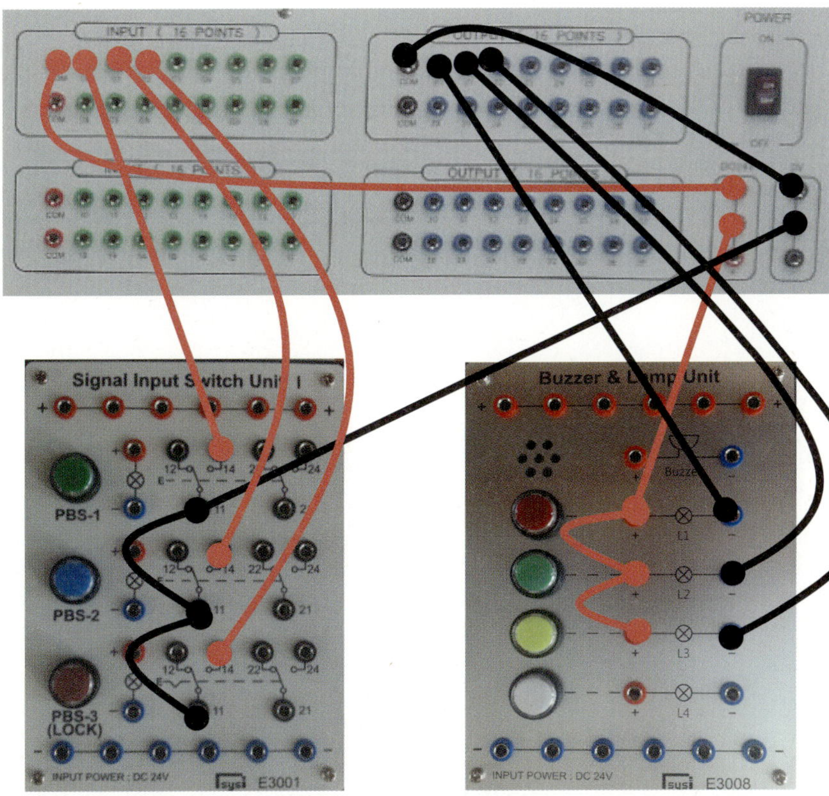

INPUT (16 POINTS)
OUTPUT
POWER
ON
OFF
Signal Input Switch Unit
PBS-1
PBS-2
PBS-3 (LOCK)
INPUT POWER : DC 24V
E3001
Buzzer & Lamp Unit
L1
L2
L3
L4
INPUT POWER : DC 24V
E3008

3-33. 수동왕복 작동회로(편측 SOL.V/V의 경우)

(1) 실험목적

- 편측 SOL.V/V를 사용하여 수동왕복 작동회로를 제작 할 수 있다.

(2) 사용모듈

1) PLC TRANER (N2210)
2) AIR SERVIC (P1003)
3) AIR DISTRIBUTOR (P1004)
4) DOUBLE ACTING CYLINDER WITH REED SWITCH (P1104)
5) 5/2-WAY SOLENOID VALVE (P1304)

(3) 공기압 회로 및 변위선도

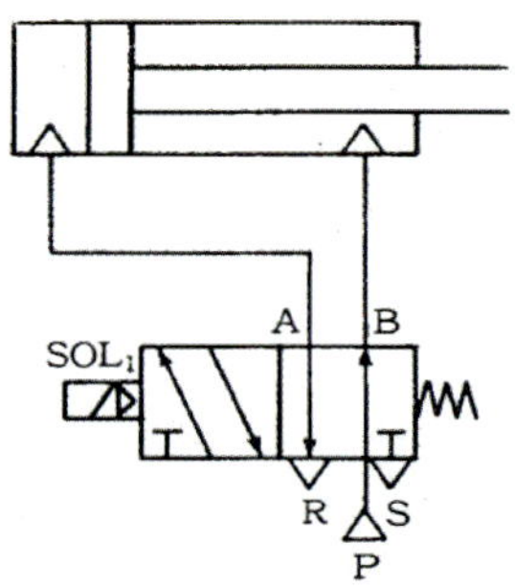

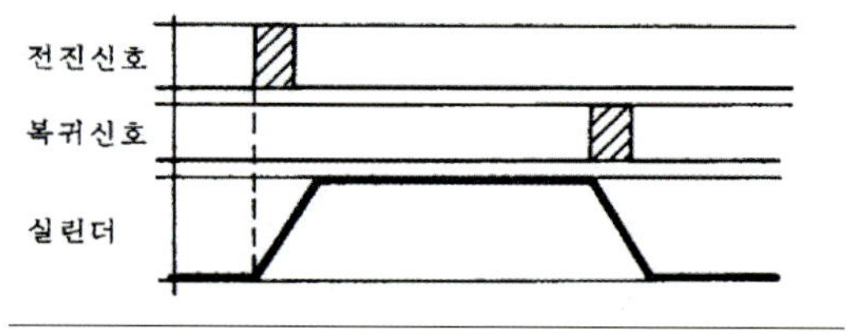

(4) 동작조건

- 공기압 복동실린더를 편측 솔레노이드 밸브로 제어한다. 전진신호(PB1)를 주면 실린더는 전진하고, 복귀신호(PB2)를 주면 원위치로 복귀한다.

(5) 프로그램 작성

(6) 결선도

〈PLC I/0맵〉

구분	명칭	기능설명	I/O 할당
입력	PB1	푸시버튼 스위치1	X00
	PB2	푸시버튼 스위치2	X01
출력	SOL1	솔레노이드 밸브1	Y20

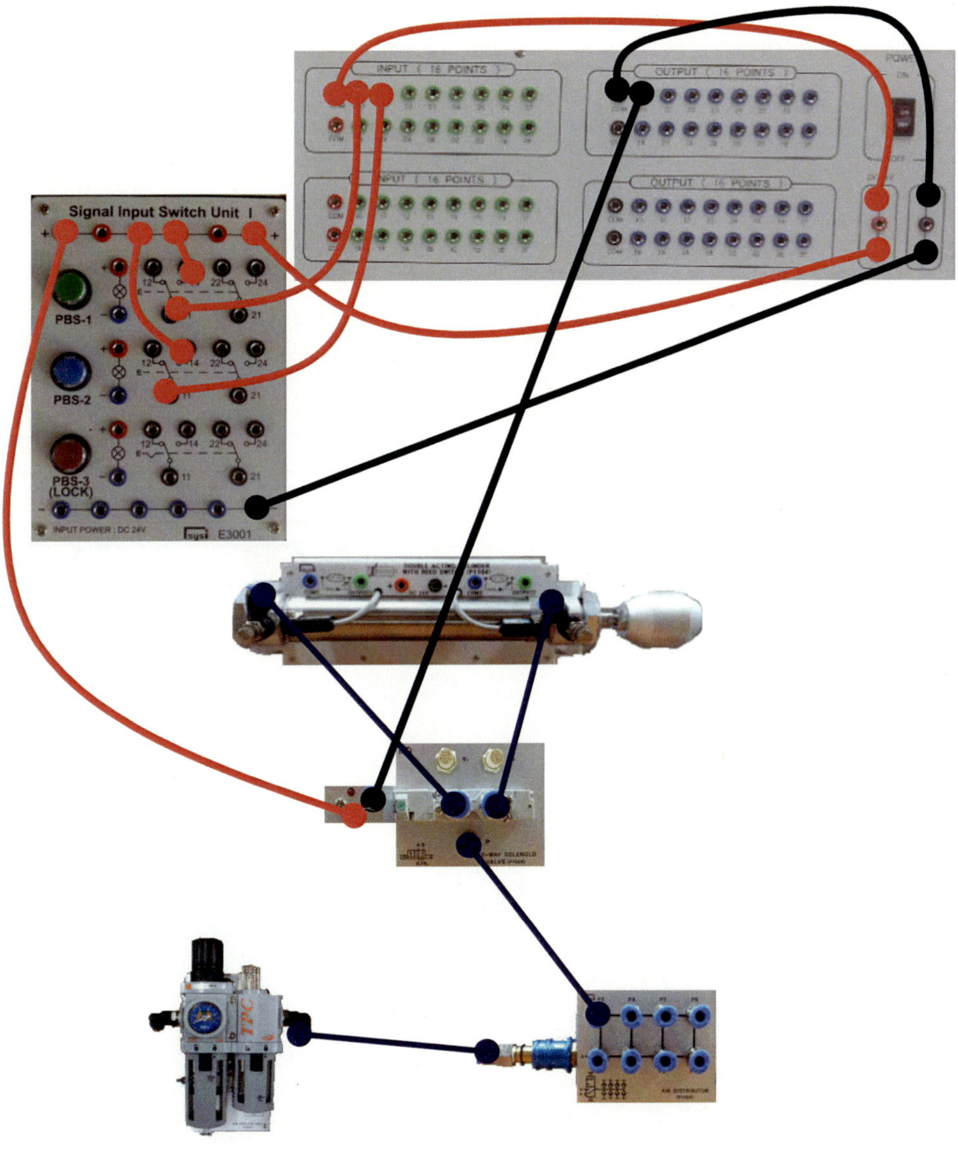

3-34. 수동왕복 작동회로(양측 SOL.V/V의 경우)

(1) 실험목적

- 양측 SOL.V/V를 사용하여 수동왕복 작동회로를 제작 할 수 있다.

(2) 사용모듈

1) PLC TRANER (N2210)
2) AIR SERVIC (P1003)
3) AIR DISTRIBUTOR (P1004)
4) DOUBLE ACTING CYLINDER WITH REED SWITCH (P1104)
5) 5/2-WAY SOLENOID VALVE (P1306)

(3) 공기압 회로 및 변위선도

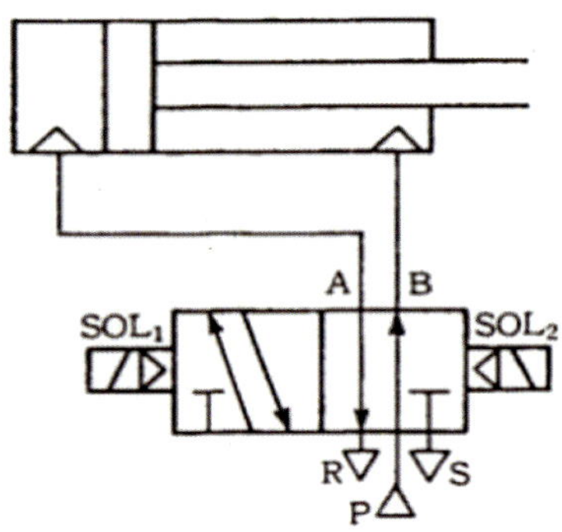

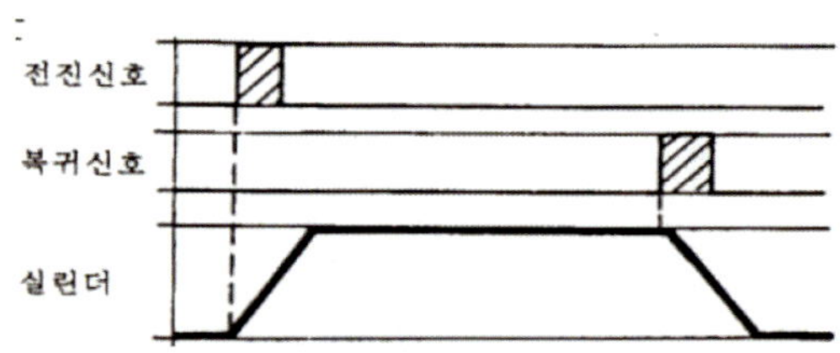

(4) 동작조건

- 공기압 복동실린더를 양측 솔레노이드 밸브로 제어한다. 전진신호(PB1)를 주면 실린더는 전진하고, 복귀신호(PB2)를 주면 원위치로 복귀한다.

(5) 프로그램 작성

〈PLC I/0맵〉

구분	명칭	기능설명	I/O 할당
입력	PB1	푸시버튼 스위치1	X00
	PB2	푸시버튼 스위치2	X01
출력	SOL1	솔레노이드 밸브1	Y20
	SOL2	솔레노이드 밸브2	Y21

(6) 결선도

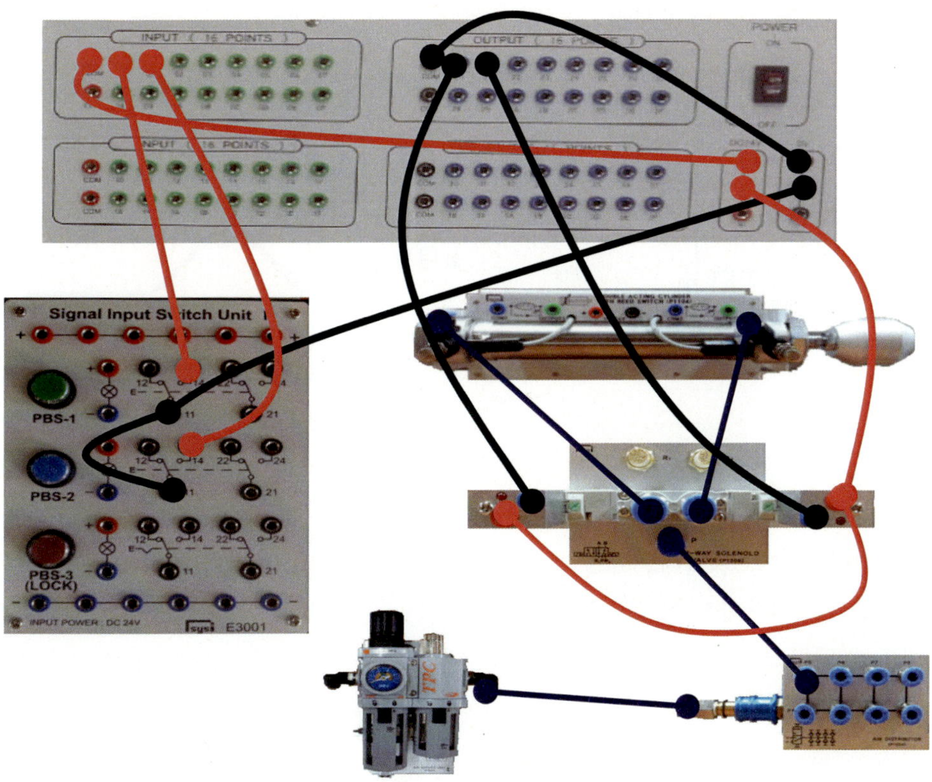

3-35. 1회 왕복 작동회로(편측 SOL.V/V의 경우)

(1) 실험목적

- 편측 SOL.V/V를 사용하여 1회 왕복 작동회로를 제작 할 수 있다.

(2) 사용모듈

1) PLC TRANER (N2210)
2) AIR SERVIC (P1003)
3) AIR DISTRIBUTOR (P1004)
4) DOUBLE ACTING CYLINDER WITH REED SWITCH (P1104)
5) 5/2-WAY SOLENOID VALVE (P1304)
6) MICRO SWITCH (CU-3010-11)

(3) 공기압 회로 및 변위선도

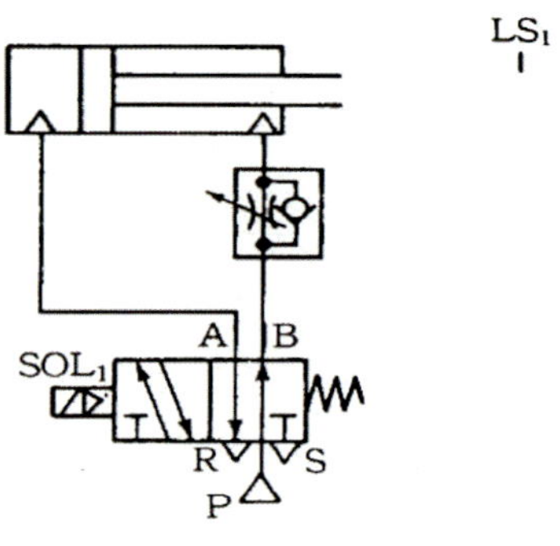

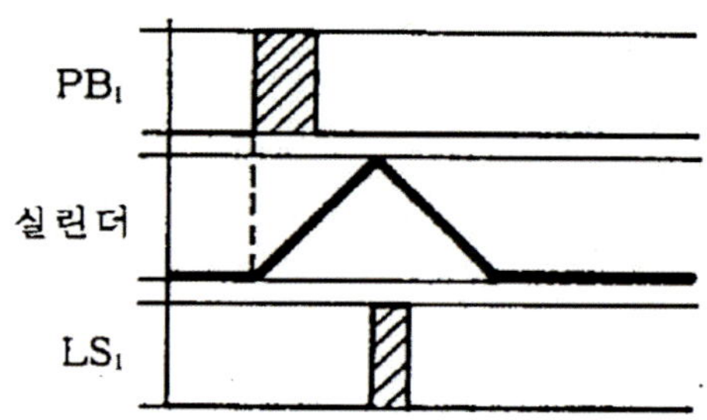

(4) 동작조건

- 복동실린더가 편측 솔레노이드 밸브로 제어된다. 조작 스위치(PB1)를 누르면 실린더가 전진하고 전진끝단까지 도달한 후 즉시 복귀한다. 복귀신호는 전진끝단에 설치되어 있는 리미트 스위치(LS1)에 의해 작동되고, 재 기동하려면 누름 버튼스위치(PB1)를 다시 눌러야 한다.

(5) 프로그램 작성

(6) 결선도

〈PLC I/0맵〉

구분	명칭	기능설명	I/O 할당
입력	PB1	푸시버튼 스위치1	X00
	LS1	푸시버튼 스위치2	X01
출력	SOL1	솔레노이드 밸브1	Y20

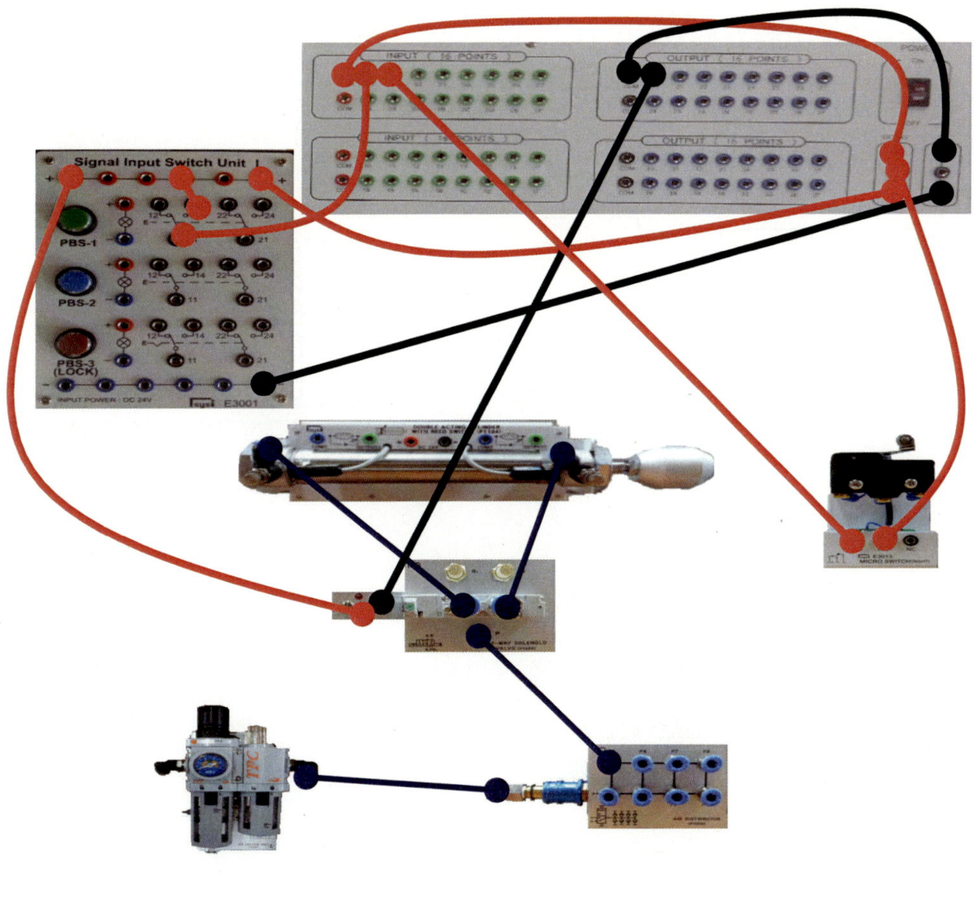

3-36. 1회 왕복 작동회로(양측 SOL.V/V의 경우)

(1) 실험목적

- 양측 SOL.V/V를 사용하여 1회 왕복 작동회로를 제작 할 수 있다.

(2) 사용모듈

1) PLC TRANER (N2210)
2) AIR SERVIC (P1003)
3) AIR DISTRIBUTOR (P1004)
4) DOUBLE ACTING CYLINDER WITH REED SWITCH (P1104)
5) 5/2-WAY SOLENOID VALVE (P1306)
6) MICRO SWITCH (E3013)

(3) 공기압 회로 및 변위선도

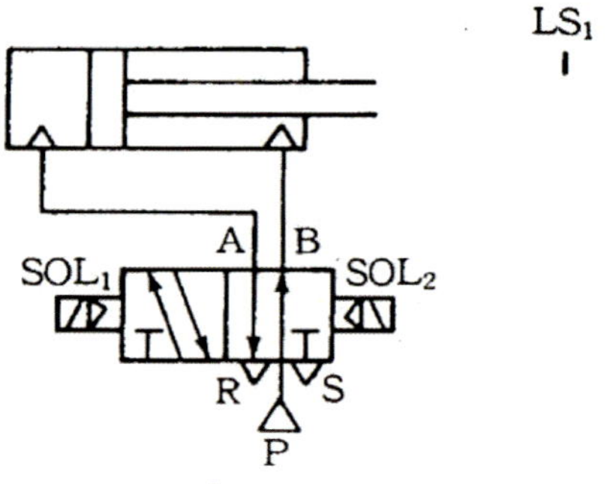

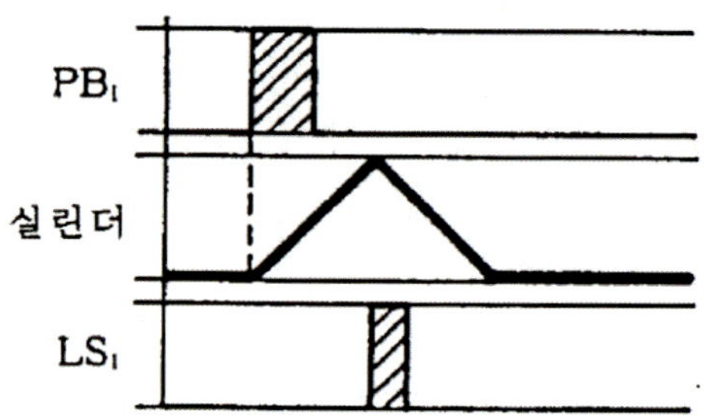

(4) 동작조건

- 복동실린더가 양측 솔레노이드 밸브로 전. 후진 제어된다. 조작 스위치(PB1)를 누르면 실린더가 전진하고 전진끝단까지 도달한 후 즉시 복귀한다. 복귀신호는 전진끝단에 설치되어 있는 리미트 스위치(LS1)에 의해 작동되고, 재 기동하려면 누름 버튼스위치(PB1)를 다시 눌러야 한다.

(5) 프로그램 작성

〈PLC I/0맵〉

구분	명칭	기능설명	I/O 할당
입력	PB1	푸시버튼 스위치1	X00
	LS1	리밋 스위치1	X01
출력	SOL1	솔레노이드 밸브1	Y20
	SOL2	솔레노이드 밸브2	Y21

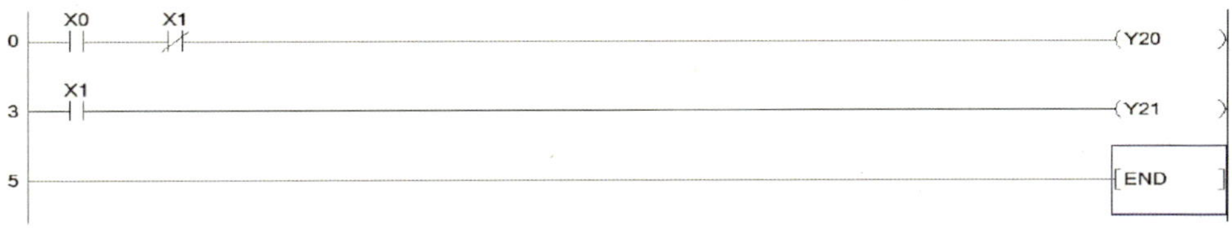

(6) 결선도

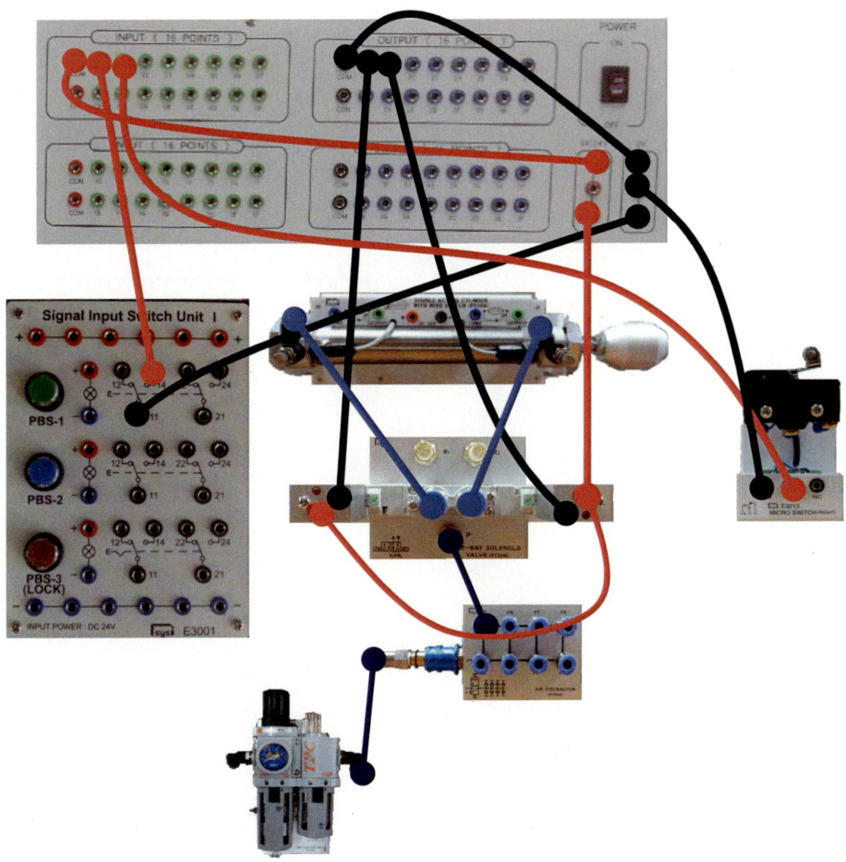

3-37. 연속왕복 작동회로(편측 SOL. V/V의 경우)

(1) 실험목적

- 편측 SOL.V/V를 사용하여 연속왕복 작동회로를 제작 할 수 있다.

(2) 사용모듈

1) PLC TRANER (N2010)
2) AIR SERVIC (P1003)
3) AIR DISTRIBUTOR (P1004)
4) DOUBLE ACTING CYLINDER WITH REED SWITCH (P1104)
5) 5/2-WAY SOLENOID VALVE (P1304)
6) MICRO SWITCH (CU-3010-11)

(3) 공기압 회로 및 변위선도

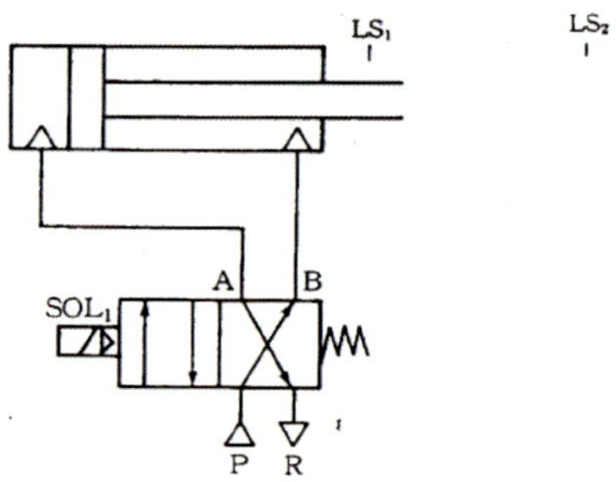

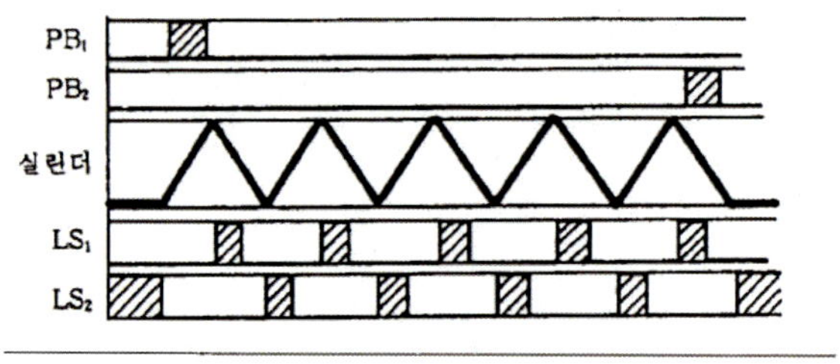

(4) 동작조건

- 시동신호(PB1)를 주면 복동실린더의 피스톤 로드가 전진과 후진을 반복한다. 정지신호(PB2)가 입력되면 피스톤로드는 복귀된 상태에서 정지한다.

(5) 프로그램 작성

(6) 결선도

〈PLC I/0맵〉

구분	명칭	기능설명	I/O 할당
입력	PB1	푸시버튼 스위치1	X00
	PB2	푸시버튼 스위치2	X01
	LS1	리밋 스위치1	X02
	LS2	리밋 스위치2	X03
출력	SOL1	솔레노이드 밸브1	Y20

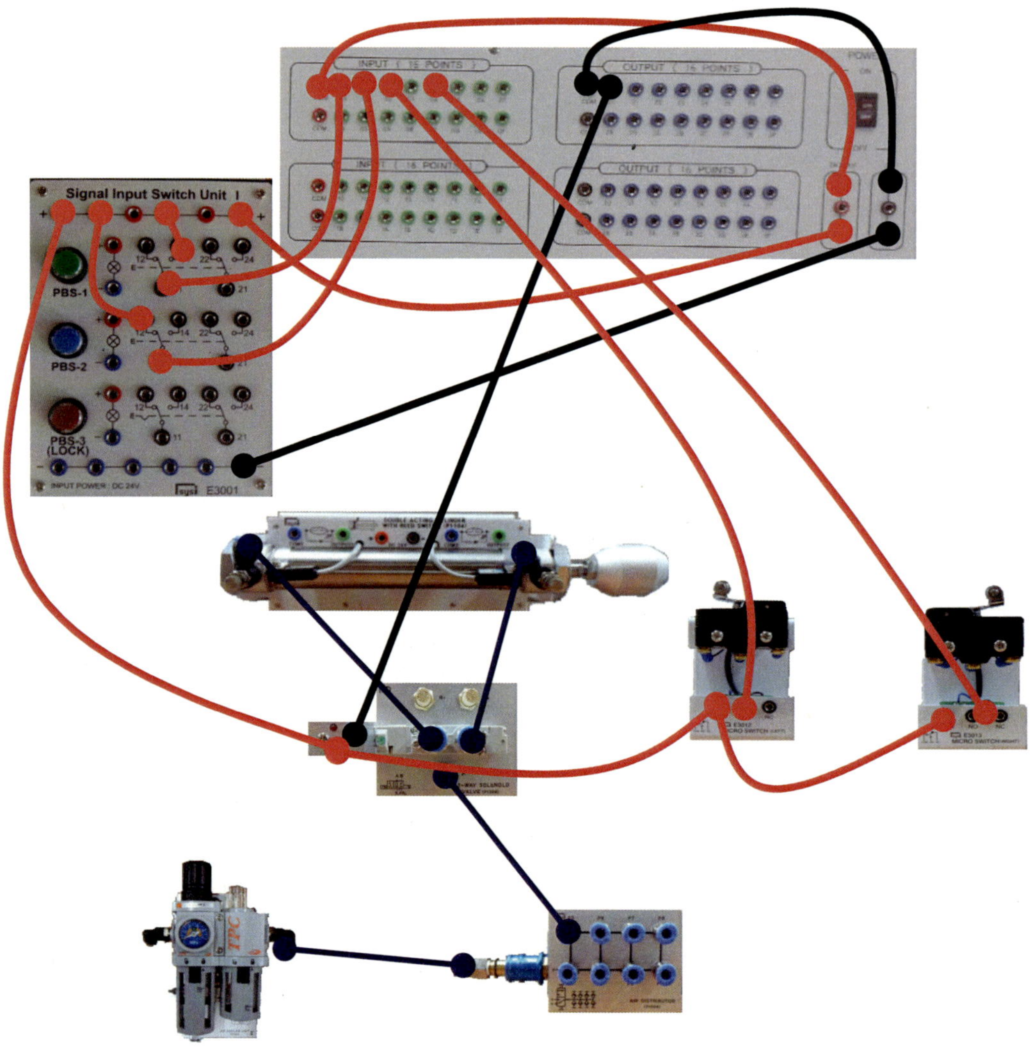
INPUT (16 POINTS)
OUTPUT (16 POINTS)
Signal Input Switch Unit I
PBS-1
PBS-2
PBS-3
(LOCK)
E3001

3-38. 연속왕복 작동회로(양측 SOL. V/V의 경우)

(1) 실험목적

- 양측 SOL.V/V를 사용하여 연속왕복 작동회로를 제작 할 수 있다.

(2) 사용모듈

1) PLC TRANER (N2210)
2) AIR SERVIC (P1003)
3) AIR DISTRIBUTOR (P1004)
4) DOUBLE ACTING CYLINDER WITH REED SWITCH (P1104)
5) 5/2-WAY SOLENOID VALVE (P1306)
6) MICRO SWITCH (E3012)
7) MICRO SWITCH (E3013)

(3) 공기압 회로 및 변위선도

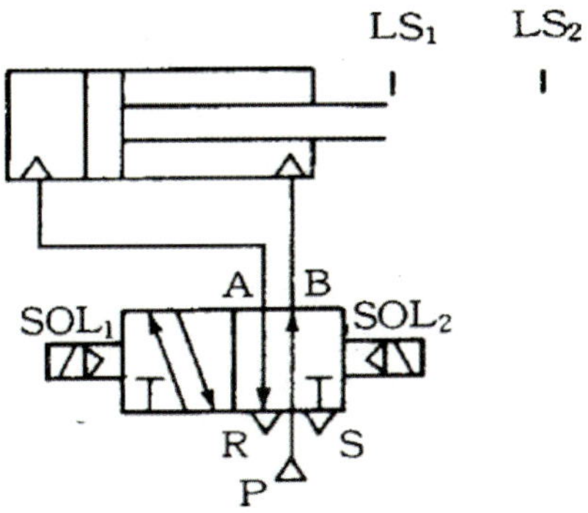

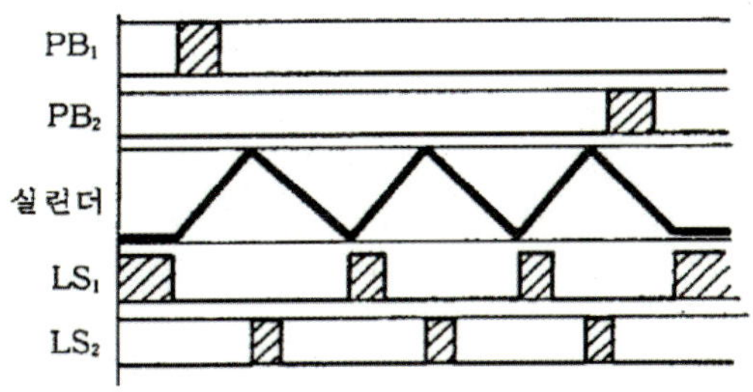

(4) 동작조건

- 시동신호(PB1)를 입력하면 복동실린더의 피스톤 로드가 전진한다. 전진행정 끝에서 LS2 작동되면 즉시 복귀하고, 후진끝단에서 LS1이 눌러지면 다시 전진한다. 단, 정지신호 (PB2)가 입력될 때까지 전진과 후진을 반복한다.

(5) 프로그램 작성

〈PLC I/0맵〉

구분	명칭	기능설명	I/O 할당
입력	PB1	푸시버튼 스위치1	X00
	PB2	푸시버튼 스위치2	X01
	LS1	리밋 스위치1	X02
	LS2	리밋 스위치2	X03
출력	SOL1	솔레노이드 밸브1	Y20
	SOL2	솔레노이드 밸브2	Y21

(6) 결선도

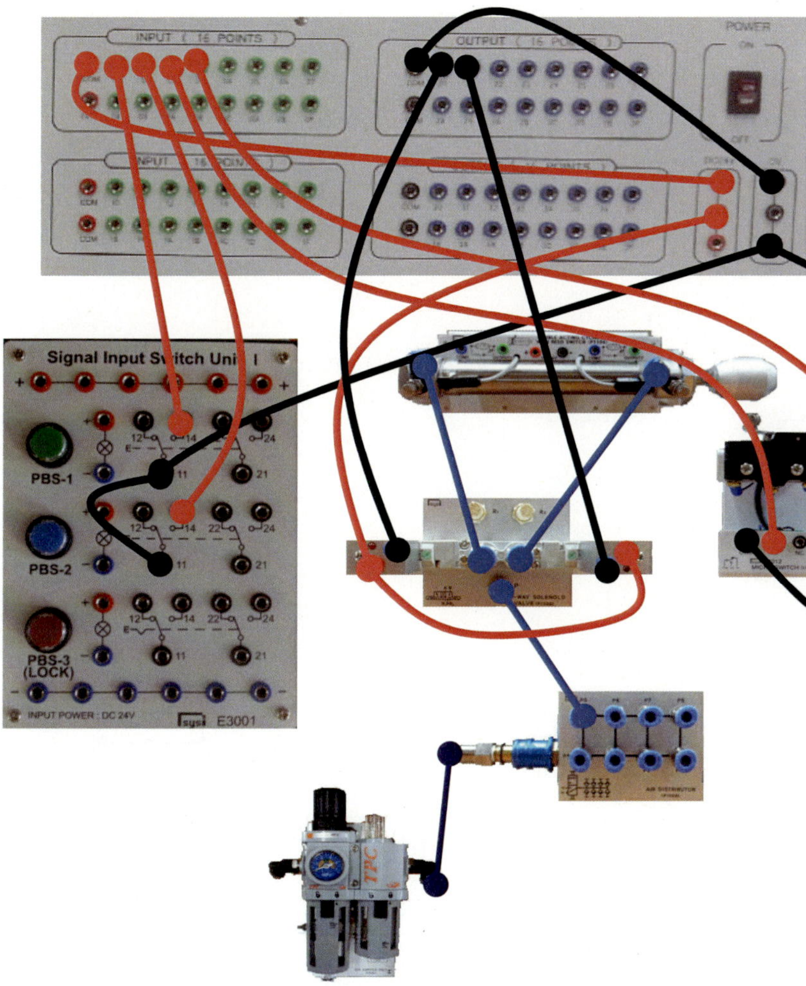

3-39. 실린더 왕복운동 응용제어

(1) 실험목적

- 2개의 양측 SOL.V/V 와 실린더 이용하여 왕복운동 회로를 제작 할 수 있다.

(2) 사용모듈

1) PLC TRANER (N2010)
2) AIR SERVIC (P1003)
3) AIR DISTRIBUTOR (P1004)
4) DOUBLE ACTING CYLINDER WITH REED SWITCH (P1104)
5) 5/2-WAY SOLENOID VALVE (P1306)
6) MICRO SWITCH (3012)
7) MICRO SWITCH (3013)

(3) 공기압 회로

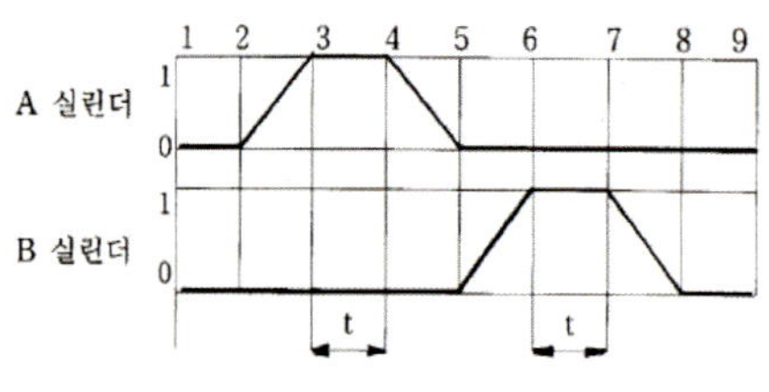

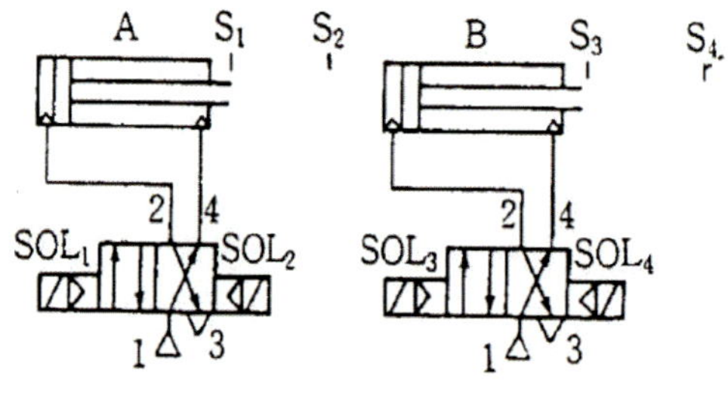

(4) 동작조건

- PB1을 누르면 A실린더가 전진하여 1초간 정지 후 후진한다.
  A실린더가 후진을 완료하면 B실린더가 전진을 한다.
  B실린더가 전진하여 1초간 정지후 후진을 한다.
  연속적으로 반복동작을 진행하다가 PB2 버튼을 누르면 동작이 정지된다.

(5) 프로그램 작성

〈PLC I/0맵〉

구분	명칭	기능설명	I/O 할당
입력	PB1	푸시버튼 스위치1	X00
	PB2	푸시버튼 스위치2	X01
	LS1	리밋 스위치1	X02
	LS2	리밋 스위치2	X03
	LS3	리밋 스위치3	X04
	LS4	리밋 스위치4	X05
출력	SOL1	솔레노이드 밸브1	Y20
	SOL2	솔레노이드 밸브2	Y21
	SOL3	솔레노이드 밸브3	Y22
	SOL4	솔레노이드 밸브4	Y23

18
M0
Y21
T1
M2
M2
23
M2
X2
Y22
26
X5
K10
T1
31
T1
Y23
33
T1
M3
M3
36
M3
X4
M4
39
END

(6) 결선도

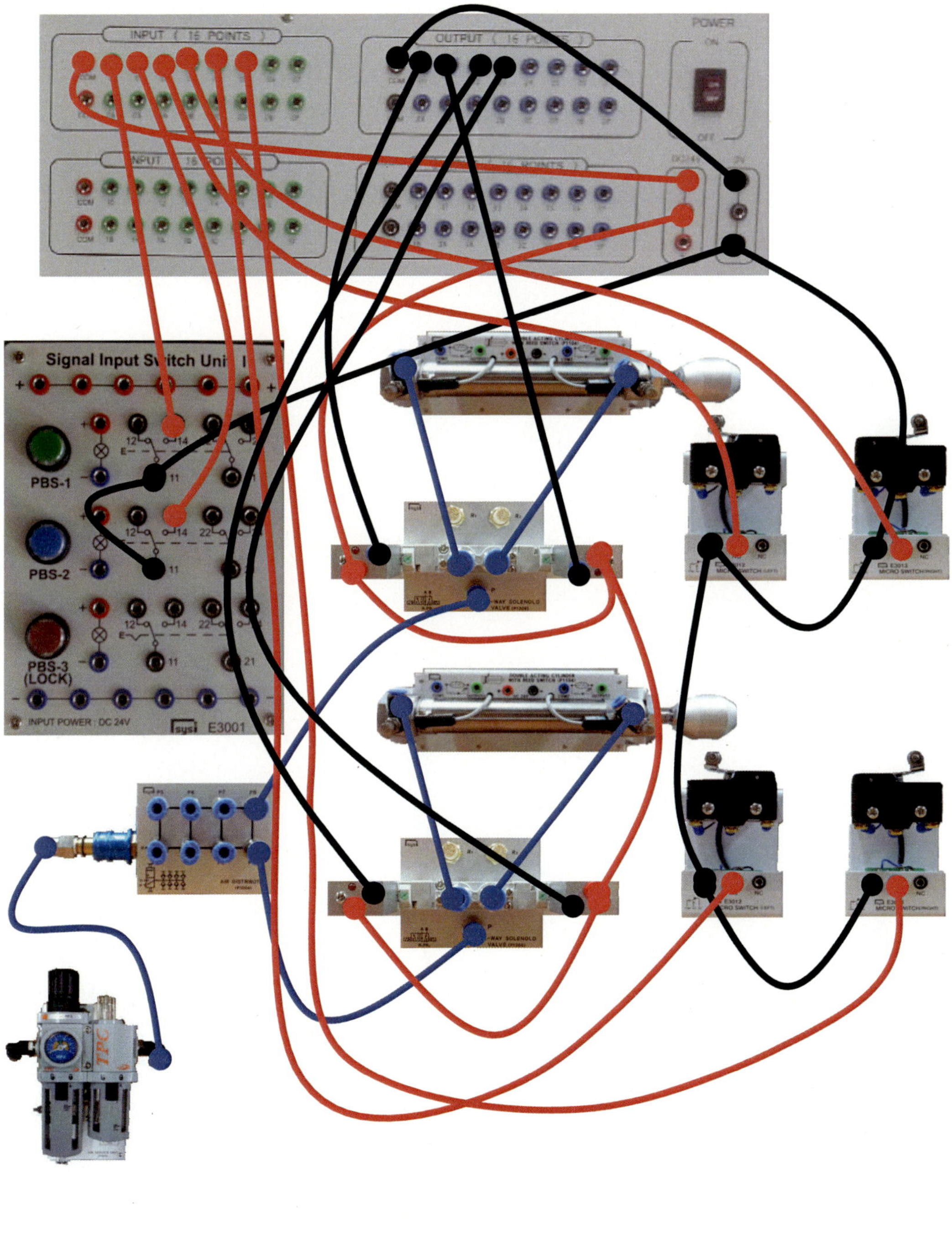
INPUT (16 POINTS)
OUTPUT (16 POINTS)
POWER
Signal Input Switch Unit I
PBS-1
PBS-2
PBS-3
(LOCK)
INPUT POWER : DC 24V
E3001

제 6 장 RACK/PINION INDEX MODULE

1 RACK/PINION INDEX 분해조립공구 이해하기

▸ 아래 공구에 대하여 용도 및 특징을 작성하시오

번호	명칭	외형	용도 및 특징
1	볼-L렌치		
2	몽키 스패너		
3	정밀 드라이버 (+,-)		
4	칼라 드라이버 (+,-)		

번호	명칭	외형	용도 및 특징
5	시계 드라이버		
6	롱로우즈 플라이어		
7	니퍼		
8	스냅링 플라이어	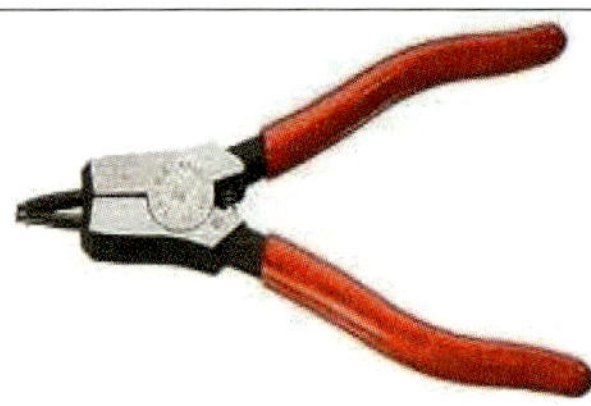	
9	스냅링 플라이어	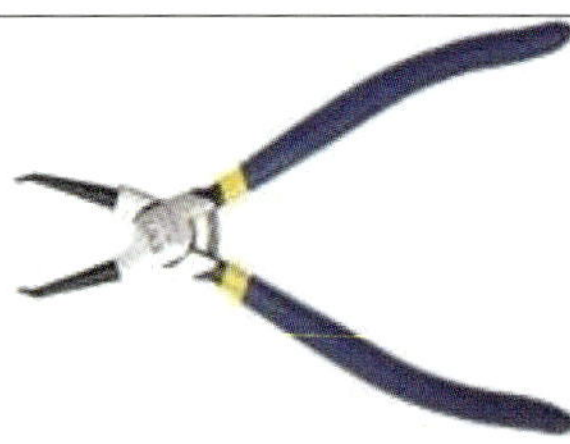	

2 RACK/PINION INDEX 분해조립공구 이해하기

▸ 아래 분해도를 참고하여 RACK/PINION INDEX MODULE을 분해하시오

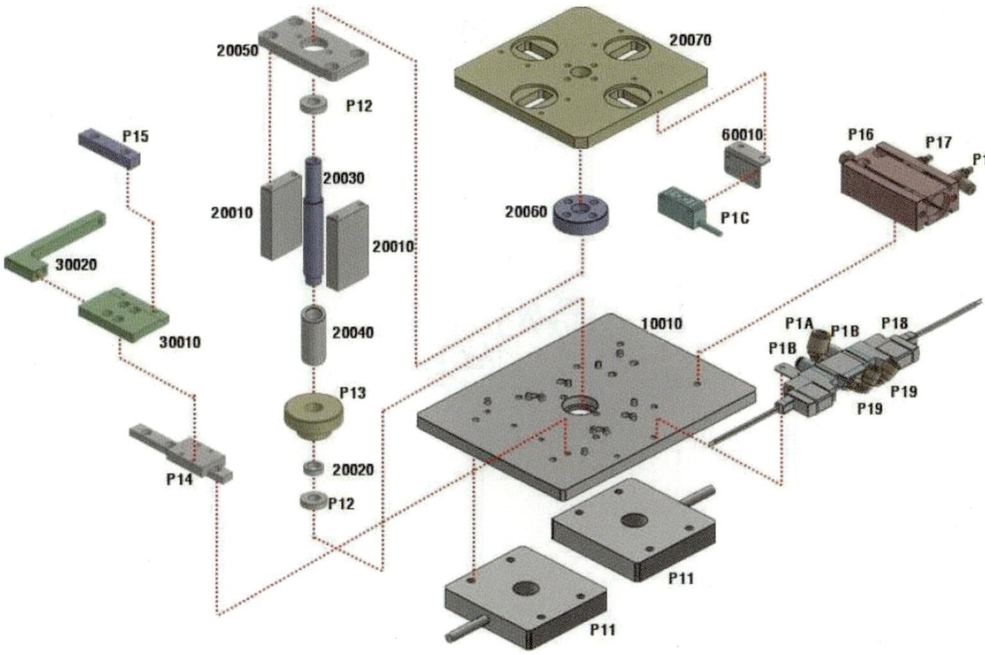

3 RACK/PINION INDEX 2D 도면 작성하기

▸ 아래 측정공구에 대하여 용도 및 특징을 작성하시오

번호	명칭	외형	용도 및 특징
1	스틸자	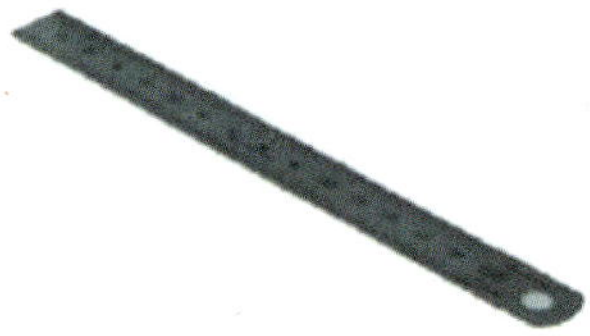	
2	줄자		
3	버니어 캘리퍼스	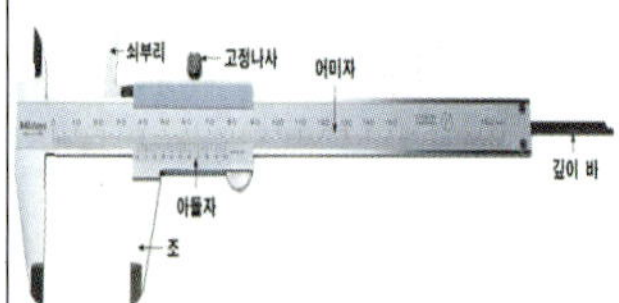	
4	마이크로 미터	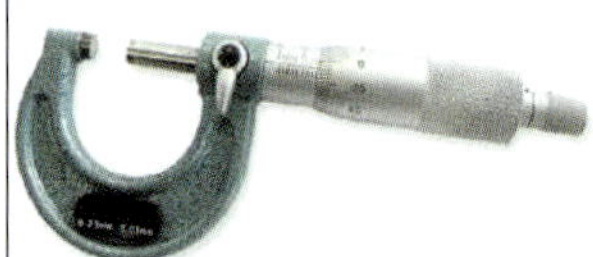	

▸ 분해한 부품을 가지고 아래와 같이 2D 도면을 작성하시오.

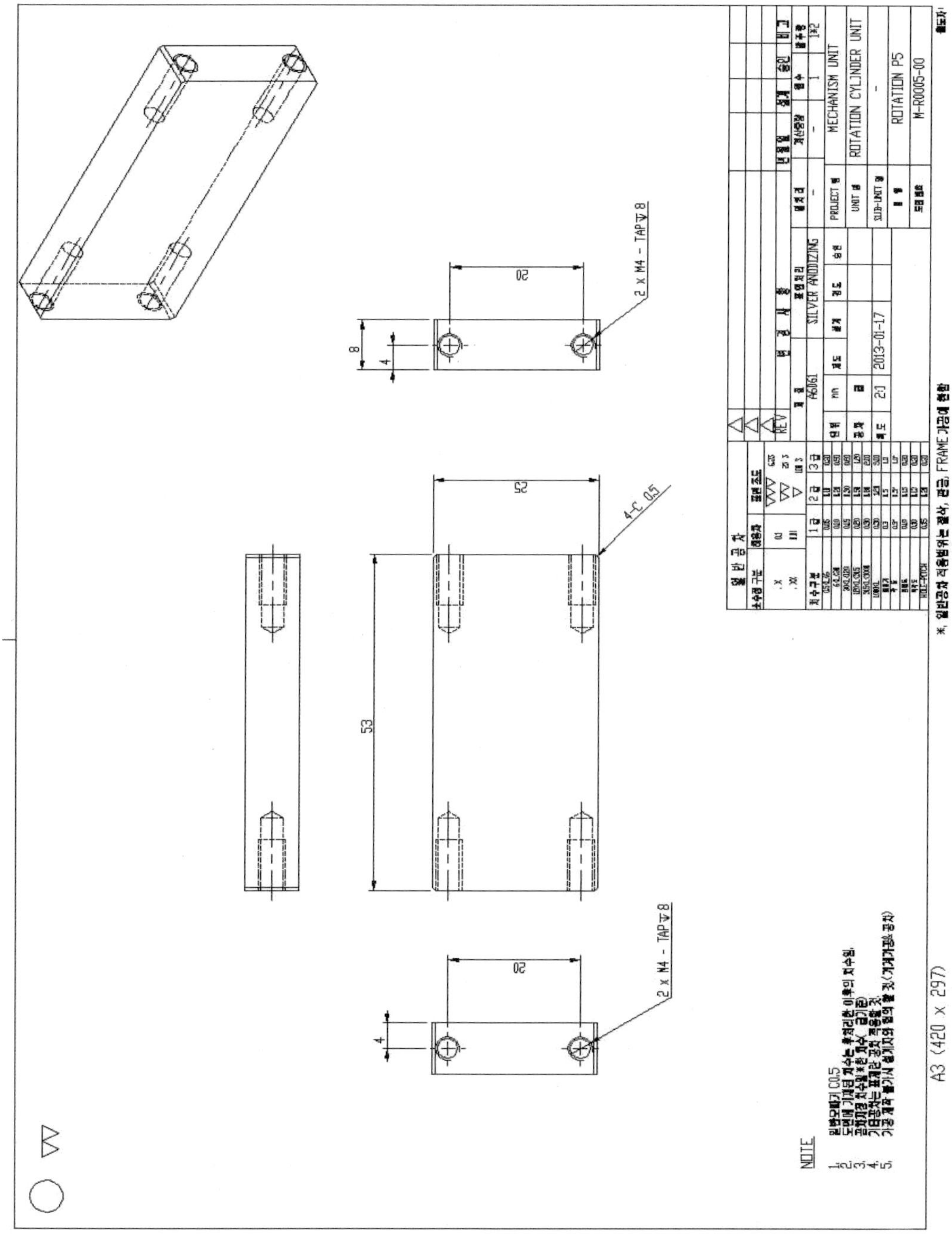

4 RACK/PINION INDEX 3D 모델링 작성하기

▶ 작성된 2D도면을 참고하여 3D 모델링을 작성하시오

2D 도면 예제

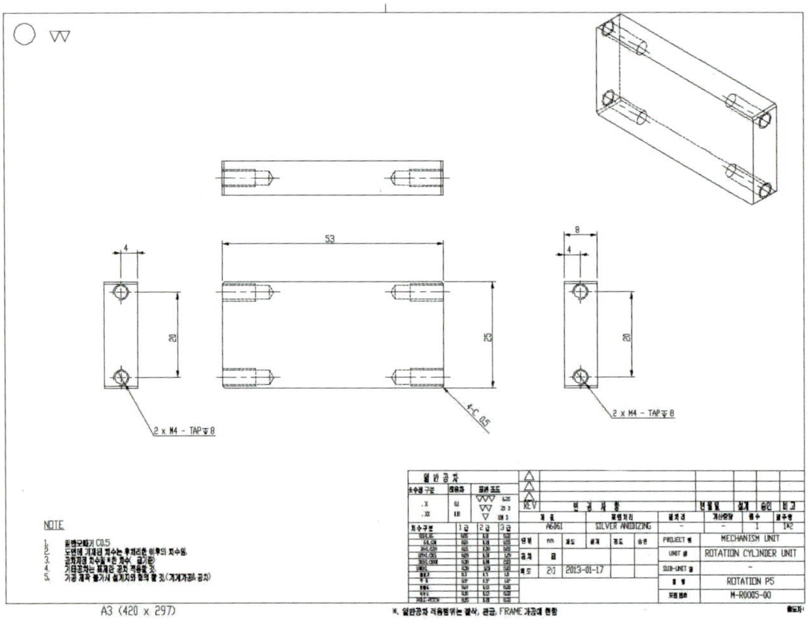

3D 모델링 예제

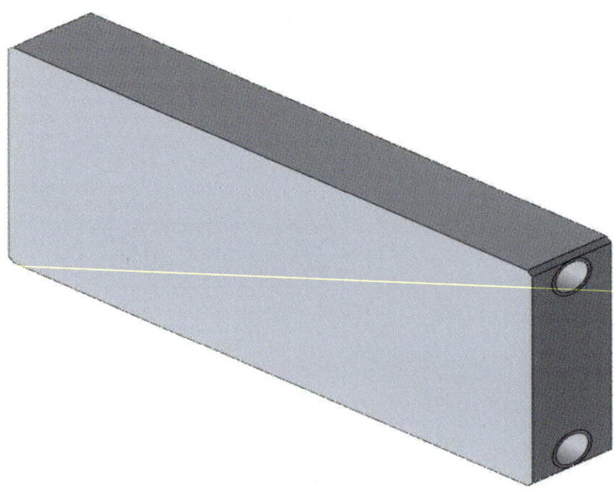

5 RACK/PINION INDEX 조립하기

▸ 아래 외형도를 참고하여 RACK/PINION INDEX MODULE를 조립하시오

Rack Pinion Index Mechanism 외형도
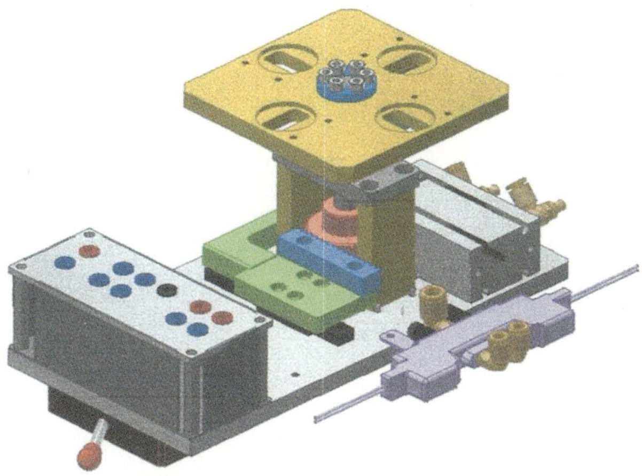
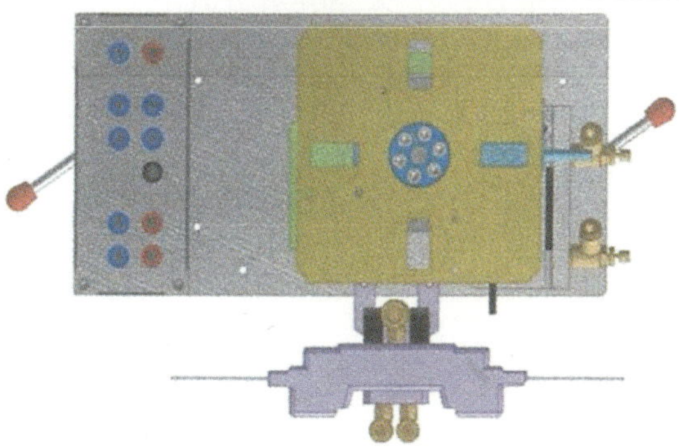 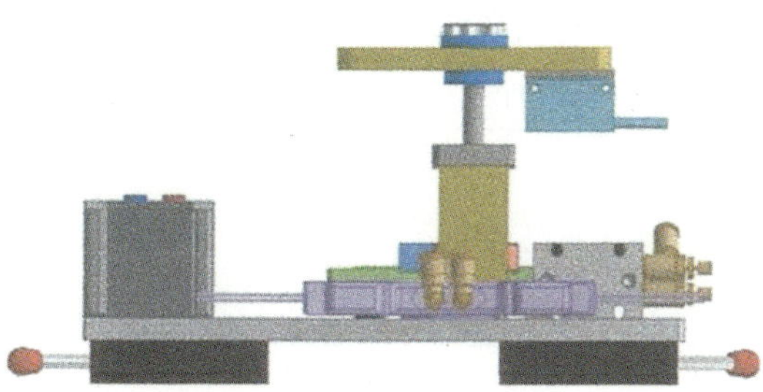 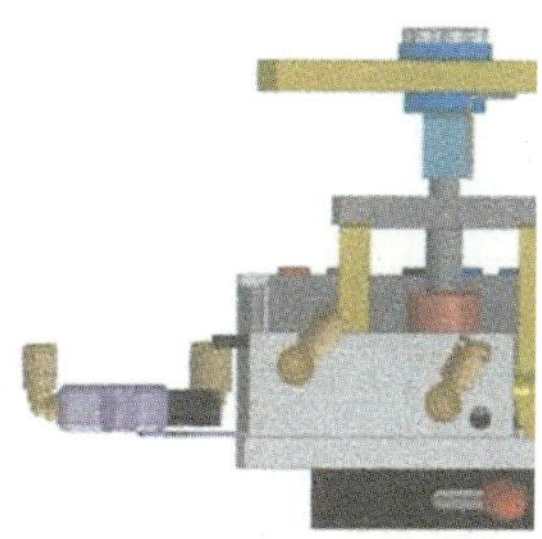

6 RACK/PINION INDEX 인터페이스 구축하기

▸ 아래 센서 구성 및 넘버링을 참고하여 결선하시오

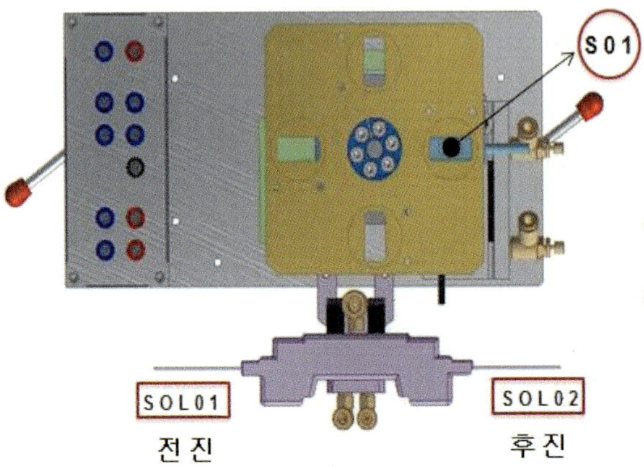

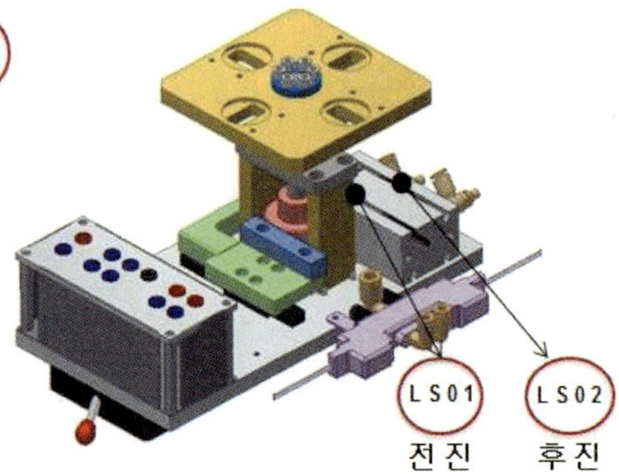

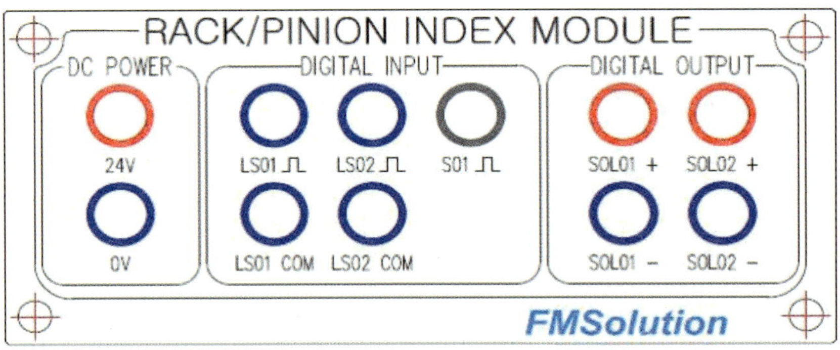

번 호	명 칭	넘버링			규 격	설 명
1	양측SOL밸브	SOL01 +	SOL01 −		DC24V	전진
2	양측SOL밸브	SOL02 +	SOL01 −		DC24V	후진
3	포토센서	S01	24v	0v	DC24V, NPN형	WORK 감지
4	리드센서	LS01	LS01 COM		DC24V	전진
5	리드센서	LS01	LS01 COM		DC24V	후진

7 RACK/PINION INDEX PLC 프로그램 작성하기

가. 실습문제

PLC를 활용하여 RACK/PINION INDEX를 제어한다.

나. 학습목표

RACK/PINION INDEX 정의와 특성에 대해서 설명할 수 있다.

RACK/PINION INDEX 넘버링을 참고하여 PLC배선도를 설계할 수 있다.

RACK/PINION INDEX PLC배선도를 참고하여 PLC프로그램을 작성할 수 있다.

다. 주요구성요소

번호	요소 명	외형	규격	비고
1	RACK/PINION INDEX	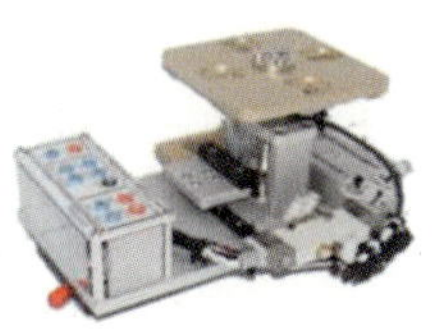	· 1축 회전 인덱스	
2	파워서플라이모듈	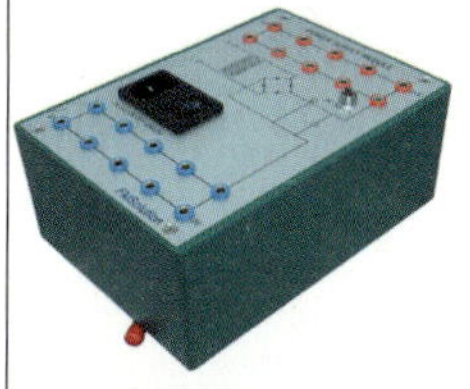	· 입력:AC220V · 출력:DC24V · 정격출력전류:6A	
3	PLC모듈		· 입력:32접점 · 출력:32접점	
4	푸시버튼모듈	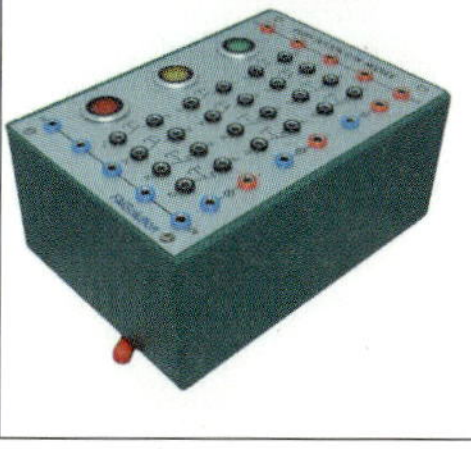	· 접점구성:1a,1b · 스위치수량:3개	

라. 동작설명

▶ S01센서에 물체가 감지되면 인덱스 테이블이 90도 회전 3초 후 복귀하는 시스템 을 구성하시오.

8 RACK/PINION INDEX PLC 프로그램 디버깅하기

가. 실습문제

RACK/PINION INDEX 제어 PLC프로그램을 디버깅한다.

나. 학습목표

· PLC 프로그램 디버깅의 정의에 대해서 설명할 수 있다.
· RACK/PINION INDEX 제어 PLC프로그램의 동작을 분석할 수 있다.
· RACK/PINION INDEX 제어 PLC프로그램을 디버깅 작성할 수 있다.

다. 주요구성요소

번호	요소 명	외형	규격	비고
1	RACK/PINION INDEX		· 1축 회전 인덱스	
2	파워서플라이모듈	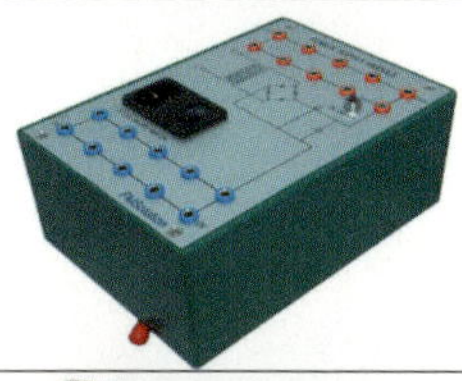	· 입력:AC220V · 출력:DC24V · 정격출력전류:6A	
3	PLC모듈		· 입력:32접점 · 출력:32접점	
4	푸시버튼모듈	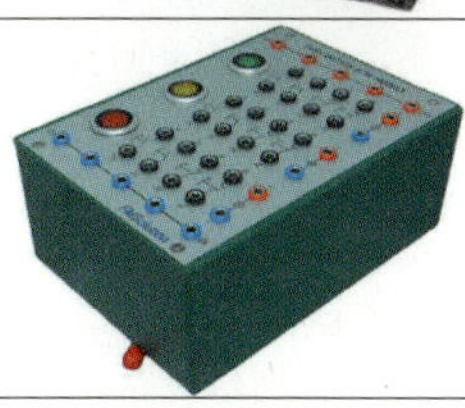	· 접점구성:1a,1b · 스위치수량:3개	

라. 동작설명

· PB1 스위치 ON/OFF 하여 3회 운전모드를 실시한다.

· S01센서에 물체가 감지되면 인덱스 테이블이 90도 회전 3초 후 복귀하는 시스템 을 디버깅하시오

제 7장 SCREW SLIDING MODULE

1 SCREW SLIDING 분해조립공구 이해하기

· 아래 공구에 대하여 용도 및 특징을 작성하시오

번호	명칭	외형	용도 및 특징
1	볼-L렌치		
2	몽키 스패너		
3	정밀 드라이버 (+,-)	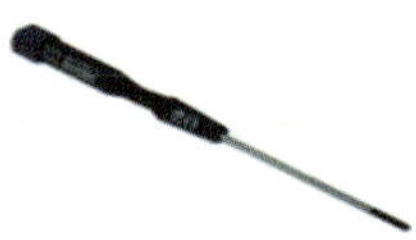	
4	칼라 드라이버 (+,-)		

번호	명칭	외형	용도 및 특징
5	시계 드라이버		
6	롱로우즈 플라이어		
7	니퍼		
8	스냅링 플라이어		
9	스냅링 플라이어		

2 SCREW SLIDING 분해조립공구 이해하기

· 아래 분해도를 참고하여 SCREW SLIDING MODULE을 분해하시오

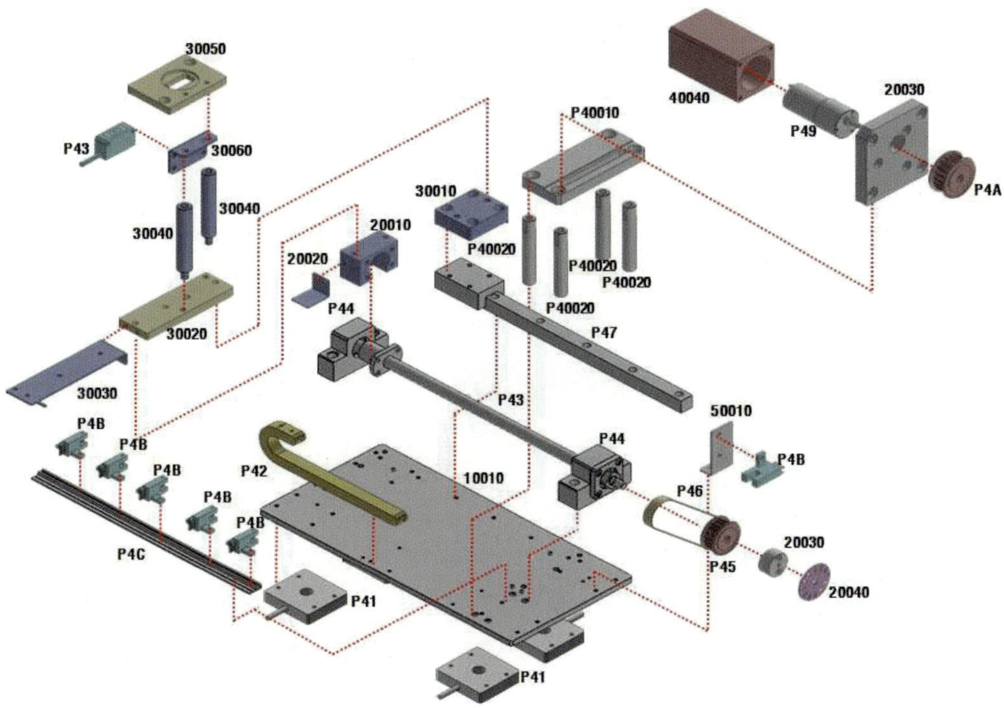

3 SCREW SLIDING 2D 도면 작성하기

· 아래 측정공구에 대하여 용도 및 특징을 작성하시오

번호	명칭	외형	용도 및 특징
1	스틸자		
2	줄자		
3	버니어 캘리퍼스	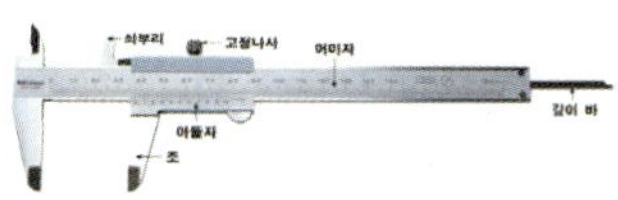	
4	마이크로 미터	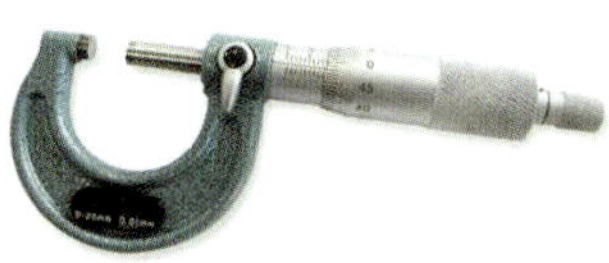	

· 분해한 부품을 가지고 아래와 같이 2D 도면을 작성하시오.

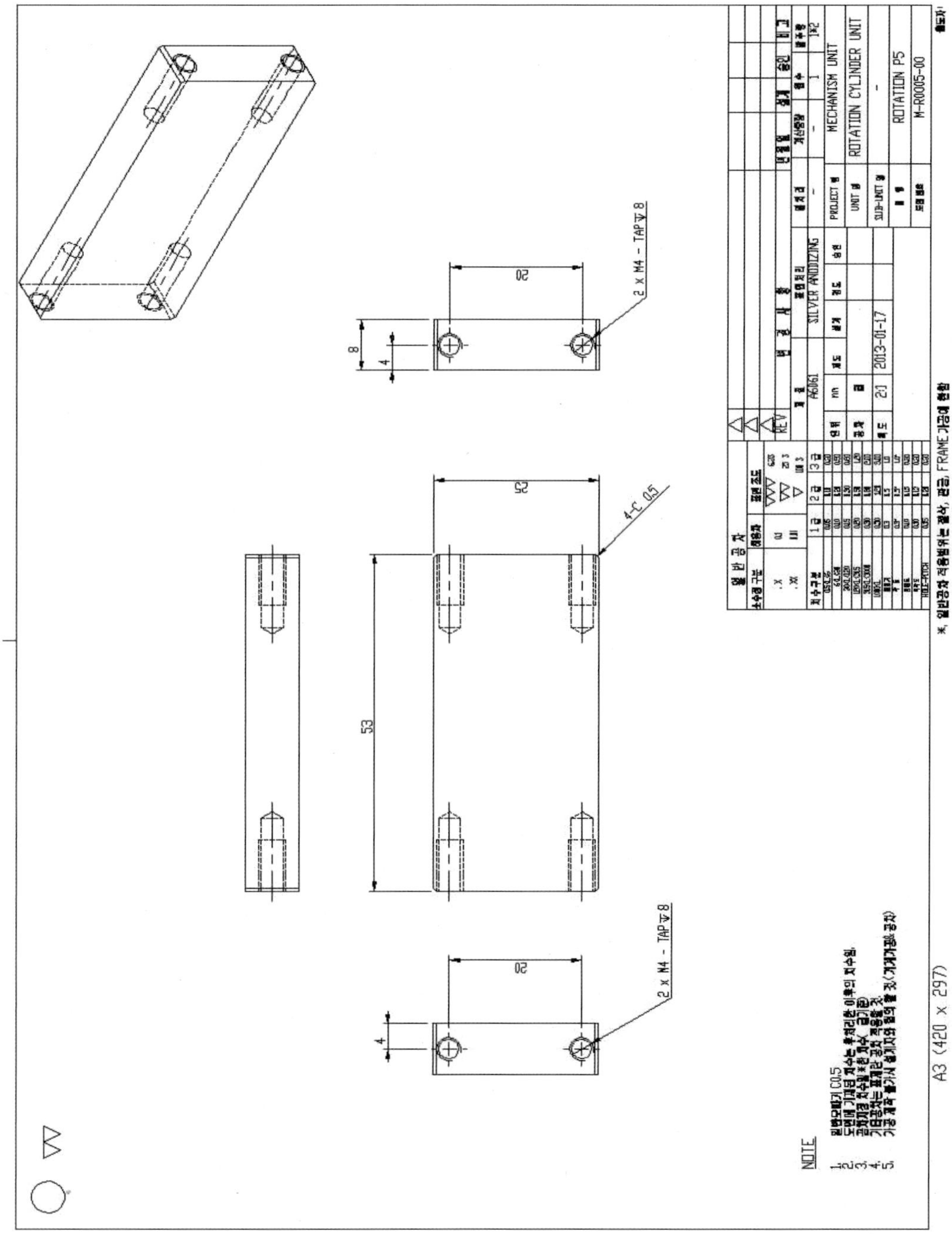

4 SCREW SLIDING 3D 모델링 작성하기

· 작성된 2D도면을 참고하여 3D 모델링을 작성하시오

2D 도면 예제

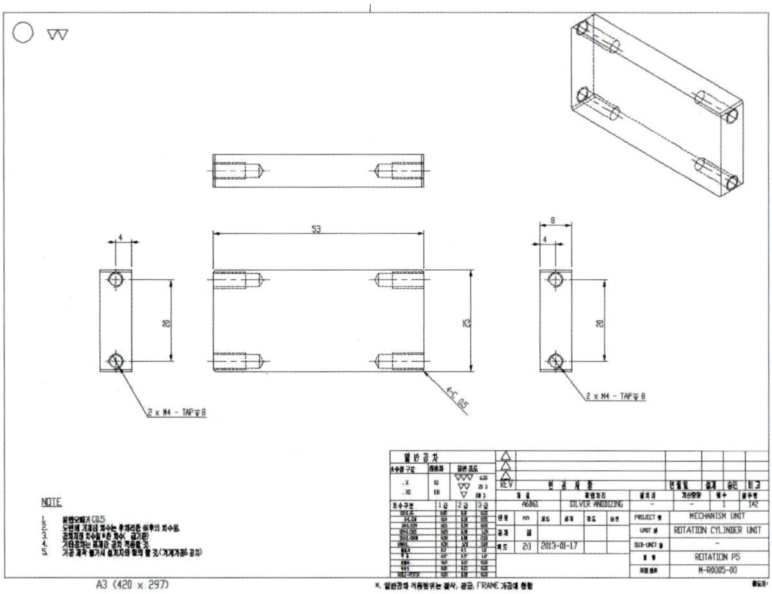

3D 모델링 예제

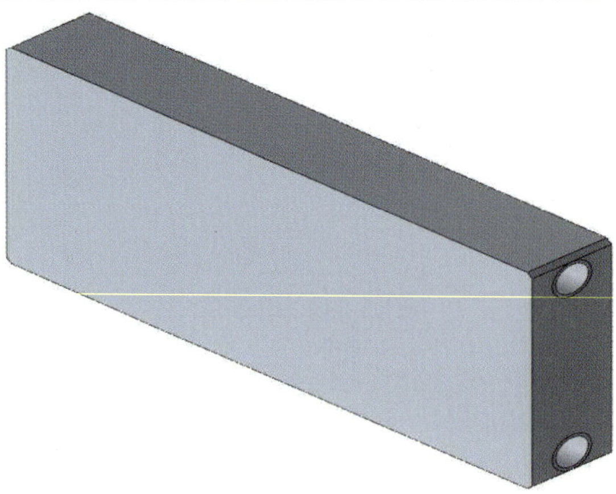

5 SCREW SLIDING 조립하기

· 아래 외형도를 참고하여 SCREW SLIDING MODULE를 조립하시오

2D 도면 예제
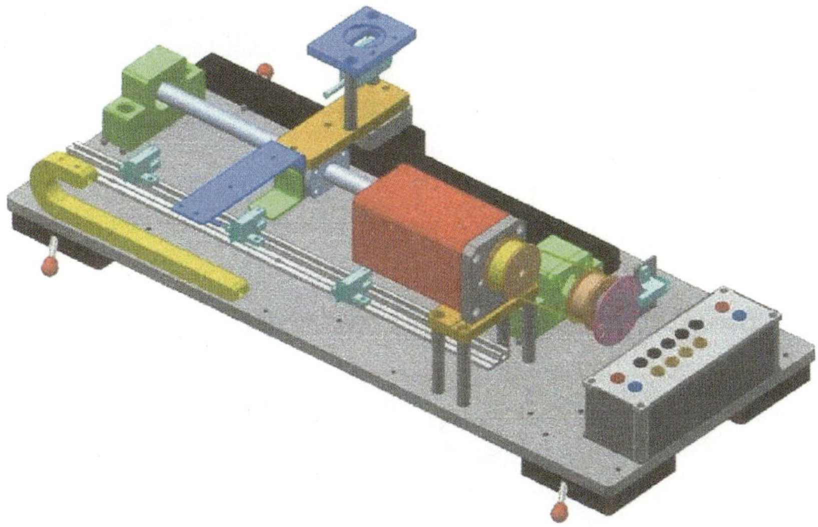
3D 모델링 예제
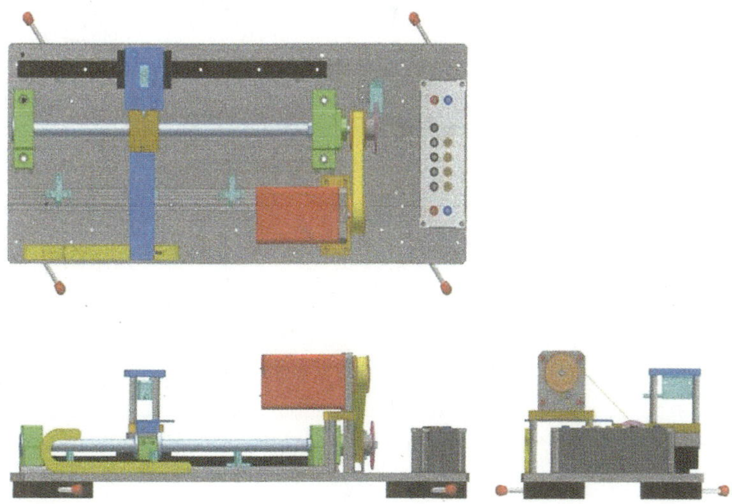

6 SCREW SLIDING 인터페이스 구축하기

· 아래 센서 구성 및 넘버링을 참고하여 결선하시오

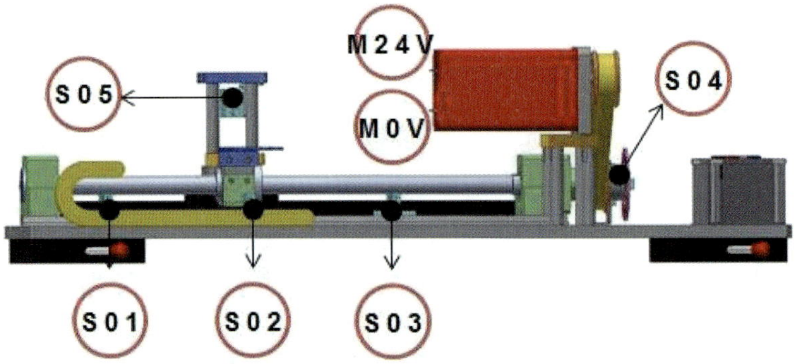

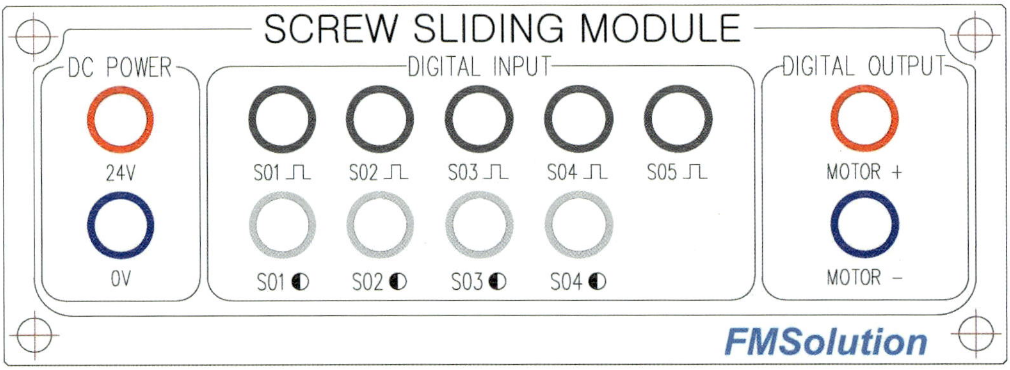

번 호	명 칭	넘버링				규 격	설 명
1	포토센서	S01	24V	0V	S01 ◐	DC24V, NPN형	하한센서
2	포토센서	S02	24V	0V	S02 ◐	DC24V, NPN형	원점센서
3	포토센서	S03	24V	0V	S03 ◐	DC24V, NPN형	상한센서
4	포토센서	S04	24V	0V	S04 ◐	DC24V, NPN형	엔코더 감지
5	포토센서	S05	24V	0V	−	DC24V, NPN형	WORK 감지
9	모터	MOTOR +		MOTOR −		DC24V	모터

7 SCREW SLIDING PLC 프로그램 작성하기기

가. 실습문제

PLC를 활용하여 SCREW SLIDING을 제어한다.

나. 학습목표

· CREW SLIDING 정의와 특성에 대해서 설명할 수 있다.
· CREW SLIDING 넘버링을 참고하여 PLC배선도를 설계할 수 있다.
· CREW SLIDING PLC배선도를 참고하여 PLC프로그램을 작성할 수 있다.

다. 주요구성요소

번호	요소 명	외형	규격	비고
1	SCREW SLIDING		· 1축 스크류 회전	
2	파워서플라이모듈		·입력:AC220V ·출력:DC24V ·정격출력전류:6A	
3	PLC모듈		·입력:32접점 ·출력:32접점	
4	푸시버튼모듈	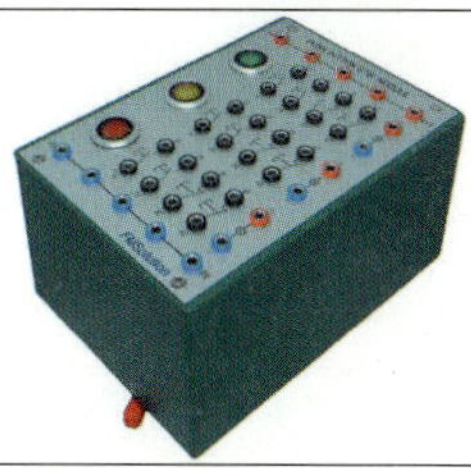	·접점구성:1a,1b ·스위치수량:3개	

라. 동작설명

· PB1을 ON/OFF 하면 3초 후 모터가 정회전하며 S03센서에 감지 후 정지하는 시스템을 구성하시오

8 SCREW SLIDING PLC 프로그램 디버깅하기

가. 실습문제

SCREW SLIDING 제어 PLC프로그램을 디버깅한다.

나. 학습목표

· PLC 프로그램 디버깅의 정의에 대해서 설명할 수 있다.
· SCREW SLIDING 제어 PLC프로그램의 동작을 분석할 수 있다.
· SCREW SLIDING 제어 PLC프로그램을 디버깅 작성할 수 있다.

다. 주요구성요소

번호	요소 명	외형	규격	비고
1	SCREW SLIDING		·1축 스크류 회전	
2	파워서플라이모듈	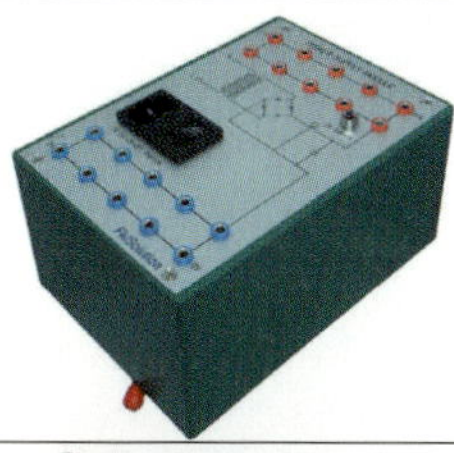	·입력:AC220V ·출력:DC24V ·정격출력전류:6A	
3	PLC모듈		·입력:32접점 ·출력:32접점	
4	푸시버튼모듈	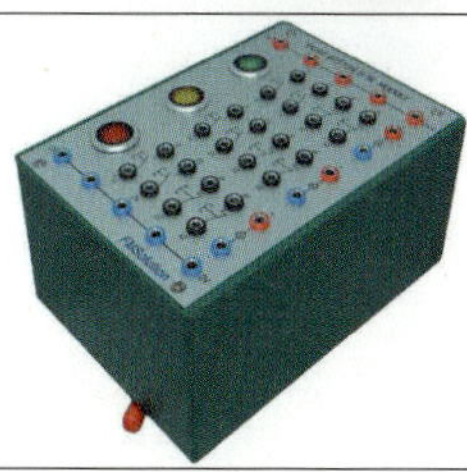	·접점구성:1a,1b ·스위치수량:3개	

라. 동작설명

· PB1을 ON/OFF 하면 3초 후 모터가 정회전하며 S03센서에 감지 후 모터가 역회 전하여 S01센서에 감지 정지하는 시스템을 디버깅하시오

제 8 장 GEAR TRANSFER MODULE

1 GEAR TRANSFER 분해조립공구 이해하기

· 아래 공구에 대하여 용도 및 특징을 작성하시오

번호	명칭	외형	용도 및 특징
1	볼-L렌치		
2	몽키 스패너		
3	정밀 드라이버 (+,-)	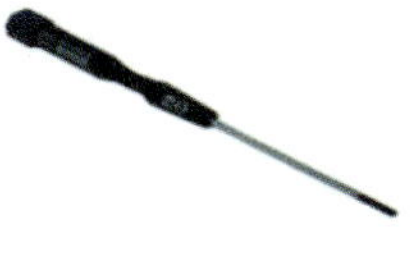	
4	칼라 드라이버 (+,-)	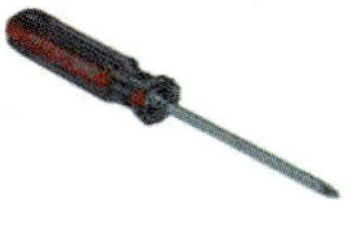	

번호	명칭	외형	용도 및 특징
5	시계 드라이버		
6	롱로우즈 플라이어		
7	니퍼		
8	스냅링 플라이어		
9	스냅링 플라이어		

2 GEAR TRANSFER 분해조립공구 이해하기

· 아래 분해도를 참고하여 GEAR TRANSFER MODULE을 분해하시오.

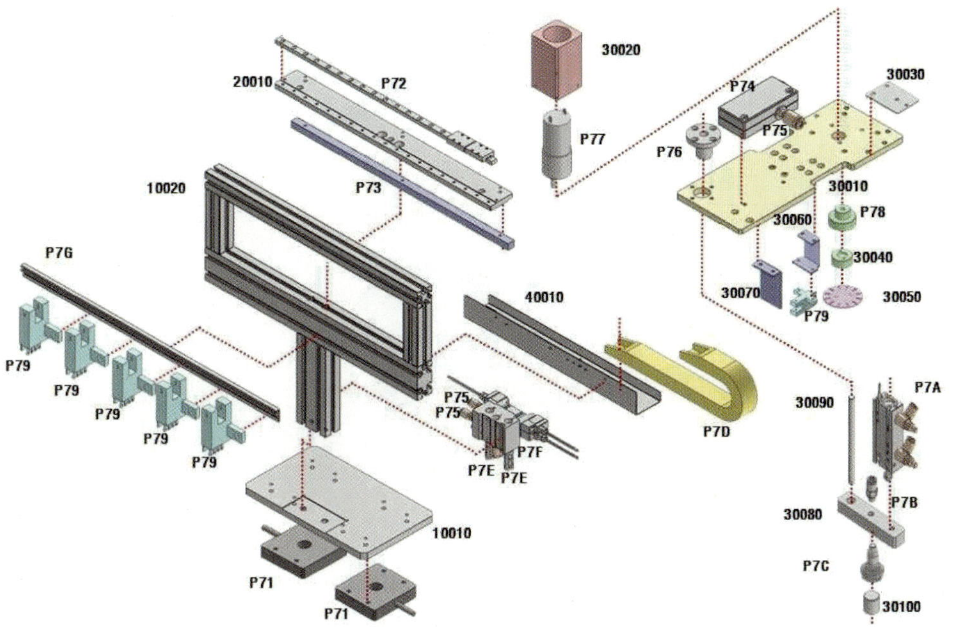

3 GEAR TRANSFER 2D 도면 작성하기

· 아래 측정공구에 대하여 용도 및 특징을 작성하시오

번호	명칭	외형	용도 및 특징
1	스틸자	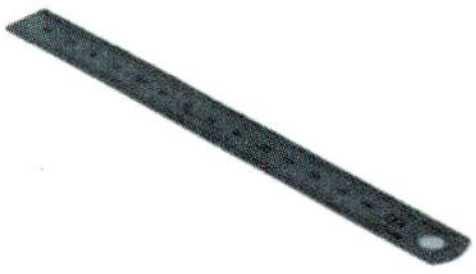	
2	줄자		
3	버니어 캘리퍼스	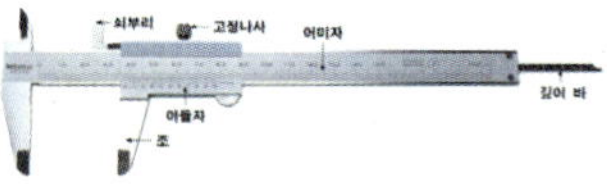	
4	마이크로 미터	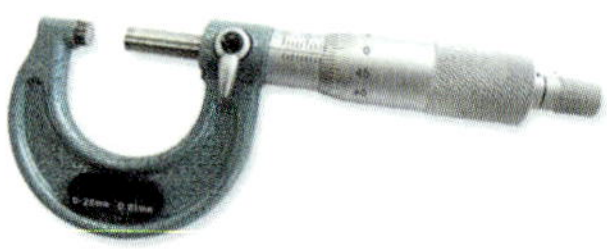	

· 분해한 부품을 가지고 아래와 같이 2D 도면을 작성하시오.

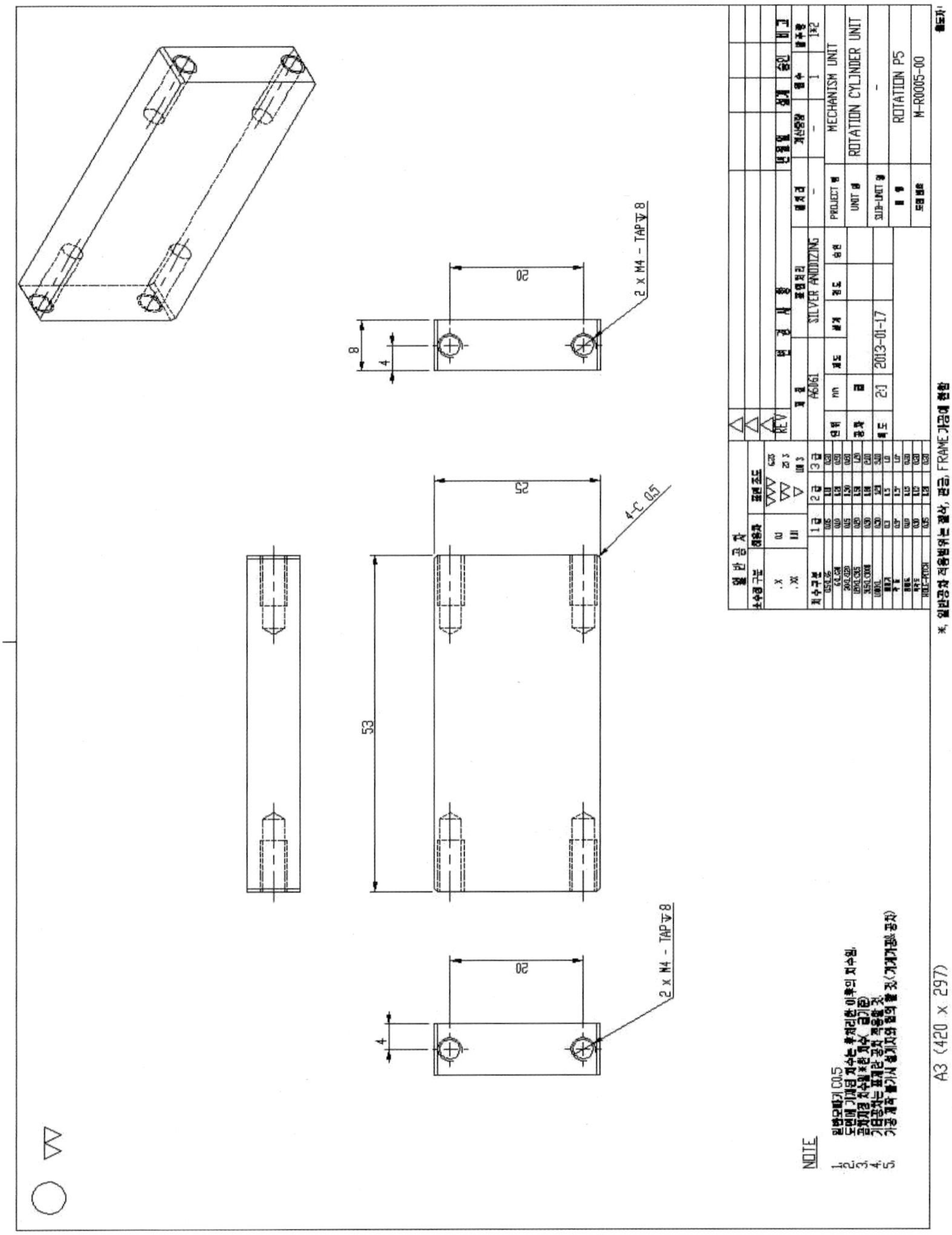

4 GEAR TRANSFER 3D 모델링 작성하기

· 작성된 2D도면을 참고하여 3D 모델링을 작성하시오

2D 도면 예제
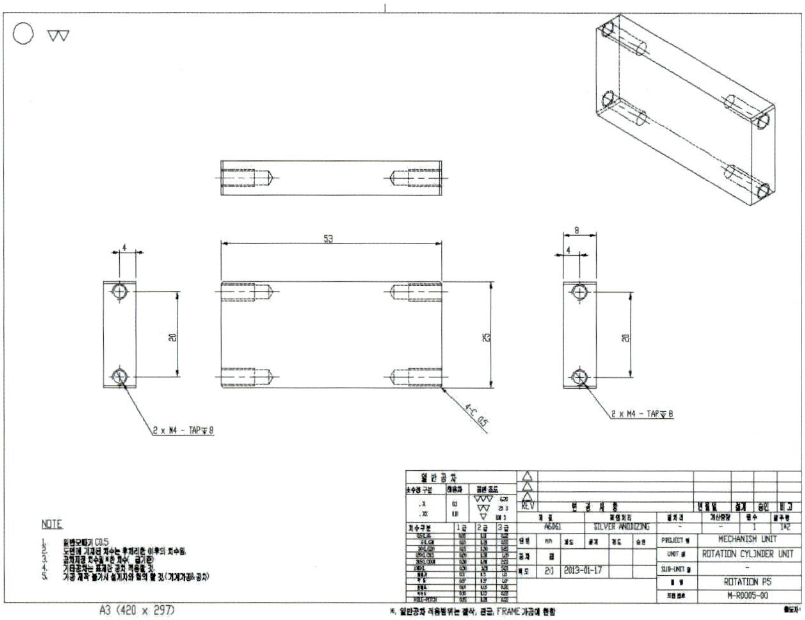
3D 모델링 예제
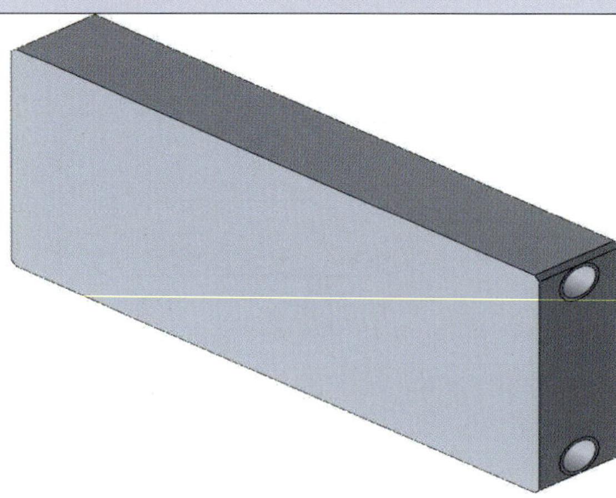

5 GEAR TRANSFER 조립하기

· 아래 외형도를 참고하여 GEAR TRANSFER MODULE를 조립하시오

Gear Transfer Mechanism 외형도
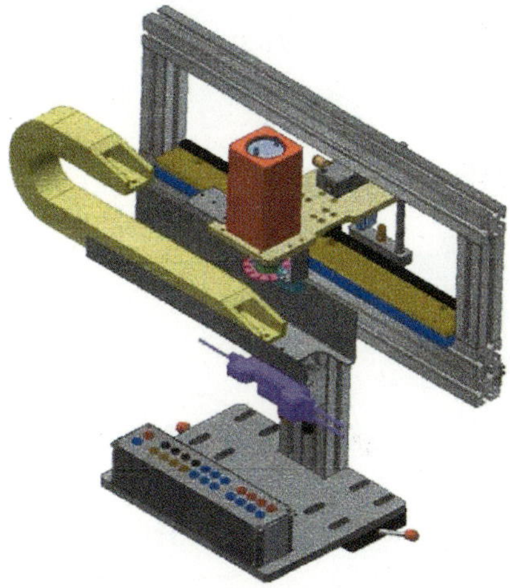
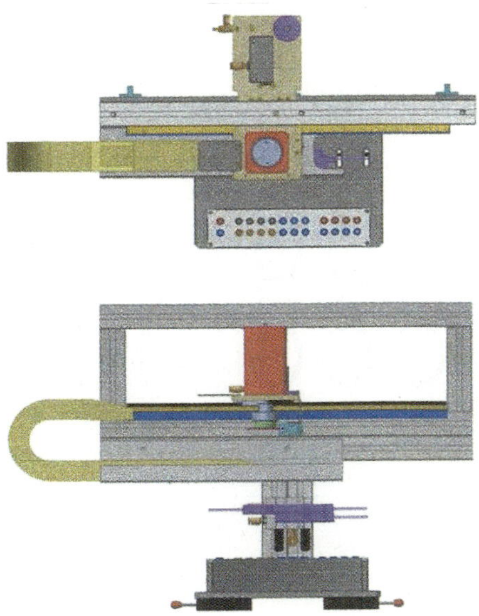 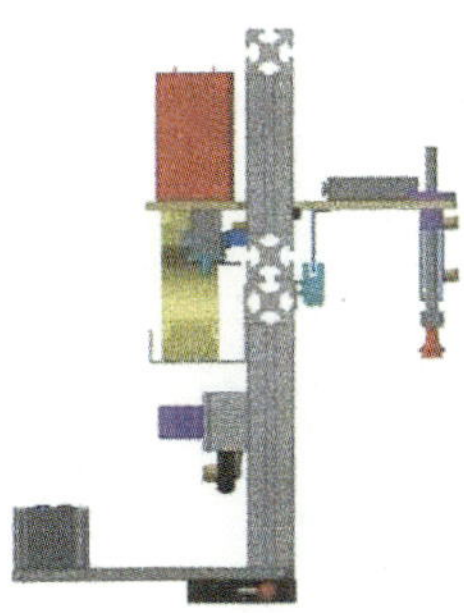

6 GEAR TRANSFER 인터페이스 구축하기

· 아래 센서 구성 및 넘버링을 참고하여 결선하시오

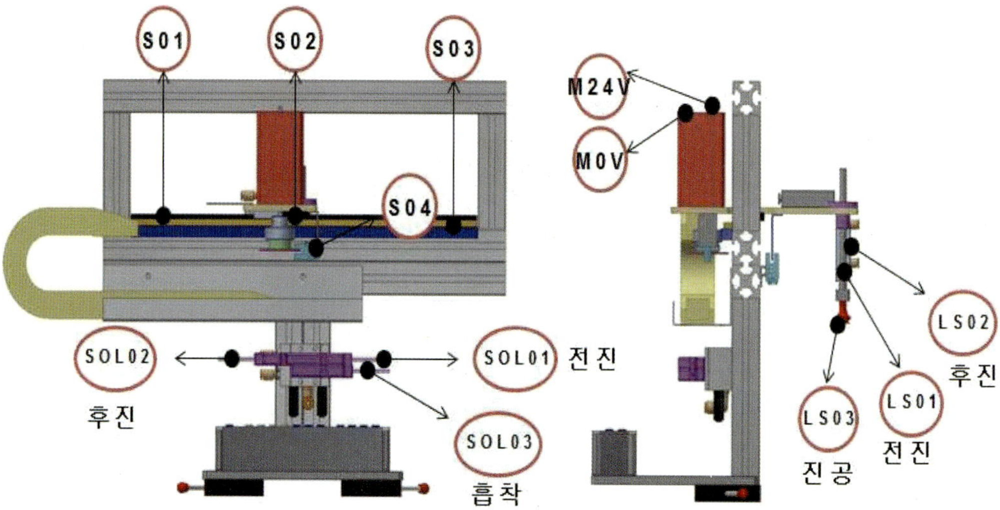

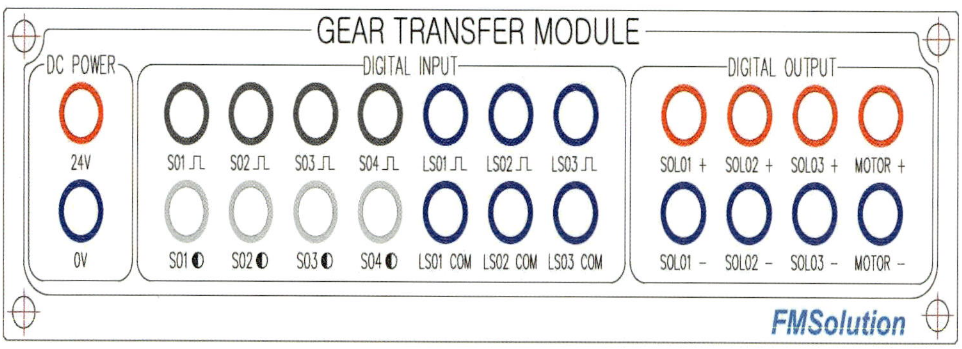

번 호	명 칭	넘버링				규 격	설 명
1	포토센서	S01	24V	0v	S01 ◐	DC24V, NPN형	상한센서
2	포토센서	S02	24V	0v	S01 ◐	DC24V, NPN형	원점센서
3	포토센서	S03	24V	0v	S01 ◐	DC24V, NPN형	하한센서
4	포토센서	S04	24V	0v	S01 ◐	DC24V, NPN형	엔코더 감지
7	리드센서	LS01		LS01 COM		DC24V	전진
8	리드센서	LS02		LS01 COM		DC24V	후진
9	리드센서	LS03		LS01 COM		DC24V	진공감지
9	모터	MOTOR +		MOTOR −		DC24V	모터
10	양측SOL밸브	SOL1 +		SOL1 −		DC24V	전진
11	양측SOL밸브	SOL2 +		SOL2 −		DC24V	후진
12	편측SOL밸브	SOL3 +		SOL3 −		DC24V	흡착

7 EAR TRANSFER PLC 프로그램 작성하기

가. 실습문제

PLC를 활용하여 GEAR TRANSFER를 제어한다.

나. 학습목표

· GEAR TRANSFER 정의와 특성에 대해서 설명할 수 있다.

· GEAR TRANSFER 넘버링을 참고하여 PLC배선도를 설계할 수 있다.

· GEAR TRANSFER PLC배선도를 참고하여 PLC프로그램을 작성할 수 있다.

다. 주요구성요소

번호	요소 명	외형	규격	비고
1	GEAR TRANSFER	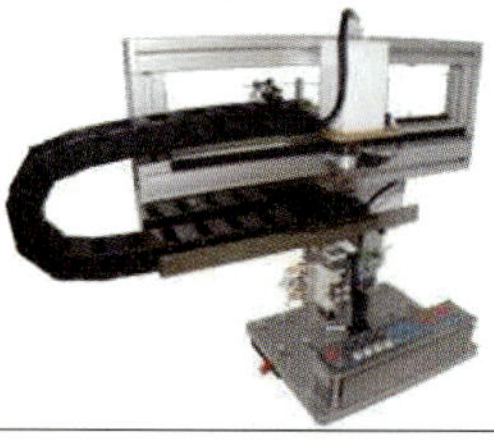	· 2축 회전 및 직선	
2	파워서플라이모듈	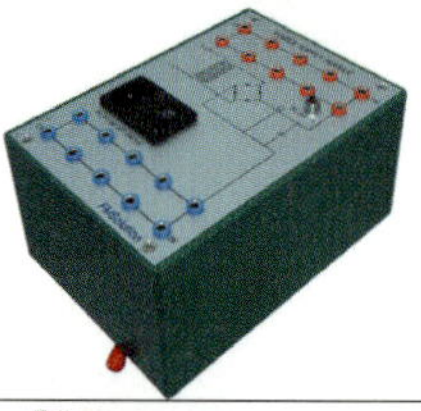	· 입력:AC220V · 출력:DC24V · 정격출력전류:6A	
3	PLC모듈		· 입력:32접점 · 출력:32접점	
4	푸시버튼모듈	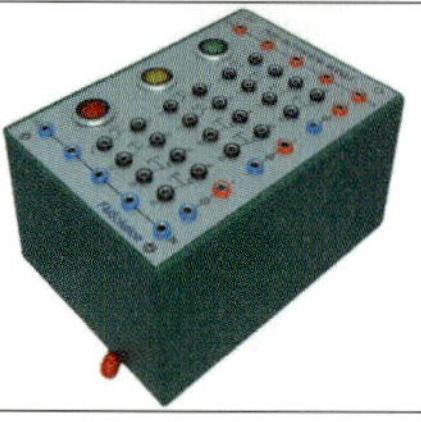	· 접점구성:1a,1b · 스위치수량:3개	

라. 동작설명

· PB1을 ON/OFF 하면 모터가 정회전하며 S03센서에 감지 후 모터가 역회전하여 S02센서 감지 정지하는 시스템을 구성하시오

8 GEAR TRANSFER PLC 프로그램 디버깅하기

가. 실습문제

CGEAR TRANSFER 제어 PLC프로그램을 디버깅한다.

나. 학습목표

· PLC 프로그램 디버깅의 정의에 대해서 설명할 수 있다.
· GEAR TRANSFER 제어 PLC프로그램의 동작을 분석할 수 있다.
· GEAR TRANSFER 제어 PLC프로그램을 디버깅 작성할 수 있다.

다. 주요구성요소

번호	요소 명	외형	규격	비고
1	GEAR TRANSFER	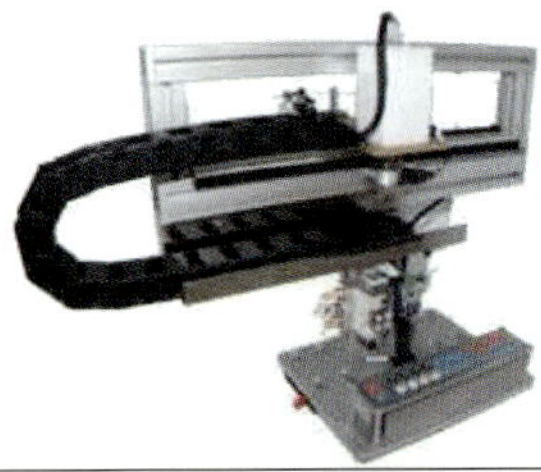	· 2축 회전 및 직선	
2	파워서플라이모듈	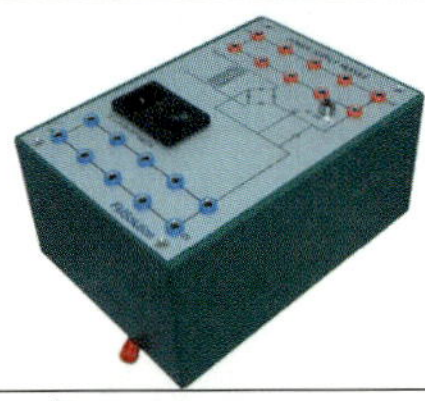	· 입력:AC220V · 출력:DC24V · 정격출력전류:6A	
3	PLC모듈		· 입력:32접점 · 출력:32접점	
4	푸시버튼모듈	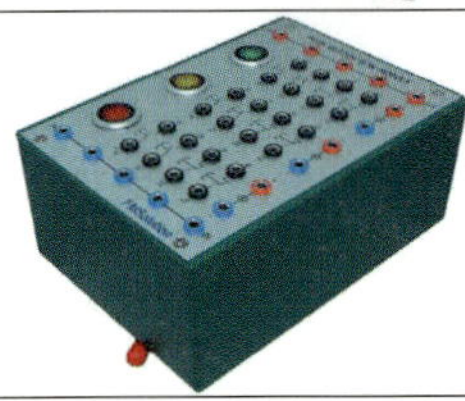	· 접점구성:1a,1b · 스위치수량:3개	

라. 동작설명

· PB1을 ON/OFF 하면 모터가 정회전하며 S03센서에 감지 후 모터가 역회전하여 S02센서 감지 후 모터를 정지하고 실린더를 전진 후진하는 시스템을 디버깅하시오

2부 생산자동화 장비

제 1 장 생산자동화장비

1 생산자동화장비의 개요

본 장비는 메카트로닉스 현장 실무자의 역량강화 및 실무 능력 향상을 위하여 제작 되어있다. 메카트로닉스 현장 기술에 포함되는 시스템 설계, 하드웨어 조립, 공압요소, Sensor, PLC 제어등의 기술을 실습할 수 있다.

구성은 공급, 가공, 이송, 검사, 분류의 공정으로 이루어져있으며 자동화 생산시스템의 함축적인 구성요소를 갖추어 있다.

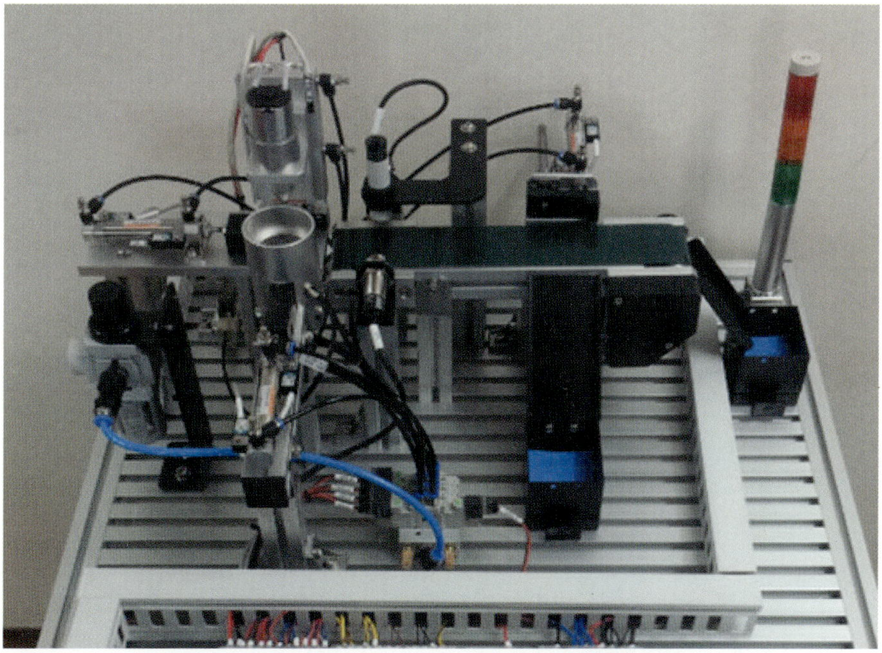

[그림 1.1] 생산자동화 장비 실제 사진

2 생산자동화장비의 분해 조립도

가. 소재공급 Unit

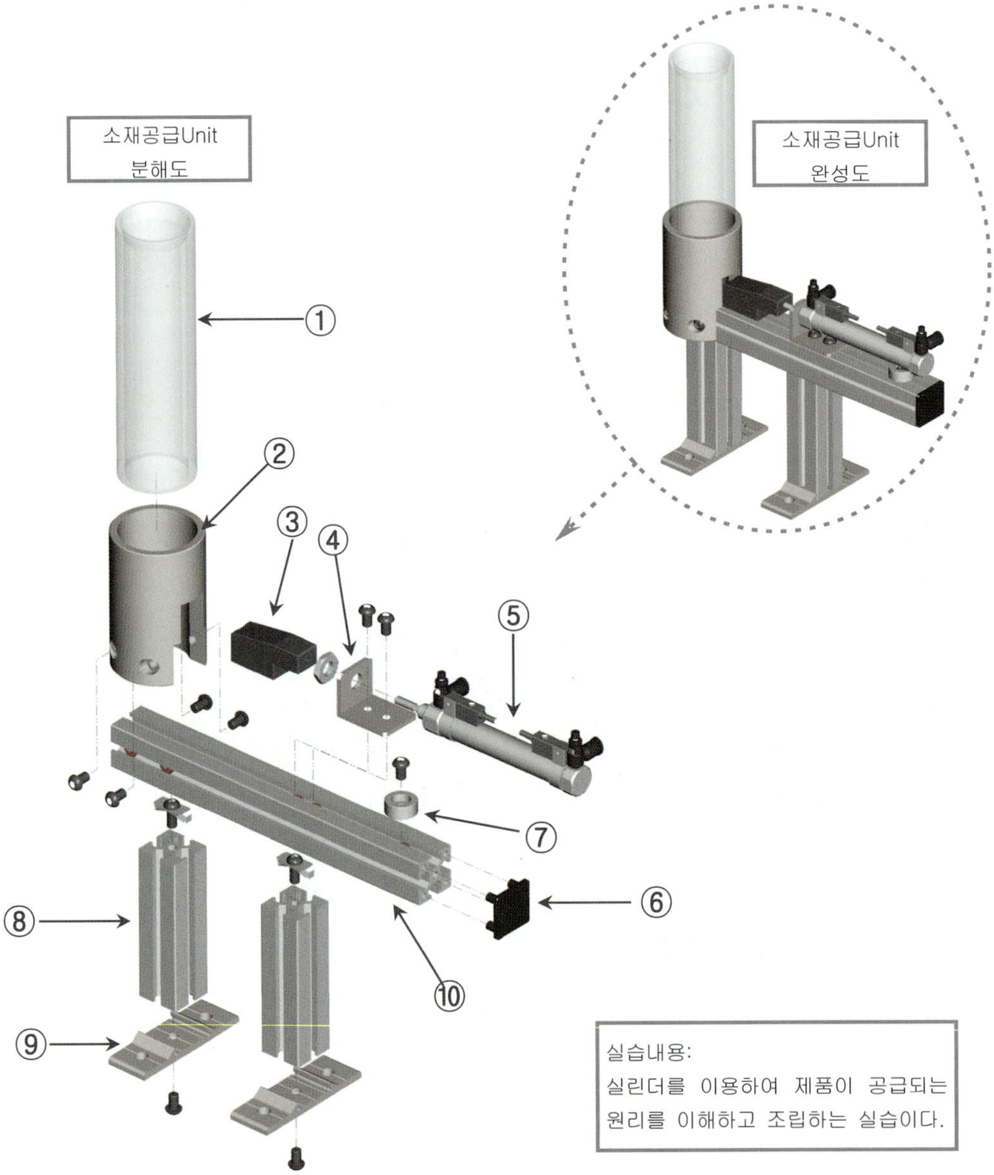

실습내용:
실린더를 이용하여 제품이 공급되는 원리를 이해하고 조립하는 실습이다.

[그림 1.2] 소재 공급 유니트 분해 조립도

1) **공급**Unit (Part List)

[표 1-1] 공급 Unit Part List

	품명	규격	수량
1	제품공급함	투명 아크릴	1EA
2	Workstation	AL 6061	1EA
3	공급블록	흑색아세탈	1EA
4	공급브라켓	AL 6061	1EA
5	공급실린더	TCP1B16-75	1EA
6	End Cap	30 x 30	1EA
7	지지블록	백색아세탈	1EA
8	공급 Profile A	Profile 30 x 30	EA
9	AL 브라켓	AL Profile	2EA
10	공급 Profile B	Profile 30 x 30	2EA

2) **공급** Unit **조립순서**

가) 공급 베이스 조립

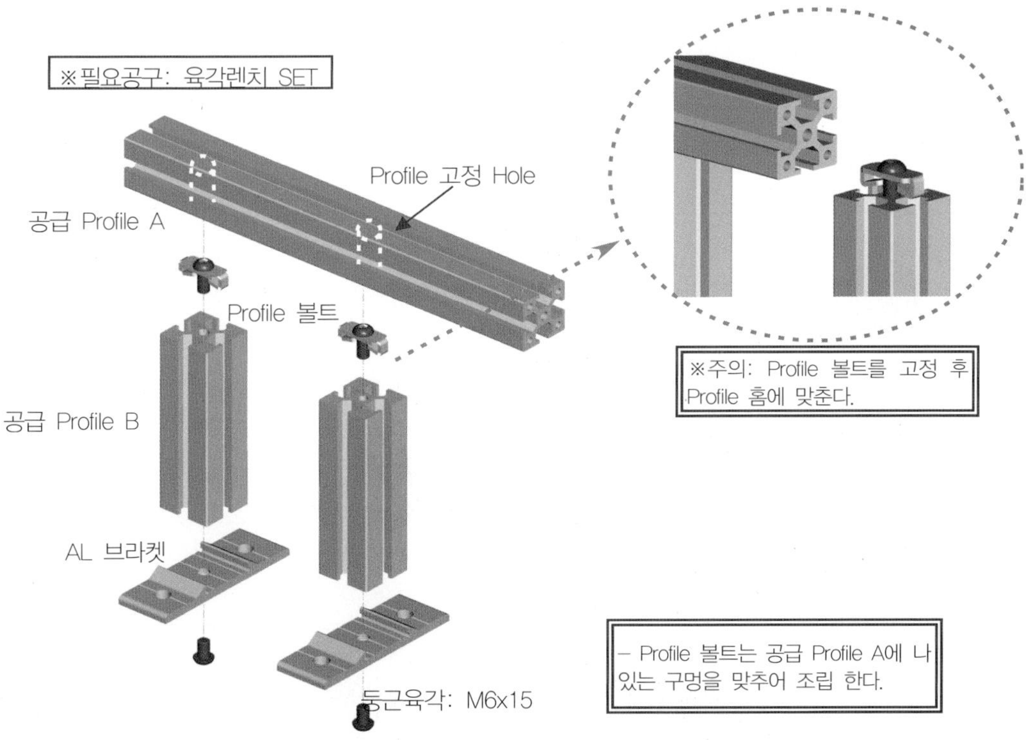

[그림 1.3] 공급 Base 조립도

나) 공급 브라켓 조립

※필요공구:육각렌치 SET

※주의: M6 너트 3EA 홈에 삽입한다.

- 공급브라켓과 지지블럭은 공급 실린더의 위치를 조정하여 고정을 하여야 하기 때문에 가조립을 하고 실린더를 부착 한 다음 고정한다.

다) 공급 실린더 부착 조립

※필요공구: 몽키스패너
육각렌치 SET

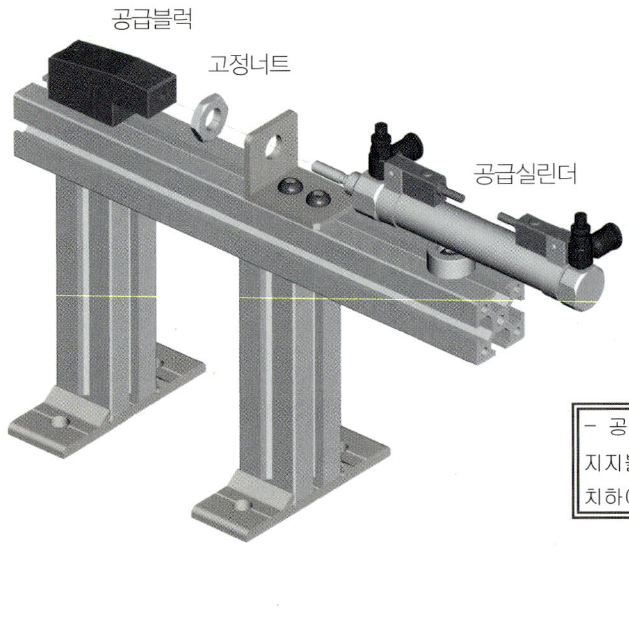

- 공급 실린더를 고정할 때, 가조립 했던 지지블럭과 브라켓은 위치를 적당하게 배치하여 고정하고 조립한다.

라) 제품 공급함 조립

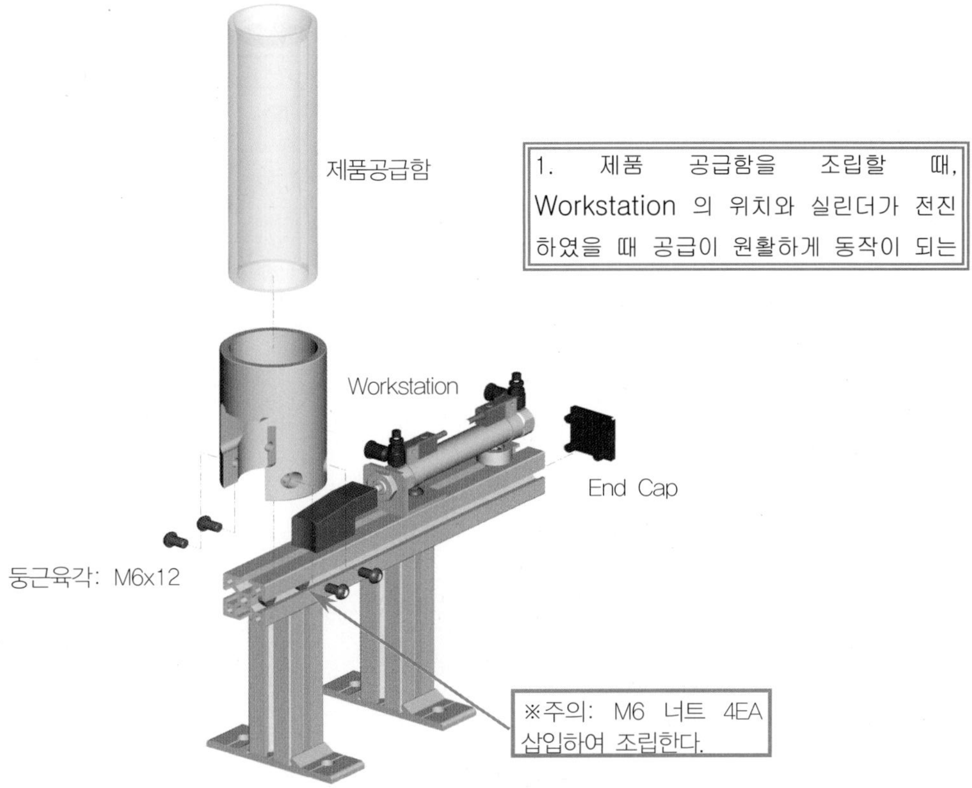

[그림 1.4] 제품 공급함 조립도

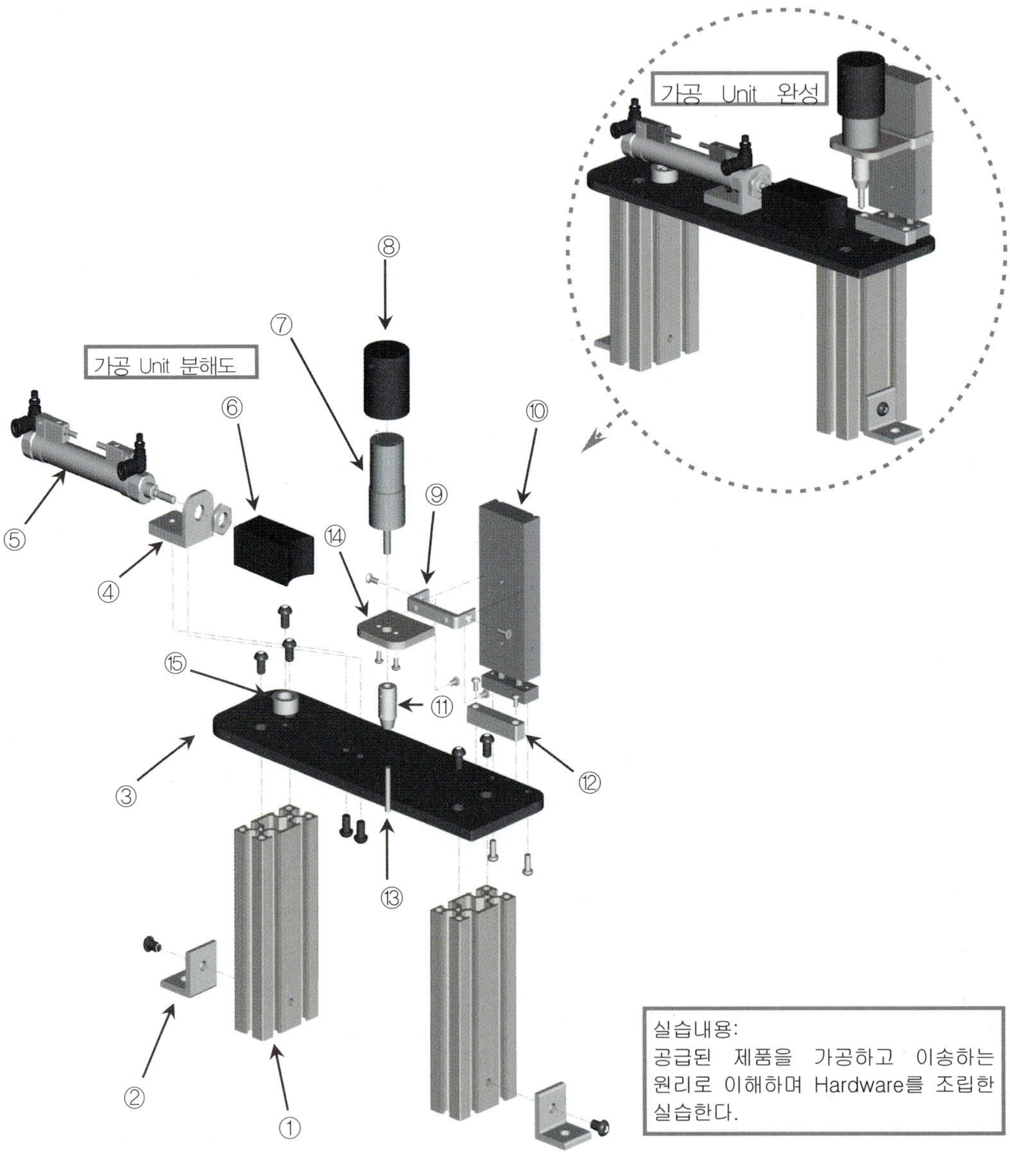

[그림 1.5] 제품 공급함 조립도

나. 가공 Unit

1) 가공Unit (Part List)

[표 1-2] 가공 Unit Part List

	품명	규격	수량
1	Drill Profile	AL Profile 30 x 60	2EA
2	AL 브라켓	AL Profile	2EA
3	Drill Base	AL 6061	1EA
4	실린더 고정블록	AL 6061	1EA
5	이송실린더	TCP1B16-75	1EA
6	이송블록	흑색아세탈	1EA
7	모터	Ø26, DC24V, 60RPM	1EA
8	모터 커버	흑색아세탈	1EA
9	더블로드 블록	AL 6061	1EA
10	더블로드실린더	ADR-Ø10-50	1EA
11	Drill Chuck	AL 6061	1EA
12	정지 블록	AL 6061	1EA
13	Drill	AL 6061	1EA
14	모터블록	AL 6061	1EA
15	지지블럭	백색아세탈	1EA

2) 가공 Unit 조립순서

가) 이송 Profile 조립

※필요공구: 육각렌지 SET

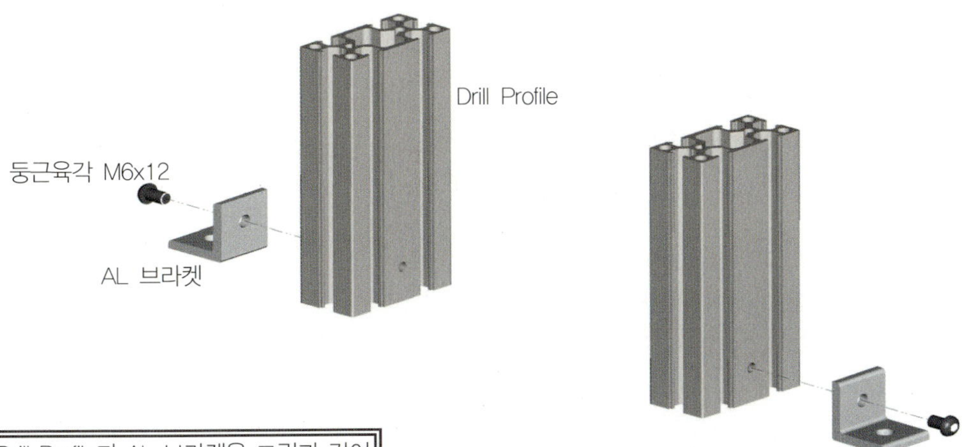

- Drill Profile과 AL 브라켓을 그림과 같이 조립한다.

[그림 1.6] 이송 Profile 조립

나) 더블로드 실린더 및 드릴 모터 조립

※필요공구: 육각렌치 (SET)
+ 드라이버

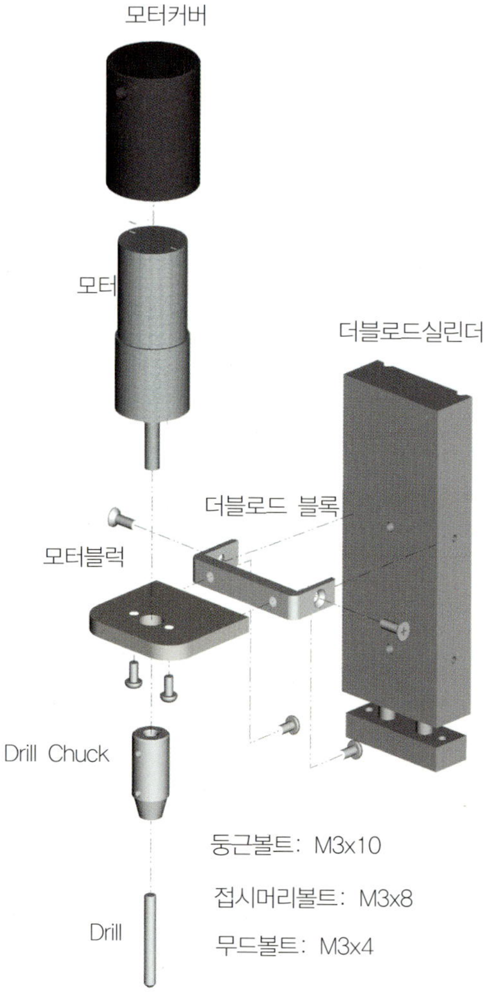

1. 모터커버는 모터 배선을 연결을 하기 위해 조립하지 않고 모터, Drill Chuck, Drill, 모터 블럭을 먼저 조립한다. (고정할 때, 무드볼트로 축을 잘 맞추어 고정 한다.)

2. 조립된 모터블록과 더블로드블록을 조립한다.

3. 더블로드 실린더와 블록을 조립한다.

(※주의: 볼트고정 할 때 강하게 조립하면 구조물에 변형이 생길 수 있으니 적당량의 힘으로 조립한다.)

다) 이송실린더 조립

※필요공구: 몽키 스패너

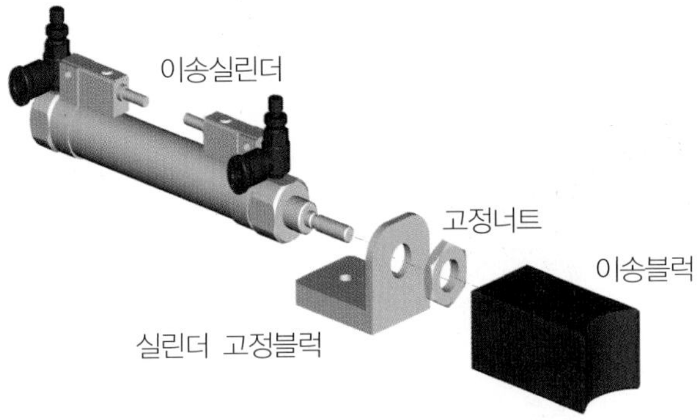

1. 이송실린더를 조립 할때, 그림에 나타나 있는 블록과 너트를 견고하게 고정 시킨다.

2. 이송실린더 쪽에 센서 위치를 그림과 같이 위쪽 방향으로 고정을 시키고 실린더가 동작 할 때 감지 할 수 있게 적당한 위치에 고정 시

[그림 1.7] 더블로드 실린더 및 드릴 모터 조립

라) 가공 Unit 전체 조립

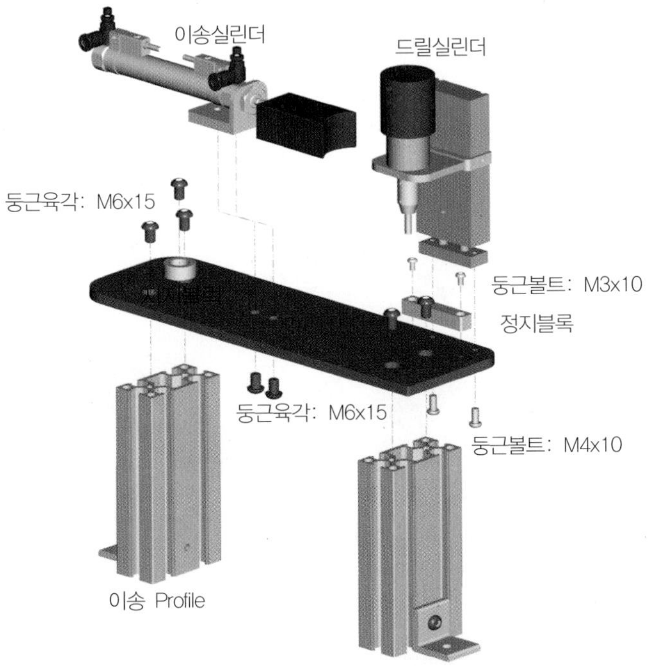

1. 위에 조립된 기구를 알맞은 위치에 조립한다.
2. 드릴베이스에 드릴고정 RACK을 먼저 베이스에 고정 시킨다.
3. 지지블럭을 먼저 베이스에 고정 시킨 다음 이송실린더를 고정 시킨다.
4. 정지블록을 Drill Base에 고정후 드릴실린더를 부착한다.

[그림 1.8] 가공 Unit 전체 조립

실습내용: 컨베이어 Unit 은 제품을 이동하는 원리를 이해하고 Hardware 조립하는 실습니다.

컨베이어 Unit 완성도

다. 컨베이어 Unit

컨베이어 Unit 분해도

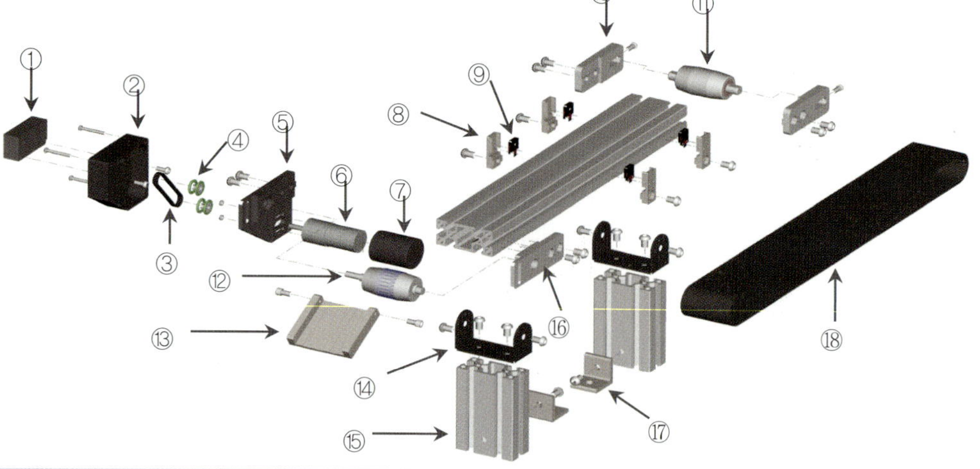

[그림 1.9] 컨베이어 Unit 분해 조립도

1) 컨베이어 Unit (Part List)

[표 1-3] 컨베이어 Unit Part List

	품명	규격	수량
1	포토센서	BM1M-MDT	1EA
2	체인커버	흑색아세탈	1EA
3	타이밍벨트	68MXL, 폭 4.8	1EA
4	타이밍풀리	AL 6061	1EA
5	모터블록	AL 6061	1EA
6	모터	DC24V, 60 RPM	1EA
7	모터커버	흑색아세탈	1EA
8	E3T블럭	AL 6061	4EA
9	포토센서	E3T-FT12	4EA
10	Tail 블록	AL 6061	2EA
11	Tail 롤러	AL 6061	1EA
12	Head 롤러	AL 6061	1EA
13	슬라이드	AL 6061	1EA
14	컨베이어 브라켓	EGI 2t	2EA
15	컨베이어 Profile	AL Profile 30 x 60	2EA
16	Head 블록	AL 6061	1EA
17	고정 브라켓	AL Profile	2EA
18	컨베이어 벨트	우레탄 벨트	1EA

2) 컨베이어 Unit 조립순서

가) 컨베이어 Profile 조립

※필요공구: 육각렌치 SET

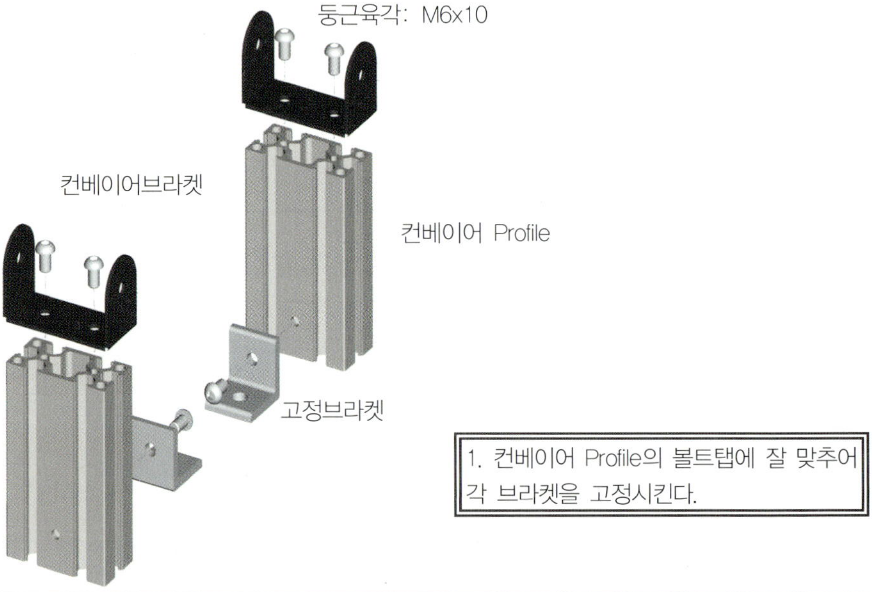

[그림 1.10] 컨베이어 Profile 조립도

나) 센서블록과 센서 조립

※필요공구: + 드라이버

[그림 1.11] 센서 블로과 센서 조립도

다) 포토센서와 체인커버 조립

※필요공구: + 드라이버

[그림 1.12] 포토센서와 체인커버 조립도

라) 모터블럭과 모터 조립

※필요공구: 육각렌치 SET + 드라이버

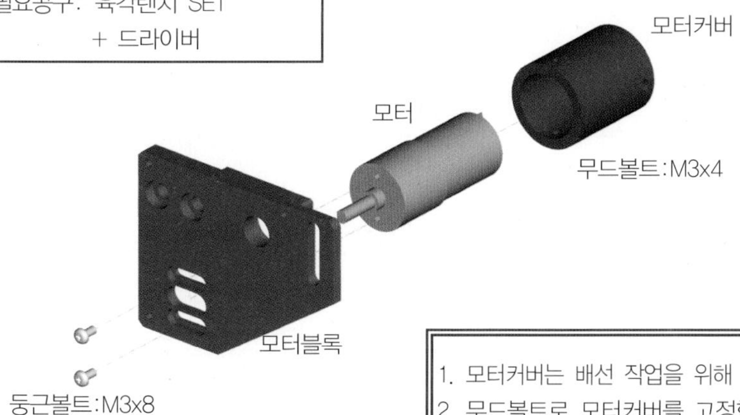

1. 모터커버는 배선 작업을 위해 가조립만 해놓는다.
2. 무드볼트로 모터커버를 고정한다.
3. 모터와 모터블록을 고정 한다.

[그림 1.13] 모터 블록과 모터 조립도

마) 베이스 조립

※필요공구: 육각렌치 SET

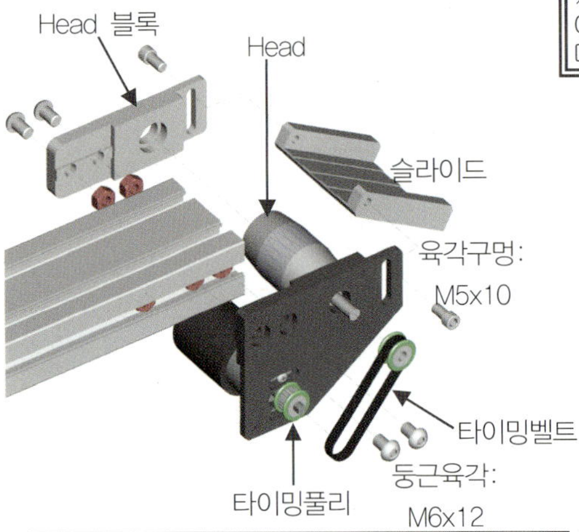

1. 모터블록과 Head블록 사이에 Head 롤러를 삽입 후 고정한다.
2. 슬라이드를 그림과 같이 고정한다.
3. 타이밍 풀리와 벨트를 고정 후 장력을 조절 한다.

1. Head 롤러가 있는 부분을 먼저 고정하고 Tail롤러를 컨베이어 벨트를 부착 하여 장력을 조절하여 조립한다.
※주의: M6너트는 그림과 같이 미리 컨베이어 Profile에 삽입을 하고 조립해야 한다.

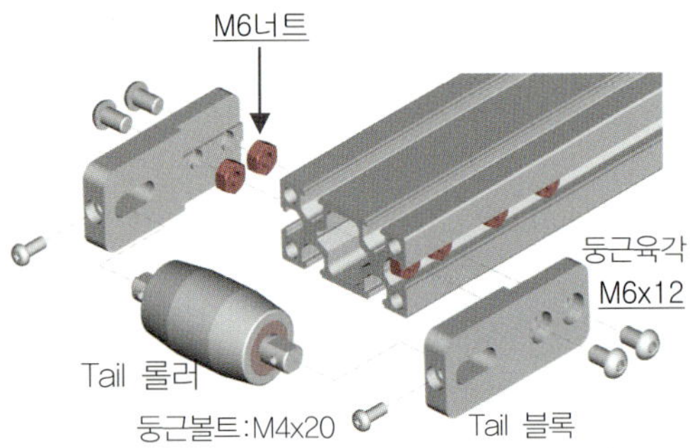

1. Tail 블록 사이에 Tail 롤러를 삽입 후 고정한다.
2. M4 볼트는 컨베이어밸트 조립 후 장력 조절에 사용 한다.

1. Head 롤러에 컨베이어 벨트를 걸친 후 Tail롤러에 고정한다.
2. Tail블록의 M4 볼트를 이용하여 장력을 조절한다.
※주의: M6너트는 그림과 같이 12개를 삽입하고, 반대편에는 M6너트 8개를 사용함으로 먼저 삽입하고 조립을 한다.

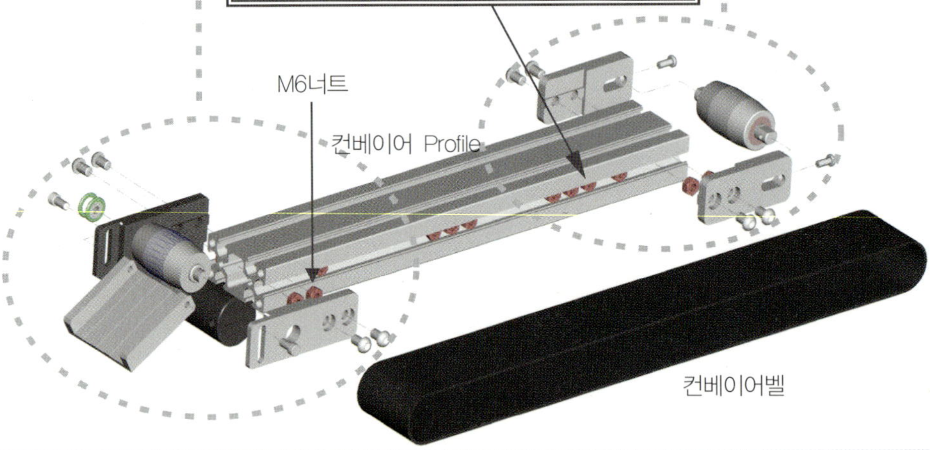

[그림 1.14] 베이스 조립도

바) 컨베이어 Unit 전체 조립

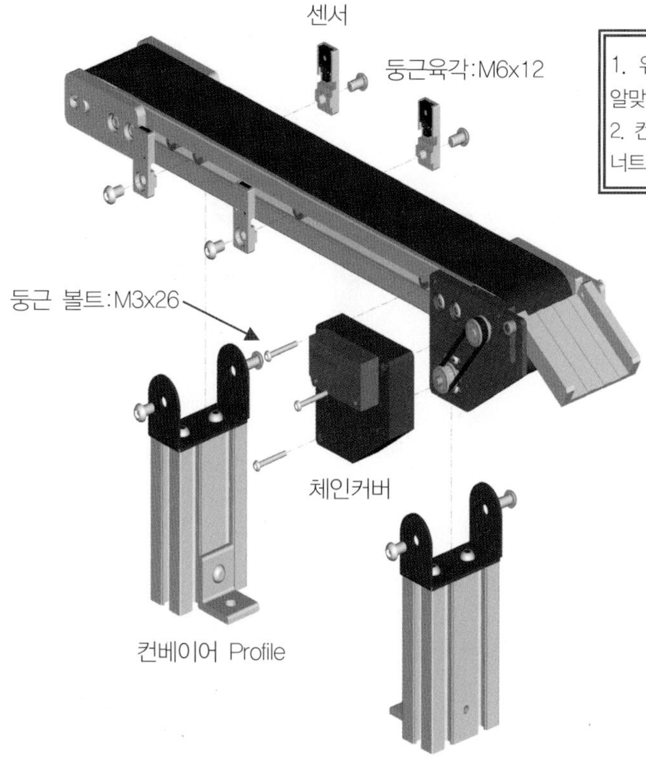

1. 위에서 조립된 기구를 컨베이어 베이스에 알맞은 위치 조립한다.
2. 컨베이어 베이스 조립에서 미리 삽입해 놓은 너트에 볼트로 고정 한다.

[그림 1.15] 컨베이어 Unit 전체 조립

라. Sensor Unit

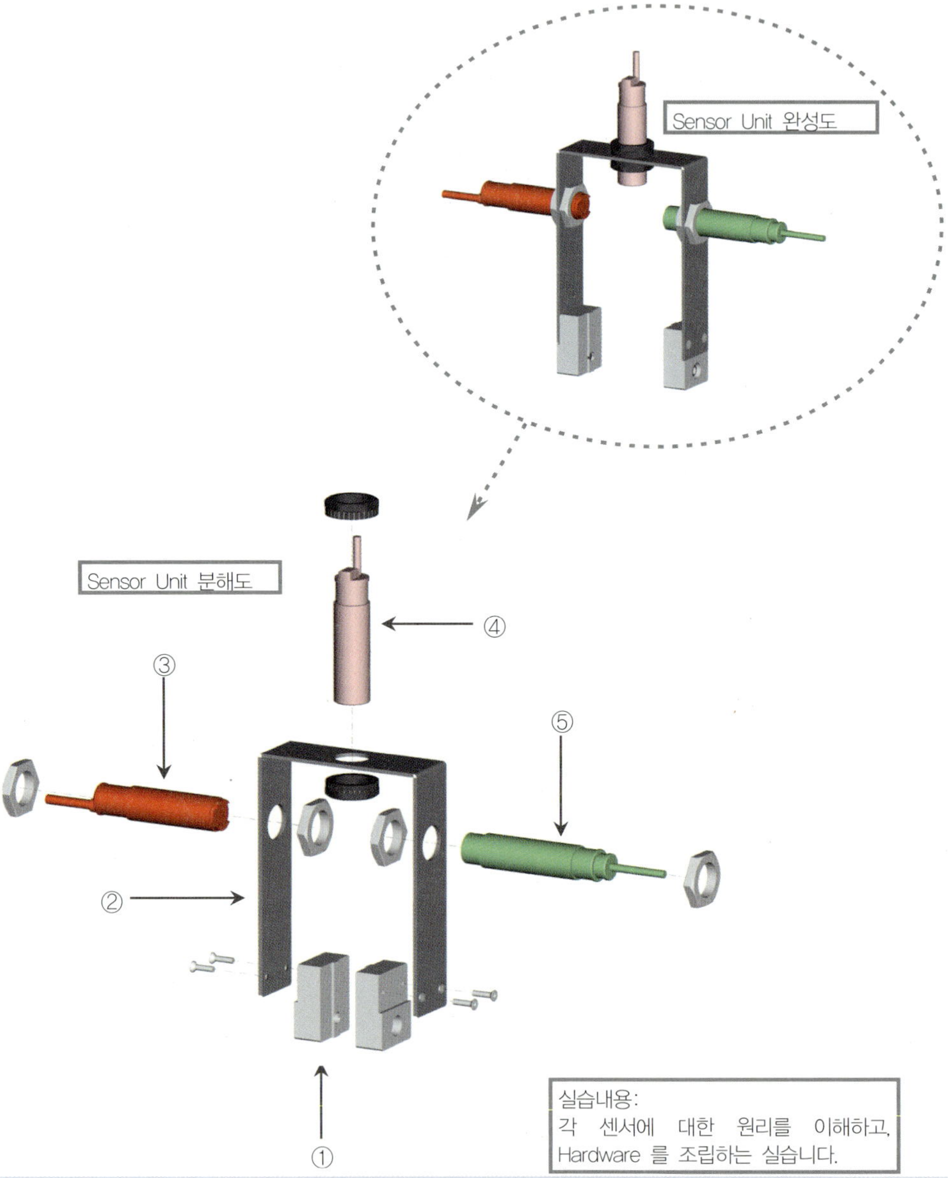

실습내용:
각 센서에 대한 원리를 이해하고, Hardware 를 조립하는 실습니다.

[그림 1.16] Sensor Unit 분해 조립도

1) Sensor Unit (Part List)

[표 1-4] Sensor Unit Part List

	품명	규격	수량
1	센서 블록	AL 6061	2EA
2	센서 브라켓	EGI 2t	1EA
3	근접 센서	PR18-4DN	1EA
4	근접 센서	CR18-8DN	1EA
5	포토 센서	BR-100DDT	1EA

2) Sensor Unit 조립 순서

가) Sensor Base 조립

※필요공구: + 드라이버

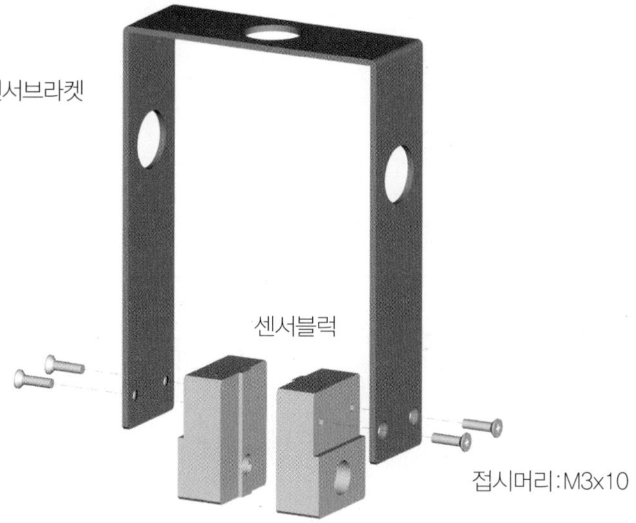

[그림 1.17] Sensor Base 조립도

나) Sensor 부착 조립

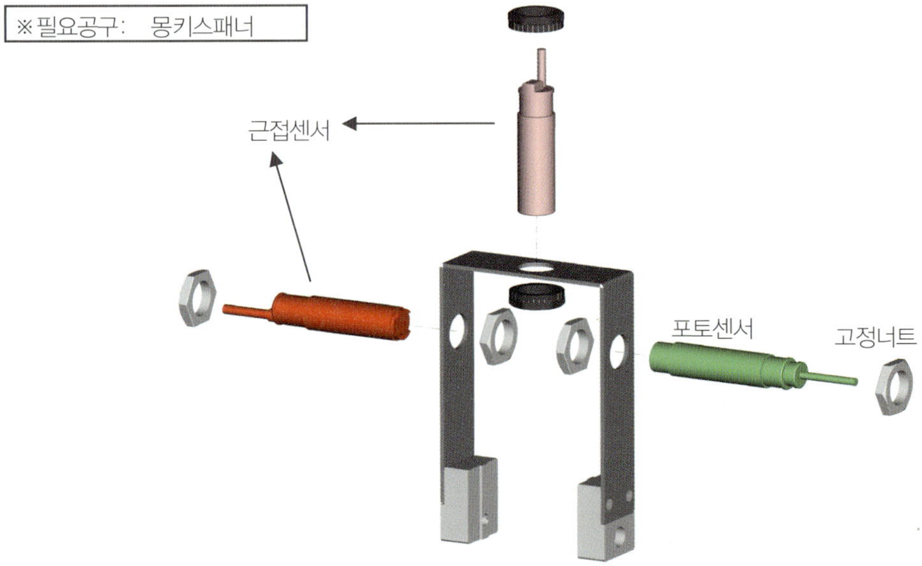

[그림 1.18] Sensor 부착 조립도

3 장비 배선도

가.COMMON 단자 베선도

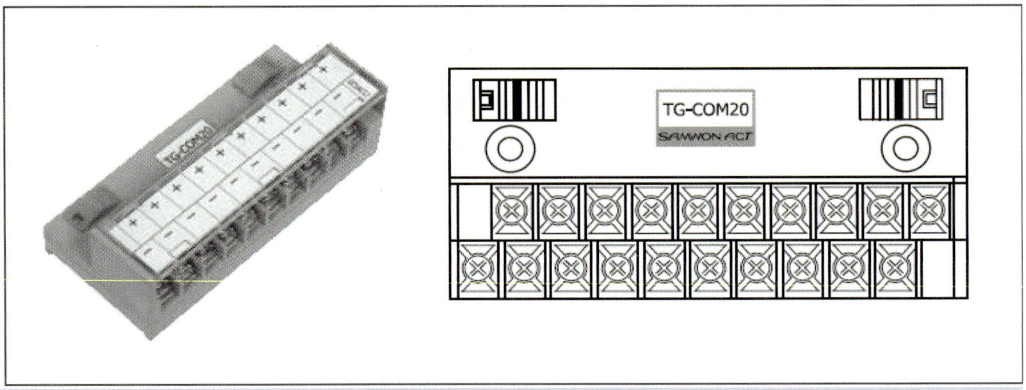

[그림 1.19] COMMON 단자대

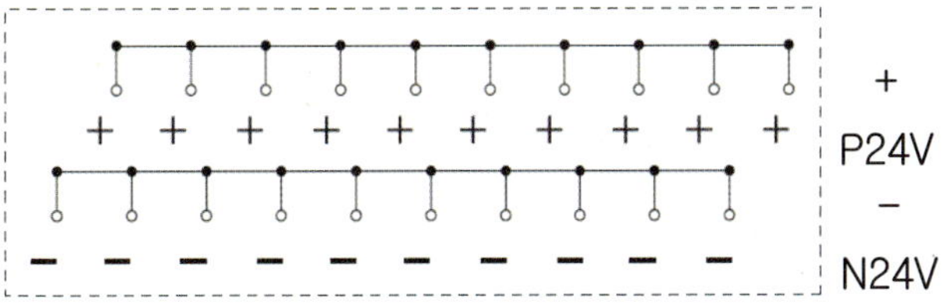

연결방법: COMMON 단자에 DC 전원을 한단자에 연결 하면 다음 결선도와 같이 결선이 되어 있기 때문에 DC전원을 단자로 배선하여 쓸 수 있다.

[그림 1.20] COMMON 단자대

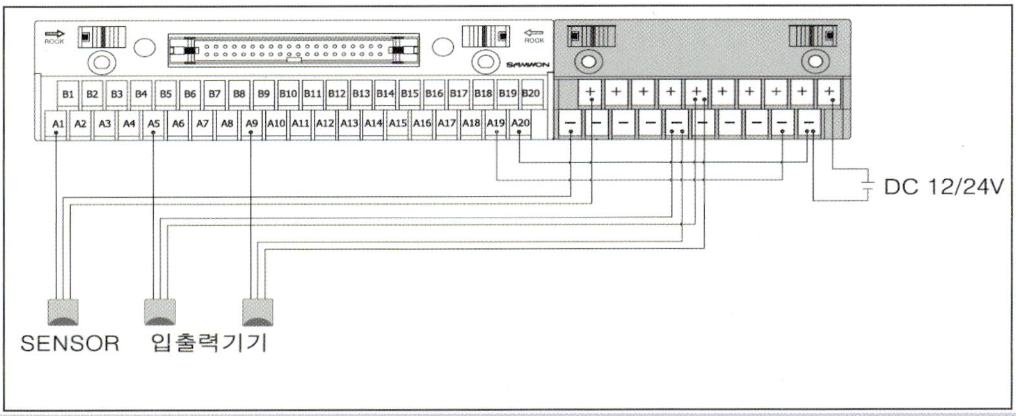

[그림 1.21] COMMON 단자 결선 예

나. 센서 배선도

- I/O 결선도에 기재 되어있는 순서대로 배선 작업을 한다. 입력 배선 연결에선 각종 여러 가지로 입력요소들이 구성 되어 있어서 그 입력 요소의 역할과 배선 연결 방법을 이해한다.

  다음 그림과 설명은 MET 장비의 각종 센서와 리밋스위치의 설명과 배선 연결 방법을 기재해 놓은 것이다. 자세히 보고 배선을 하도록 한다.

  그리고, 센서의 배선 길이는 한정되어 있기 때문에 연결 될 거리를 젤 때 정확하게 파악한 다음 배선을 절단하여 연결을 하는데, 배선 정리를 한 다음 마지막에 선을 절단하면서 연결 하는것이 효율적이다.

  (※주의: 센서의 COM이나 배선을 잘못 잡아서 연결 하였을 때, 센서가 이상이 생기거나 불량이 날수 있으므로 회로도를 잘 보고 배선 작업을 하도록 한다.)

1) 리밋센서

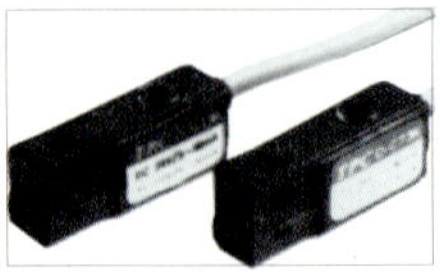

자성체의 리드접점을 유리관속에 봉입해 넣은 것으로서 외부에서 자력(자석, 혹은 코일에 전류를 흘려서 자계를 형성시킴)을 주면 접점이 붙어서 스위치동작을 하는 스위치이다.

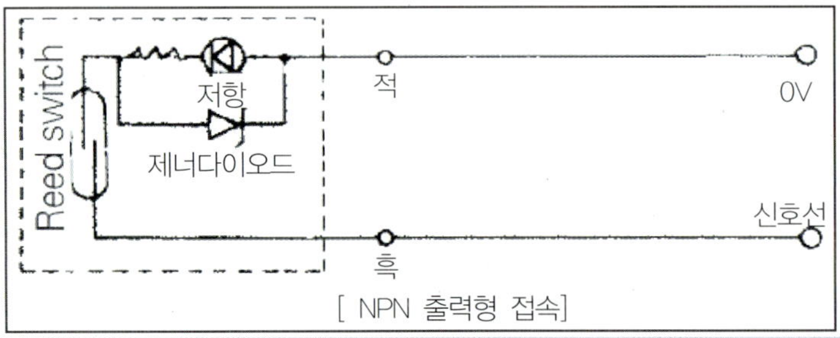

[그림 1.22] 리밋 센서

2) 광화이버 센서

- 광화이버 센서 개요
  - 광 화이버 센서란 포토센서에 렌즈를 제거하고 여기에 광 화이버 케이블을 조합하여 마크 검출, 초소형 물체의 유무를 검출하기 위한 용도로 만든 센서로 광 화이버 케이블의 유연한 성질을 이용하여 협소한 장소도 자유롭게 취부할 수 있는 특징이 있다.
- 광화이버 센서의 검출 방법
  - 평행한 2선의 화이버 케이블이 하나의 후드에 결합되어 있으며, 검출물체의 반사광을 검출하는 방식으로 검출물체의 색상에 따라 검출거리가 달라지므로 검출물체의 배경 색상에 주의 하며 연결 한다.

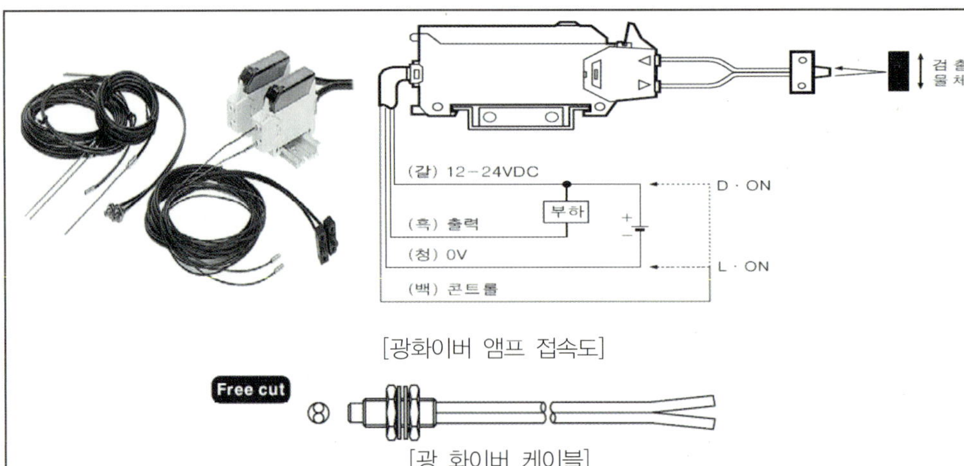

[그림 1.23] 광화이버 센서

3) 근접센서

- 근접센서란?

근접센서란 종래의 마이크로 스위치나 리미트 스위치처럼 기계적인 접촉에 의한 검출방식이 아니라 검출체가 가까이 근접했을 때 검출 대상물체의 유 · 무를 판별하는 무접촉 방식의 검출기(센서) 이다.

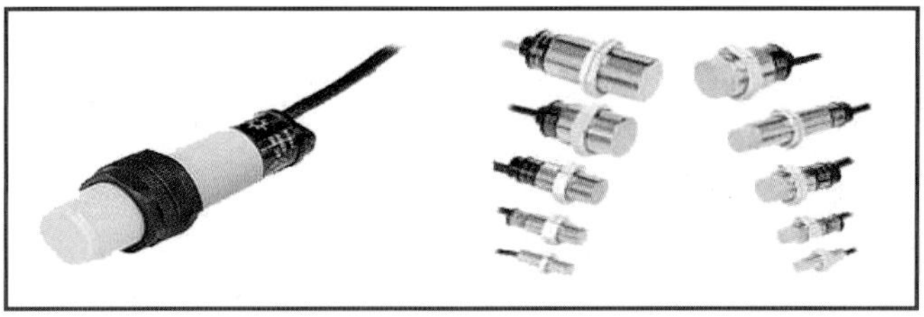

[그림 1.24] 근접 센서

- 직류 3선식 센서 배선 회로도

직류 3선식 근접센서의 출력형식에는 NPN 유니버샬 출력형과 PNP 유니버샬 출력형 2가지가 있으며, 직접 파워 릴레이, 솔레노이드, 전자카운터, PLC 등의 직류 구동부하를 개폐합니다.

- PLC와의 접속했을 시 접속 해로도

직류3선식 근접센서를 PLC에 접속 시 COMMON 3단자의 상태에 따라 결선방식이 달라지므로 결선 시 주의 한다.

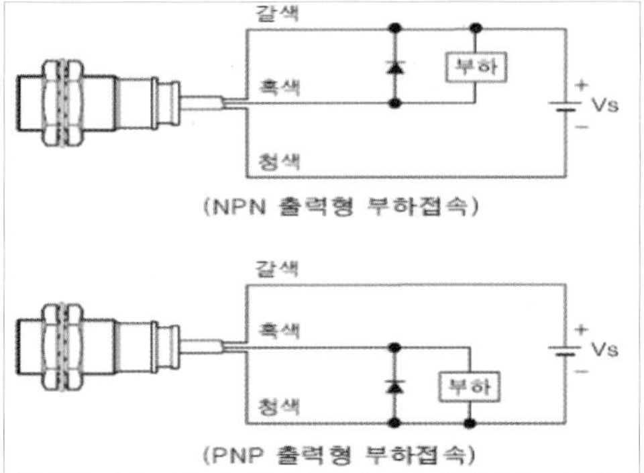

[직류 3선식 센서 회로도]

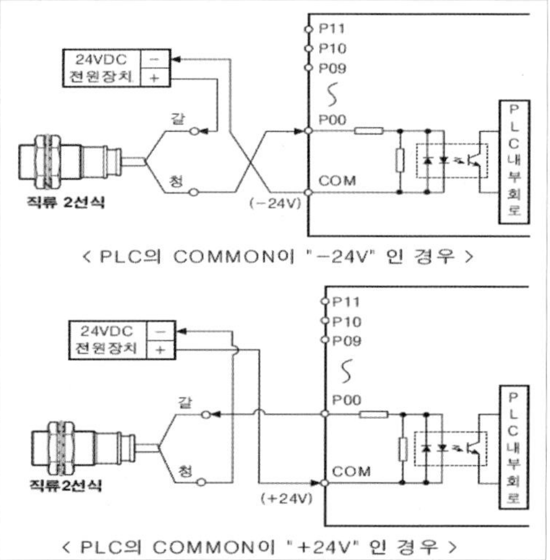

[PLC와 센서 접속 해로도]

[그림 1.25] 근접 센서 접속 회로도

4) 포토센서

- 포토센서란?

검출용 센서에는 응용하는 매체에 따라 여러 가지로 구분 되는데, 특히 "光" 을 매체로서 응용한 것을 포토센서라고 부른다. 포토센서는 무 접촉식 검출방식으로 물체의 유•무, 통과 여부뿐만 아니라, 물체의 대 •소, 색상, 명암 등을 검출하는 것이 대표적인 용도이다.

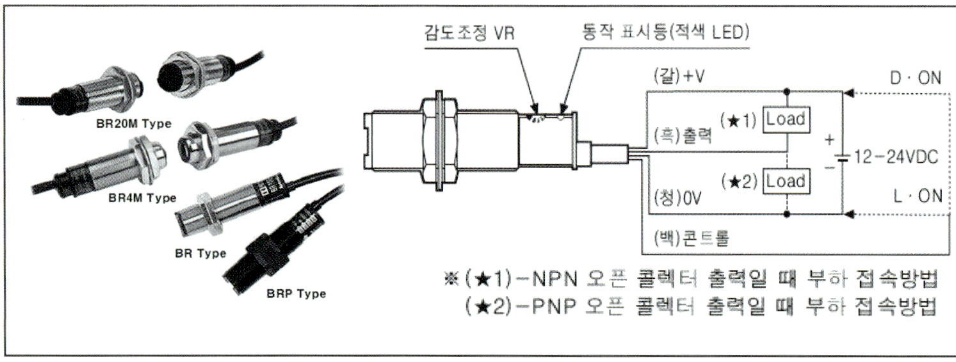

[포토센서 검출 접속도]

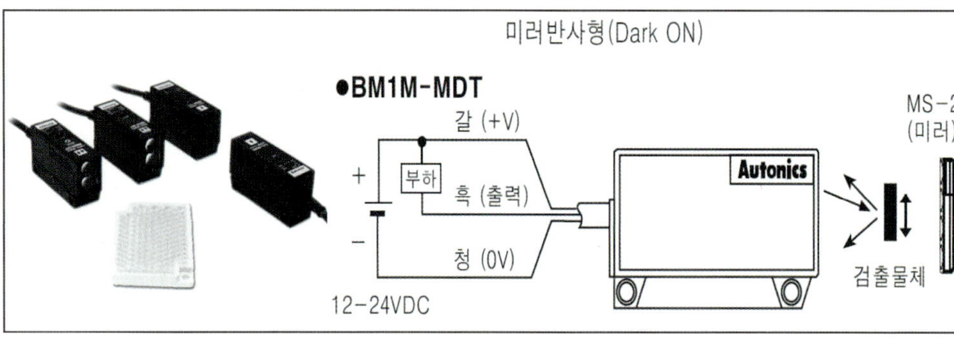

[소형경량의 보급형 센서 접속도]

[그림 1.26] 포토센서

다. Sol Valve 배선도

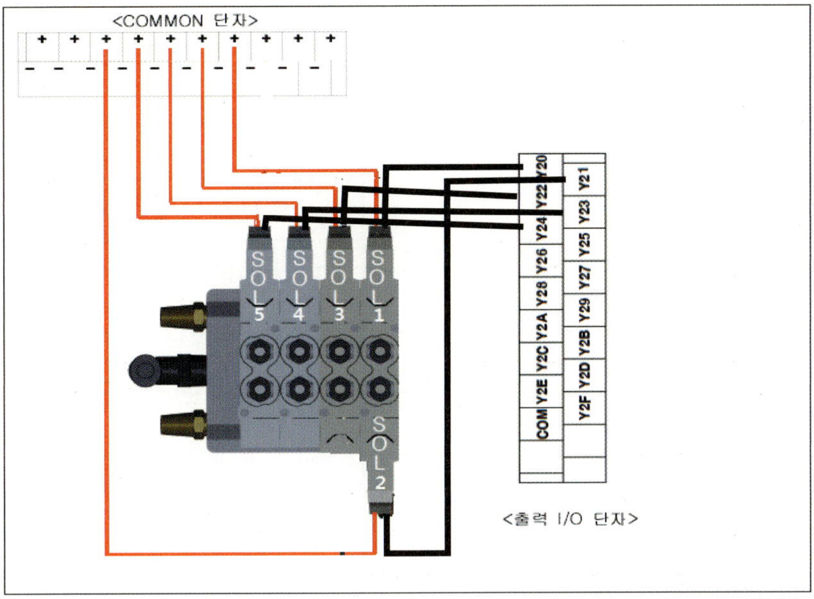

[그림 1.27] SOL VALVE 배선 회로도

라. 모터 배선도

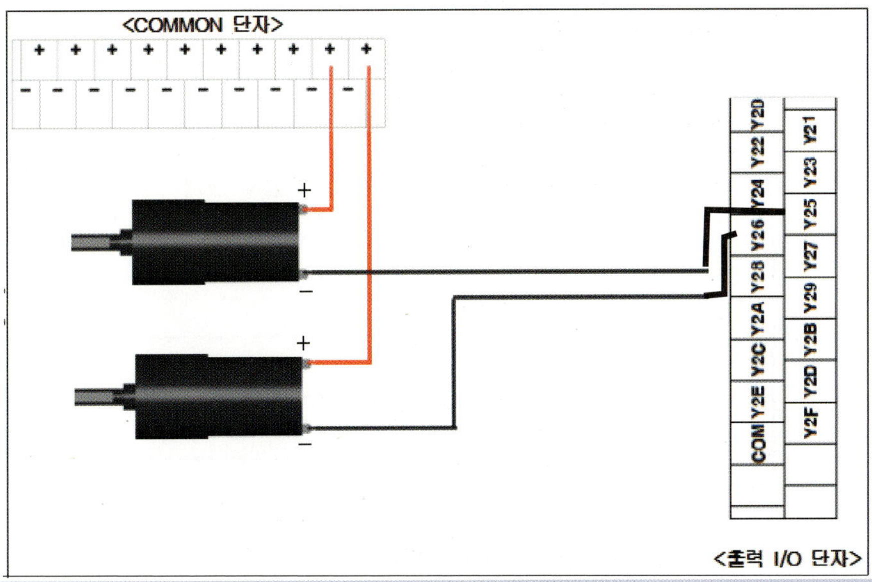

[그림 1.28] 모터 결선도

4 입출력 I/O 결선 방법

가. I/O 입력 결선 방법

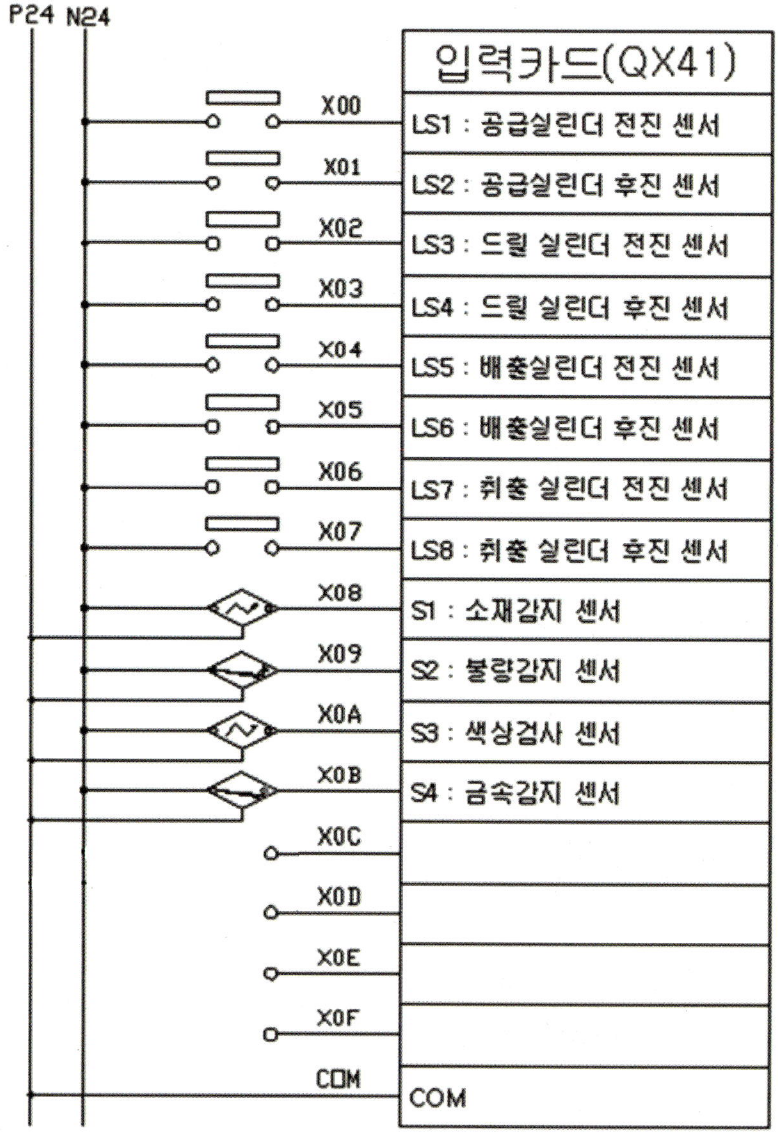

[그림 1.29] I/O 입력결선 방법 X00~X0F

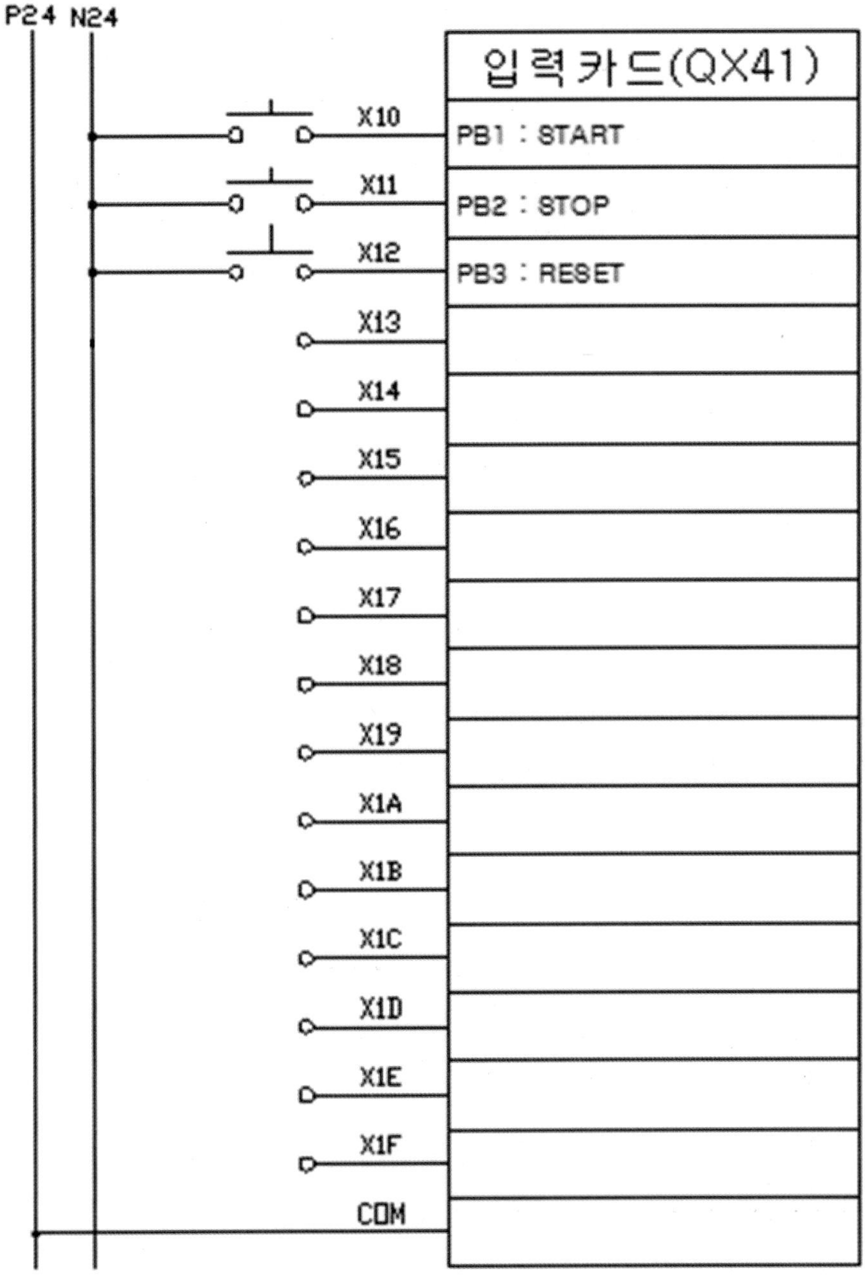

[그림 1.30] I/O 입력결선 방법 X10~X1F

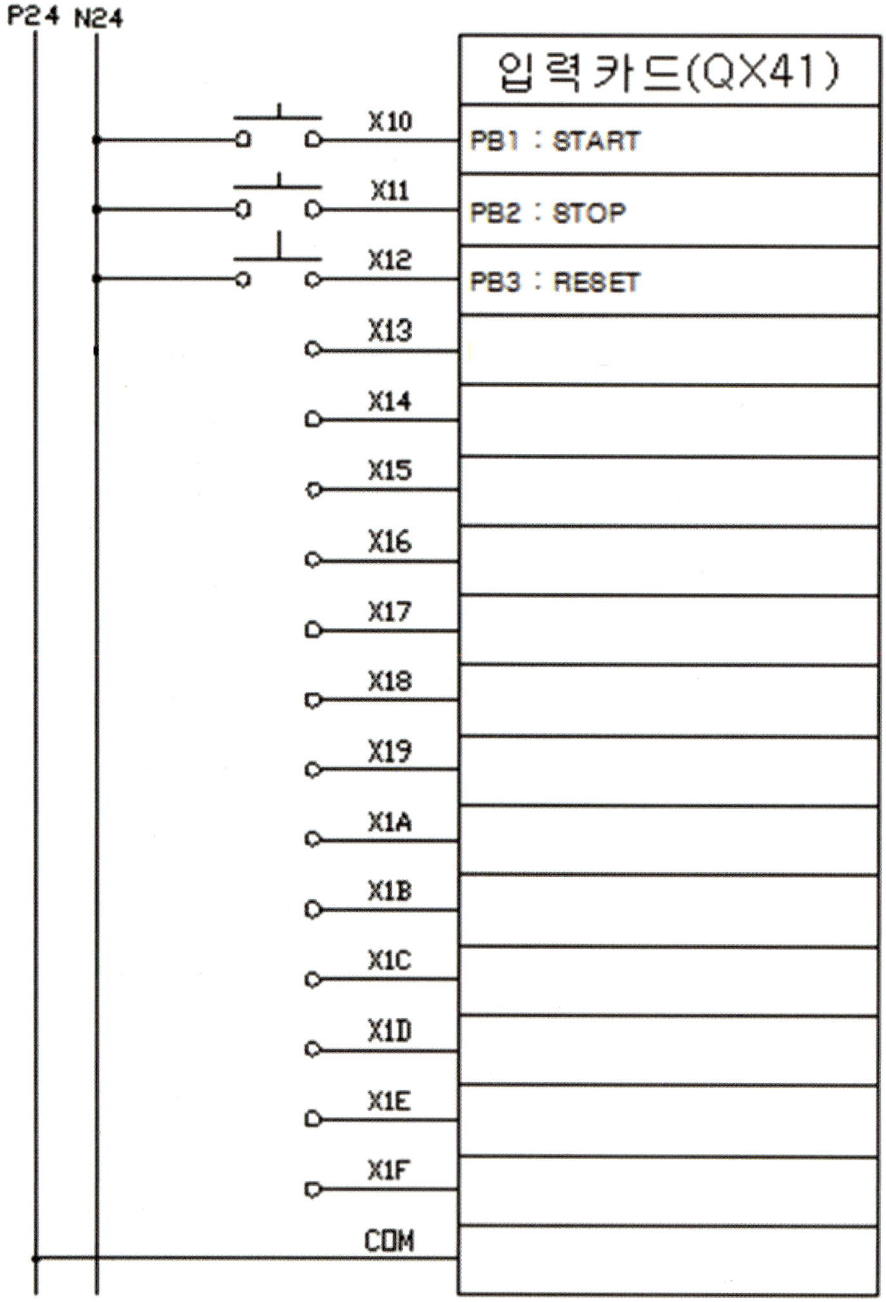

[그림 1.31] I/O 입력결선 방법 X10~X1F

나. I/O 출력 결선 방법

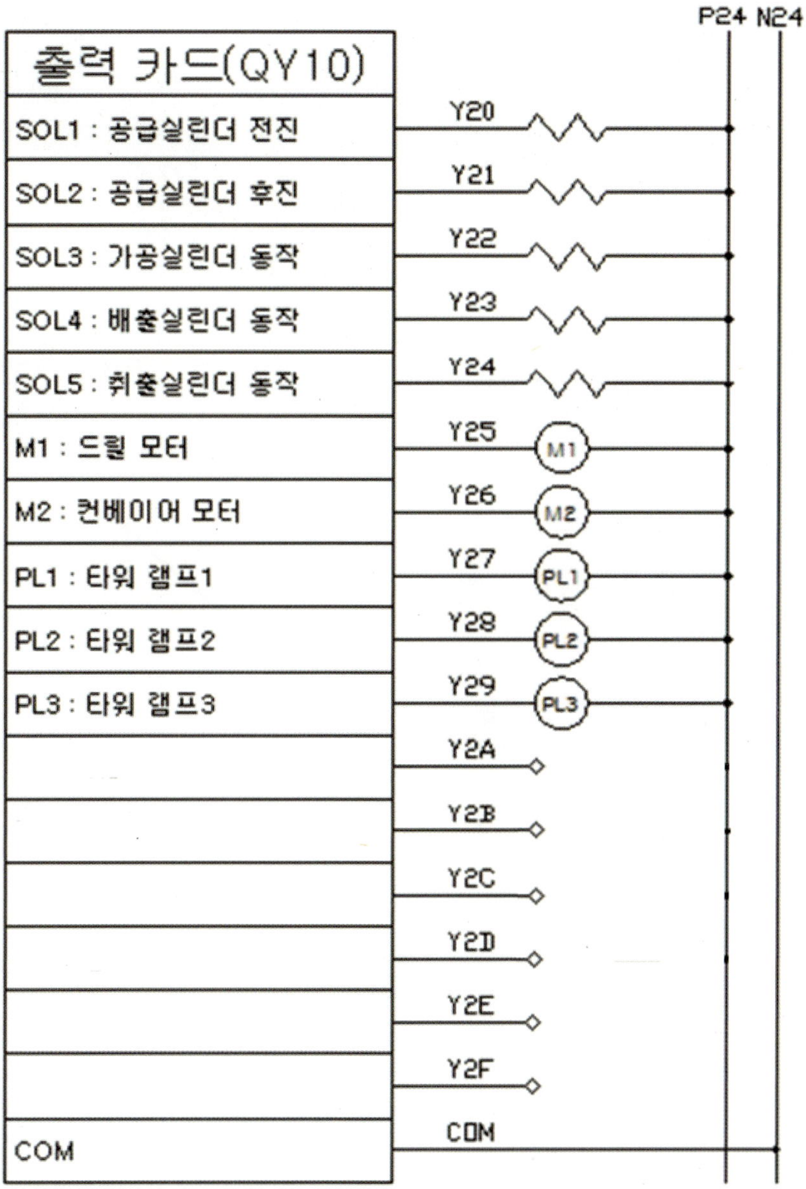

[그림 1.32] I/O 출력결선 방법 Y20~Y2F

다. 실제 배선도

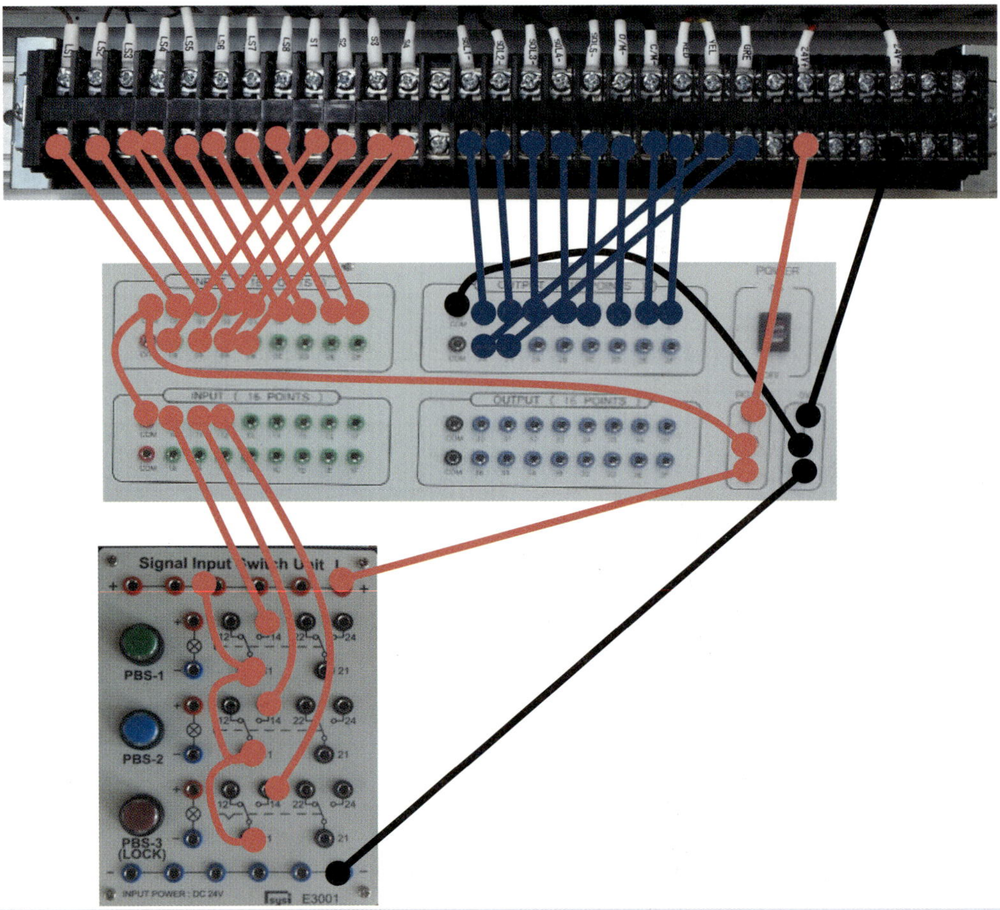

[그림 1.33] 생산자동화 실제 배선도

제 2 장 생산자동화 실습과제

＊ 생산자동화 실습장치 총괄 I/O 할당표

구분	변수	기능	메모리 할당
입 력	PB1	START	X10
	PB2	STOP	X11
	PB3	RESET	X12
	LS1	공급전진센서	X00
	LS2	공급후진센서	X01
	LS3	가공하강센서	X02
	LS4	가공상승센서	X03
	LS5	이송전진센서	X04
	LS6	이송후진센서	X05
	LS7	취출전진센서	X06
	LS8	취출후진센서	X07
	S1	소재감지센서	X08
	S2	불량검출센서	X09
	S3	제품감지센서	X0A
	S4	금속감지센서	X0B
출 력	SOL1	공급실린더전진	Y20
	SOL2	공급실린더후진	Y21
	SOL3	가공실린더하강	Y22
	SOL4	이송실린더전진	Y23
	SOL5	취출실린더전진	Y24
	MOTOR1	가공모터	Y25
	MOTOR2	컨베이어모터	Y26
	PL1	적색램프	Y27
	PL2	황색램프	Y28
	PL3	녹색램프	Y29

1 램프 ON/OFF제어

가. 실험목적

- 램프를 ON/OFF 제어 할 수 있다.

나. 동작조건

- 스위치를 누르면 램프가 ON 이 되고 스위치를 떼면 램프가 OFF된다.

다. I/O 할당

입력			출력		
변수	기능	메모리할당	변수	기능	메모리할당
PB1	운전 스위치	X10	L1	적색 램프	Y27

마. 래더 프로그램

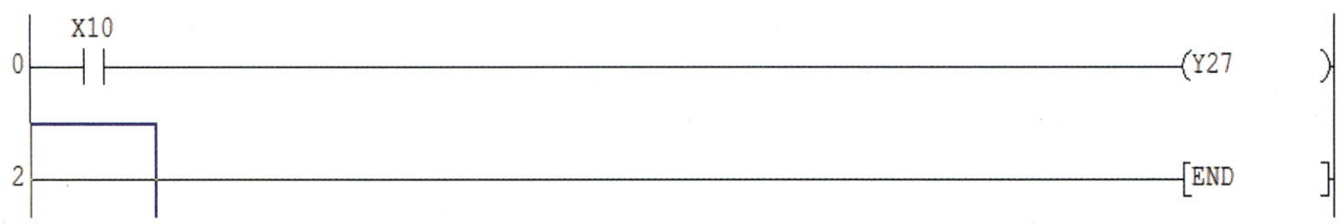

2 램프 자기유지 회로

가. 실험목적

- 램프를 ON/OFF 제어를 자기유지 회로 만들 수 있다.

나. 동작조건

- PB1를 누르면 램프가 ON 이 되고 스위치를 떼도 램프가 ON이 된다.
- PB2를 누르면 램프가 OFF가 된다.

다. I/O 할당

입력			출력		
변수	기능	메모리할당	변수	기능	메모리할당
PB1	운전 스위치	X10	L1	적색 램프	Y27
PB2	정지 스위치	X11			

마. 래더 프로그램

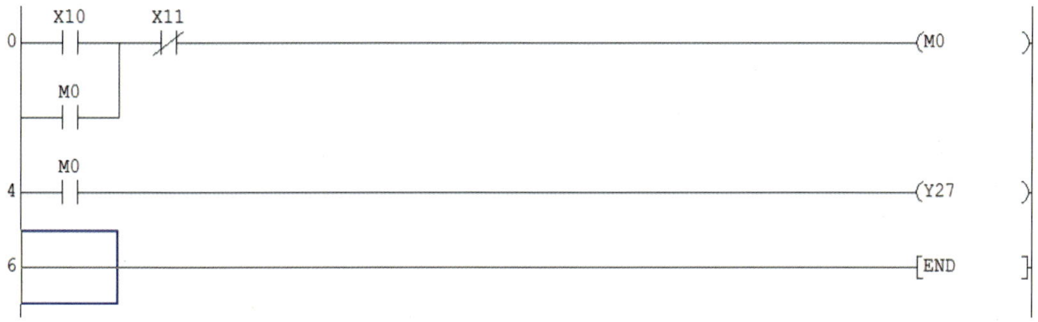

3 램프 플리커 회로

가. 실험목적

- 램프 사용해서 플리커 회로를 만들 수 있다.

나. 동작조건

- PB1를 누르면 램프가 PL1이 ON이 되고 1초후에 PL1이 소등한다.
- 위에 동작을 PB2를 눌릴때까지 반복한다.

다. I/O 할당

입력			출력		
변수	기능	메모리할당	변수	기능	메모리할당
PB1	운전 스위치	X10	PL1	적색 램프	Y27
PB2	정지 스위치	X11			

마. 래더 프로그램

4 복동실린더 제어1

가. 실험목적

- 양측 SOL.V/V를 사용하여 수동왕복 작동회로를 제작 할 수 있다.

나. 동작조건

- 공기압 복동실린더를 양측 솔레노이드 밸브로 제어한다. 전진신호(PB1)를 주면 실린더는 전진하고, 복귀신호(PB2)를 주면 원위치로 복귀한다.

다. 공기압 회로 및 변위선도

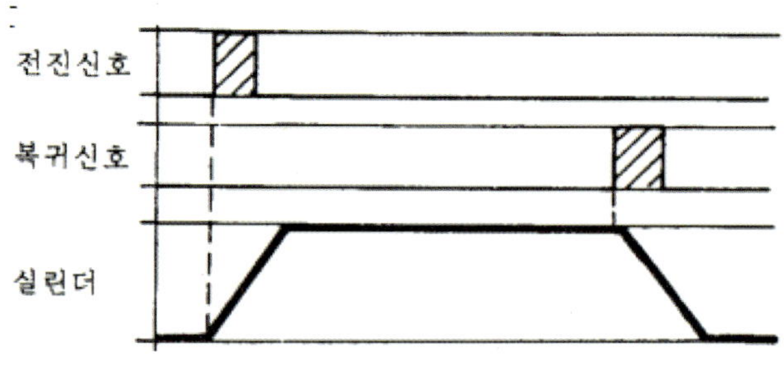

라. I/O 할당

입력			출력		
변수	기능	메모리할당	변수	기능	메모리할당
PB1	복동 실린더 전진	X10	SOL1	복동 실린더 전진	Y20
PB2	복동 실린더 후진	X11	SOL2	복동 실린더 후진	Y21

마. 래더 프로그램

5 복동실린더 제어2

가. 실험목적

- 양측 SOL.V/V를 사용하여 1회 왕복 작동회로를 제작 할 수 있다.

나. 동작조건

- 복동실린더가 양측 솔레노이드 밸브로 전. 후진 제어된다. 조작 스위치(PB1)를 누르면 실린더가 전진하고 전진끝단까지 도달한 후 즉시 복귀한다. 복귀신호는 전진끝단에 설치되어 있는 리미트 스위치(LS1)에 의해 작동되고, 재 기동하려면 누름 버튼스위치(PB1)를 다시 눌러야 한다.

다. 공기압 회로 및 변위선도

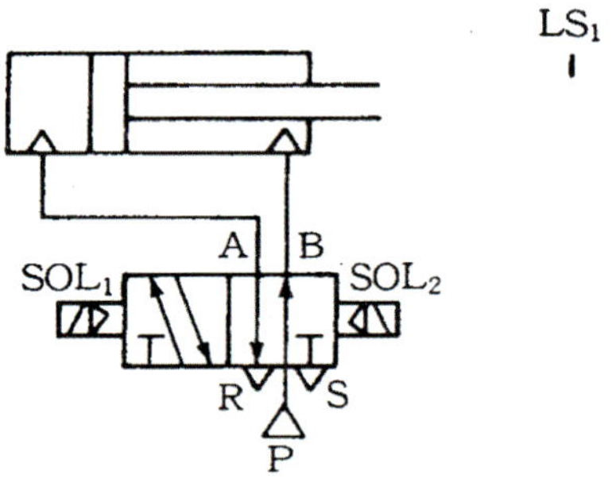

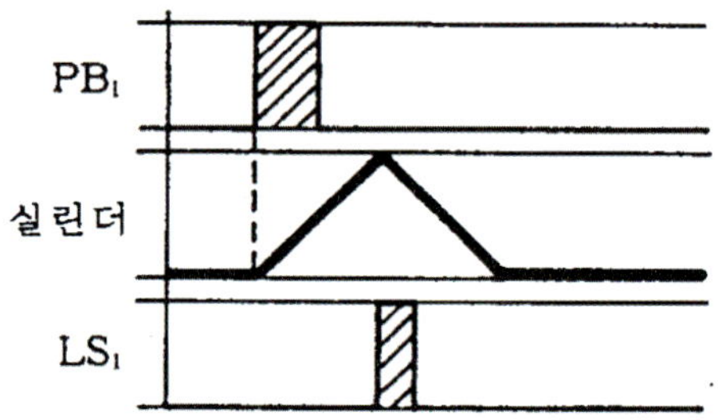

라. I/O 할당

입력			출력		
변수	기능	메모리할당	변수	기능	메모리할당
PB1	복동 실린더 전진	X10	SOL1	복동 실린더 전진	Y20
LS1	복동 실린더 전진 센서	X11	SOL2	복동 실린더 후진	Y21

마. 래더 프로그램

6 편 솔레노이드 밸브 이용 실린더 제어

가. 실험목적

- 편측 SOL.V/V를 사용하여 수동왕복 작동회로를 제작 할 수 있다.

나. 동작조건

- 공기압 복동실린더를 편측 솔레노이드 밸브로 제어한다. 전진신호(PB1)를 주면 실린더는 전진하고, 복귀신호(PB2)를 주면 원위치로 복귀한다.

다. 공기압 회로 및 변위선도

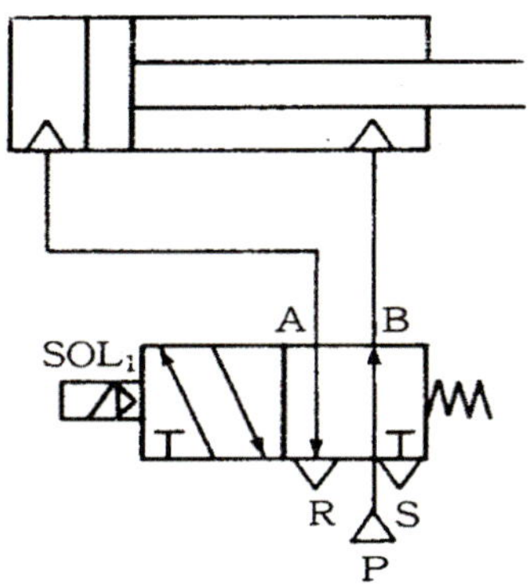

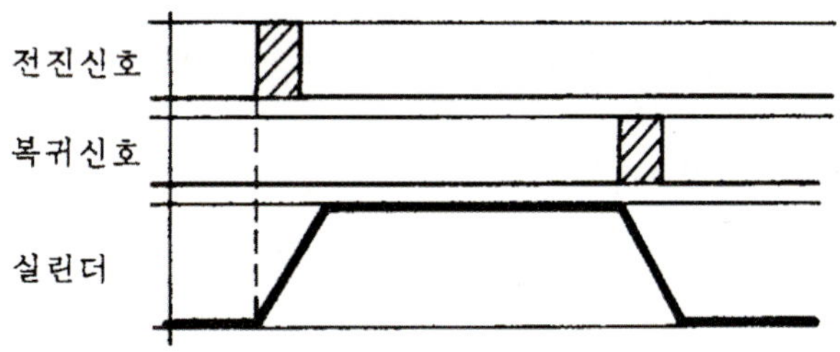

라. I/O 할당

입력			출력		
변수	기능	메모리할당	변수	기능	메모리할당
PB1	단동 실린더 전진	X10	SOL1	단동 실린더 동작	Y23
PB2	단동 실린더 후진	X11			

마. 래더 프로그램

7 타이머 제어

가. 실험목적

- 푸쉬버튼과 파일럿 램프를 사용해서 타이머 명령어를 이해 할 수 있다.

나. 동작조건

- PB1를 3초 동안 누르면 PL1이 점등한다.
- PB1를 때면 PL1이 소등한다.

다. I/O 할당

입력			출력		
변수	기능	메모리할당	변수	기능	메모리할당
PB1	타이머 동작	X10	PL1	적색 램프	Y27

라. 래더 프로그램

8 카운터 제어

가. 실험목적

- 푸쉬버튼과 파일럿 램프를 사용해서 카운터 명령어를 이해 할 수 있다.

나. 동작조건

- PB1를 3번 누르면 PL1이 점등한다.
- PB2를 누르면 PL1이 소등하고 카운터는 리셋된다.

다. I/O 할당

입력			출력		
변수	기능	메모리할당	변수	기능	메모리할당
PB1	카운터 동작	X10	PL1	적색 램프	Y27

라. 래더 프로그램

9 공급공정 실습

가. 실험목적

- 생산자동화 공정 중 소재 공급 공정의 과정을 이해한다.
- 공급 공정에 적용되는 각종 소자의 기능 및 구조를 이해한다.
- 광 화이버 센서의 구조와 동작 원리를 이해한다.
- 공급 공정에 대한 PLC 프로그램을 작성 할 수 있다.
- 공급 공정에 대한 전기 배선 작업을 할 수 있다.

나. 관련지식

1) **광 화이버 센서**(Fiber Optical Sensor)

광(光) 화이버센서는 종래의 포토센서의 절대조건이었던 렌즈를 없애고 그 대책으로 광(光) 화이버 케이블을 조합하여 마크검출, 초소형 물체의 유,무를 검출하기 위한 용도로 만들어진 센서로써 광(光) 화이버의 유연성을 이용하여 좁은 장소에서도 자유롭게 취부 시켜 사용할 수 있다.

기본 동작 원리는 투과형, 반사형 센서와 동일하고 단지 센서의 설치위치에 유연성을 주기 위하여 Optical Fiber와 센서를 결합한 형태라 할 수 있다.

여러 가지 광 화이버 센서

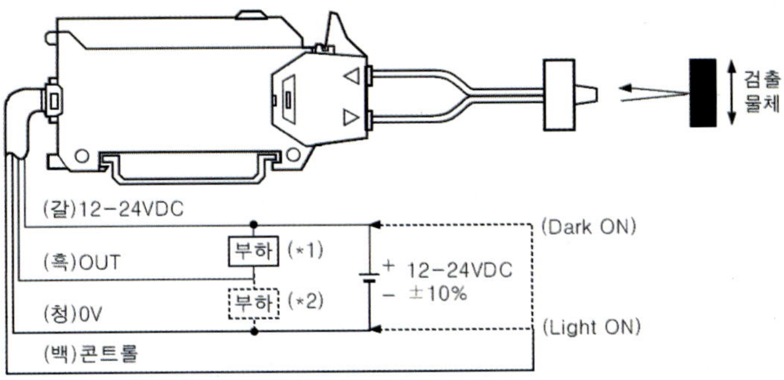

광 화이버 센서의 결선

다. 동작조건

- 운전 스위치를 누르면 매거진에 부착된 소재 검출센서(광화이버센서 : Fiber Optical Sensor)를 통하여 WORK(소재)의 유무를 감지하고, 소재가 있을 경우 소재공급실린더를 전진시켜 WORK를 가공공정으로 공급한 후 복귀한다.

라. I/O 할당

입력			출력		
변수	기능	메모리할당	변수	기능	메모리할당
PB0	운전 스위치	X10	SOL1	공급실린더 전진	Y20
PB1	정지 스위치	X11	SOL2	공급실린더 후진	Y21
LS1	공급실린더 전진 감지	X0			
S1	매거진 소재 감지 센서	X08			

마. 래더 프로그램

10 가공공정 실습

가. 실험목적

- 생산자동화 공정 중 소재 가공 공정의 과정을 이해한다.
- 가공 공정에 적용되는 각종 소자의 기능 및 구조를 이해한다.
- DC 모터의 구조와 동작 원리를 이해한다.
- 가공 공정에 대한 PLC 프로그램을 작성 할 수 있다.
- 가공 공정에 대한 전기 배선 작업을 할 수 있다.

나. 관련지식

1) DC 모터

DC 모터란, 고정자로 영구자석을 사용하고, 회전자(전기자)로 코일을 사용하여 구성한 것으로, 전기자에 흐르는 전류의 방향을 전환함으로써 자력의 반발, 흡인력으로 회전력을 생성시키는 모터이다.

로봇, 자동차, 장난감 등을 비롯한 다양한 산업분야에서 광범위하게 사용되고 있는 모터이다. 일반적으로 DC 모터는 회전 제어가 쉽고, 제어용 모터로서 아주 우수한 특성을 가지고 있다.

DC 모터의 특징을 나열하면

(1) 기동 토크가 크다.

(2) 인가 전압에 대하여 회전 특성이 직선적으로 비례한다.

(3) 입력 전류에 대하여 출력 토크가 직선적으로 비례하며, 출력 효율이 양호하다.

(4) 가격이 저렴하다.

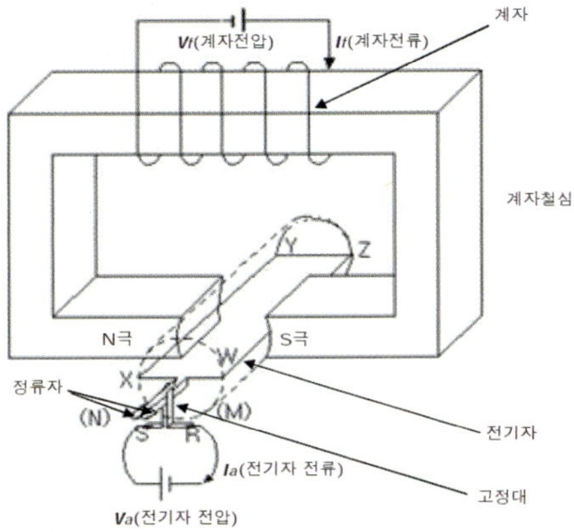

DC 모터의 기본 구성도

다양한 종류의 DC 모터

2) 감속기

감속기는 감속장치의 일종으로써 일련의 기어 장치와 기계요소인 축, Bearing을 조합하여 Casing 내에 조립된 하나의 감속 장치의 기능을 가지고 있으며, 치차감속 장치의 기어 감속기를 감속기(Gear Reduce)를 줄여서 감속기라 부른다.

감속기는 다양한 모터의 회전수를 일정한 감속비 만큼 가감하는 기구이며, 그 감기를 구성하는 종류에 따라 평행축 감속기, 웜 감속기, 유성 감속기 등이 있으며, 통상적으로 사용되는 감속비는 1:3 ~ 1: 250 이다.

감속기로 구성된 기어박스

다. 동작조건

- 운전 스위치를 누르면 가공실린더가 하강을 시작하고 가공 모터가 동작하여 소재를 가공한다. 하강이 완료된 시점에서 가공 모터가 3초간 더 동작한 후 모터는 정지하고 가공실린더는 복귀한다. 단, 정지 스위치를 누르면 진행하던 작업이 즉시 정지되고 복귀되어야 한다.

라. I/O 할당

입력			출력		
변수	기능	메모리할당	변수	기능	메모리할당
PB1	운전 스위치	X10	SOL3	가공실린더 전진	Y22
PB1	정지 스위치	X11	MOTOR1	가공 모터	Y25
LS3	가공실린더 하강 감지	X02			

마. 래더 프로그램

11 이송공정 실습

가. 실험목적

- 생산자동화 공정 중 소재 이송 공정의 과정을 이해한다.
- 이송 공정에 적용되는 각종 소자의 기능 및 구조를 이해한다.
- 컨베이어의 구조와 동작 원리를 이해한다.
- 이송 공정에 대한 PLC 프로그램을 작성 할 수 있다.
- 이송 공정에 대한 전기 배선 작업을 할 수 있다.

나. 관련지식

1) **컨베이어**(Conveyor)

일정한 거리를 자동적·연속적으로 재료나 물품을 운반하는 기계장치로서 공장 내에서 부품이나 재료의 운반, 반제품의 이동, 항만·광산 등에서 석탄·광석 화물의 운반, 건설 현장에서 모래등의 운반에 널리 사용되고 있다.

공장에서는 운반 장치로서 뿐만 아니라 이동 작업대로 사용하며, 대량 생산 방식의 기반이 되어 있다.

컨베이어는 구동방식 또는 구조에 따라 다양한 다양한 종류로 제작된다.

벨트컨베이어

롤러컨베이어

컨베이어 예시

다. 동작조건

- 운전 스위치를 누르면 이송실린더가 전진하여 소재를 컨베이어로 이송하고 복귀한다. 이송실린더 전진 감지 센서에 의해 소재가 컨베이어에 이송되었음을 확인

하고 컨베이어가 동작한다.

정지 스위치를 누르면 모든 동작은 즉시 정지한다.

라. I/O 할당

입력			출력		
변수	기능	메모리할당	변수	기능	메모리할당
PB0	운전 스위치	X10	SOL4	이송실린더 전진	Y23
PB1	정지 스위치	X11	MOTOR2	컨베이어 모터	Y26
LS5	이송실린더 전진 감지	X04			

마. 래더 프로그램

12 검사공정 실습1

가. 실험목적

- 생산자동화 공정 중 소재 검사 공정의 과정을 이해한다.
- 검사 공정에 적용되는 각종 센서의 기능 및 구조를 이해한다.
- 검사 공정에 대한 PLC 프로그램을 작성 할 수 있다.
- 검사 공정에 대한 전기 배선 작업을 할 수 있다.

나. 관련지식

1) 정전용량형 근접센서

정전 용량형 근접센서(capacitive proximity sensor)는 검출물체가 센서에 접근하면 검출전극과 대지 간 정전용량 (capacitance) 이 증가하는 것을 이용하여 물체를 검출하는 것으로 도체 및 유전체 등 모든 물체의 검출이 가능하다. 정전용량 은 전극도체의 면적, 전극간격, 유전체의 종류에 의해서 결정된다.

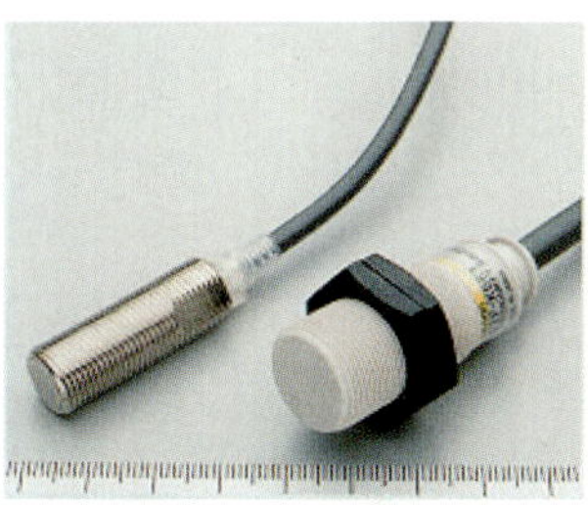

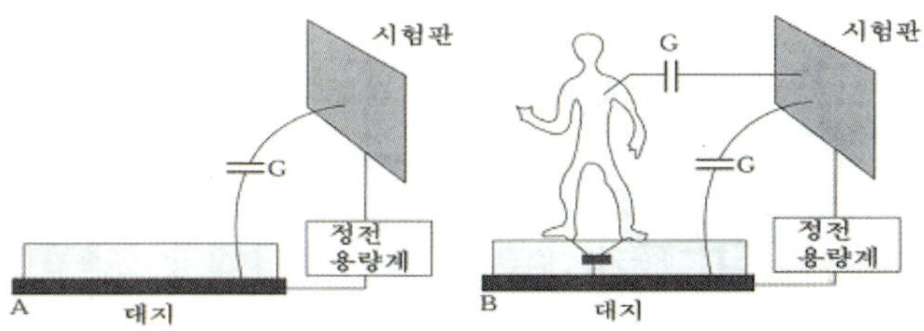

정전용량형 근접센서의 동작원리
(침입자는 검출회로에 정전용량을 추가한다.)

정전용량형 근접센서의 외형과 동작원리

2) 유도형 근접센서

유도형 또는 고주파 발진형 근접센서는 금속물체(metallic object)의 검출에 사용되며, 특히 자성체(ferrous target)에 대해서는 검출 감도가 양호하고, 검출거리도 길다.

아래의 그림은 유도형 근접센서의 구성과 동작원리를 나타낸 것이다.

페라이트코어에 감긴 검출코일이 고주파 발진회로 (oscillator circuit) 의 일부를 구성하고 있다. 검출코일에 교류전류를 흘려 고주파 자계를 발생시키고 , 이 자계내부로 금속물체가 들어오면, 전자유도작용에 의해 금속도체 내부에 와전류 (渦電流 ; eddy Current)가 흐르고, 열손실이 발생한다. 그래서 검출코일의 손실저항과 인덕턴스가 변한다. 이 변화를 발진회로의 발진주파수 또는 발진진폭의 변화로 출력한다.

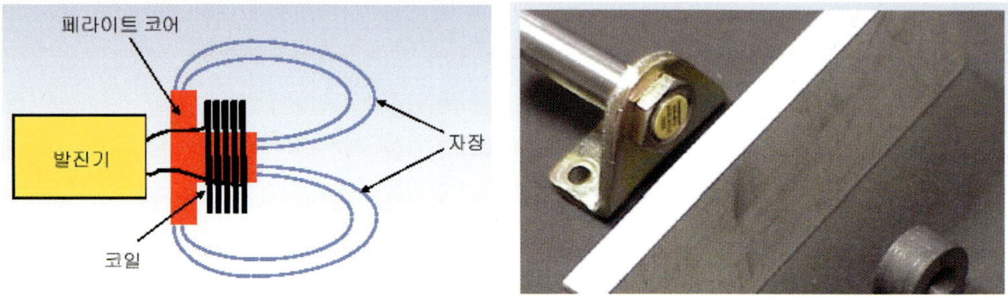

유도형 근접센서의 구조와 외형

3) **광센서**(PHOTO SENSOR)

광센서는 빛 자체를 정량적으로 검출하기보다는 빛을 이용하여 물체의 유무를 검출하거나, 속도나 위치의 결정에 이용하기도 하며, 레벨검출, 특정 표시의 식별 등을 하는 곳에 많이 이용되고 있다.

광센서는 응용분야가 넓은 만큼 종류도 여러 가지가 있는데 크게는 투광부(sender or emitter)와 수광부(receiver)의 구성 여부에 따라 일체형과 분리형으로 나눌 수 있으며 이 중 일체형은 직접 반사형과 거울 반사형 두 가지로 나눌 수 있다. 물론 주변 환경에 의한 영향(온도, 기계적 변형)이 우려되거나 미소부분의 검출에 사용되는 광 파이버(Fiber optical)센서도 이들의 형태로 나뉘어진다.

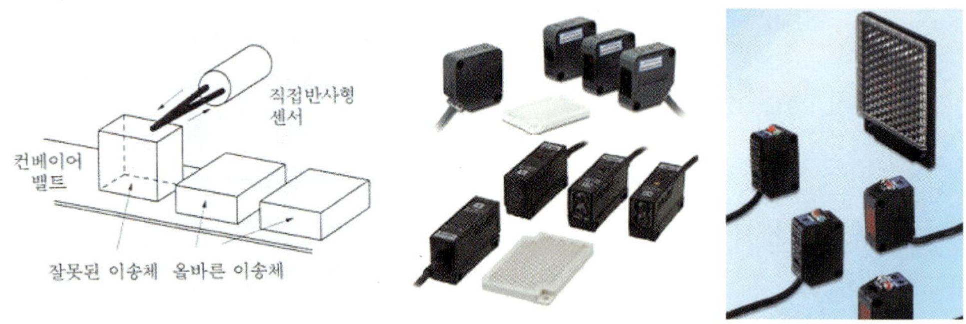

광센서의 동작과 외형

다. 동작조건

- 운전 스위치를 누르면 컨베이어가 동작을 시작하고, 금속 및 비금속 소재를 수동으로 컨베이어 상에 공급하면 각 검출 센서에 의해 금속 및 비금속 소재가 컨베이어상에 공급된 수량이 계수 된다.

라. I/O 할당

입력			출력		
변수	기능	메모리할당	변수	기능	메모리할당
PB0	운전 스위치	X10	MOTOR2	컨베이어 모터	Y26
PB1	정지 스위치	X11			
S2	불량 검출 센서	X09			
S4	금속 검출 센서	X0B			

마. 래더 프로그램

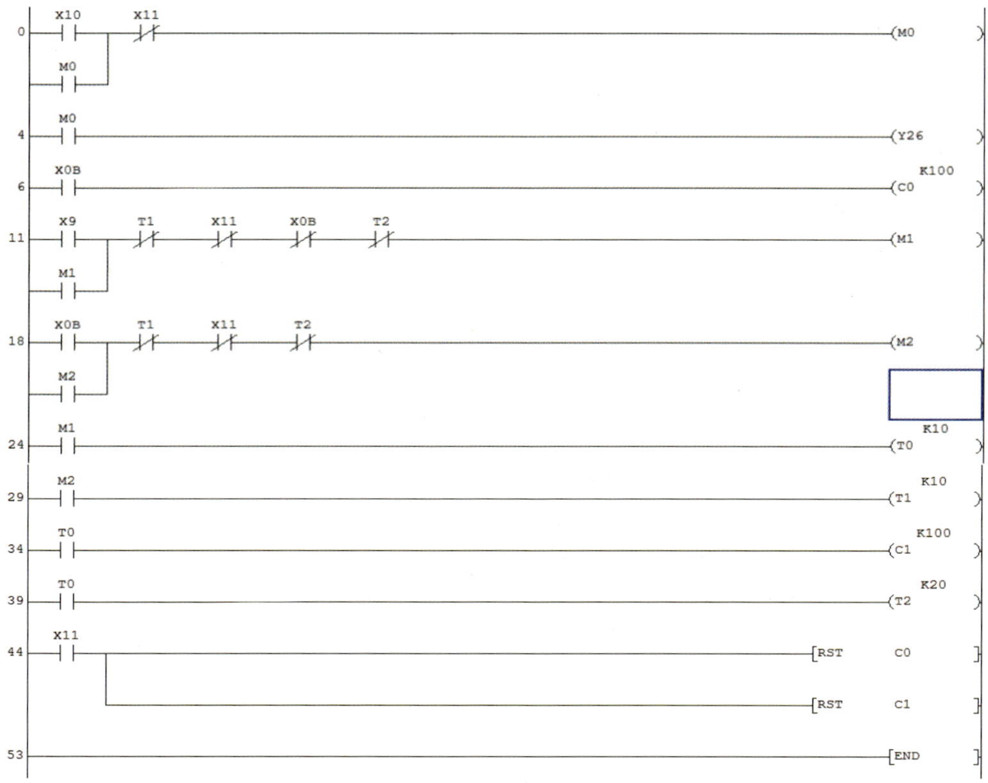

13 검사공정 실습2

가. 실험목적

- 생산자동화 공정 중 소재 검사 공정의 과정을 이해한다.
- 검사 공정에 적용되는 각종 센서의 기능 및 구조를 이해한다.
- 검사 공정에 대한 PLC 프로그램을 작성 할 수 있다.
- 검사 공정에 대한 전기 배선 작업을 할 수 있다.

나. 동작조건

- 운전 스위치를 누르면 컨베이어가 동작을 시작하고, 가공 및 비가공 소재를 수동으로 컨베이어 상에 공급하면 비가공이 되었을 시에 붉음 램프가 점등한다.
- 백색 및 흑색의 소재를 공급하면 백색일 경우 황색 램프가 점등한다.
- 금속 및 비금속의 소재를 공급하면 금속일 경우 녹색 램프가 점등한다.
- 정지 스위치를 누르면 동작이 정지된다.

다. I/O 할당

입력			출력		
변수	기능	메모리할당	변수	기능	메모리할당
PB0	운전 스위치	X10	SOL1	공급실린더 전진	Y20
PB1	정지 스위치	X11	SOL2	공급실린더 후진	Y21
LS1	공급전진센서	X00	SOL4	이송실린더 동작	Y23
LS2	공급후진센서	X01	MOTOR2	컨베이어 모터	Y26
LS5	이송전진센서	X04	L1	적색램프	Y27
LS6	이송후진센서	X05	L2	황색램프	Y28
S1	소재감지센서	X08	L3	녹색램프	Y29
S2	불량 검출 센서	X09			
S3	제품감지 센서	X0A			
S4	금속 검출 센서	X0B			

마. 래더 프로그램

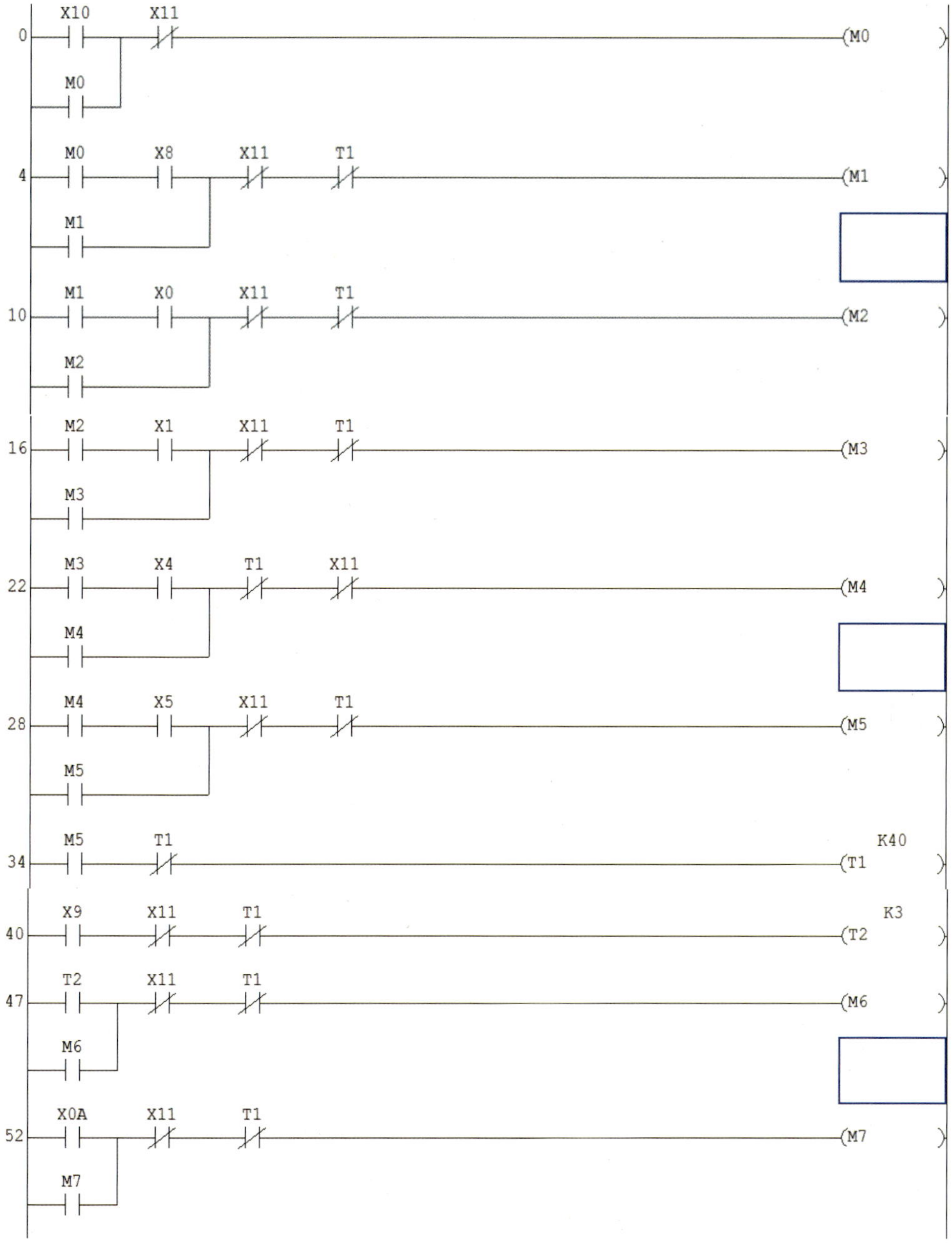

0 X10 X11 M0
M0
4 M0 X8 X11 T1 M1
M1
10 M1 X0 X11 T1 M2
M2
16 M2 X1 X11 T1 M3
M3
22 M3 X4 T1 X11 M4
M4
28 M4 X5 X11 T1 M5
M5
34 M5 T1 T1 K40
40 X9 X11 T1 T2 K3
47 T2 X11 T1 M6
M6
52 X0A X11 T1 M7
M7

14 추출공정 실습

가. 실험목적

- 생산자동화 공정 중 소재 추출 공정의 과정을 이해한다.
- 추출 공정에 적용되는 구동 소자의 원리를 이해한다.
- 추출 공정에 대한 PLC 프로그램을 작성 할 수 있다.
- 추출 공정에 대한 전기 배선 작업을 할 수 있다.

나. 관련지식

1) 추출(분류) 방식

산업현장에서는 다양한 종류의 제품을 가공 생산하며, 자동화설비에 의한 생산/이송의 경우 그 목적에 따라 크기/중량/높이 등에 따른 분류 방법과, 제품의 가공, 색상, 도장상태 등 양/부 판정에 따른 분류등 다양한 추출 또는 분류 방식이 적용된다.

본 장비에 적용된 센서를 이용하여 추출 할 수 있는 방식은 제품의 가공 상태에 따른 양/부 판정과 소재의 종류 따른 금속/비금속 분류, 포토센서를 이용한 색상 검출 방법 등이 사용 될 수 있다.

다. 동작조건

- 운전 스위치를 누르면 컨베이어가 동작을 시작하고, 금속/비금속 소재를 수동으로 컨베이어 상에 공급하면 불량 검출 센서에 검출된 추출실린더에 의해 분류된다.

(센서에 검출된 소재는 추출실린더에 도착하기까지의 시간을 타이머로 적용한다.)

라. I/O 할당

입력			출력		
변수	기능	메모리할당	변수	기능	메모리할당
PB0	운전 스위치	X10	SOL5	추출실린더 전진	Y24
PB1	정지 스위치	X11	MOTOR2	컨베이어 모터	Y26
LS7	추출실린더 전진 감지	X06			
S2	불량 검출 센서	X9			

마. 래더 프로그램

15 공급 + 가공 공정 실습

가. 실험목적

- 생산자동화 공정 중 공급과 가공공정을 연동하여 동작하는 공정의 과정을 이해한다.
- 각 공정에 적용되는 각종 소자의 기능 및 구조를 이해한다.
- 적용 공정에 대한 PLC 프로그램을 작성 할 수 있다.
- 적용 공정에 대한 전기 배선 작업을 할 수 있다.

나. 동작조건

- 매거진에 소재가 있을 경우 운전 스위치를 누르면 공급실린더에 의해 소재가 공급되고 공급실린더는 복귀한다. 소재 공급이 완료됨과 동시에 가공실린더가 하강을 하면서 가공 모터가 동작한다. 가공 모터가 소재를 3초간 가공 한 후 모터는 정지하고 가공실린더는 복귀한다.

다. I/O 할당

입력			출력		
변수	기능	메모리할당	변수	기능	메모리할당
PB0	운전 스위치	X10	SOL1	공급실린더 전진	Y20
PB1	정지 스위치	X11	SOL2	공급실린더 후진	Y21
LS1	공급실린더 전진 감지	X00	SOL3	가공실린더 하강	Y22
LS2	공급실린더 후진 감지	X01	MOTOR1	가공 모터	Y25
S1	매거진 소재 감지 센서	X08			

라. 래더 프로그램

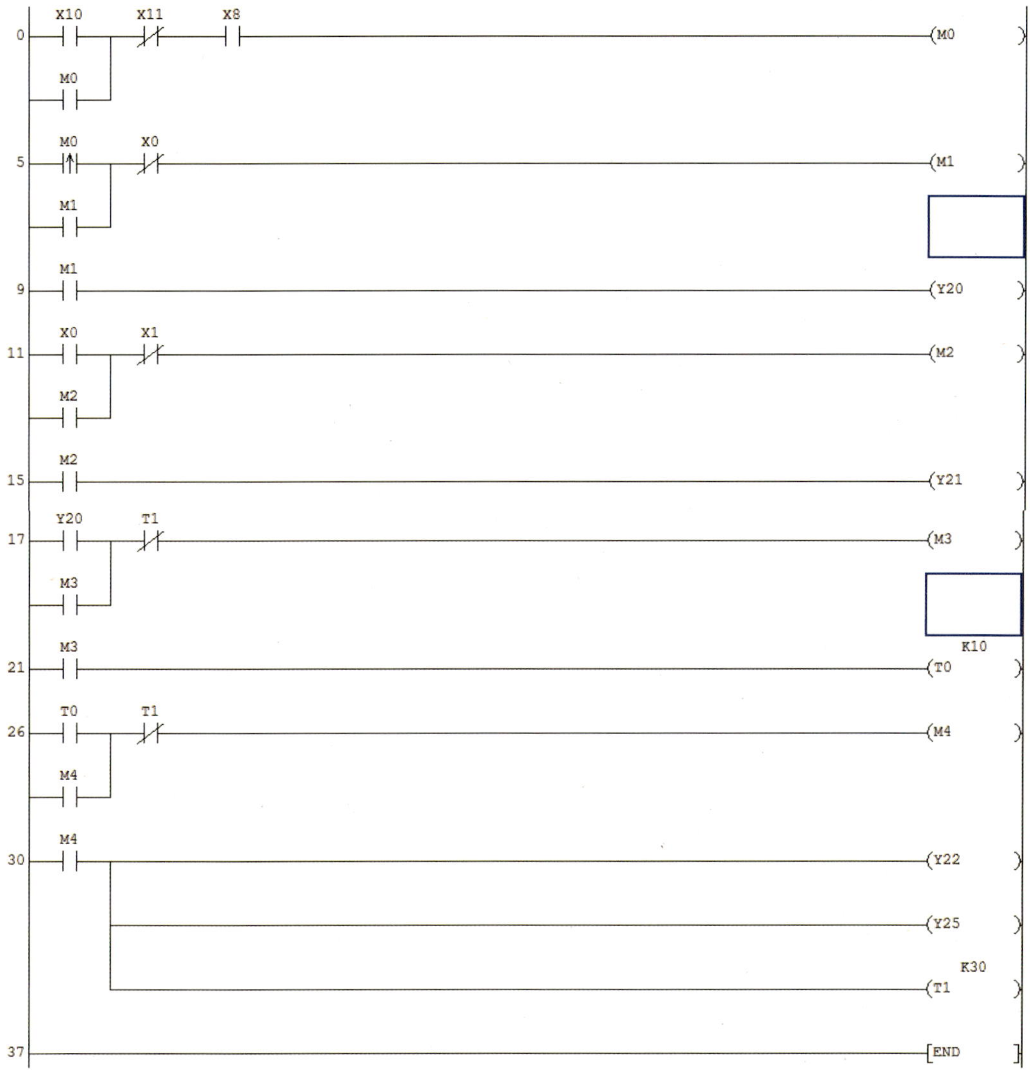
X10
X11
X8
M0
M0
M0
X0
M1
M1
M1
Y20
X0
X1
M2
M2
M2
Y21
Y20
T1
M3
M3
M3
K10
T0
T0
T1
M4
M4
M4
Y22
Y25
K30
T1
END

16 공급 + 이송 공정 실습

가. 실험목적

- 생산자동화 공정 중 공급과 이송공정을 연동하여 동작하는 공정의 과정을 이해한다.
- 각 공정에 적용되는 각종 소자의 기능 및 구조를 이해한다.
- 적용 공정에 대한 PLC 프로그램을 작성 할 수 있다.
- 적용 공정에 대한 전기 배선 작업을 할 수 있다.

나. 동작조건

- 매거진에 소재가 있을 경우 운전 스위치를 누르면 공급실린더에 의해 소재가 공급되고 공급실린더는 복귀한다. 소재 공급이 완료되면 이송실린더가 전진하여 소재를 컨베이어로 이송한다. 이송실린더의 전진 감지 센서 신호에 의해 컨베이어가 동작을 하면서 소재가 이송된다.

다. I/O 할당

입력			출력		
변수	기능	메모리할당	변수	기능	메모리할당
PB0	운전 스위치	X10	SOL1	공급실린더 전진	Y20
PB1	정지 스위치	X11	SOL2	공급실린더 후진	Y21
LS1	공급실린더 전진 감지	X00	SOL4	이송실린더 전진	Y23
LS2	공급실린더 후진 감지	X01	MOTOR2	컨베이어 모터	Y26
LS5	이송실린더 전진 감지	X04			
S1	매거진 소재 감지 센서	X08			

라. 래더 프로그램

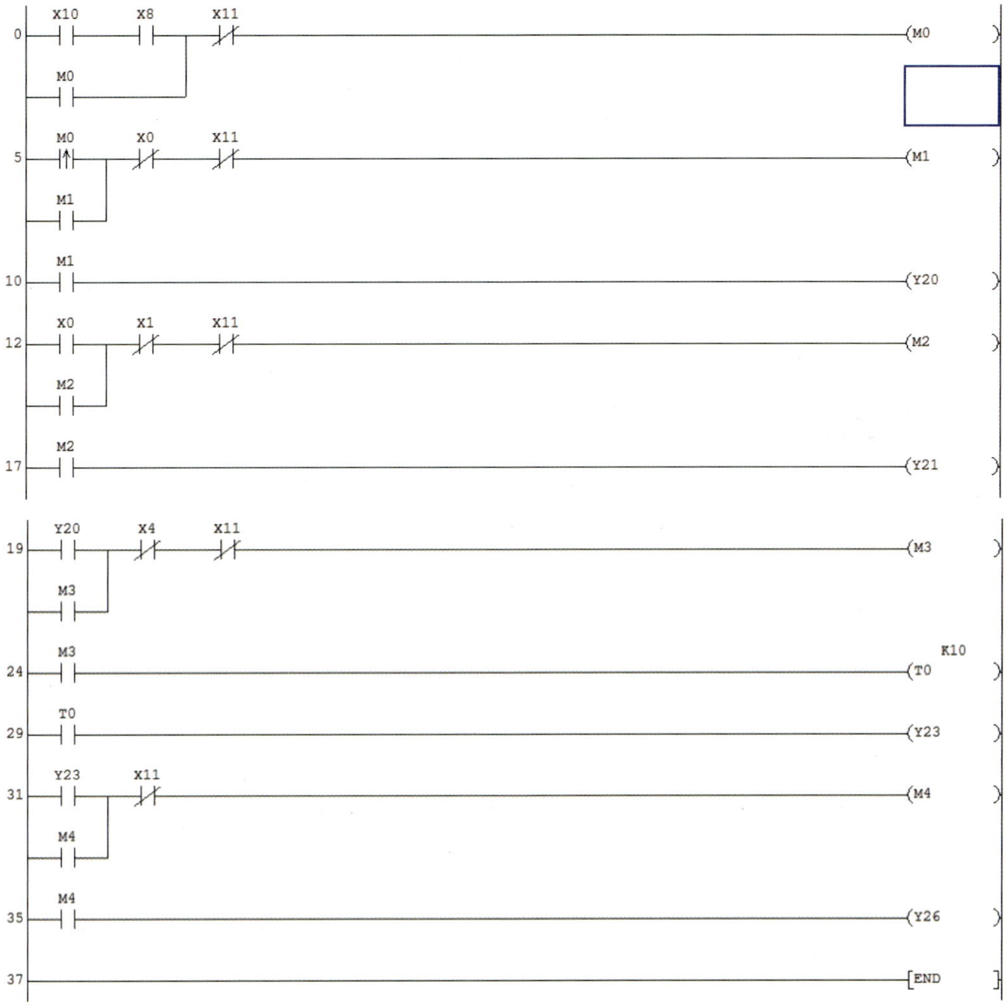

17 이송 + 검사 공정 실습

가. 실험목적

- 생산자동화 공정 중 이송과 검사공정을 연동하여 동작하는 공정의 과정을 이해한다.
- 각 공정에 적용되는 각종 소자의 기능 및 구조를 이해한다.

- 적용 공정에 대한 PLC 프로그램을 작성 할 수 있다.
- 적용 공정에 대한 전기 배선 작업을 할 수 있다.

나. 동작조건

- 운전 스위치를 누르면 컨베이어가 동작한다.
  컨베이어가 동작을 할 때 이송실린더에 의해 소재를 이송시키면 센서를 통해 소재를 판별한다.
  금속과 비금속을 판별하여 각 소재에 대한 수량을 계수한다.

다. I/O 할당

입력			출력		
변수	기능	메모리할당	변수	기능	메모리할당
PB0	운전 스위치	X10	SOL4	이송실린더 전진	Y23
PB1	정지 스위치	X11	MOTOR2	컨베이어 모터	Y26
LS5	이송실린더 전진 감지	X04			
S2	불량검출센서	X09			
S4	금속감지센서	X0B			
S1	소재감지센서	X08			

라. 래더 프로그램

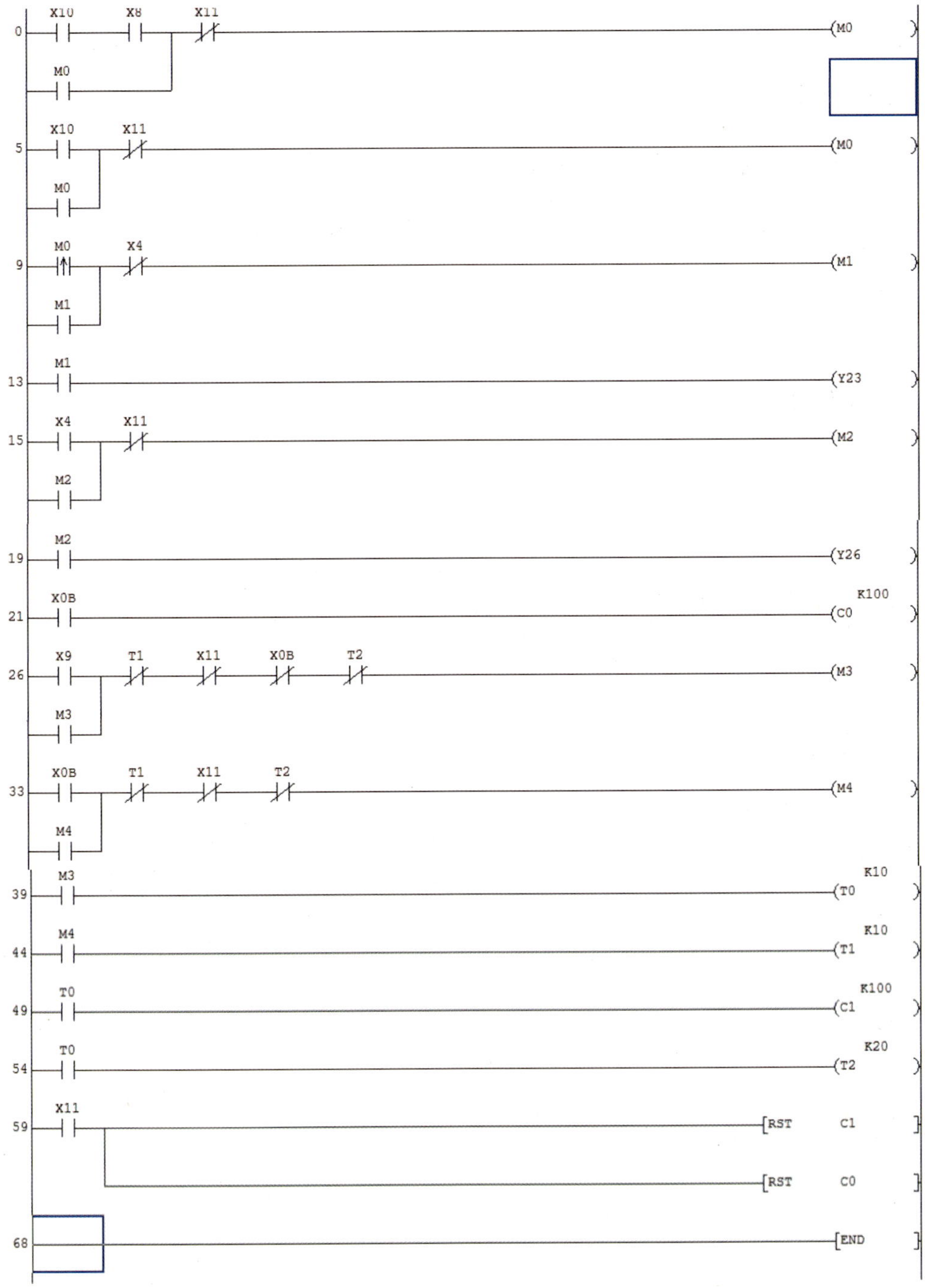
X10
X8
X11
M0
M0
X10
X11
M0
M0
M0
X4
M1
M1
M1
Y23
X4
X11
M2
M2
M2
Y26
X0B
K100
C0
X9
T1
X11
X0B
T2
M3
M3
X0B
T1
X11
T2
M4
M4
M3
K10
T0
M4
K10
T1
T0
K100
C1
T0
K20
T2
X11
RST C1
RST C0
END

18 검사 + 추출 공정 실습

가. 실험목적

- 생산자동화 공정 중 검사와 추출공정을 연동하여 동작하는 공정의 과정을 이해한다.
- 각 공정에 적용되는 각종 소자의 기능 및 구조를 이해한다.
- 적용 공정에 대한 PLC 프로그램을 작성 할 수 있다.
- 적용 공정에 대한 전기 배선 작업을 할 수 있다.

나. 동작조건

- 운전 스위치를 누르면 컨베이어가 동작한다.
  컨베이어가 동작을 할 때 소재를 컨베이어에 수동으로 공급하면 센서를 통해 소재를 판별한다.
  금속일 경우 소재는 컨베이어 끝단의 저장박스에 저장이 되고 비금속일 경우에는 추출 실린더가 동작을 하여 배출하게 된다.

다. I/O 할당

입력			출력		
변수	기능	메모리할당	변수	기능	메모리할당
PB0	운전 스위치	X10	SOL5	추출실린더 전진	Y24
PB1	정지 스위치	X11	MOTOR2	컨베이어 모터	Y26
LS7	추출실린더 전진 감지	X06			
S2	불량검출센서	X09			
S4	금속감지센서	X0B			

라. 래더 프로그램

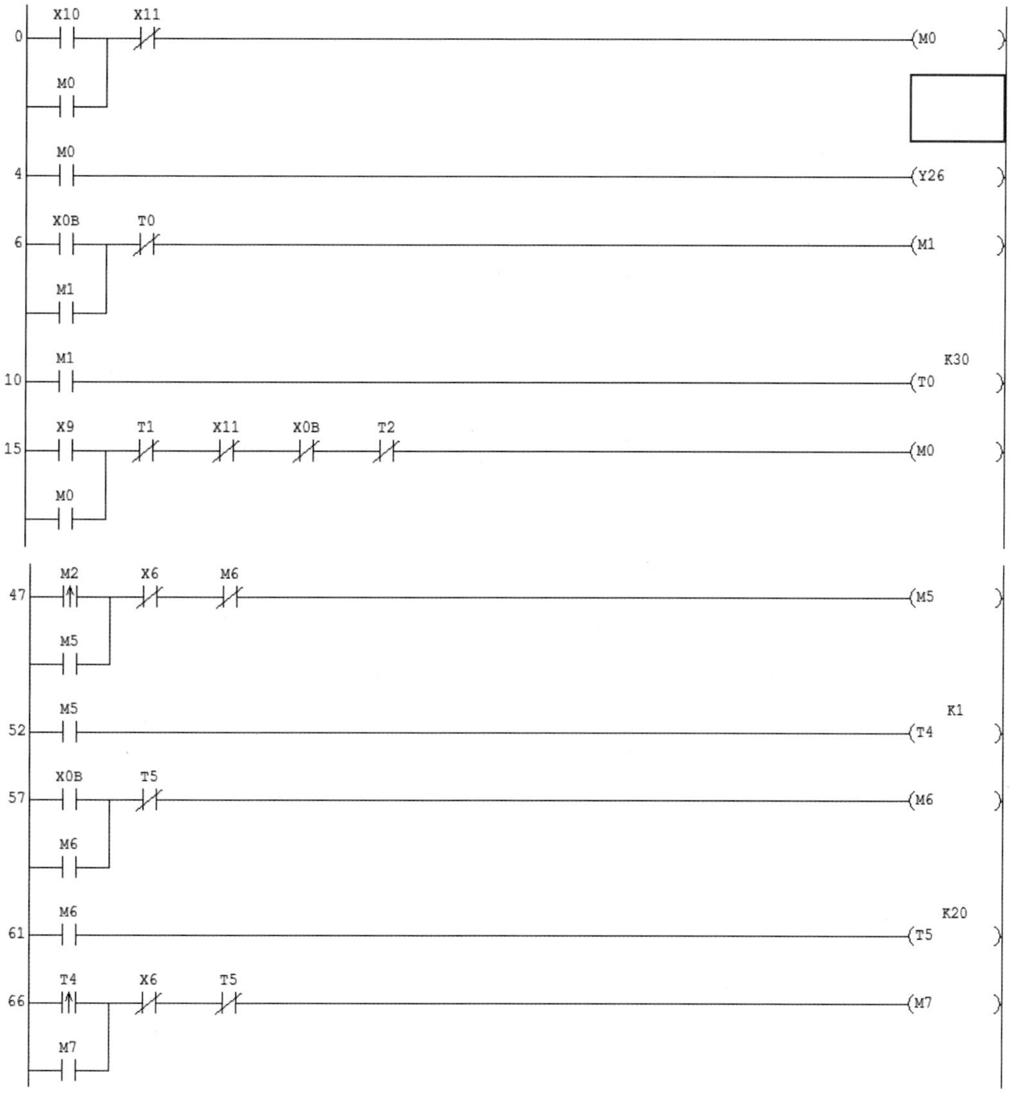
0 X10 X11 M0
M0
4 M0 Y26
6 X0B T0 M1
M1
10 M1 K30 T0
15 X9 T1 X11 X0B T2 M0
M0
47 M2 X6 M6 M5
M5
52 M5 K1 T4
57 X0B T5 M6
M6
61 M6 K20 T5
66 T4 X6 T5 M7
M7

19 공급 + 가공 + 이송 공정 실습

가. 실험목적

- 생산자동화 공정 중 공급, 가공, 이송공정을 연동하여 동작하는 공정의 과정을 이해한다.
- 각 공정에 적용되는 각종 소자의 기능 및 구조를 이해한다.
- 적용 공정에 대한 PLC 프로그램을 작성 할 수 있다.
- 적용 공정에 대한 전기 배선 작업을 할 수 있다.

나. 동작조건

- 매거진에 소재가 있을 경우 운전 스위치를 누르면 공급실린더가 소재를 공급하게 된다. 소재 공급이 완료되면 가공실린더가 하강하고 가공모터가 동작을 하여 가공작업이 진행된다.
  3초간 소재 가공 후 가공실린더는 상승을 하고 모터는 정지한다.
  이송실린더가 전진하여 소재를 컨베이어로 이송한다.

다. I/O 할당

입력			출력		
변수	기능	메모리할당	변수	기능	메모리할당
PB0	운전 스위치	X10	SOL1	공급실린더 전진	Y20
PB1	정지 스위치	X11	SOL2	공급실린더 후진	Y21
LS1	공급실린더 전진 감지	X00	SOL3	가공실린더 하강	Y22
LS2	공급실린더 후진 감지	X01	SOL4	이송실린더 전진	Y23
LS4	가공실린더 상승 감지	X03	MOTOR1	가공 모터	Y25
LS5	이송실린더 후진 감지	X04	MOTOR2	컨베이어 모터	Y26
S1	매거진 소재 검출 센서	X08			

라. 래더 프로그램

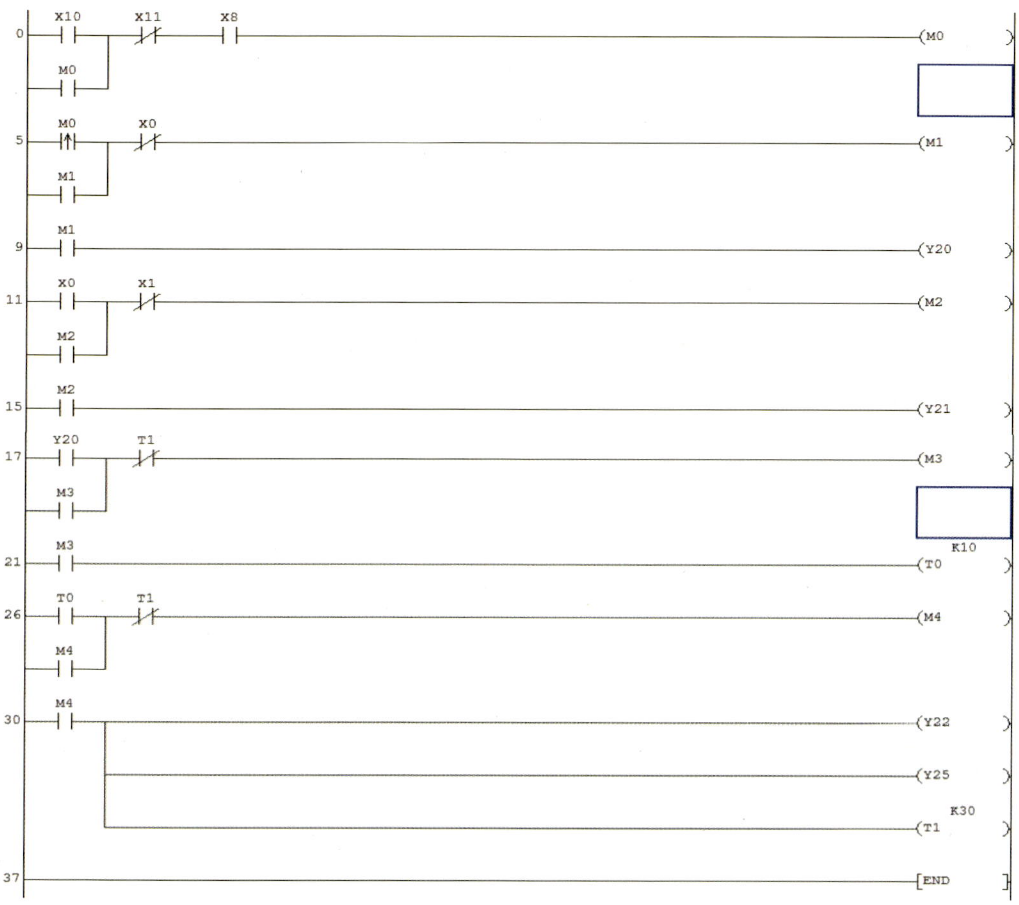

20 이송 + 검사 + 추출 공정 실습

가. 실험목적

- 생산자동화 공정 중 이송, 검사, 추출공정을 연동하여 동작하는 공정의 과정을 이해한다.
- 각 공정에 적용되는 각종 소자의 기능 및 구조를 이해한다.
- 적용 공정에 대한 PLC 프로그램을 작성 할 수 있다.
- 적용 공정에 대한 전기 배선 작업을 할 수 있다.

나. 동작조건

- 운전 스위치를 누르면 이송실린더가 전진하여 소재를 컨베이어로 이송한다.
  컨베이어를 통해 이송되는 소재는 센서를 통해 금속/비금속을 판별하여 금속일 경우 소재는 컨베이어 끝까지 이동하고 비금속일 경우에는 추출실리더에 의해 배출하게 된다.

다. I/O 할당

입력			출력		
변수	기능	메모리할당	변수	기능	메모리할당
PB0	운전 스위치	X10	SOL4	이송실린더 전진	Y23
PB1	정지 스위치	X11	SOL5	공급실린더 후진	Y24
LS5	이송실린더 후진 감지	X04	MOTOR2	컨베이어 모터	Y26
LS7	추출실린더 전진 감지	X06			
S2	불량 검출 센서	X09			
S4	금속 감지 센서	X0B			

라. 래더 프로그램

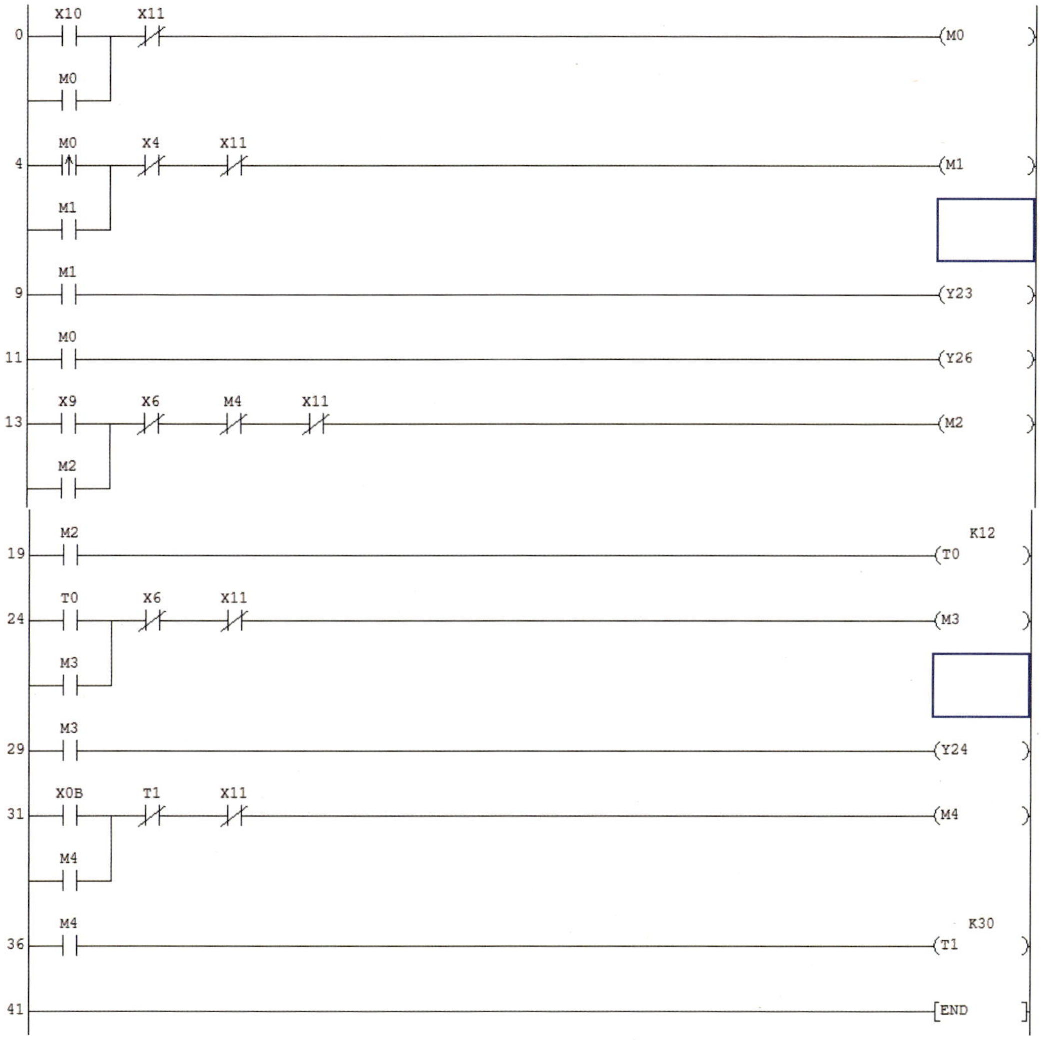

0 X10 X11 M0
M0
4 M0 X4 X11 M1
M1
9 M1 Y23
11 M0 Y26
13 X9 X6 M4 X11 M2
M2
19 M2 T0 K12
24 T0 X6 X11 M3
M3
29 M3 Y24
31 X0B T1 X11 M4
M4
36 M4 T1 K30
41 END

21 응용 실습(전체공정실습)

가. 실험목적

- 생산자동화 실습장비의 전체 공정을 이해하고 프로그램을 작성 할 수 있다.

나. 동작조건

- 매거진에 소재가 있을 경우 운전 스위치를 누르면 공급실린더가 소재를 공급하게 된다.
  소재 공급이 완료되면 가공실린더가 하강을 하게 되고 가공모터가 동작을 한다.
  3초간 소재를 가공한 후 가공실린더는 상승하고 모터는 정지한다.
  이송실린더가 전진하여 소재를 컨베이어로 밀어낸 뒤 소재를 이송한다.
  센서를 통해 소재를 판별하게 되고 비금속일 경우 컨베이어 끝까지 이송을 하고
  금속일 경우 추출 실린더가 전진을 하여 배출하게 된다.
  매거진에 소재가 없을 경우 현재 진행중인 작업이 끝난 뒤에 시스템이 정지하게 된다.
  작업중일 때는 녹색램프가 점등되어지고 정지 하였을 때는 적색 램프가 점등한다.
  ORIGN 버튼을 눌리면 작업 준비 상태가 되며 황색 램프가 점등한다.

다. I/O 할당

* 생산자동화 실습장치 전체 I/O 할당표 참조

라. 래더 프로그램

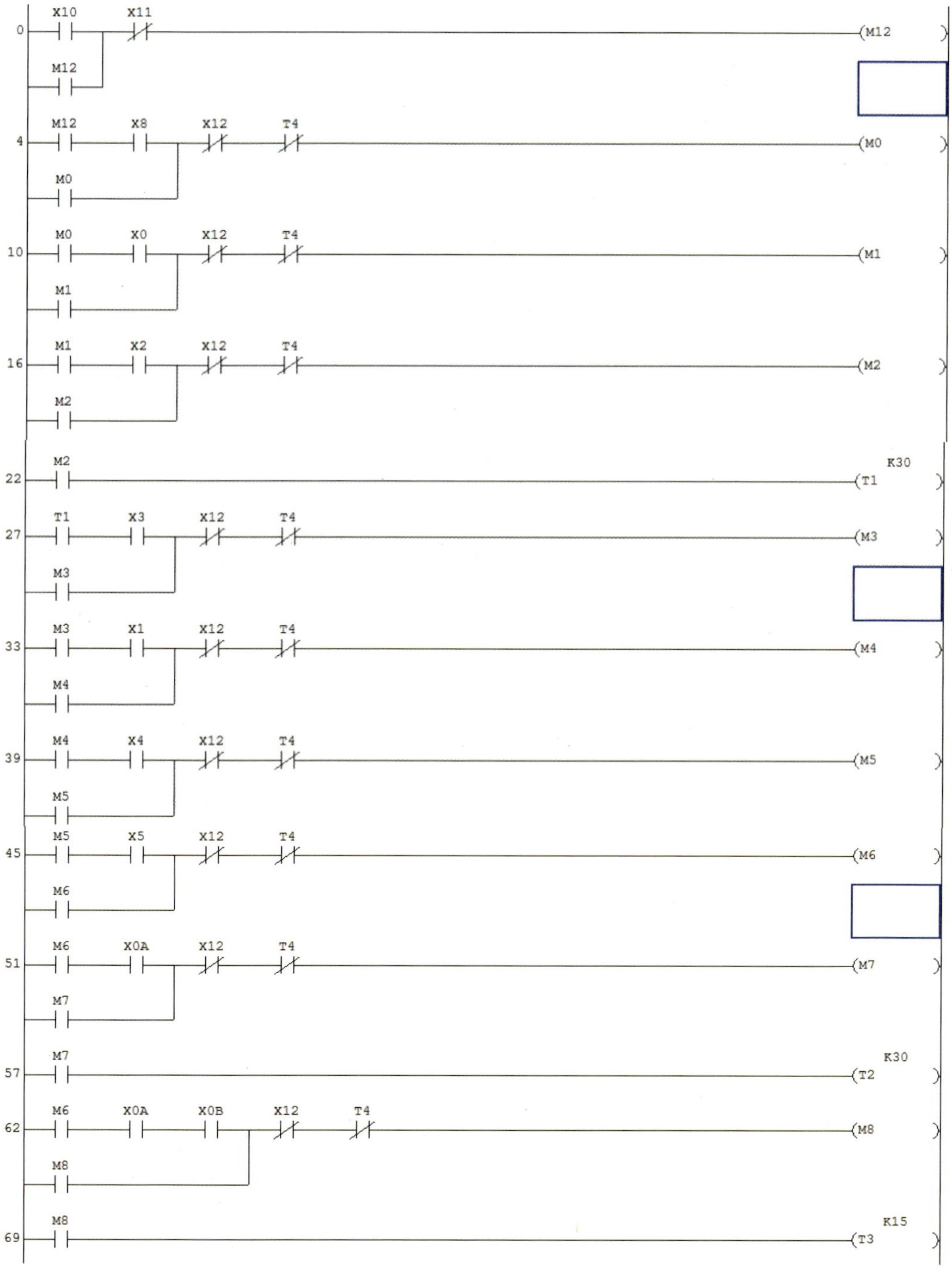
0 X10 X11 M12 M12
4 M12 X8 X12 T4 M0 M0
10 M0 X0 X12 T4 M1 M1
16 M1 X2 X12 T4 M2 M2
22 M2 K30 T1
27 T1 X3 X12 T4 M3 M3
33 M3 X1 X12 T4 M4 M4
39 M4 X4 X12 T4 M5 M5
45 M5 X5 X12 T4 M6 M6
51 M6 X0A X12 T4 M7 M7
57 M7 K30 T2
62 M6 X0A X0B X12 T4 M8 M8
69 M8 K15 T3

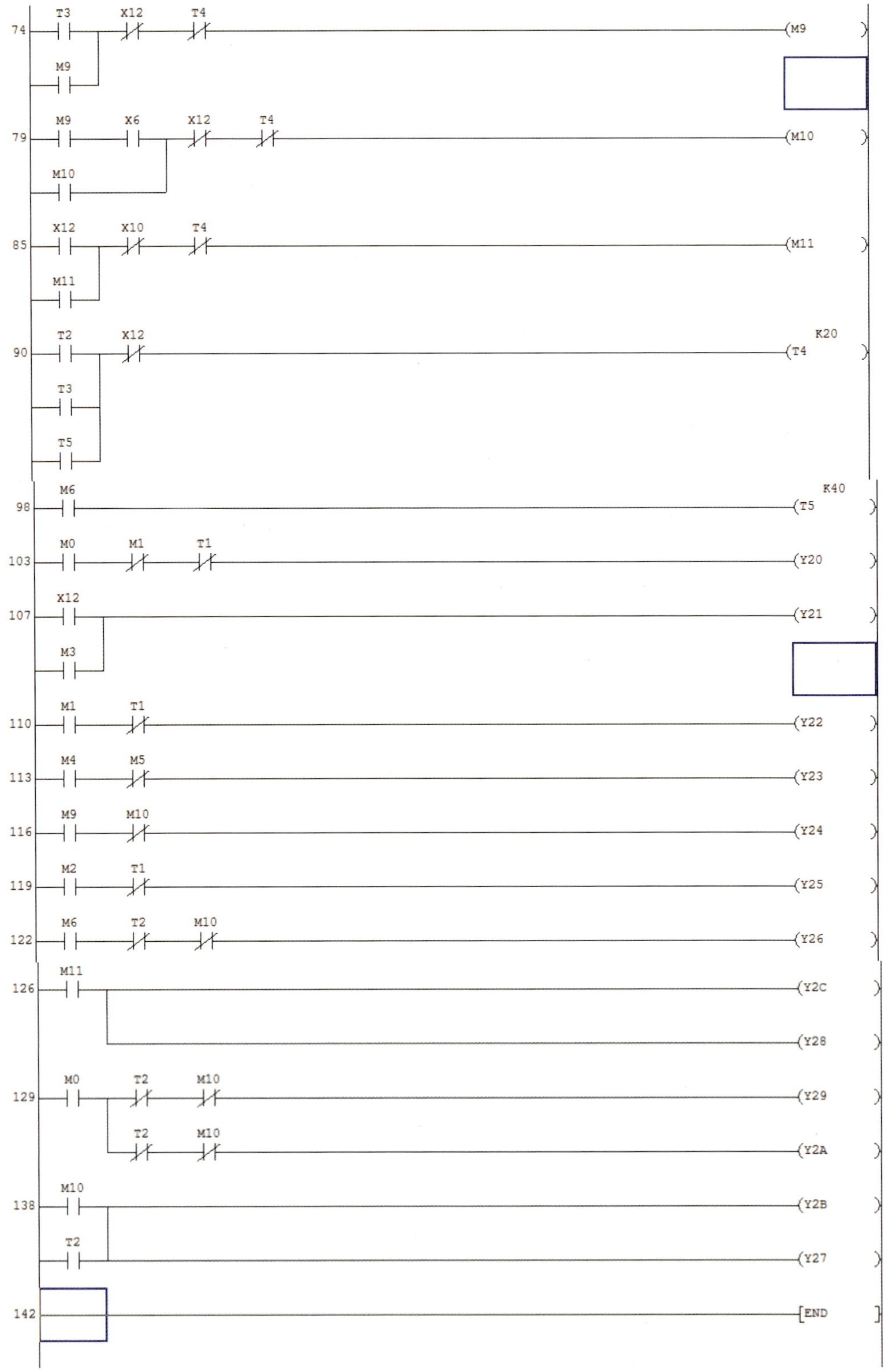

74 T3 X12 T4 M9
M9
79 M9 X6 X12 T4 M10
M10
85 X12 X10 T4 M11
M11
90 T2 X12 T4 K20
T3
T5
98 M6 T5 K40
103 M0 M1 T1 Y20
107 X12 Y21
M3
110 M1 T1 Y22
113 M4 M5 Y23
116 M9 M10 Y24
119 M2 T1 Y25
122 M6 T2 M10 Y26
126 M11 Y2C
Y28
129 M0 T2 M10 Y29
T2 M10 Y2A
138 M10 Y2B
T2 Y27
142 END

제 3 장 MPS 장비

1 Mini MPS TRAINER의 소개

가. Mini MPS TRAINER의 개요

- 본 장비는 메카트로닉스 기사 및 산업기사 실기 시험에 완벽하게 대응하고 현장 기술에 포함되는 시스템 설계, 하드웨어 조립, 공압 요소, Sensor, PLC 제어 등의 기술을 실습할 수 있다.

  구성은 공급, 검사, 이송, 저장의 공정으로 이루어져있으며 자동화 생산시스템의 함축적인 구성요소를 갖추어 있다.

나. Mini MPS TRAINER의 특징 및 사양

1) 특 징

- 부품의 설계 실습을 위하여 부품의 도면이 일부(공급 Unit)가 공급 된다.
- Sensor 및 Motor 등의 전기 배선을 위하여 전기회로 도면이 첨부 된다.
- 본 장비의 하드웨어는 조립실습을 위하여 조립된 상태, 전기배선은 결선되지 않은 상태로 공급된다.

2) 대표 사양

- 공급 Unit

  매거진에 부품이 적재된 후 공급 실린더에 의해 부품이 컨베이어 공정으로 공급이 되도록 공급실린더, 매거진, 공급블록으로 구성된다.
- 컨베이어 Unit

  제품공급으로부터 공급된 부품의 이송을 위한 컨베이어로서 컨베이어벨트, 구동모터, 환벨트용 풀리로 구성된다.
- 센서 Unit

  제품공급공정에 의해 공급된 부품이 제품이송공정에 의해 이동되며, 센서를 활용하여 부품의 유무검사와 부품의 판별이 가능하다.

- 정지 Unit

  컨베이어에 의해 공급된 부품을 이동시키기 위하여 부품의 위치를 고정하는 공정으로 광센서에 의해 부품 유무의 확인이 가능하다.

- 분류 Unit

  스토퍼부에 의해 정지된 부품을 분류하여 적재하기 위해 이송하는 공정으로 진공패드, X, Y축 실린더 등으로 구성된다.

- 저장 Unit

  컨베이어에서 제품 분류공정에 의해 이동된 부품을 적재하는 공정으로 3개의 적재함이 있고, TM SCREW에 의해 지정된 위치로 이동이 가능하며, 구동모터, TM SCREW와 적재함으로 구성된다.

2 MPS장비 분해 조립도

가. 공급 Unit

1) 공급 Unit 분해 조립도

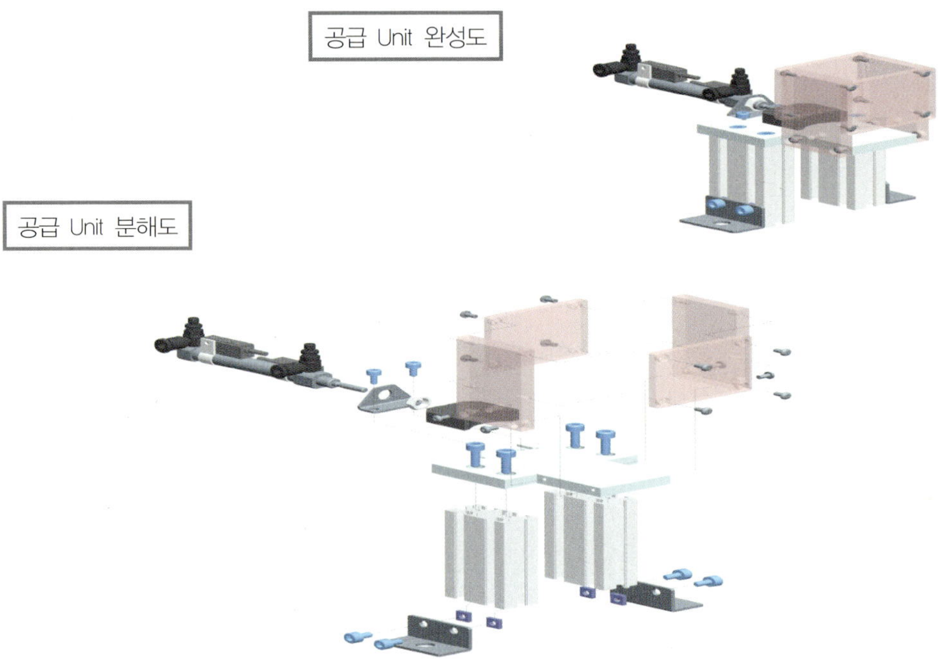

[그림 3.1] 공급유니트 분해도

2) **공급** Unit (Part List)

[표 3-1] 공급 Unit 부품 목록

	품명	규격	수량
1	매거진 A	투명 아크릴	2EA
2	매거진 B	투명 아크릴	2EA
3	공급 블록	흑색 아세탈	1EA
4	공급 베이스	AL 6061	1EA
5	공급 실린더	TCP1L10-45-C73SP	1EA
6	공급 Profile	AL Profile 20x40	2EA
7	공급 브래킷	EGI 2t	2EA

3) **공급** Unit **조립순서**

가) 공급 베이스, 실린더 조립

※필요공구 : 육각렌치 SET
몽키스패너

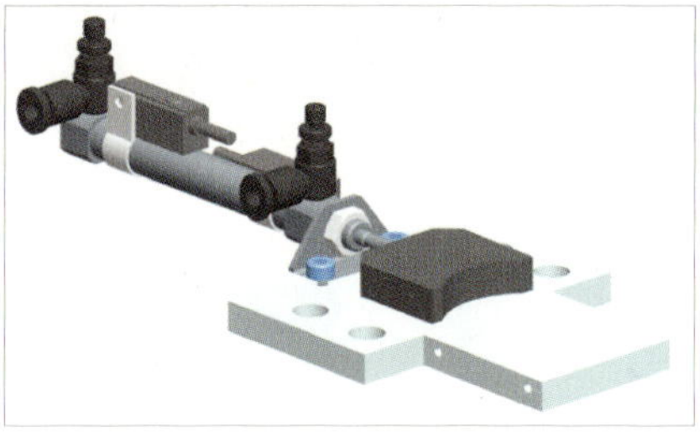

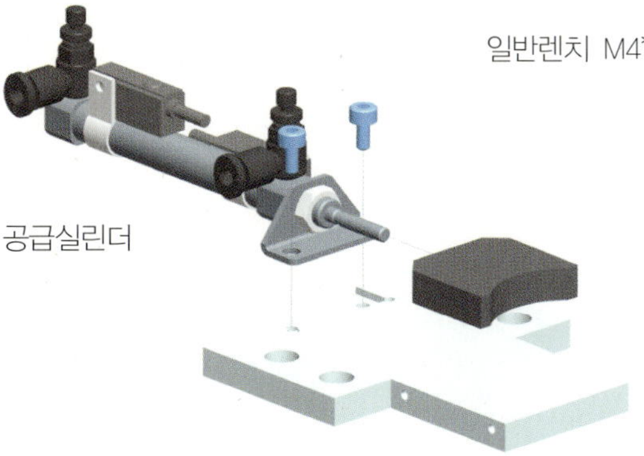

[그림 3.2] 공급베이이, 실린더 조립도

나) 공급 Profile과 브래킷 조립

※필요공구 : 육각렌치 SET

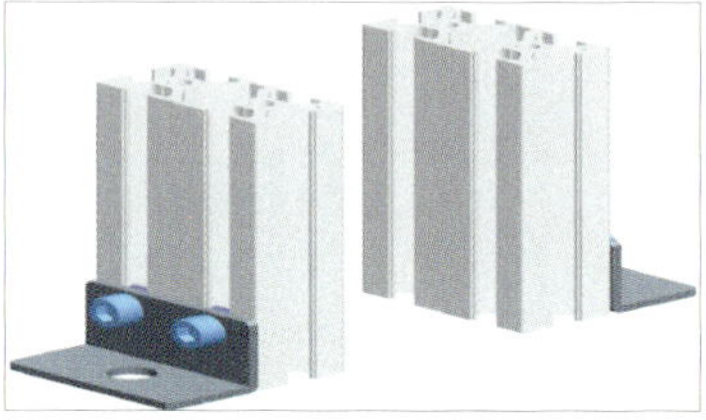

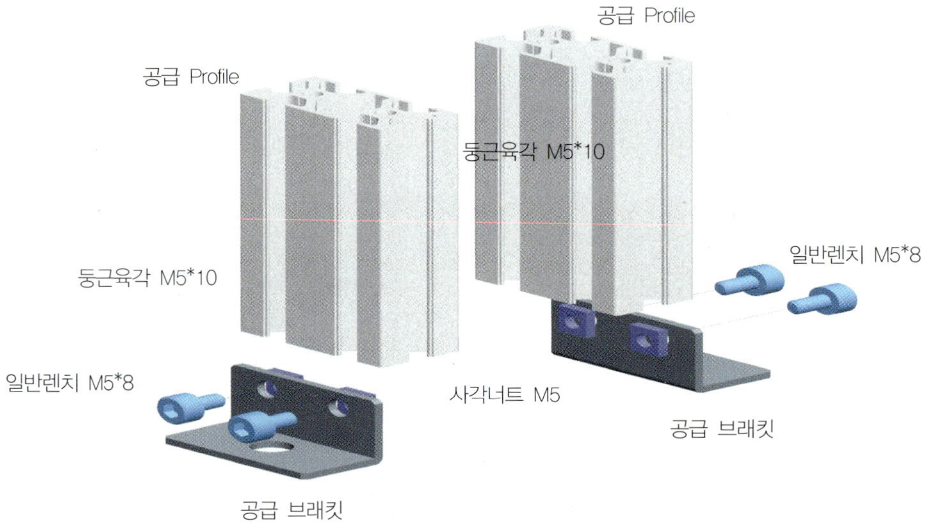

[그림 3.3] 공급 Profile과 브래킷 조립도

다) 공급부분 전체 조립도

※필요공구 : 육각렌치 SET

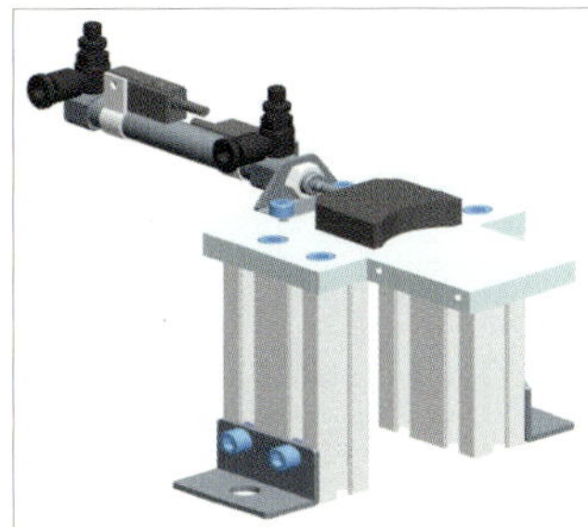

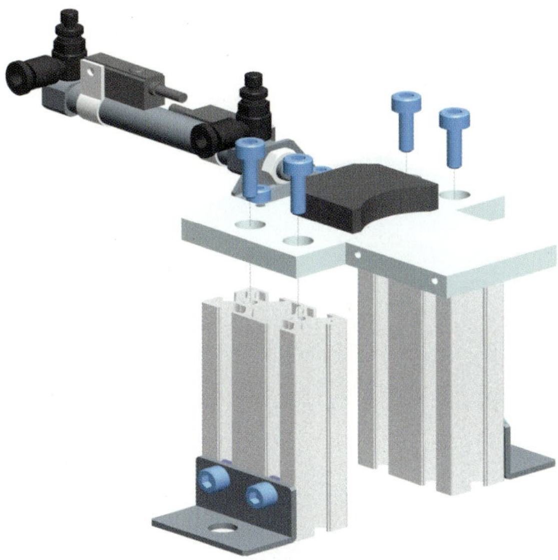

[그림 3.4] 공급 부분 전체 조립도

라) 제품 공급 창고 조립

※필요공구 : +-드라이버

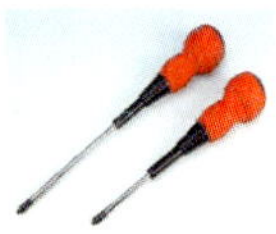

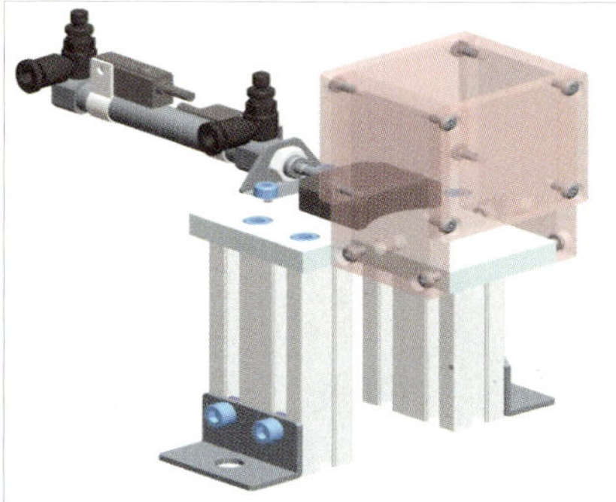

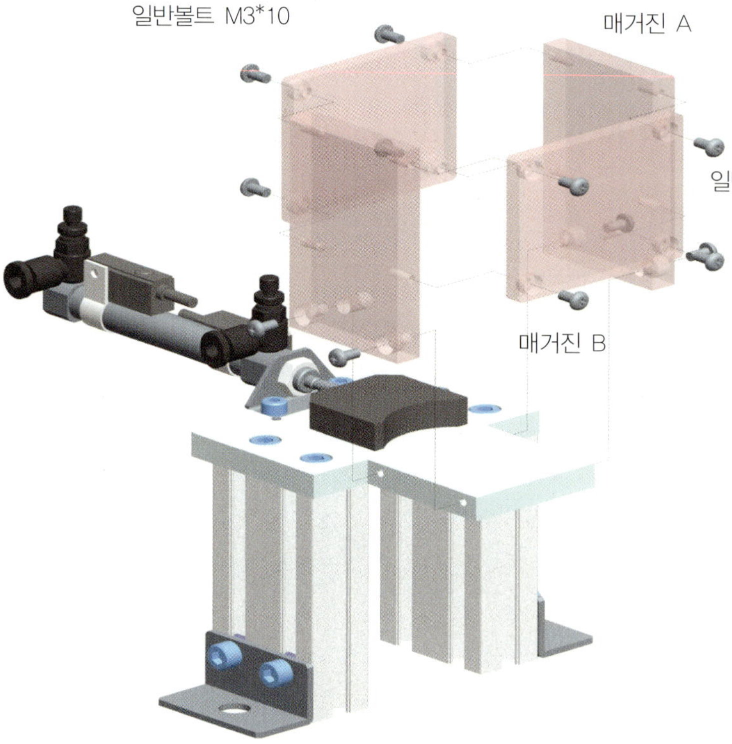

[그림 3.5] 제품 공급 창고 조립

나. 컨베이어 Unit

컨베이어Unit 조립도

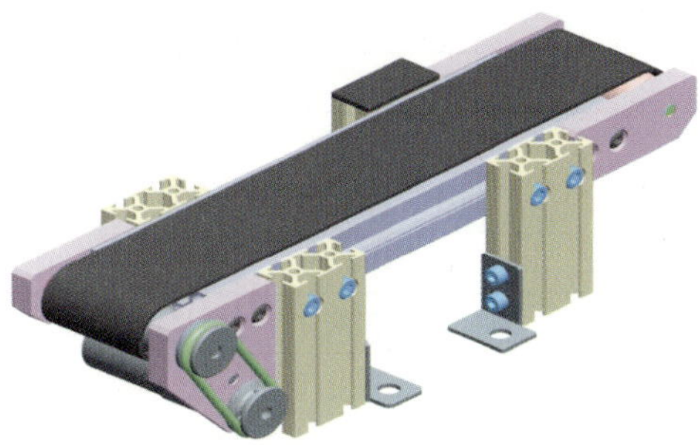

컨베이어Unit 분해도

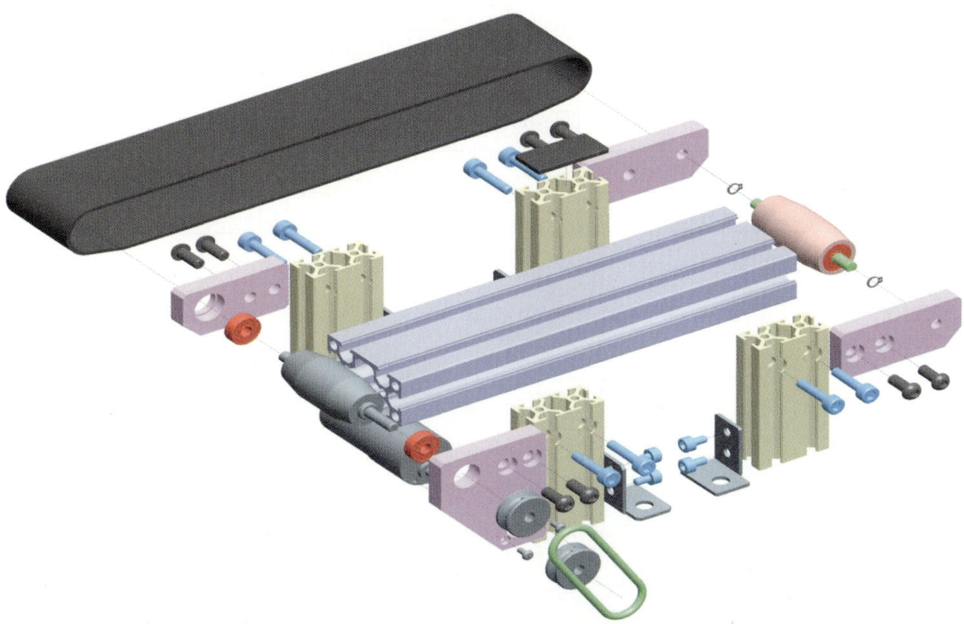

[그림 3.6 컨베이어 Unit 완성 및 분해도

1) **컨베이어** Unit (Part List)

[표 3.] 컨베이어 Unit 부품 목록

	품명	규격	수량
1	컨베이어 BASE	AL Profile 30x60	1EA
2	컨베이어 Profile	AL Profile 20x40	4EA
3	환벨트풀리 A	AL 6061	1EA
4	환벨트풀리 B	AL 6061	1EA
5	모터블록	AL 6061	1EA
6	모터	SB30-24V 1/300	1EA
7	HEAD블록	AL 6061	1EA
8	TAIL블록 A	AL 6061	1EA
9	TAIL블록 B	AL 6061	1EA
10	컨베이어 벨트	625mm	1EA
11	고무벨트	172mm	1EA
12	HEAD롤러	AL 6061	1EA
13	TAIL롤러	AL 6061	1EA
14	TAIL SHAFT	STS 304	1EA
15	END CAP	20x40	1EA
16	컨베이어 브래킷 A	EGI 2t	2EA
17	컨베이어 브래킷 B	EGI 2t	2EA
18	베어링	606ZZ	4EA
19	E-RING	S6	2EA

2) 컨베이어 Unit 조립순서

가) 컨베이어 베이스 조립

※필요공구 :
육각렌치SET + - 드라이버

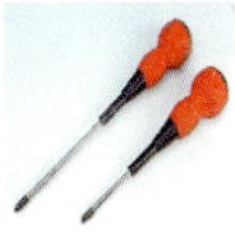

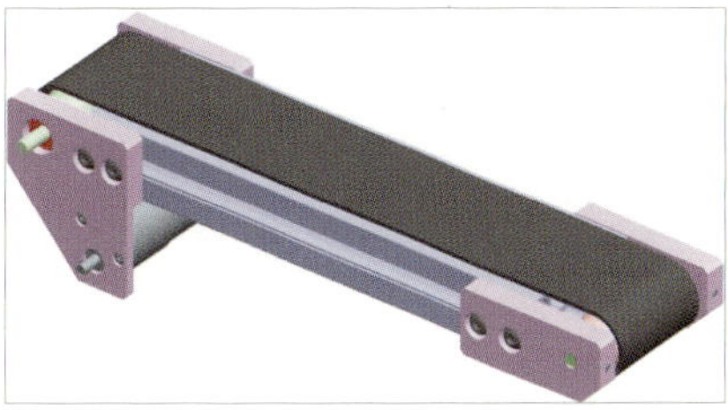

1. 모터블록, HEAD롤러, HEAD블록을 조립한다.
2. TAIL블록 A와 TAIL롤러를 가조립한다.
3. 컨베이어벨트를 HEAD 롤러 쪽에 삽입 후 TAIL 롤러 쪽에 조립한다.

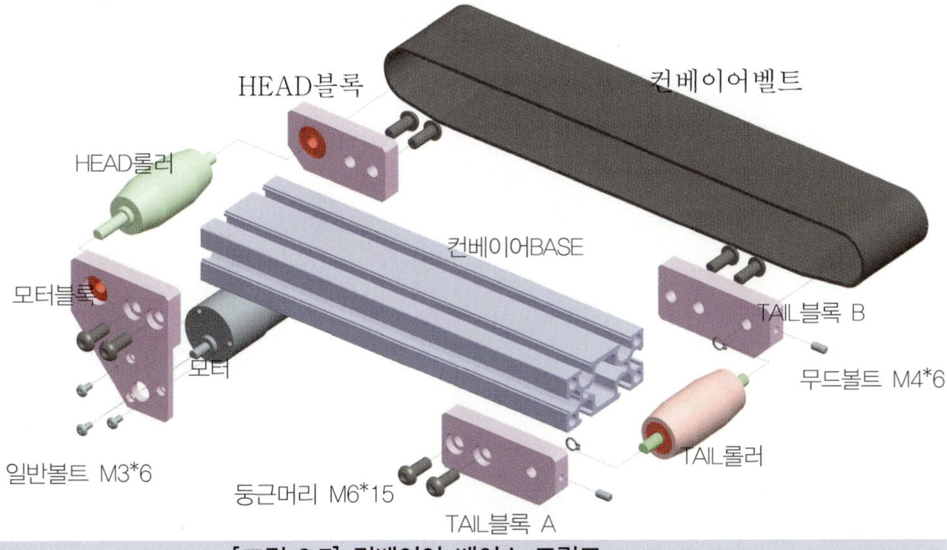

[그림 3.7] 컨베이어 베이스 조립도

나) 컨베이어 Profile 조립

※필요공구 : 육각렌치SET

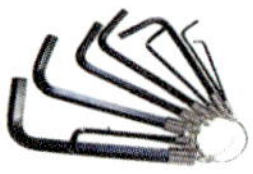

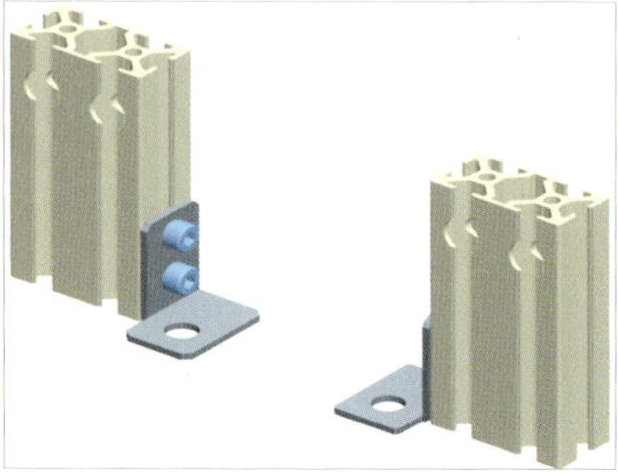

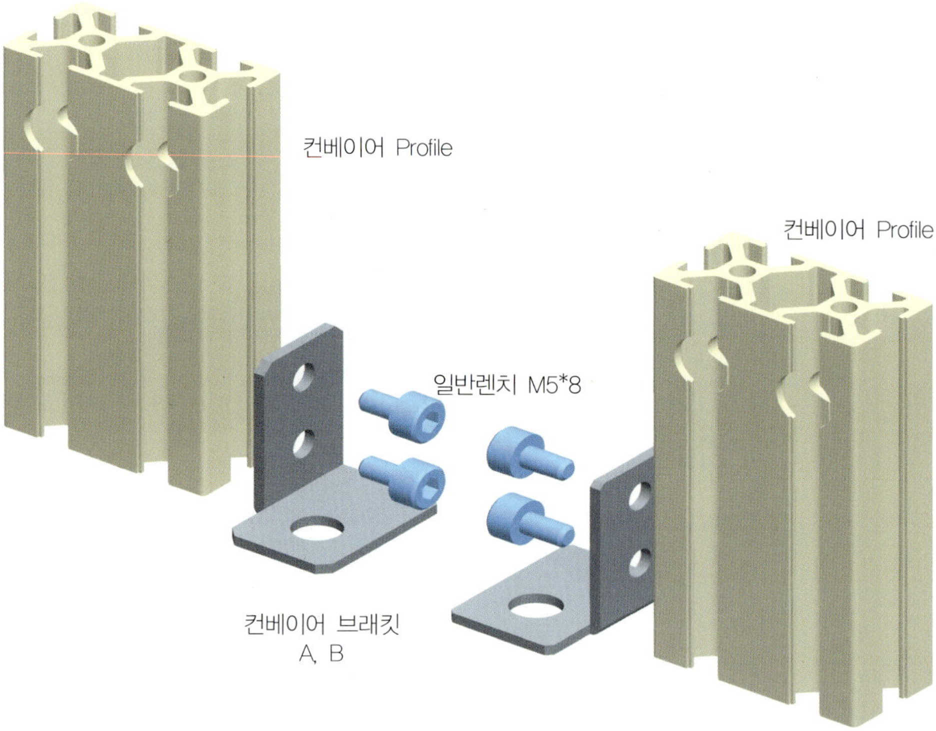

[그림 3.8] 컨베이어 Profile 조립도

다) 컨베이어 조립

※필요공구 : 육각렌치 SET

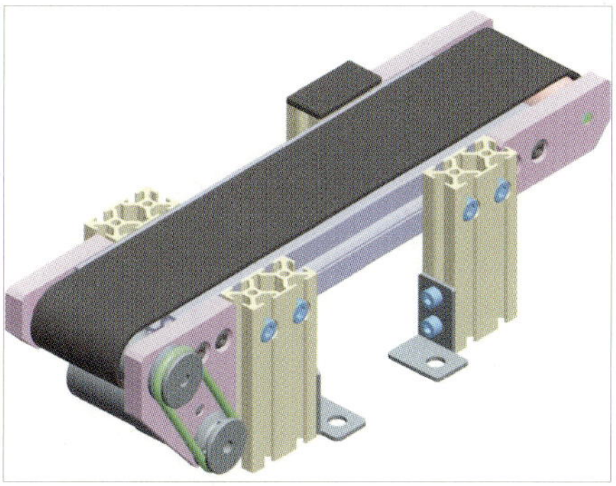

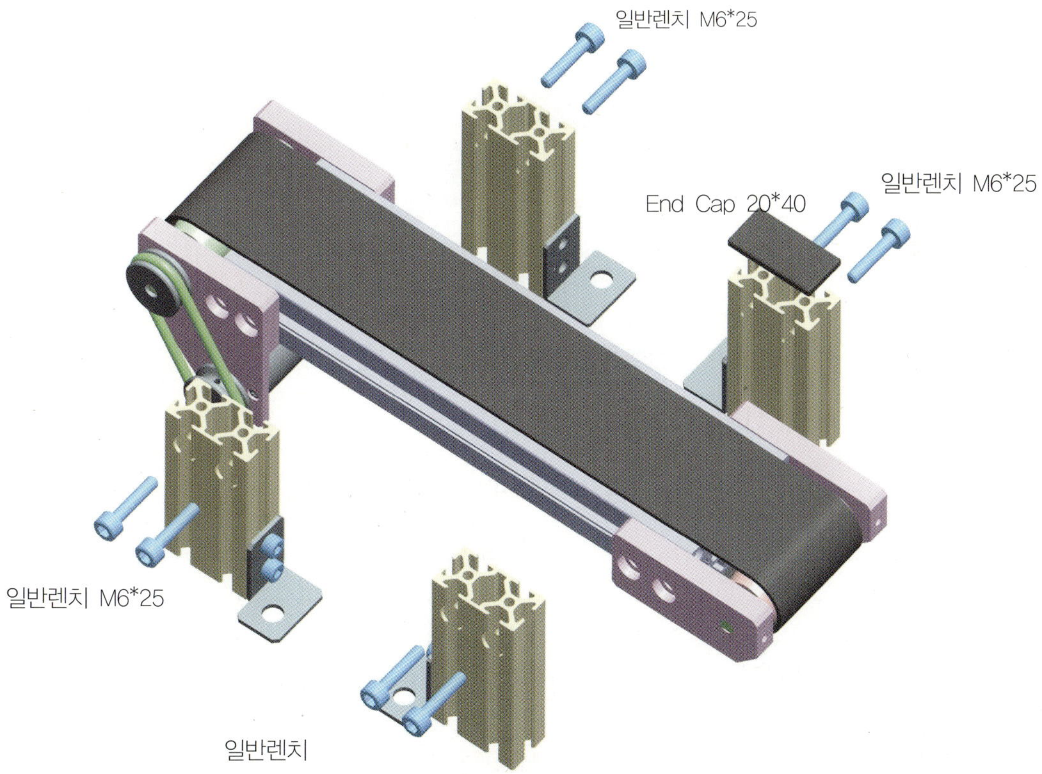

[그림 3.9] 컨베이어 조립도

다. 정지 Unit

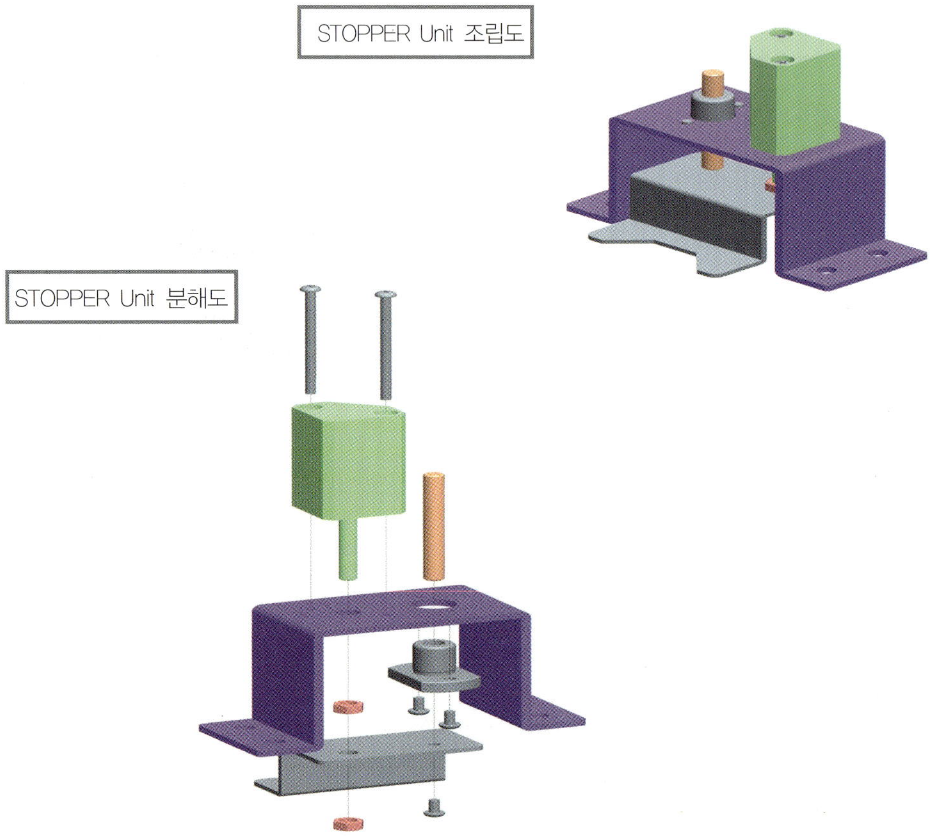

[그림 3.10] STOPPER Unit 분해 조립도

1) 정지 Unit (Part List)

[표 3.3] 정지 Unit 부품 목록

	품명	규격	수량
1	리니어부쉬	LHFC6	1EA
2	실린더	TCDQ2B12-20DM-A73K	1EA
3	앵글브래킷	EGI 3t	1EA
4	SHAFT	STS 304	1EA
5	STOP브래킷	EGI 2t	1EA
6	일반볼트	M3x50	2EA
7	일반볼트	M3x6	3EA
8	너트	M4	2EA

2) **정지** Unit **조립순서**

※필요공구 : 육각렌치 SET, + − 드라이버, 몽키스패너

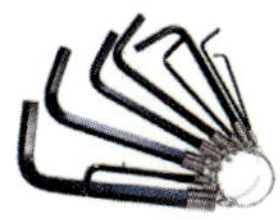
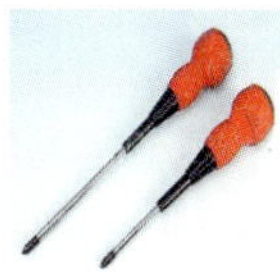

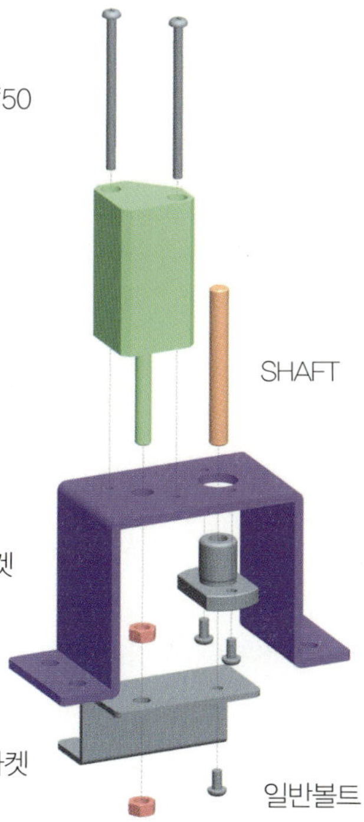

[그림 3.11] 정지 Unit 조립 순서

라. SENSOR Unit

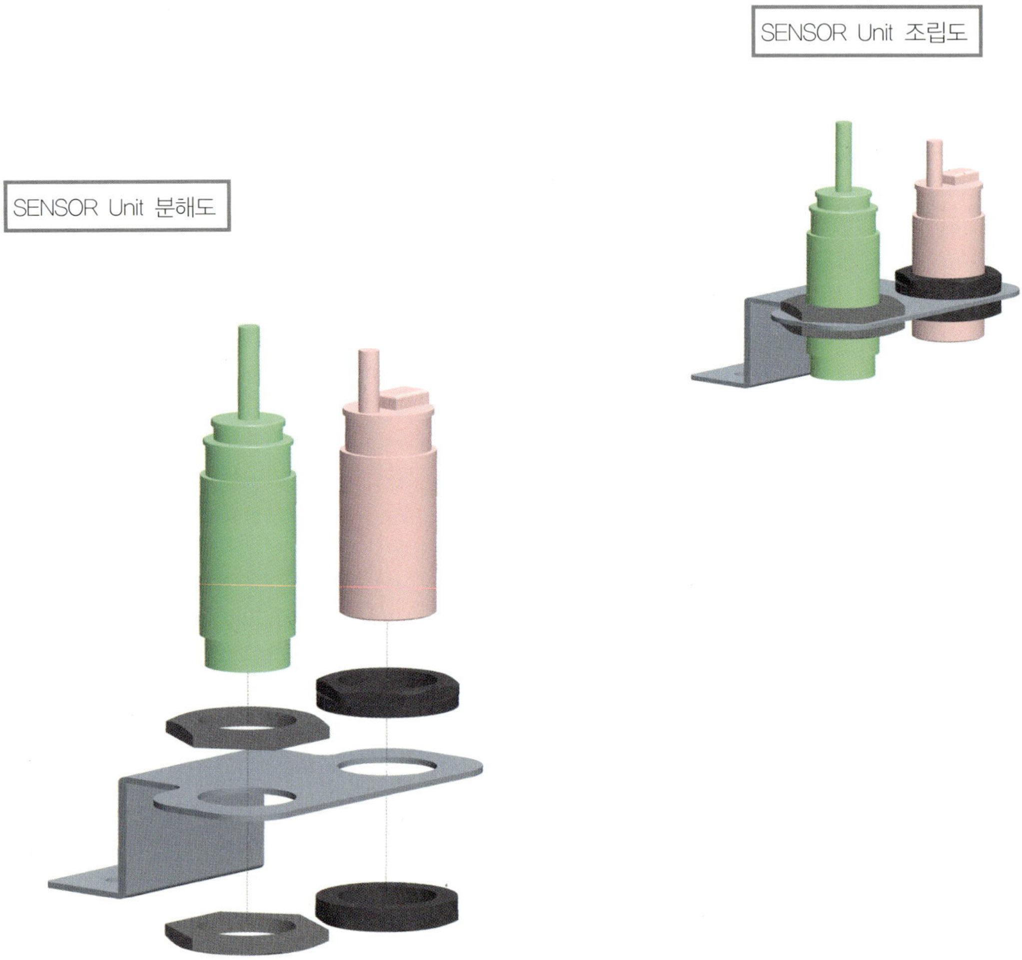

[3.12] SENSOR Unit 분해 조립도

1) 센서 Unit (Part List)

[표 3.4] 센서 Unit 부품 목록

	품명	규격	수량
1	근접센서	PRL18-8DN	1EA
2	용량형센서	CR18-8DN	1EA
3	센서브래킷	EGI 3t	1EA

2) **센서** Unit **조립순서**

※필요공구 : 몽키 스패너

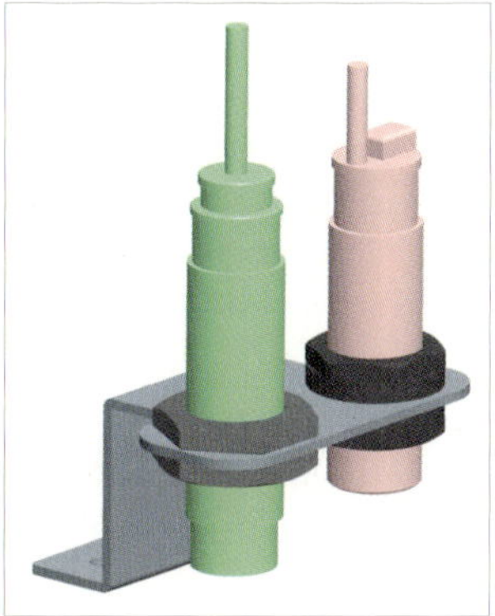

[그림 3.13] 센서 Unit 조립 순서도

마. 분류 Unit

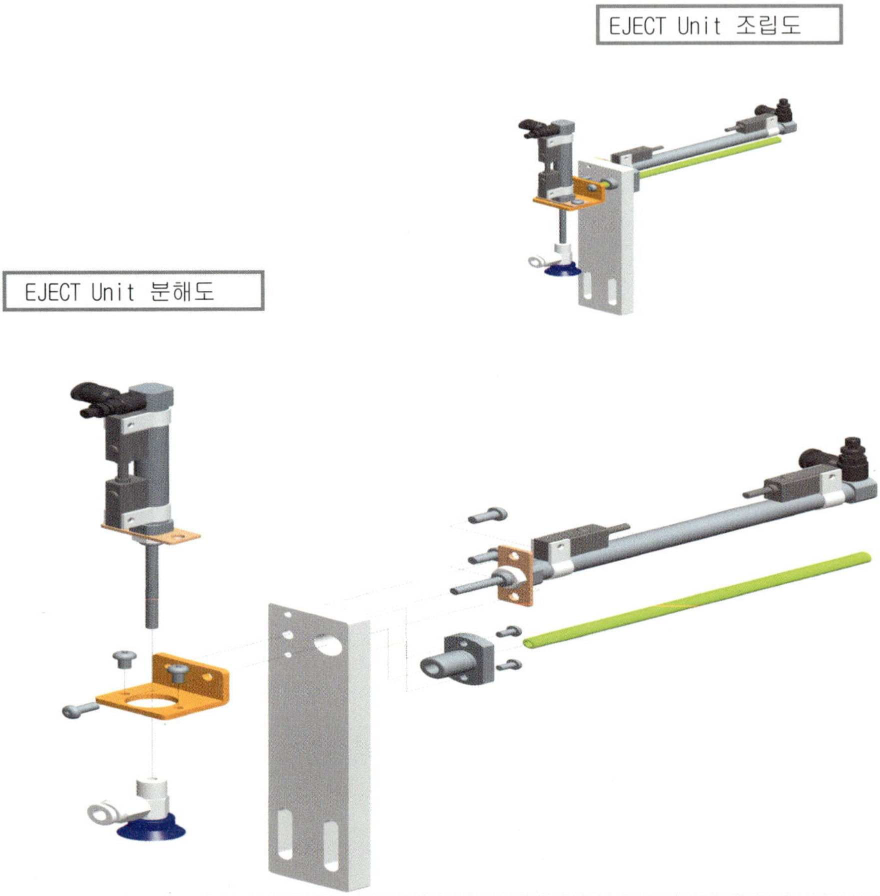

[그림 3.14] 분류 Unit 분해 조립도

1) **분류** Unit (Part List)

[표 3.5] 분류 Unit 부품 목록

	품명	규격	수량
1	리니어부쉬	LHFC6	1EA
2	진공패드용	Fitting	1EA
3	실린더 A	TCP1F10-100-C73K	1EA
4	실린더 B	TCP1F10-30-C73K	1EA
5	X축 블록	AL 6061	1EA
6	X축 SHAFT	STS 304	1EA
7	Y축 브래킷	EGI 2t	1EA

2) **분류 Unit 조립순서**

가) 실린더 A와 블록 조립

※필요공구 : + −드라이버몽키 스패너

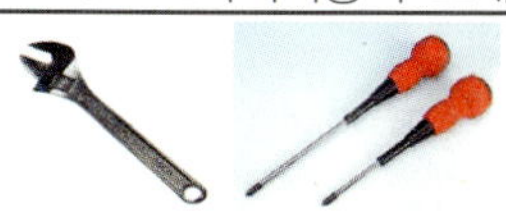

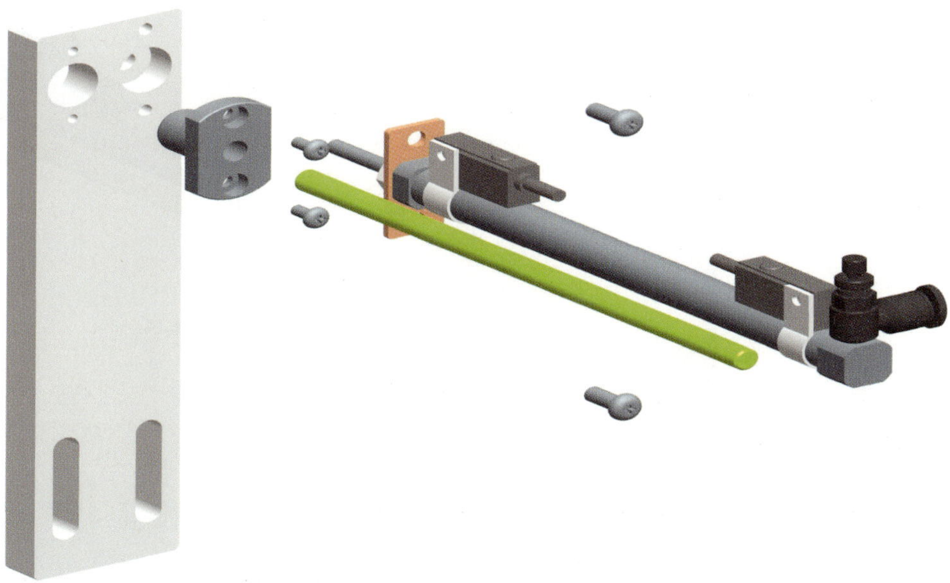

[그림 3.15] 실린더 A와 블록 조립도

3) 실린더 B와 X축부 조립

※필요공구 : + −드라이버
몽키 스패너

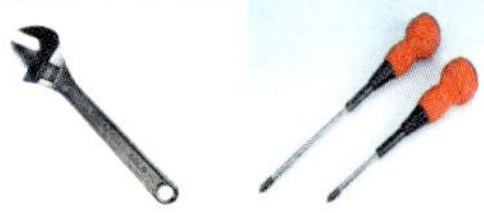

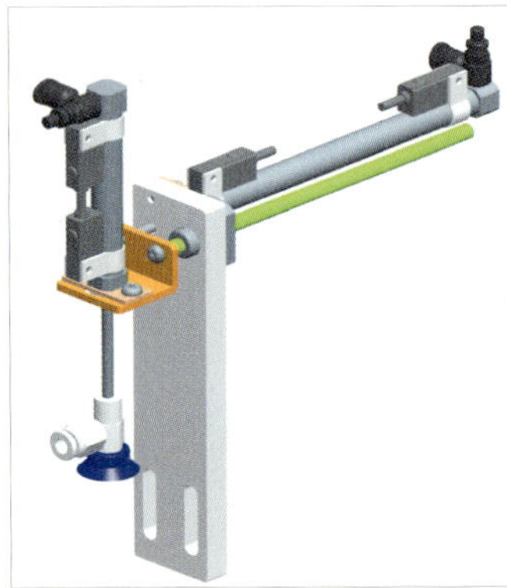

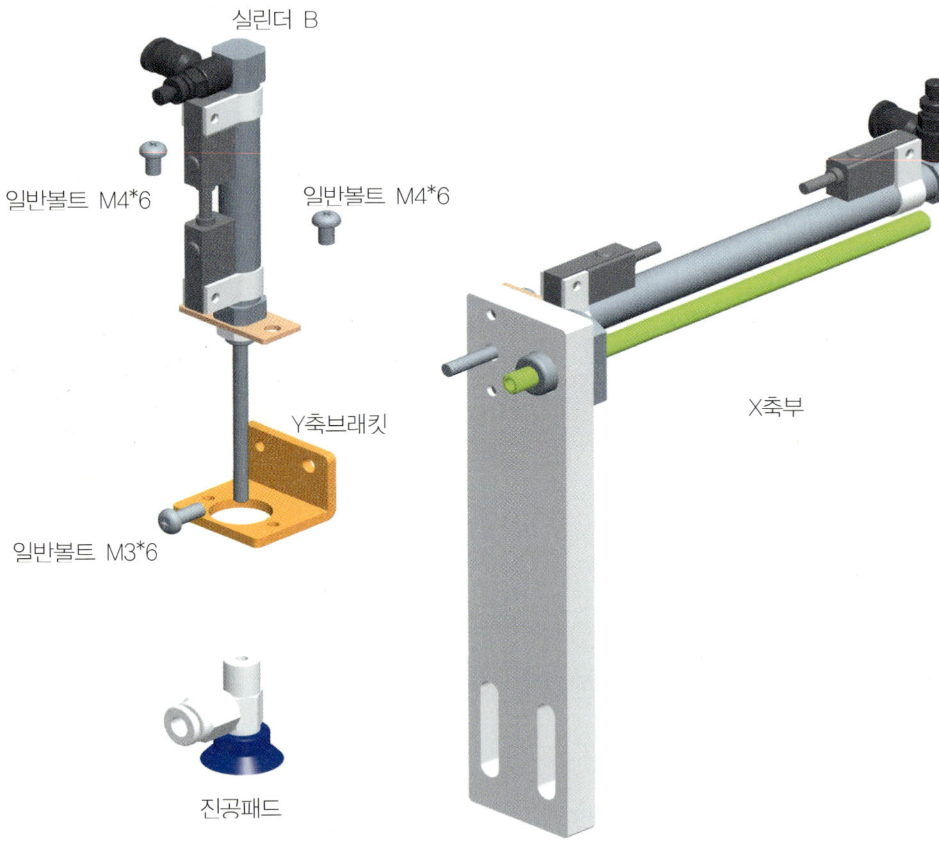

[그림 3.16] 실린더 B 와 X축부 결합

바. 저장 Unit

STORE Unit 조립도

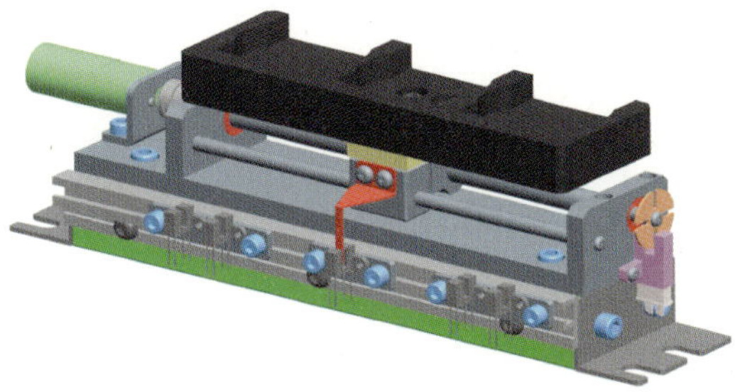

STORE Unit 분해도

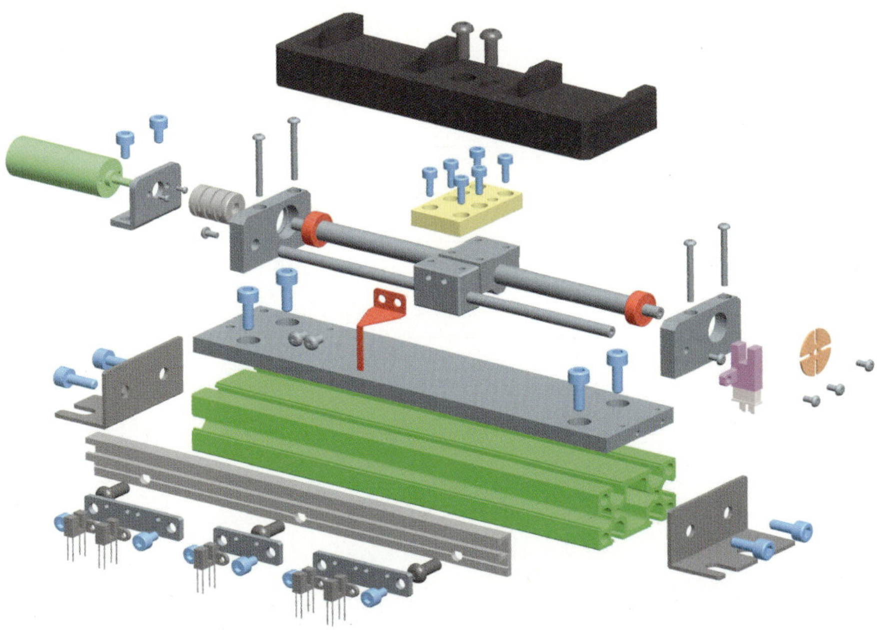

[그림 3.17] 저장 유니트 분해 조립도

1) **저장** Unit (Part List)

[표 3.6] 저장 Unit 부품 목록

	품명	규격	수량
1	저장베이스	흑색아세탈	1EA
2	연결블록	AL 6061	1EA
3	볼스크류	211mm	1EA
4	리니어부쉬	LHSS6	1EA
5	저장 SHAFT	STS 304	1EA
6	저장 베이스	AL 6061	1EA
7	저장 Profile	AL Profile 30x60	1EA
8	스크류홀더 A	AL 6061	1EA
9	스크류홀더 B	AL 6061	1EA
10	커플링	SRB16C 4-6	1EA
11	모터브래킷	EGI 2t	1EA
12	모터	GM-20B 1/30	1EA
13	저장브래킷 A	EGI 2t	1EA
14	저장브래킷 B	EGI 2t	1EA
15	센서레일	SENCK5-300	1EA
16	센서블록	AL 6061	3EA
17	포토센서	GP1L51	5EA
18	포토센서	BS5-T2M	1EA
19	포토블록	AL 1t	1EA
20	위치센서	EGI 1t	1EA
21	베어링	606ZZ	2EA

2) 저장 Unit 조립순서

가) 위치센서 조립

※필요공구 : 육각렌치 SET
+ − 드라이버

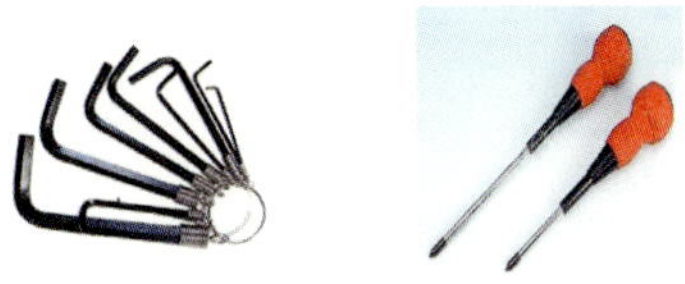

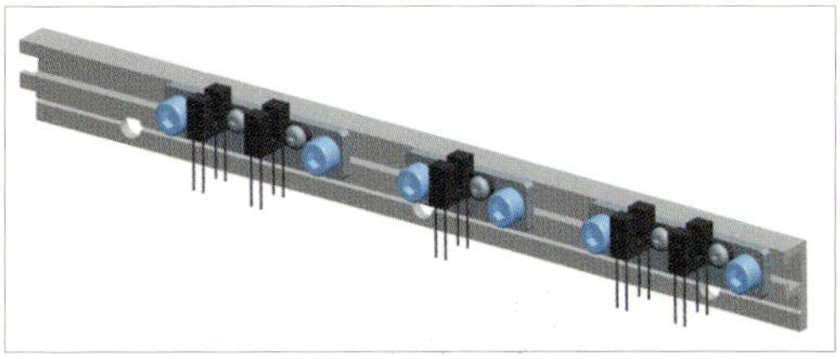

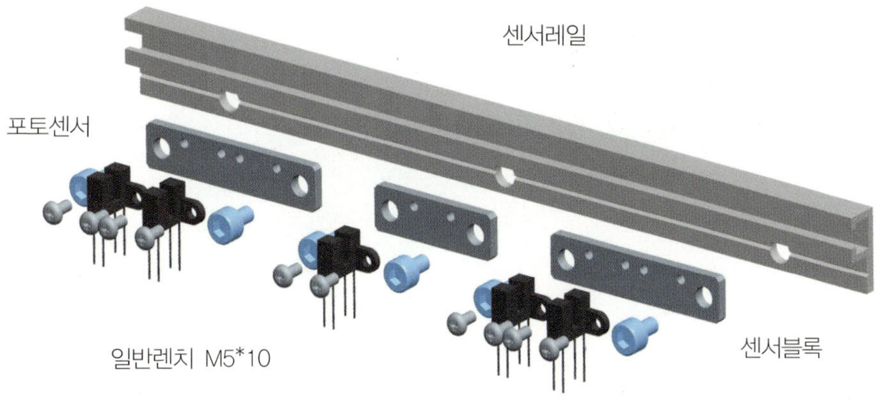

[그림 3.18] 위치 센서 조립도

나) 저장 BASE 조립

※필요공구 : 육각렌치 SET

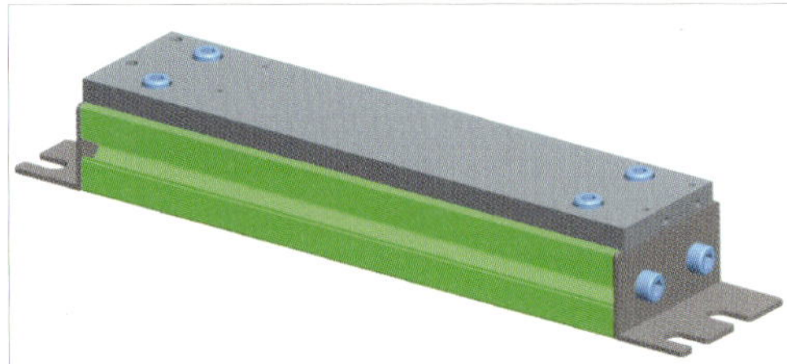

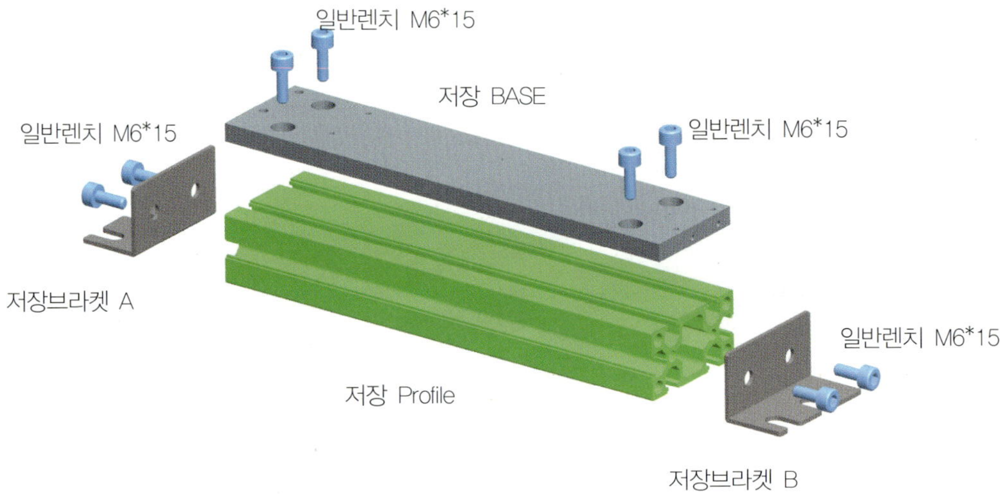

[그림 3.19] 저장 BASE 조립도

다) 위치 센서 + 저장 BASE 조립

※필요공구 : 육각렌치 SET

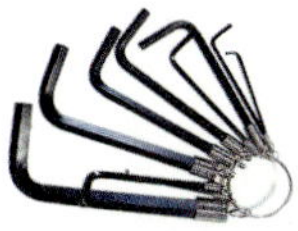

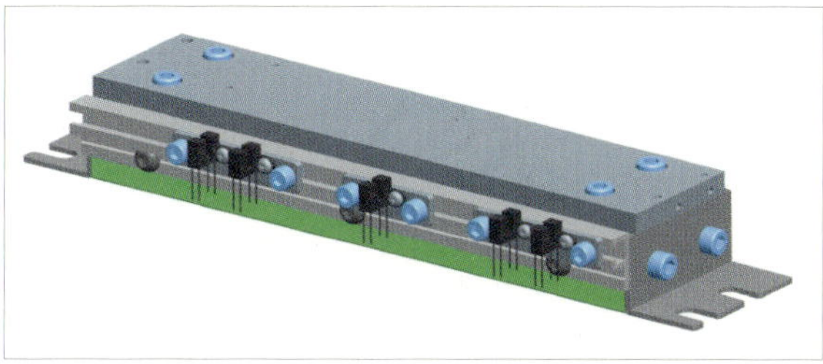

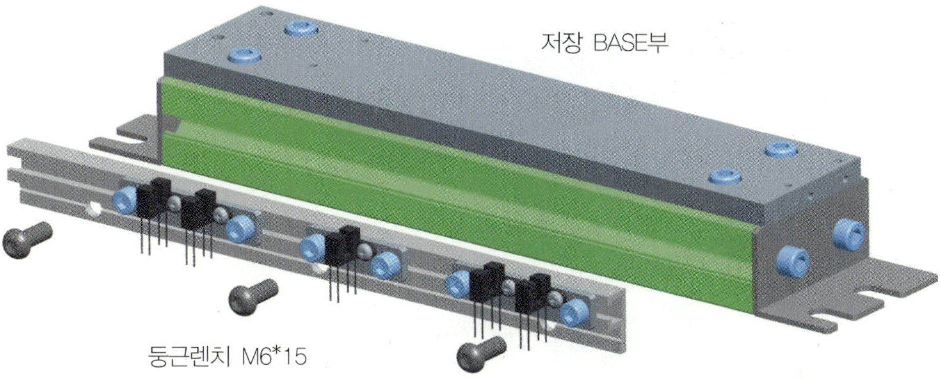

[그림 3.20] 위치센서 + 저장 BASE 조립

라) 볼스크류 및 저장창고 조립

※필요공구 : 육각렌치 SET + − 드라이버

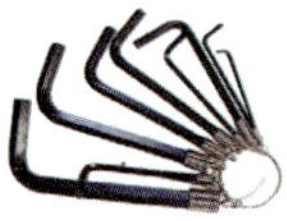

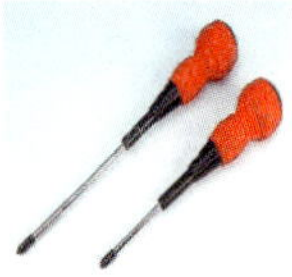

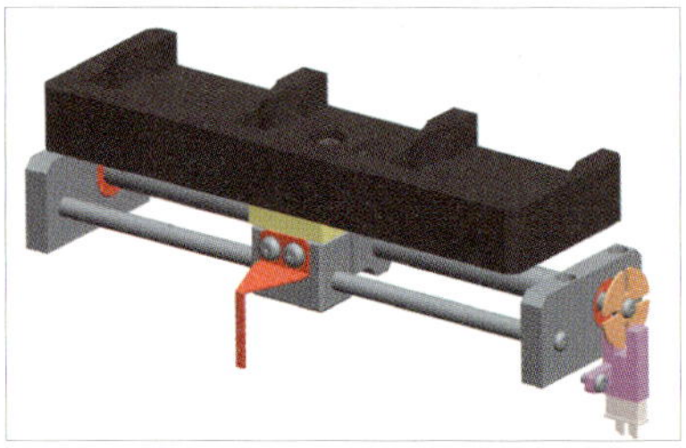

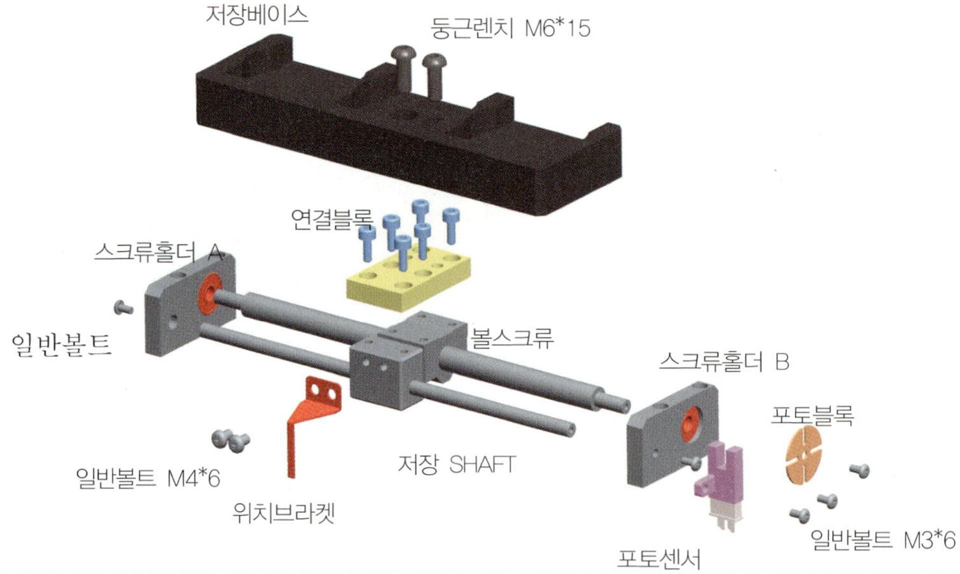

[그림 3.21] 볼스크류 및 저장창고 조립도

마) 저장창고 및 저장베이스 조립

※필요공구 : 육각렌치 SET
+ − 드라이버

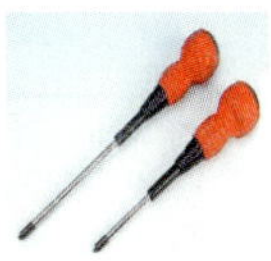

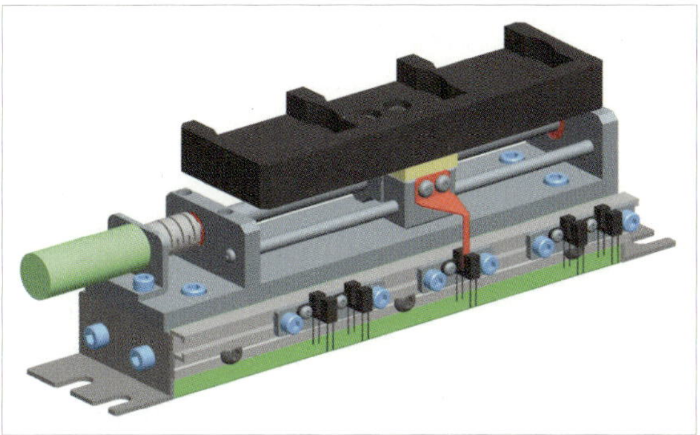

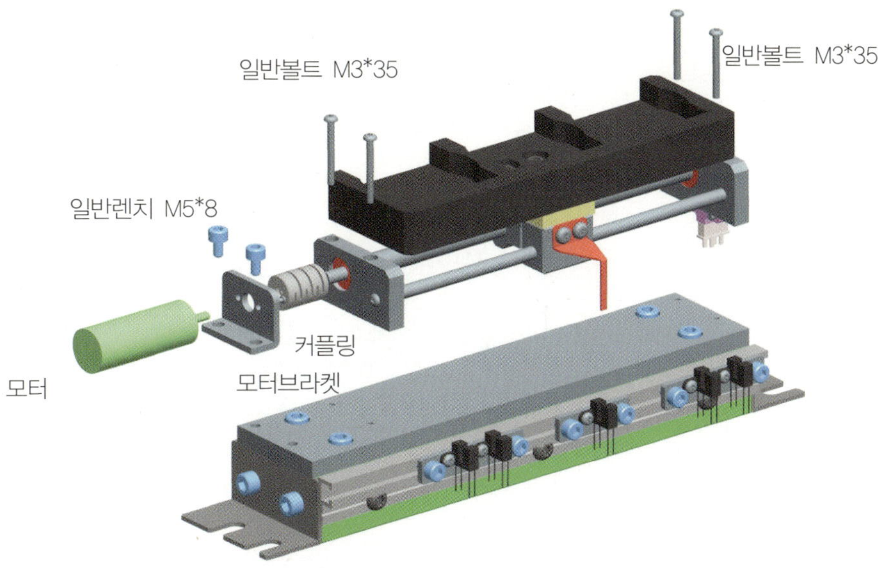

[그림 3-22] 저장 창고 및 저장 베이스 조립

3 장비 배선도

가.COMMON 단자 베선도

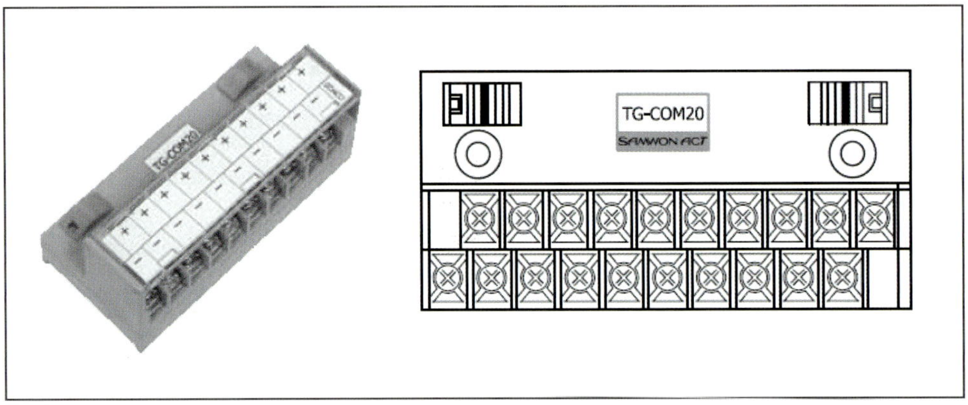

[그림 3.23] COMMON 단자대

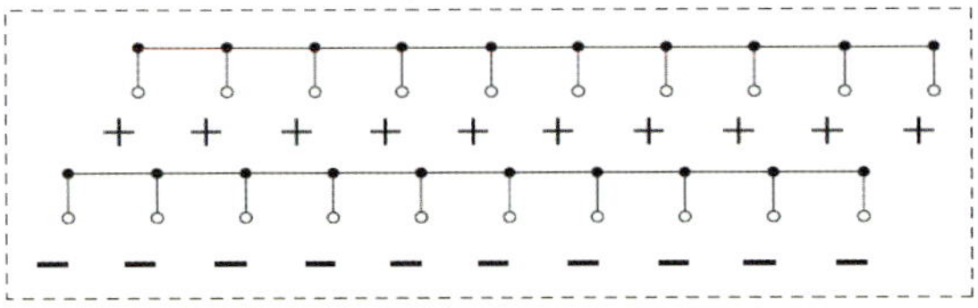

연결방법: COMMON 단자에 DC 전원을 한단자에 연결 하면 다음 결선도와 같이 결선이 되어 있기 때문에 DC전원을 단자로 배선하여 쓸 수 있다.

[그림 3.24] COMMON 단자대 결선도

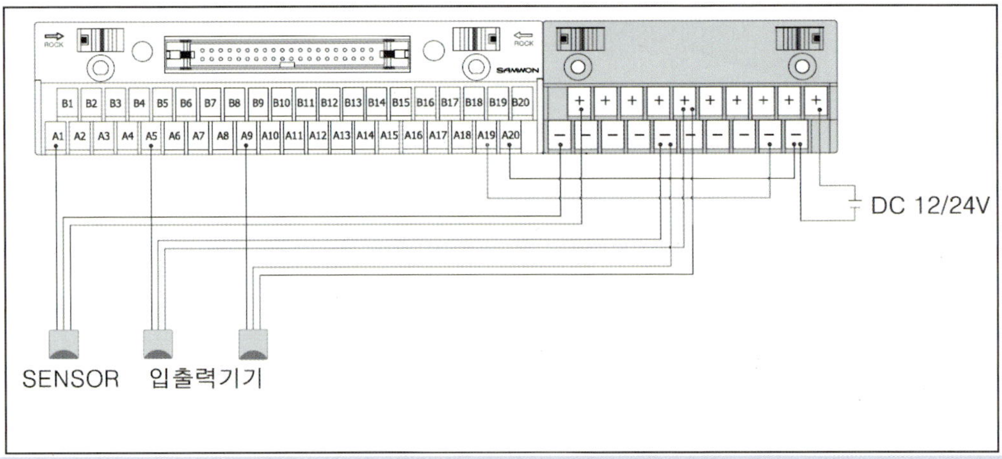

[그림 3.25] COMMON 단자 결선 예

나. 센서 배선도

- I/O 결선도에 기재 되어있는 순서대로 배선 작업을 한다. 입력 배선 연결에선 각종 여러 가지로 입력요소들이 구성 되어 있어서 그 입력 요소의 역할과 배선 연결 방법을 이해한다.

다음 그림과 설명은 MET 장비의 각종 센서와 리밋스위치의 설명과 배선 연결방법을 기재해 놓은 것이다. 자세히 보고 배선을 하도록 한다.

그리고, 센서의 배선 길이는 한정되어 있기 때문에 연결 될 거리를 젤 때 정확하게 파악한 다음 배선을 절단하여 연결을 하는데, 배선 정리를 한 다음 마지막에 선을 절단하면서 연결 하는것이 효율적이다.

(※주의: 센서의 COM이나 배선을 잘못 잡아서 연결 하였을 때, 센서가 이상이 생기거나 불량이 날수 있으므로 회로도를 잘 보고 배선 작업을 하도록 한다.)

1) 리밋센서

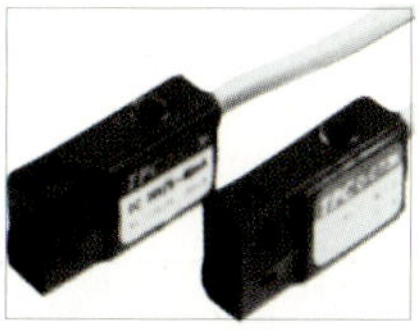

자성체의 리드접점을 유리관속에 봉입해 넣은 것으로서 외부에서 자력(자석, 혹은 코일에 전류를 흘려서 자계를 형성시킴)을 주면 접점이 붙어서 스위치동작을 하는 스위치이다.

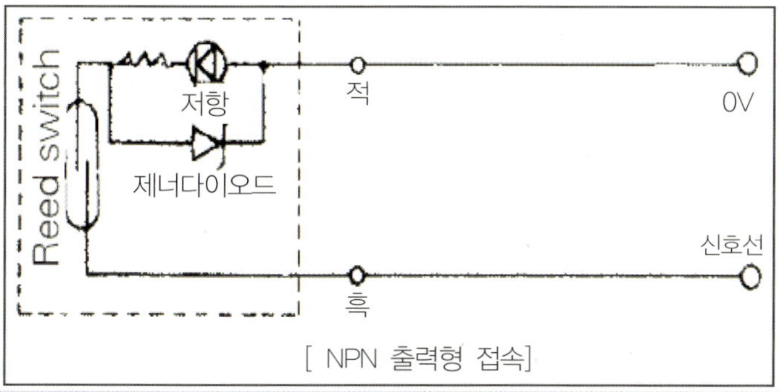

[그림 3.26] 리밋 센서

2) 광화이버 센서

- 광화이버 센서 개요
  - 광 화이버 센서란 포토센서에 렌즈를 제거하고 여기에 광 화이버 케이블을 조합하여 마크 검출, 초소형 물체의 유무를 검출하기 위한 용도로 만든 센서로 광 화이버 케이블의 유연한 성질을 이용하여 협소한 장소도 자유롭게 취부할 수 있는 특징이 있다.

- 광화이버 센서의 검출 방법
  - 평행한 2선의 화이버 케이블이 하나의 후드에 결합되어 있으며, 검출물체의 반사광을 검출하는 방식으로 검출물체의 색상에 따라 검출거리가 달라지므로 검출물체의 배경 색상에 주의 하며 연결 한다.

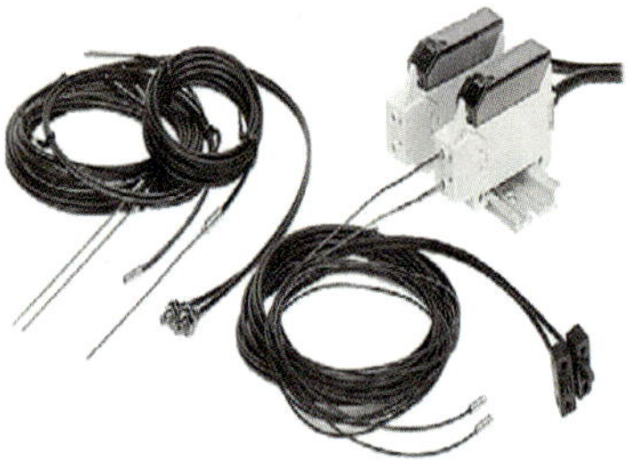

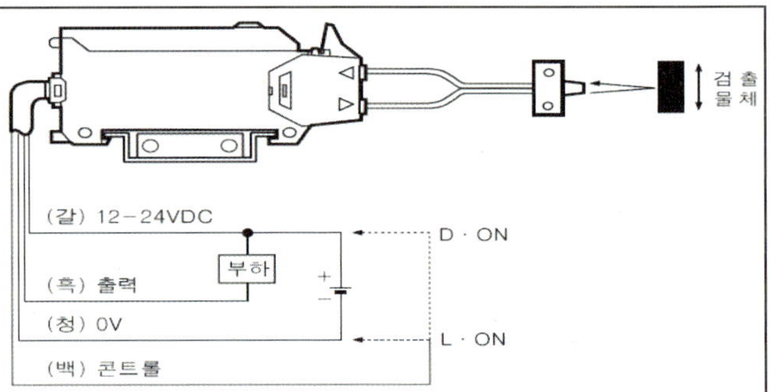

[광화이버 앰프 접속도]

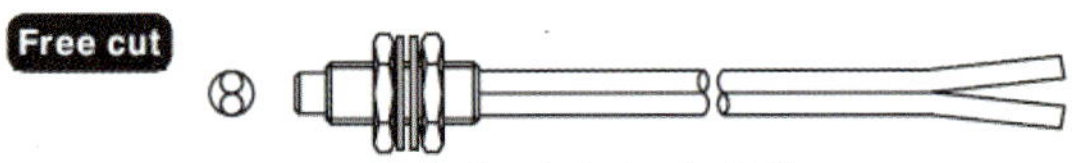

[광 화이버 케이블]

[그림 3.27] 광화이버 센서

3) **근접센서**

- 근접센서란?

근접센서란 종래의 마이크로 스위치나 리미트 스위치처럼 기계적인 접촉에 의한 검출방식이 아니라 검출체가 가까이 근접했을 때 검출 대상물체의 유 · 무를 판별하는 무접촉 방식의 검출기(센서) 이다.

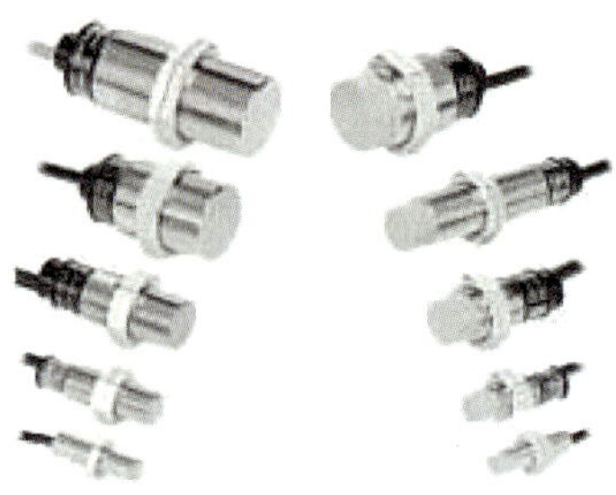

[그림 3.28] 근접 센서

- 직류 3선식 센서 배선 회로도

직류 3선식 근접센서의 출력형식에는 NPN 유니버샬 출력형과 PNP 유니버샬 출력형 2가지가 있으며, 직접 파워 릴레이, 솔레노이드, 전자카운터, PLC 등의 직류 구동부하를 개폐합니다.

- PLC와의 접속했을 시 접속 해로도

직류3선식 근접센서를 PLC에 접속 시 COMMON 3단자의 상태에 따라 결선방식이 달라지므로 결선 시 주의 한다.

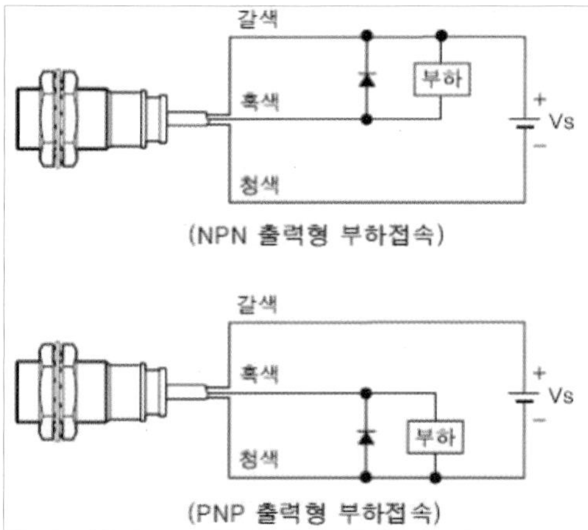

[직류 3선식 센서 회로도]

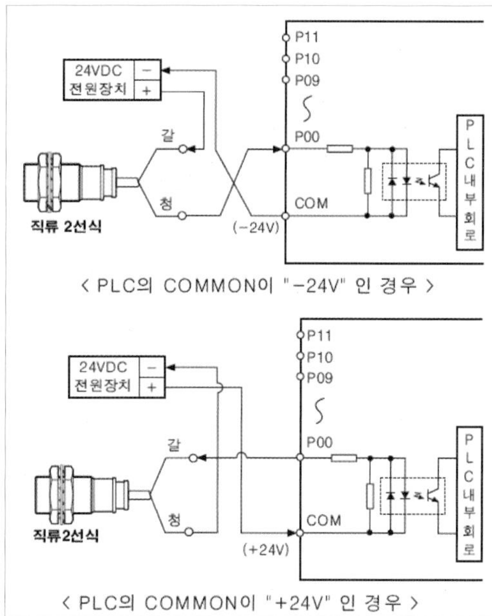

[PLC와 센서 접속 해로도]

[그림 3.29] 근접 센서 접속 회로도

4) 포토센서

- 포토센서란?

검출용 센서에는 응용하는 매체에 따라 여러 가지로 구분 되는데, 특히 “光” 을 매체로서 응용한 것을 포토센서라고 부른다. 포토센서는 무 접촉식 검출방식으로 물체의 유 · 무, 통과 여부뿐만 아니라, 물체의 대 · 소, 색상, 명암 등을 검출하는 것이 대표적인 용도이다.

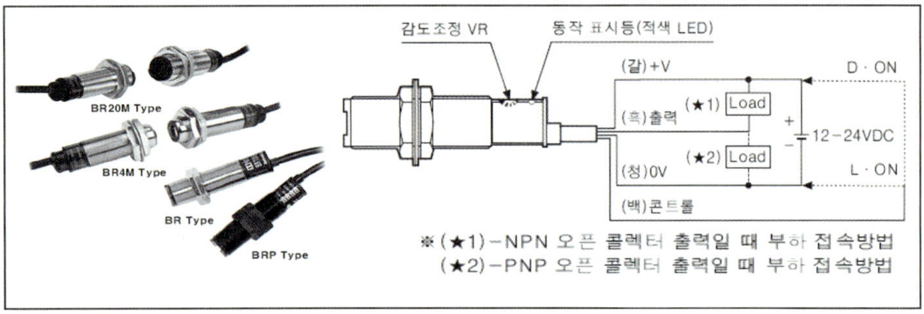

[포토센서 검출 접속도]

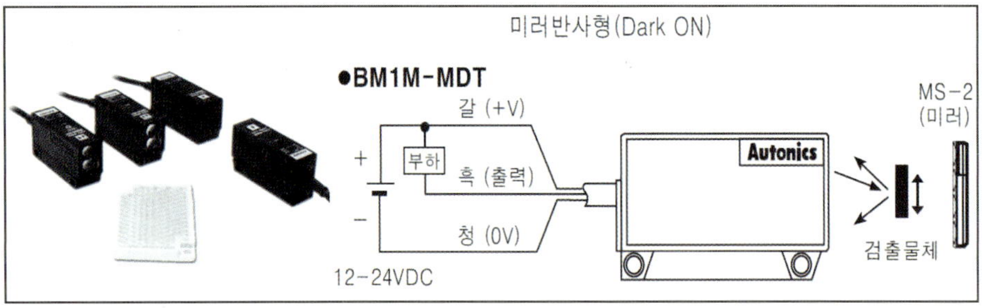

[소형경량의 보급형 센서 접속도]

[그림 3.30] 포토센서

다. Sol Valve 배선도

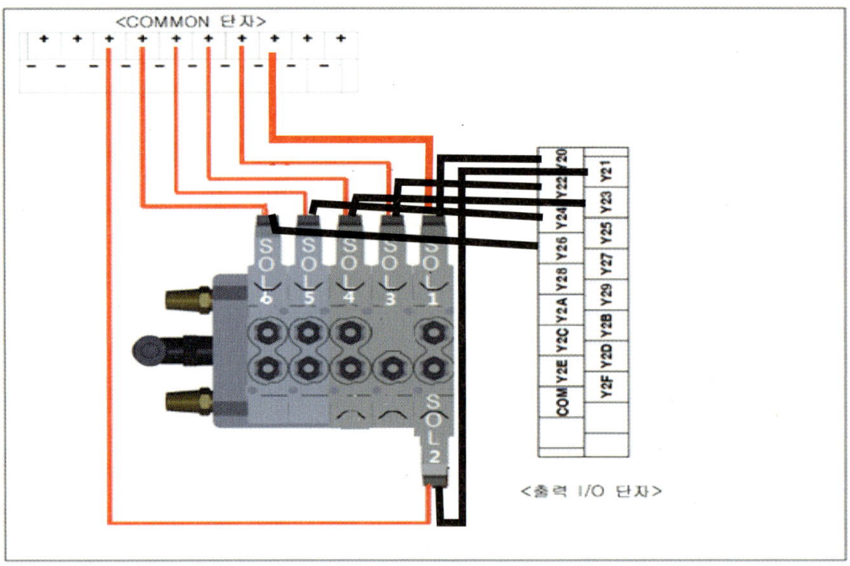

[그림 3.31] 솔 밸브 배선도

라. 모터 배선도

1) 컨베이어 모터 배선도

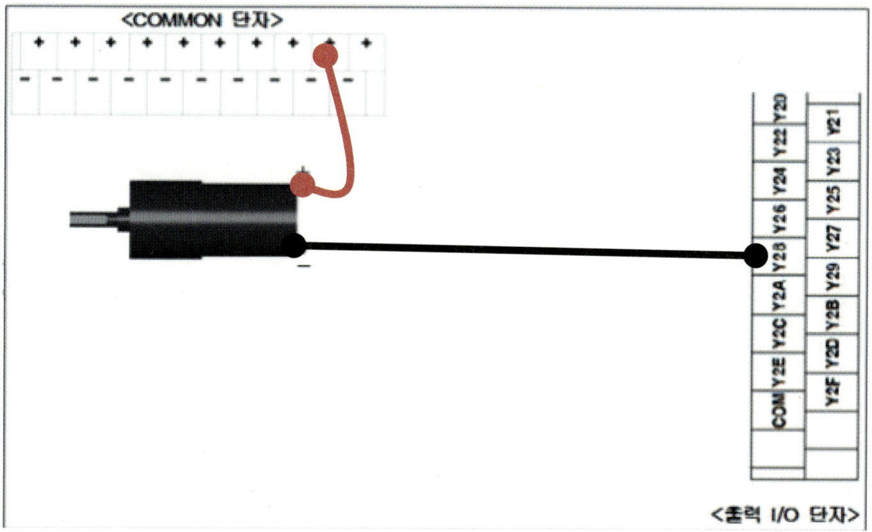

[그림 3-32] 컨베이어 모터 배선도

2) 저장 창고 모터 배선도(인터록 회로)

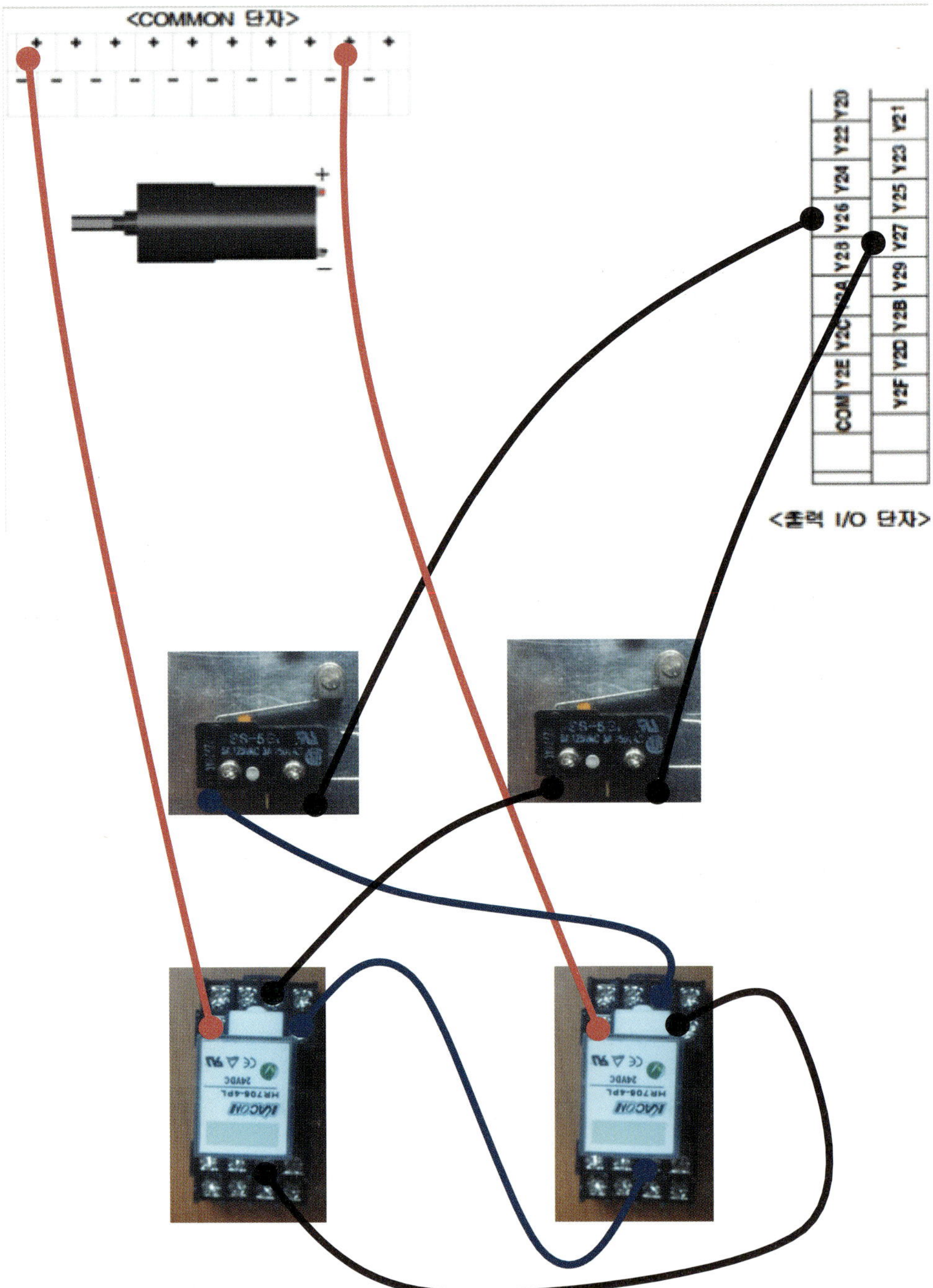

[그림 3.33] 저장창고 인터록 실제 배선도

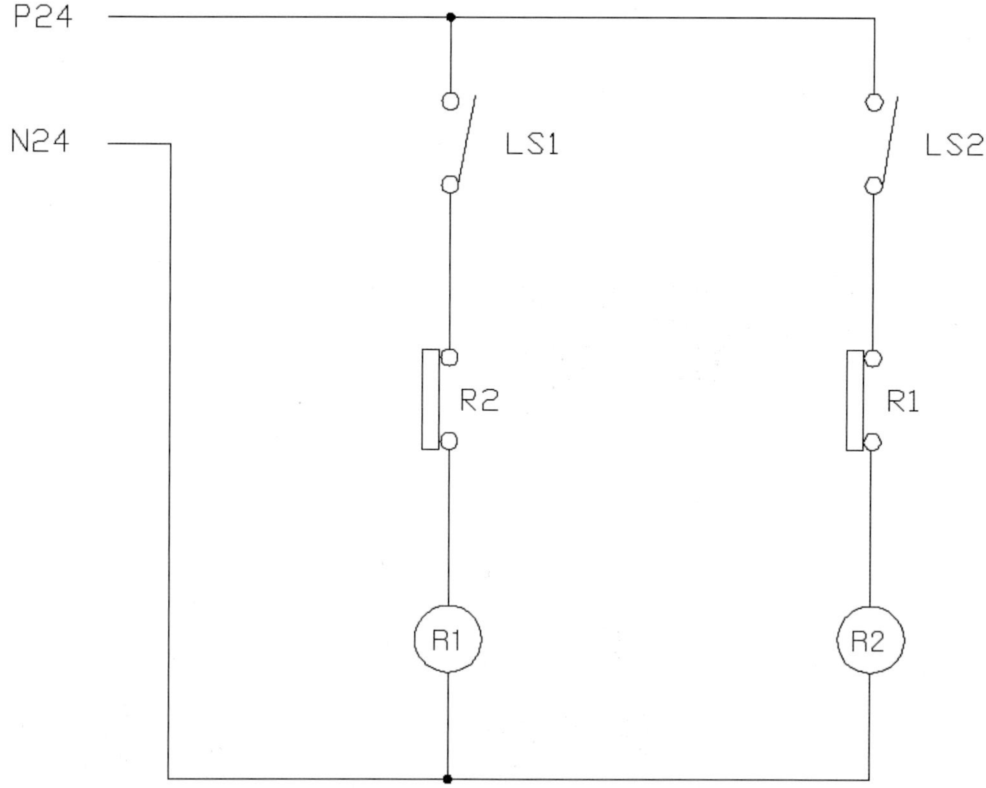

[그림 3.34] 저장창고 인터록 회로 배선 도면

3) 저장 창고 정역 회로 배선도(DC 정역 회로)

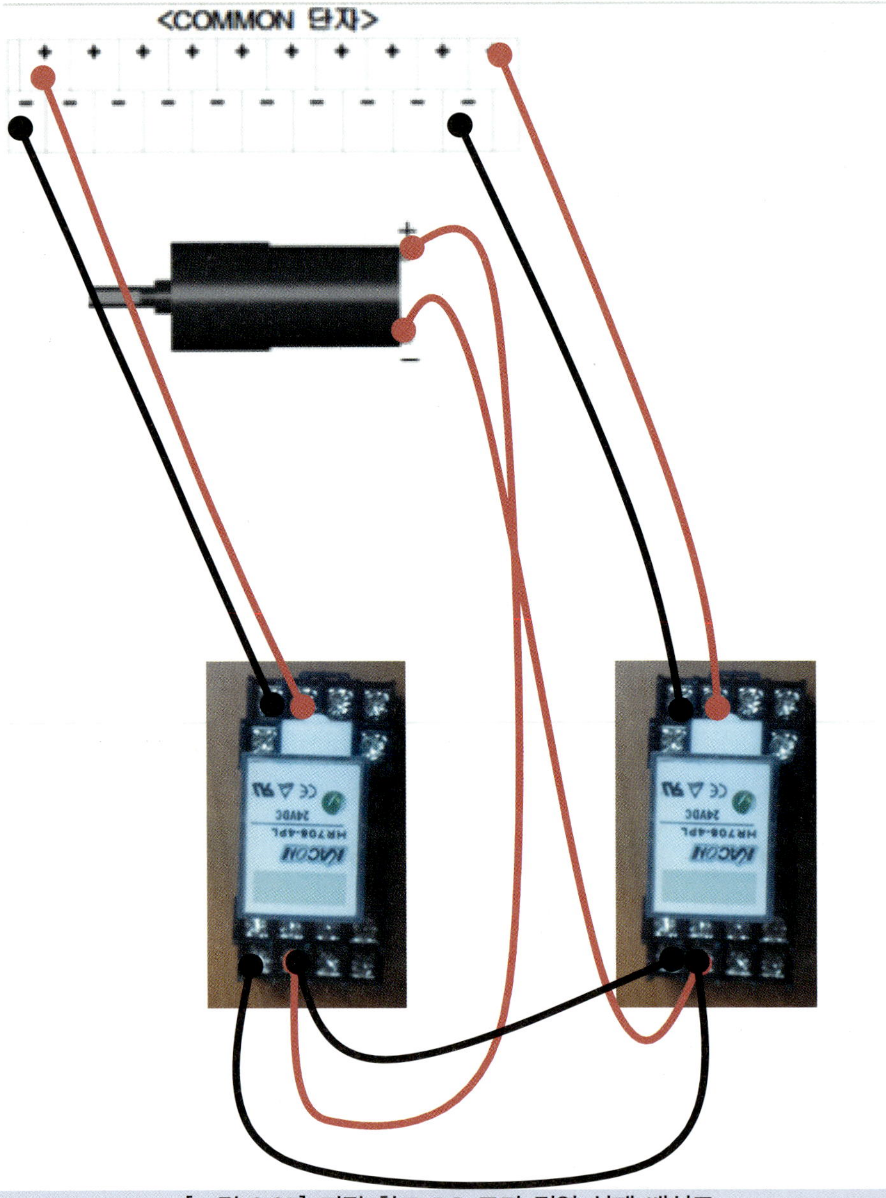

[그림 3.35] 저장 창고 DC 모터 정역 실제 배선도

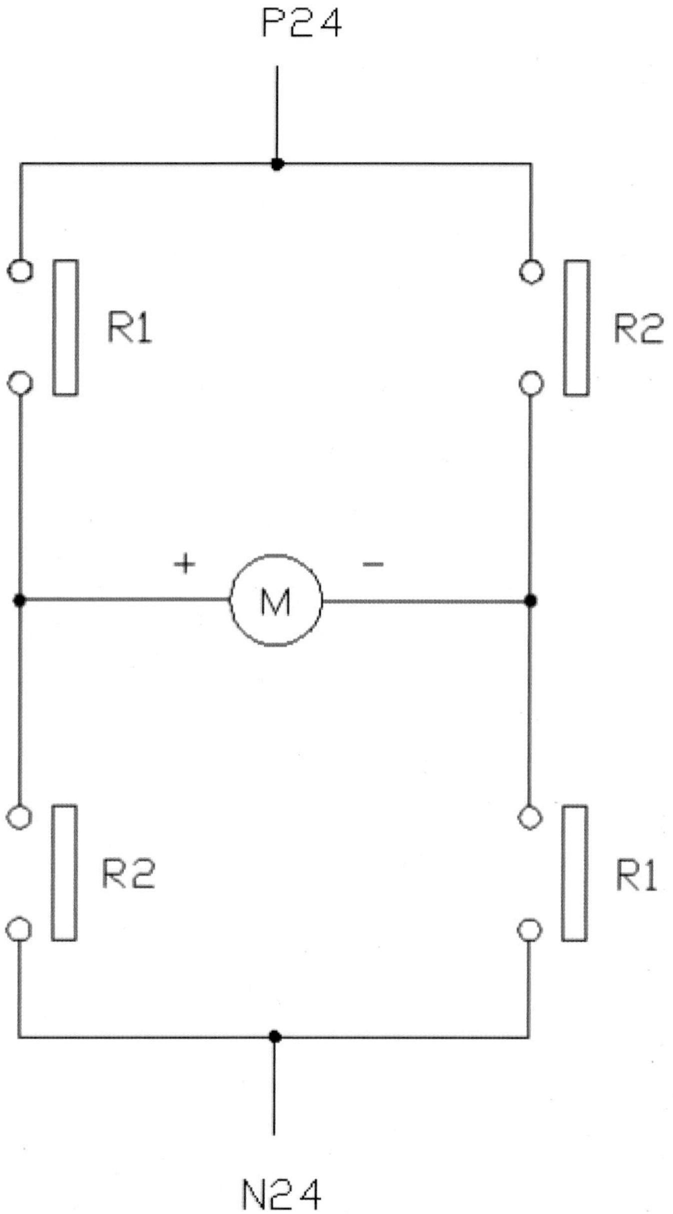

[그림 3.36] 저장창고 DC모터 정역 회로 배선 도면

4 입출력 I/O 결선 방법

가. I/O 입력 결선 방법

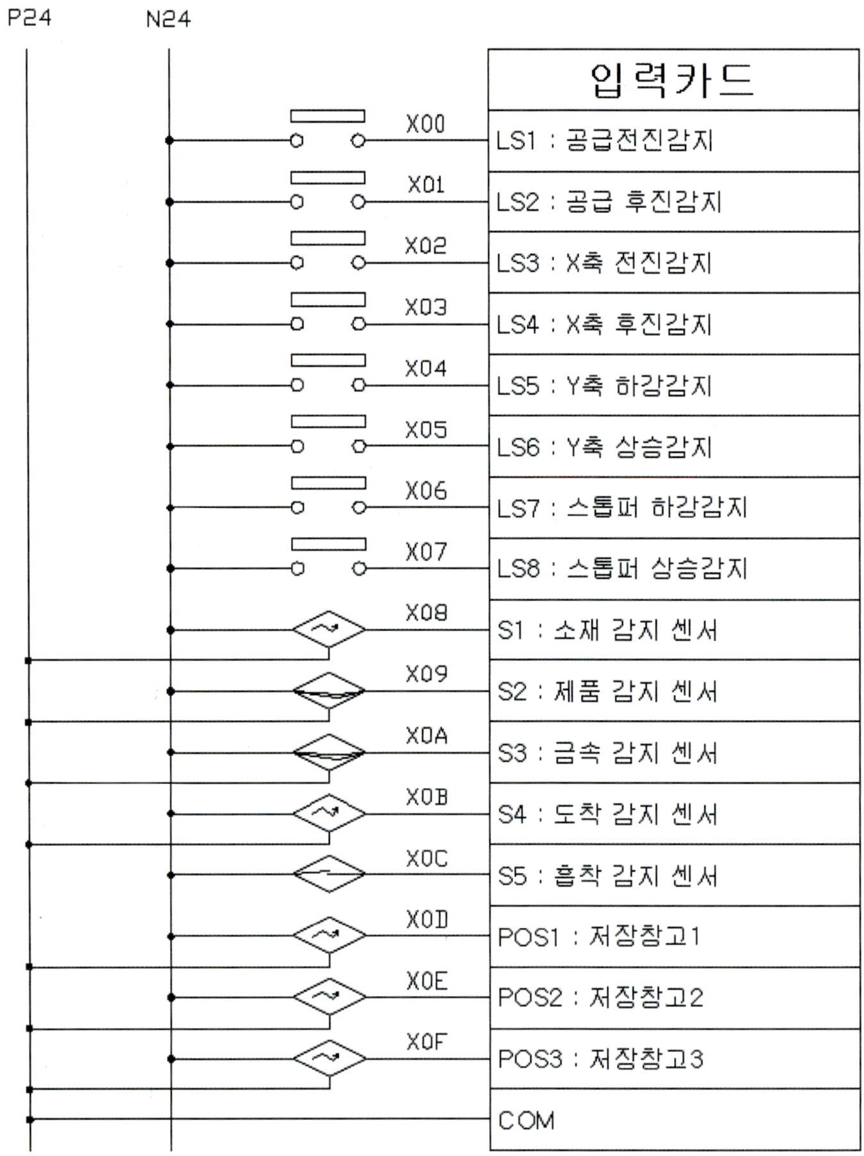

[그림 3.37] I/O 입력결선 X00~X0F

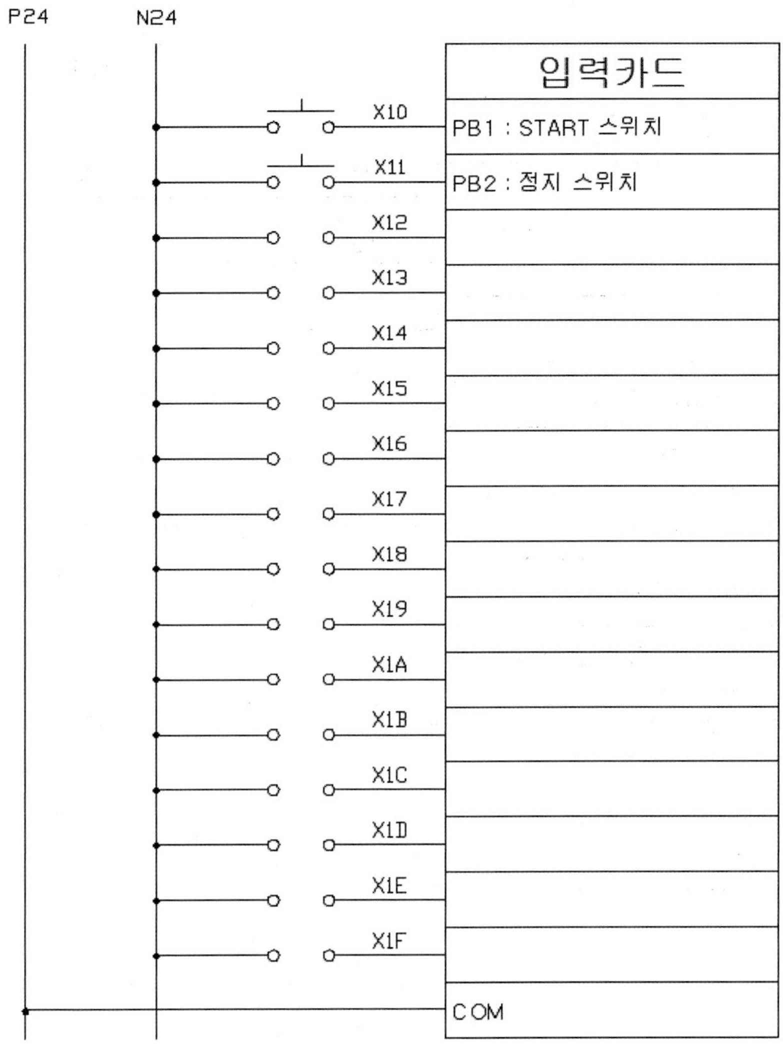

[그림 3.38] I/O 입력 결선 X10~X1F

나. I/O 출력 결선 방법

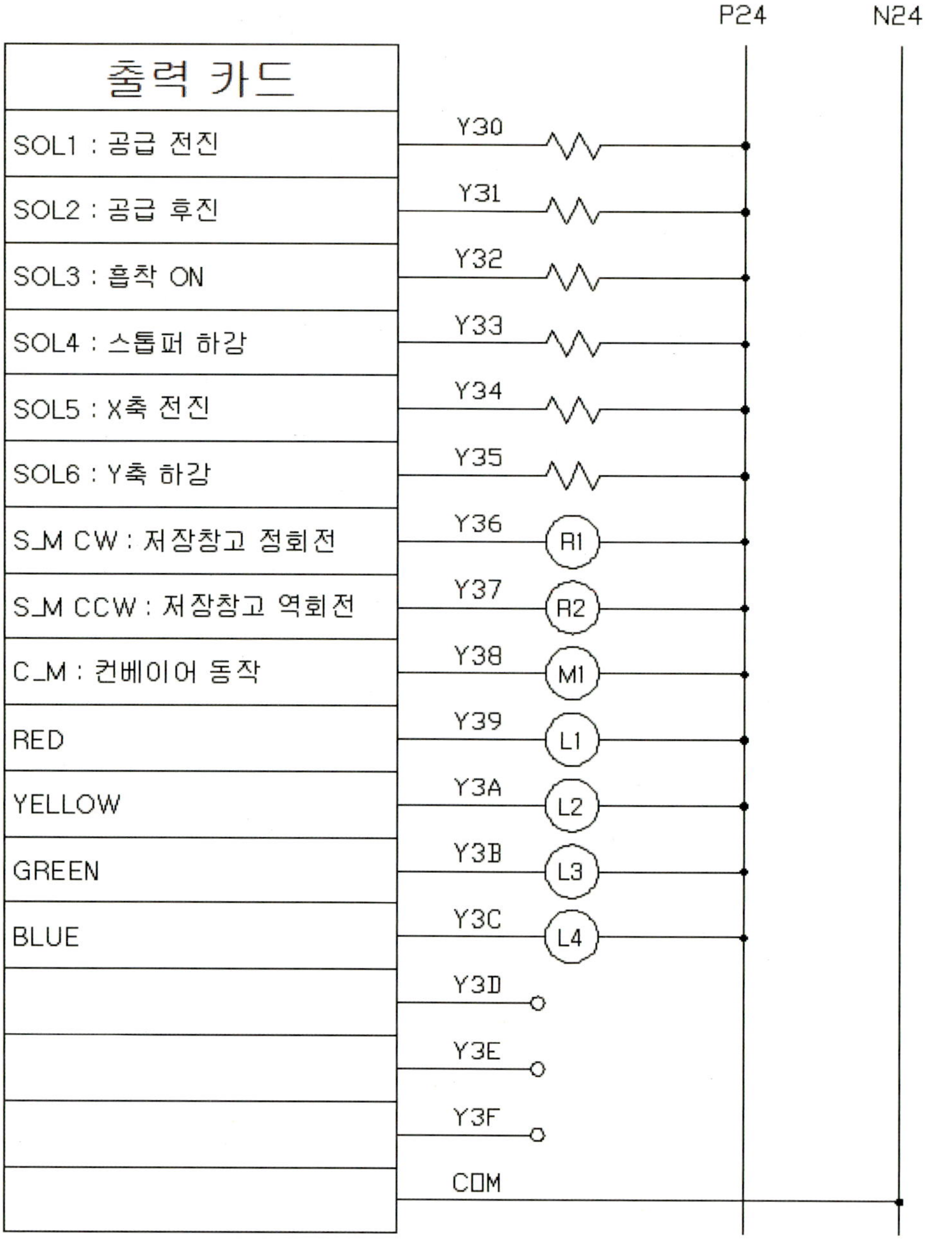

[그림 3.39] I/O 출력 결설 Y20~Y2F

5 실제 배선도

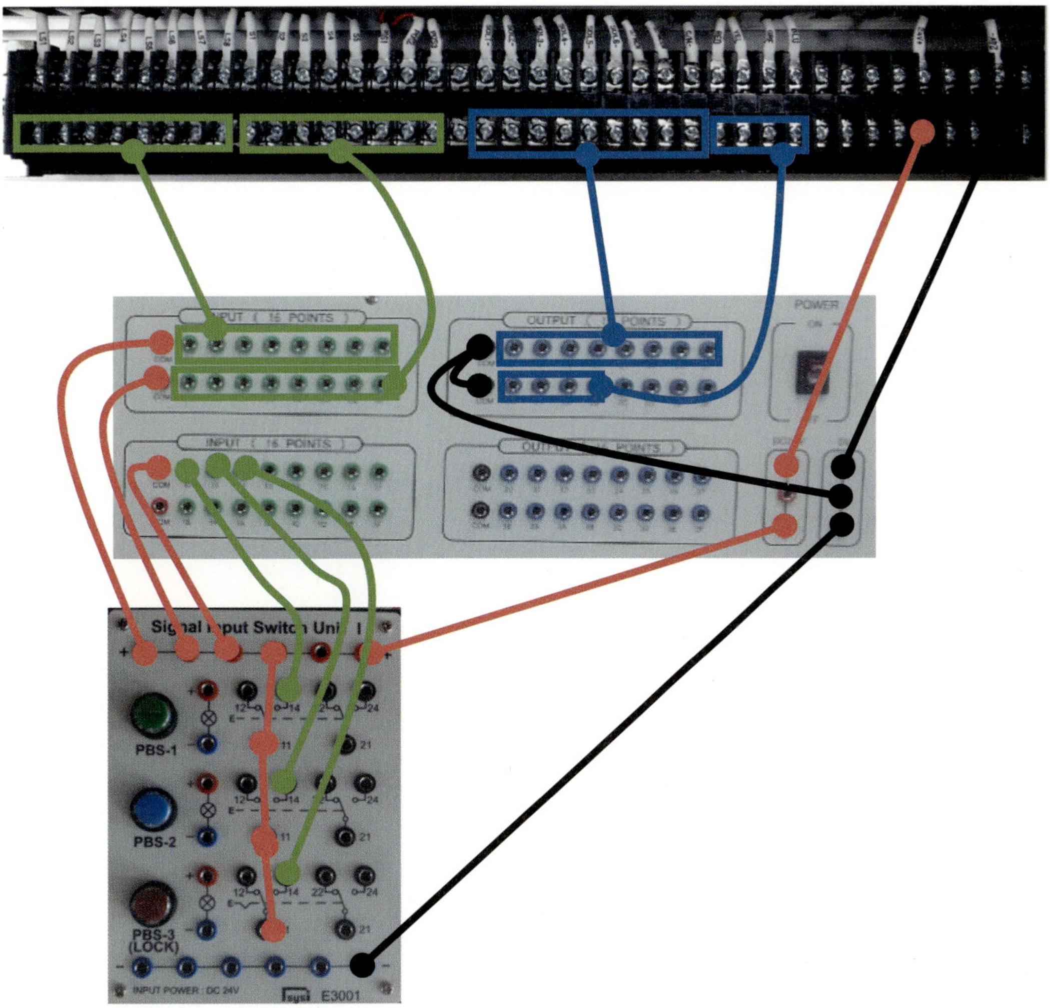

[그림 3.40] MPS 장비 실제 배선도

제 4 장 MPS 실습과제

* MPS 실습장치 총괄 I/O 할당표

구 분	간접 변수 명	I/O할당	비 고
입 력	LS1	X00	공급 전진감지
	LS2	X01	공급 후진감지
	LS3	X02	X축 전진감지
	LS4	X03	X축 후진감지
	LS5	X04	Y축 하강감지
	LS6	X05	Y축 상승감지
	LS7	X06	스토퍼 하강감지
	LS8	X07	스토퍼 상승감지
	S1	X08	소재 감지 센서
	S2	X09	제품 감지 센서
	S3	X0A	금속 감지 센서
	S4	X0B	도착 감지 센서
	S5	X0C	흡착 감지 센서
	POS1	X0D	저장창고1
	POS2	X0E	저장창고2
	POS3	X0F	저장창고3
	PB1	X10	START 스위치
	PB2	X11	정지 스위치
출 력	SOL1	Y20	공급 전진
	SOL2	Y21	공급 하강
	SOL3	Y22	흡착 ON
	SOL4	Y23	스토퍼 하강
	SOL5	Y24	X축 전진
	SOL6	Y25	Y축 하강
	S_M CW	Y26	저장창고 정회전
	S_M CCW	Y27	저장창고 역회전
	C_M	Y28	컨베이어 동작
	타워 램프1	Y29	RED
	타워 램프2	Y2A	YELLOW
	타워 램프3	Y2B	GREEN
	타워 램프4	Y2C	BLUE

1 동작 ON/OFF 제어

가. 실험목적

- 램프를 ON/OFF 제어 할 수 있다.

나. 동작조건

- 스위치를 누르면 램프가 ON이 되고 스위치를 떼면 램프가 OFF된다.

다. I/O 할당

입력			출력		
변수	기능	메모리할당	변수	기능	메모리할당
PB1	운전 스위치	X10	L1	적색 램프	Y29

마. 래더 프로그램

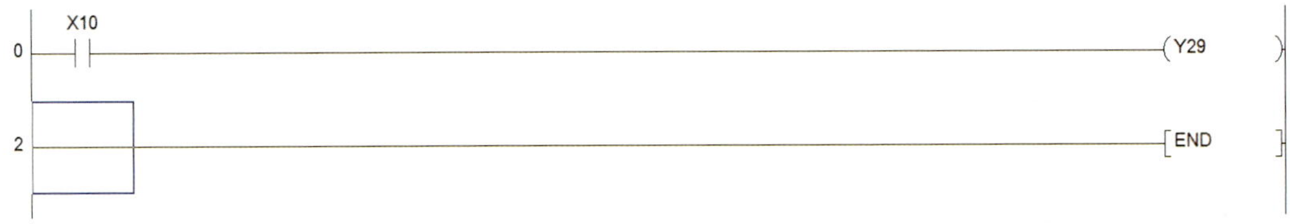

2 램프 자기유지 회로

가. 실험목적

- 램프를 ON/OFF 제어를 자기유지 회로 만들 수 있다.

나. 동작조건

- PB1를 누르면 램프가 ON 이 되고 스위치를 떼도 램프가 ON이 된다.
- PB2를 누르면 램프가 OFF가 된다.

다. I/O 할당

입력			출력		
변수	기능	메모리할당	변수	기능	메모리할당
PB1	운전 스위치	X10	L1	적색 램프	Y29
PB2	정지 스위치	X11			

마. 래더 프로그램

3 램프 플리커 회로

가. 실험목적

- 램프 사용해서 플리커 회로를 만들 수 있다.

나. 동작조건

- PB1를 누르면 램프가 PL1이 ON이 되고 1초후에 PL1이 소등한다.
- 위에 동작을 PB2를 눌릴때까지 반복한다.

다. I/O 할당

입력			출력		
변수	기능	메모리할당	변수	기능	메모리할당
PB1	운전 스위치	X10	PL1	적색 램프	Y2B
PB2	정지 스위치	X11			

마. 래더 프로그램

4 복동실린더 제어 1

가. 실험목적

- 양측 SOL.V/V를 사용하여 수동왕복 작동회로를 제작 할 수 있다.

나. 동작조건

- 공기압 복동실린더를 양측 솔레노이드 밸브로 제어한다. 전진신호(PB1)를 주면 실린더는 전진하고, 복귀신호(PB2)를 주면 원위치로 복귀한다.

다. 공기압 회로 및 변위선도

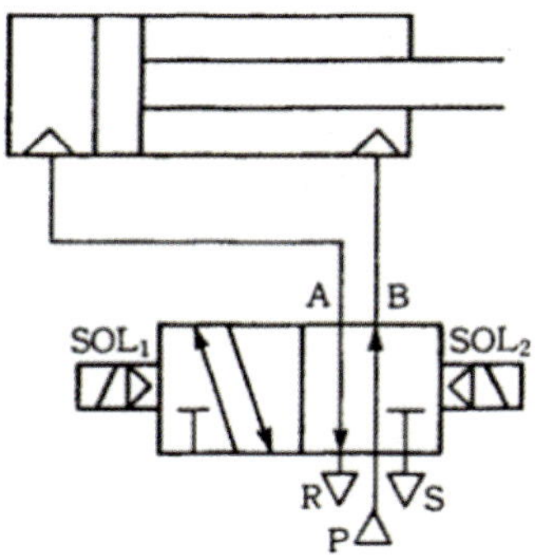

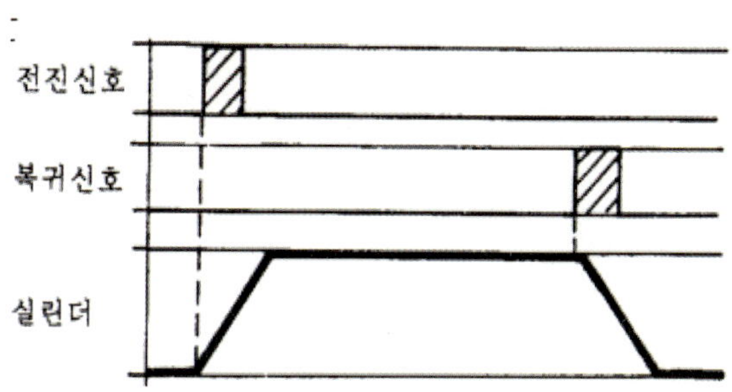

라. I/O 할당

입력			출력		
변수	기능	메모리할당	변수	기능	메모리할당
PB1	복동 실린더 전진	X10	SOL1	복동 실린더 전진	Y20
PB2	복동 실린더 후진	X11	SOL2	복동 실린더 후진	Y21

마. 래더 프로그램

5 복동실린더 제어 2

가. 실험목적

- 양측 SOL.V/V를 사용하여 1회 왕복 작동회로를 제작 할 수 있다.

나. 동작조건

- 복동실린더가 양측 솔레노이드 밸브로 전. 후진 제어된다. 조작 스위치(PB1)를 누르면 실린더가 전진하고 전진끝단까지 도달한 후 즉시 복귀한다. 복귀신호는 전진끝단에 설치되어 있는 리미트 스위치(LS1)에 의해 작동되고, 재 기동하려면 누름 버튼스위치(PB1)를 다시 눌러야 한다.

다. 공기압 회로 및 변위선도

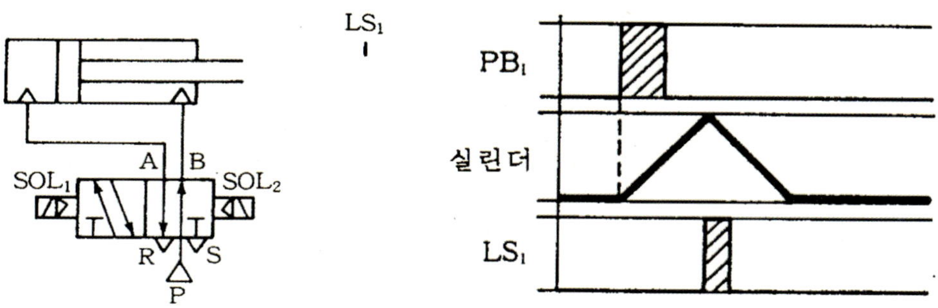

라. I/O 할당

입력			출력		
변수	기능	메모리할당	변수	기능	메모리할당
PB1	복동 실린더 전진	X10	SOL1	복동 실린더 전진	Y20
LS1	복동 실린더 전진 센서	X11	SOL2	복동 실린더 후진	Y21

마. 래더 프로그램

X10
X0
0
Y20
START
공급전진
센서
공급실린
더전진
X0
3
Y21
공급전진
센서
공급실린
더후진
5
END

6 편 솔레노이드 밸브 이용 실린더 제어

가. 실험목적

- 편측 SOL.V/V를 사용하여 수동왕복 작동회로를 제작 할 수 있다.

나. 동작조건

- 공기압 복동실린더를 편측 솔레노이드 밸브로 제어한다. 전진신호(PB1)를 주면 실린더는 전진하고, 복귀신호(PB2)를 주면 원위치로 복귀한다.

다. 공기압 회로 및 변위선도

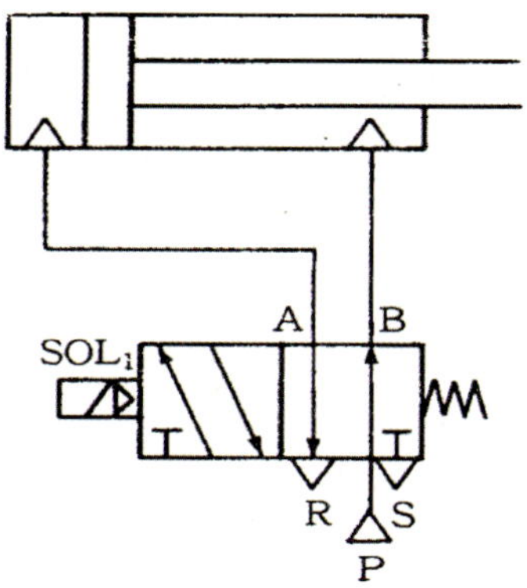

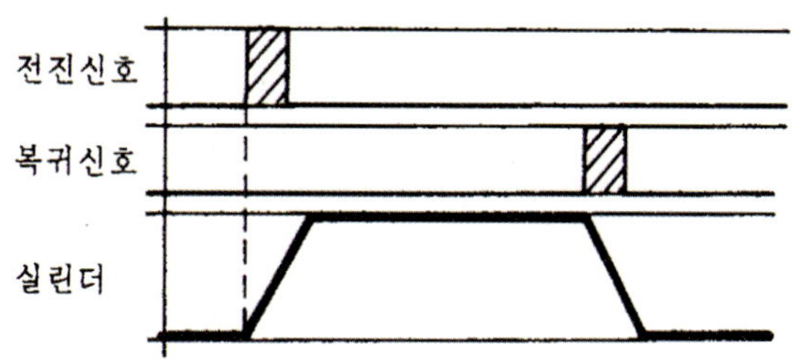

라. I/O 할당

입력			출력		
변수	기능	메모리할당	변수	기능	메모리할당
PB1	단동 실린더 전진	X10	SOL1	단동 실린더 동작	Y23
PB2	단동 실린더 후진	X11			

마. 래더 프로그램

7 타이머 제어

가. 실험목적

- 푸쉬버튼과 파일럿 램프를 사용해서 타이머 명령어를 이해 할 수 있다.

나. 동작조건

- PB1를 3초 동안 누르면 PL1이 점등한다.
- PB1를 때면 PL1이 소등한다.

다. I/O 할당

입력			출력		
변수	기능	메모리할당	변수	기능	메모리할당
PB1	타이머 동작	X10	PL1	적색 램프	Y29

라. 래더 프로그램

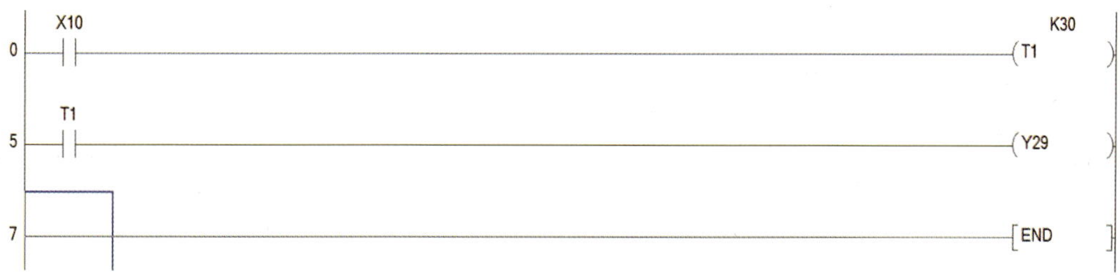

8 카운터 제어

가. 실험목적

- 푸쉬버튼과 파일럿 램프를 사용해서 카운터 명령어를 이해 할 수 있다.

나. 동작조건

- PB1를 3번 누르면 PL1이 점등한다.
- PB2를 누르면 PL1이 소등하고 카운터는 리셋된다.

다. I/O 할당

입력			출력		
변수	기능	메모리할당	변수	기능	메모리할당
PB1	카운터 동작	X10	PL1	적색 램프	Y29

라. 래더 프로그램

9 공급공정 실습

가. 실험목적

- MPS 공정 중 소재 공급 공정의 과정을 이해한다.
- 공급 공정에 적용되는 각종 소자의 기능 및 구조를 이해한다.
- 광 화이버 센서의 구조와 동작 원리를 이해한다.
- 공급 공정에 대한 PLC 프로그램을 작성 할 수 있다.
- 공급 공정에 대한 전기 배선 작업을 할 수 있다.

나. 동작조건

- 운전 스위치를 누르면 매거진에 부착된 소재 검출센서(광화이버센서 : Fiber Optical Sensor)를 통하여 WORK(소재)의 유무를 감지하고, 소재가 있을 경우 소재공급실린더를 전진시켜 WORK를 가공공정으로 공급한 후 복귀한다.

다. I/O 할당

입력			출력		
변수	기능	메모리할당	변수	기능	메모리할당
PB0	운전 스위치	X10	SOL1	공급실린더 전진	Y20
PB1	정지 스위치	X11	SOL2	공급실린더 후진	Y21
LS1	공급실린더 전진 감지	X0			
S1	매거진 소재 감지 센서	X08			

라. 래더 프로그램

10 컨베이어 동작

가. 실험목적

- MPS 공정 중 컨베이어 동작 공정의 과정을 이해한다.
- 컨베이어 공정에 적용되는 각종 소자의 기능 및 구조를 이해한다.
- PLC 프로그램을 작성 할 수 있다.
- 배선 작업을 할 수 있다.

나. 동작조건

- 공급실린더 전후진 후 컨베이어가 동작한다.
- 정지스위치를 누르면 컨베이어가 정지 한다.

라. I/O 할당

입력			출력		
변수	기능	메모리할당	변수	기능	메모리할당
PB0	운전 스위치	X10	SOL1	공급실린더 전진	Y20
PB1	정지 스위치	X11	SOL2	공급실린더 후진	Y21
LS1	공급실린더 전진 감지	X0	C_M	컨베이어 동작	Y28
LS2	공급실린더 후진 감지	X1			
S1	매거진 소재 감지 센서	X08			

마. 래더 프로그램

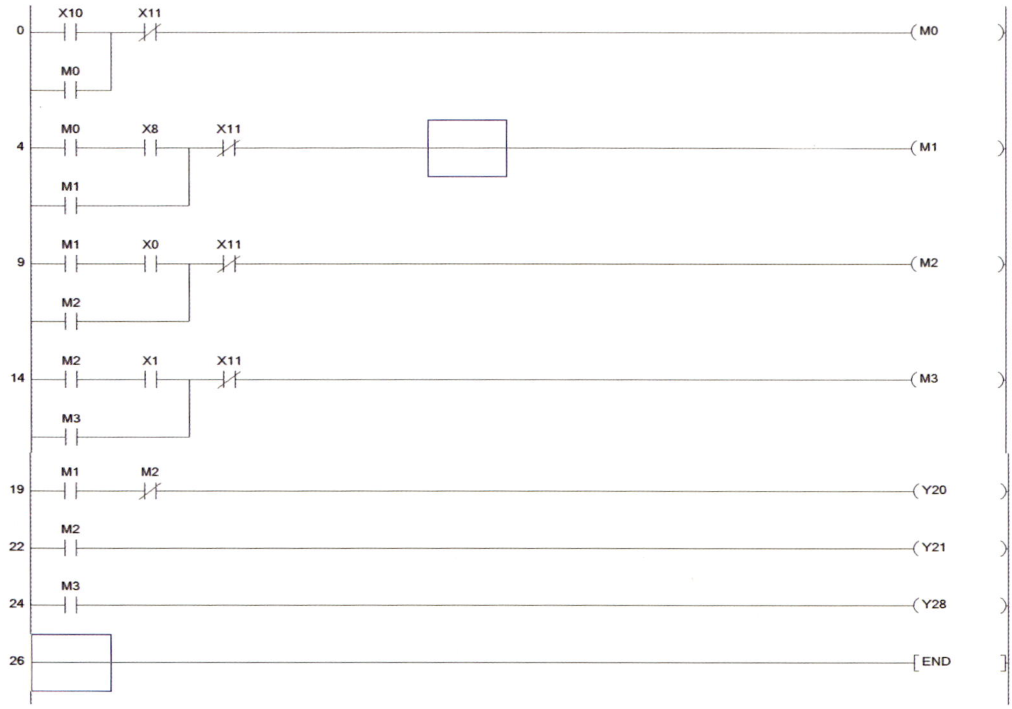

0
X10
X11
M0
M0
4
M0
X8
X11
M1
M1
9
M1
X0
X11
M2
M2
14
M2
X1
X11
M3
M3
19
M1
M2
Y20
22
M2
Y21
24
M3
Y28
26
END

11 소재 감지 시 램프 점등회로

가. 실험목적

- MPS 공정 중 소재 감지 공정의 과정을 이해한다.
- 소재감지 공정에 적용되는 각종 소자의 기능 및 구조를 이해한다.
- 이송 공정에 대한 PLC 프로그램을 작성 할 수 있다.
- 이송 공정에 대한 전기 배선 작업을 할 수 있다.

나. 동작조건

- 매거진에 소재가 들어오게 되면 S1(소재감지)에 의해 램프를 점등하는 회로를 구성한다.

다. I/O 할당

입력			출력		
변수	기능	메모리할당	변수	기능	메모리할당
S1	운전 스위치	X8	L1	타워 램프1	Y28

마. 래더 프로그램

12 유도형 센서를 이용한 금속감지회로

가. 실험목적

- 금속감지회로를 이해 할 수 있다.
- PLC 프로그램을 작성 할 수 있다.
- 전기 배선 작업을 할 수 있다.

나. 동작조건

- 유도형 센서에 금속물체가 감지가 되면 2초 후에 PL1이 5초 동안 점등 후 소등되는 회로를 구성하시오.

다. I/O 할당

입력			출력		
변수	기능	메모리할당	변수	기능	메모리할당
S3	금속 감지 센서	X0A	PL1	타워 램프1	Y29

라. 래더 프로그램

13 정전용량형 센서를 이용한 제품감지회로

가. 실험목적

- 제품감지회로를 이해 할 수 있다.
- PLC 프로그램을 작성 할 수 있다.
- 전기 배선 작업을 할 수 있다.

나. 동작조건

- 정전용량형 센서에 물체가 감지가 되면 PL1이 ON된 후 5초 후 OFF 되는 회로를 구성하시오.

다. I/O 할당

입력			출력		
변수	기능	메모리할당	변수	기능	메모리할당
S2	제품 감지 센서	X09	PL1	타워 램프1	Y29

라. 래더 프로그램

14 스토퍼 실린더 상승, 하강회로

가. 실험목적

- 스토퍼 실린더 회로를 이해 할 수 있다.
- PLC 프로그램을 작성 할 수 있다.
- 전기 배선 작업을 할 수 있다.

나. 동작조건

- PB1을 누르면 5초 후 스토퍼 실린더가 하강하고 3초 후 상승하는 회로를 구성하시오

다. I/O 할당

입력			출력		
변수	기능	메모리할당	변수	기능	메모리할당
LS7	스토퍼 하강감지	X06	SOL4	스토퍼 하강	Y23
LS8	스토퍼 상승감지	X07			
PB1	START 스위치	X10			

라. 래더 프로그램

15 X축 실린더 전, 후진 회로

가. 실험목적

- X축 실린더 회로를 이해 할 수 있다.
- PLC 프로그램을 작성 할 수 있다.
- 전기 배선 작업을 할 수 있다.

나. 동작조건

- PB1을 누르면 X축 실린더가 전진 후 후진하는 회로를 구성하시오.

다. I/O 할당

입력			출력		
변수	기능	메모리할당	변수	기능	메모리할당
LS3	X축 전진감지	X06	SOL5	X축 전진	Y24
LS4	X축 후진감지	X07			
PB1	START 스위치	X10			

라. 래더 프로그램

16 Y축 실린더 전, 후진 회로

가. 실험목적

- Y축 실린더 회로를 이해 할 수 있다.
- PLC 프로그램을 작성 할 수 있다.
- 전기 배선 작업을 할 수 있다.

나. 동작조건

- PB1을 누르면 Y축 실린더가 전진 후 후진하는 회로를 구성하시오.

다. I/O 할당

입력			출력		
변수	기능	메모리할당	변수	기능	메모리할당
LS5	Y축 전진감지	X04	SOL6	Y축 전진	Y25
LS6	Y축 후진감지	X05			
PB1	START 스위치	X10			

라. 래더 프로그램

17 흡착밸브 구동회로

가. 실험목적

- 흡착밸브 구동 회로를 이해 할 수 있다.
- PLC 프로그램을 작성 할 수 있다.
- 전기 배선 작업을 할 수 있다.

나. 동작조건

- PB1을 한번 누르면 흡착이 ON되고, 한번 더 누르면 OFF되는 회로를 구성하시오.

다. I/O 할당

입력			출력		
변수	기능	메모리할당	변수	기능	메모리할당
S5	흡착 감지 센서	X0C	SOL3	흡착 ON	Y22
PB1	START 스위치	X10			

라. 래더 프로그램

18 창고 구동회로

가. 실험목적

- 창고 구동 회로를 이해 할 수 있다.
- PLC 프로그램을 작성 할 수 있다.
- 전기 배선 작업을 할 수 있다.

나. 동작조건

- PB1을 누르면 정방향으로 저장차고 모터가 회전하고 PB2를 누르면 역방향으로 회전하도록 회로를 구성하시오.

다. I/O 할당

입력			출력		
변수	기능	메모리할당	변수	기능	메모리할당
PB1	START 스위치	X10	S_M CW	저장창고 정회전	Y26
PB2	정지 스위치	X11	S_M CCW	저장창고 역회전	Y27

라. 래더 프로그램

19 컨베이어 동작+센서 감지+램프동작

가. 실험목적

- 컨베이어 동작+센서감지+램프 동작 회로를 이해 할 수 있다.
- PLC 프로그램을 작성 할 수 있다.
- 전기 배선 작업을 할 수 있다.

나. 동작조건

- PB1을 누르면 컨베이어가 회전하고 S1과 S2의 센서에 의해 금속과 비금속을 판별하다. 금속일 경우 PL1이 1초 주기로 ON_OFF되고 비금속일 경우 PL2가 ON되는 회로를 구성하시오. (PB2를 누르면 정지.)

다. I/O 할당

입력			출력		
변수	기능	메모리할당	변수	기능	메모리할당
S2	제품 감지 센서	X09	C_M	컨베이어 동작	Y28
S3	금속 감지 센서	X0A	PL1	타워 램프1	Y29
PB1	START 스위치	X10	PL3	타워 램프3	Y2B

라. 래더 프로그램

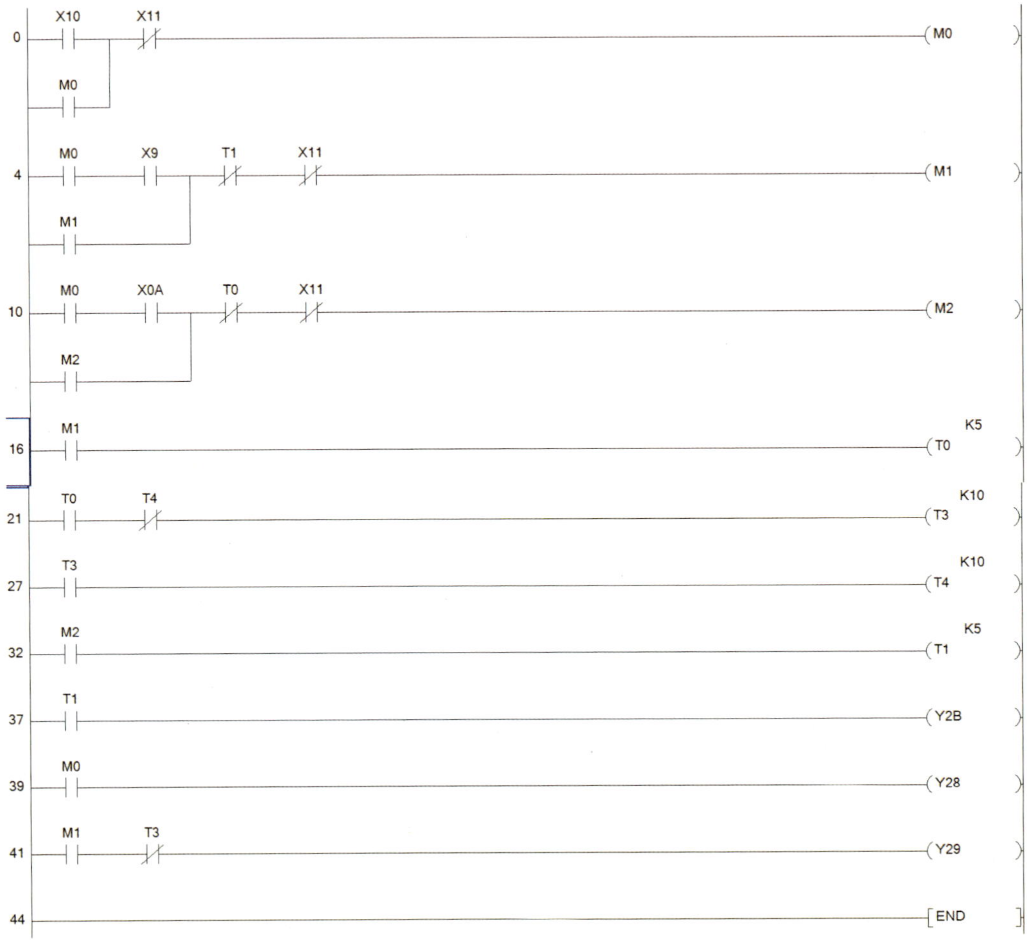
0
X10
X11
M0
4
M0
X9
T1
X11
M1
10
M0
X0A
T0
X11
M2
16
M1
K5
T0
21
T0
T4
K10
T3
27
T3
K10
T4
32
M2
K5
T1
37
T1
Y2B
39
M0
Y28
41
M1
T3
Y29
44
END

20 컨베이어 동작 + 스토퍼

가. 실험목적

- 컨베이어 동작+스토퍼 회로를 이해 할 수 있다.
- PLC 프로그램을 작성 할 수 있다.
- 전기 배선 작업을 할 수 있다.

나. 동작조건

- PB1을 누르면 컨베이어가 회전하고 3초후에 스톱퍼 실린더가 하강한다.
  스톱퍼 실린더가 하강완료한 후에 2초 뒤 컨베이어는 정지하고 스톱퍼는 상승하는 회로를 구성하시오.

다. I/O 할당

입력			출력		
변수	기능	메모리할당	변수	기능	메모리할당
LS7	스토퍼 하강감지	X06	SOL4	스토퍼 하강	Y23
PB1	START 스위치	X10	C_M	컨베이어 동작	Y28

라. 래더 프로그램

21 X, Y축 구동

가. 실험목적

- X,Y축 구동 회로를 이해 할 수 있다.
- PLC 프로그램을 작성 할 수 있다.
- 전기 배선 작업을 할 수 있다.

나. 동작조건

1. PB1을 누르면 X축 실린더가 전진한 뒤, Y축 실린더가 하강하는 회로를 구성하시오.
2. Y축 실린더가 하강 상태에서PB2를 누르면 Y축 실린더는 상승하고, Y축 실린더가 상승완료 하면 X축 실린더가 후진하는 회로를 구성하시오

다. I/O 할당

입력			출력		
변수	기능	메모리할당	변수	기능	메모리할당
LS3	X축 전진감지	X02	SOL5	X축 전진	Y24
LS4	X축 후진감지	X03	SOL6	Y축 하강	Y25
LS5	Y축 하강감지	X04			
LS6	Y축 상승감지	X05			
PB1	START 스위치	X10			
PB2	STOP 스위치	X11			

라. 래더 프로그램

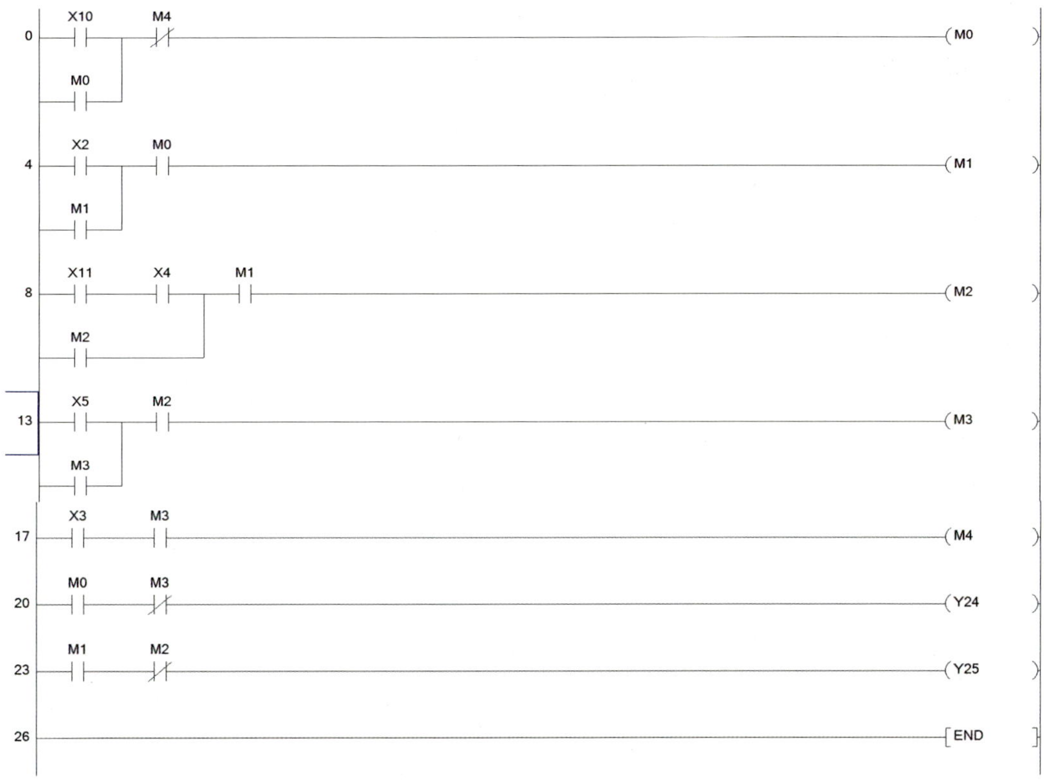
0
X10
M4
M0
M0
4
X2
M0
M1
M1
8
X11
X4
M1
M2
M2
13
X5
M2
M3
M3
17
X3
M3
M4
20
M0
M3
Y24
23
M1
M2
Y25
26
END

22 응용회로

가. 실험목적

- 응용 회로를 이해할 수 있다.
- PLC 프로그램을 작성 할 수 있다.
- 전기 배선 작업을 할 수 있다.

나. 동작조건

1) 자동(PB2) 또는 수동(PB3)동작을 선택한 다음 소재가 감지된 상태에서 PB1을 누르면, 컨베이어가 동작하고 2초 후에 공급실린더가 전,후진 하여 매거진에 있는 소재를 컨베이어로 이송시킨다.
2) 검사공정에서 금속 또는 비금속을 판별한 값을 가지고 비금속은 저장창고에 적재하고 금속은 컨베이어 끝에 장착되어 있는 창고에 적재되게 한다.
3) 검사공정에서 비금속 소재가 검출 되었을 경우에는 스톱퍼가 하강하고 비금속 소재가 소재도착센서에 감지가 되면 컨베이어가 정지 -> Y축 하강 -> 소재를 흡착 -> Y축 상승 -> X축 전진 -> 스톱퍼 상승, Y축 하강 -> 흡착 OFF -> Y축 상승 -> X축 후진, 창고이동
4) 저장창고의 이동순서는 POS1 -> POS2 -> POS3 ->POS1 ->POS2 ->POS3 순으로 되어야 한다.
5) 수동선택시에는 PB1을 1회 ON_OFF 할 때마다 위에 동작을 1STEP씩 동작하도록 하여야 한다.

다. I/O 할당

이 장 맨앞의 I/O 할당표 참고

라. 래더 프로그램

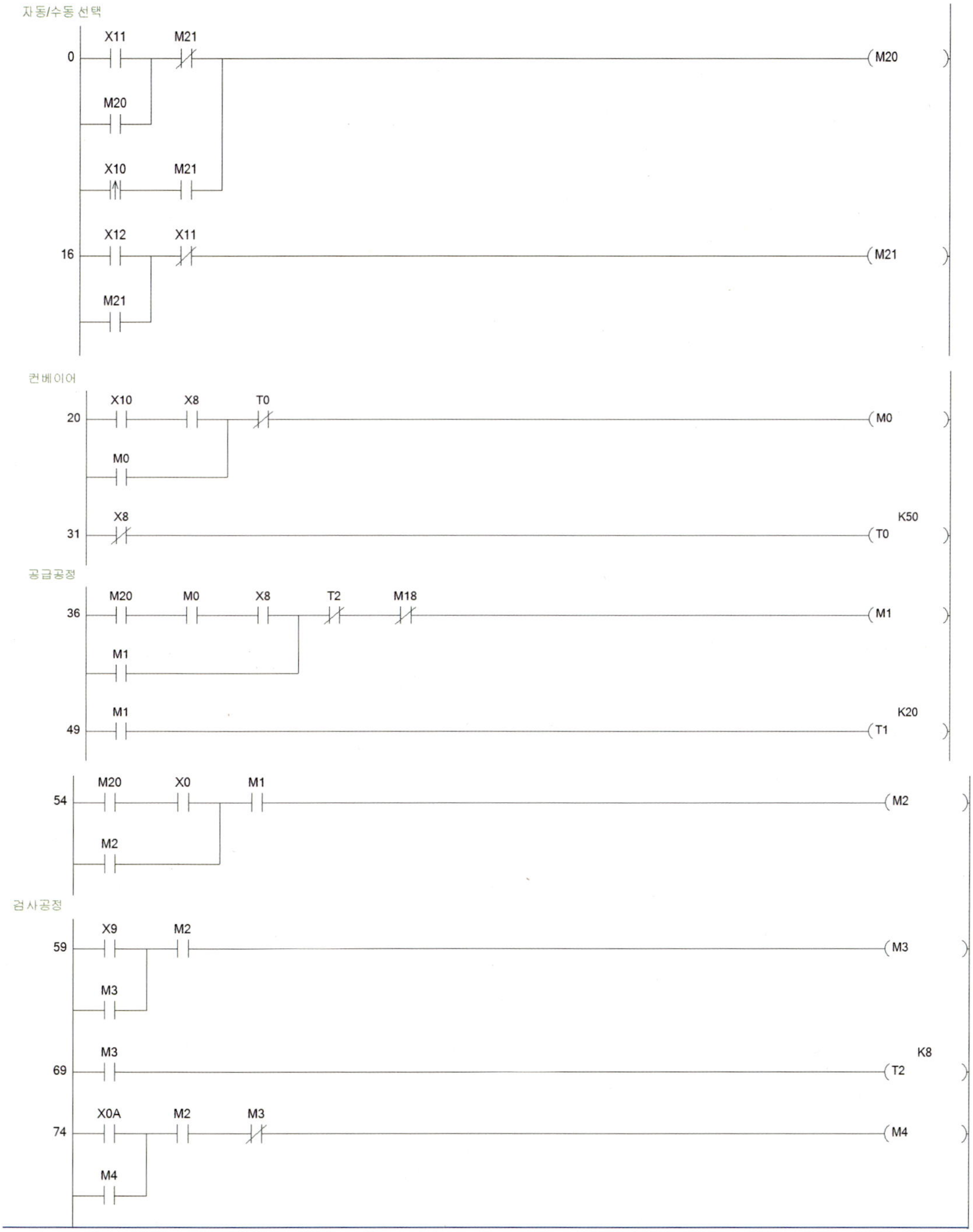
자동/수동 선택
0 X11 M21 M20
M20
X10 M21
16 X12 X11 M21
M21
컨베이어
20 X10 X8 T0 M0
M0
31 X8 K50 T0
공급공정
36 M20 M0 X8 T2 M18 M1
M1
49 M1 K20 T1
54 M20 X0 M1 M2
M2
검사공정
59 X9 M2 M3
M3
69 M3 K8 T2
74 X0A M2 M3 M4
M4

저장공정

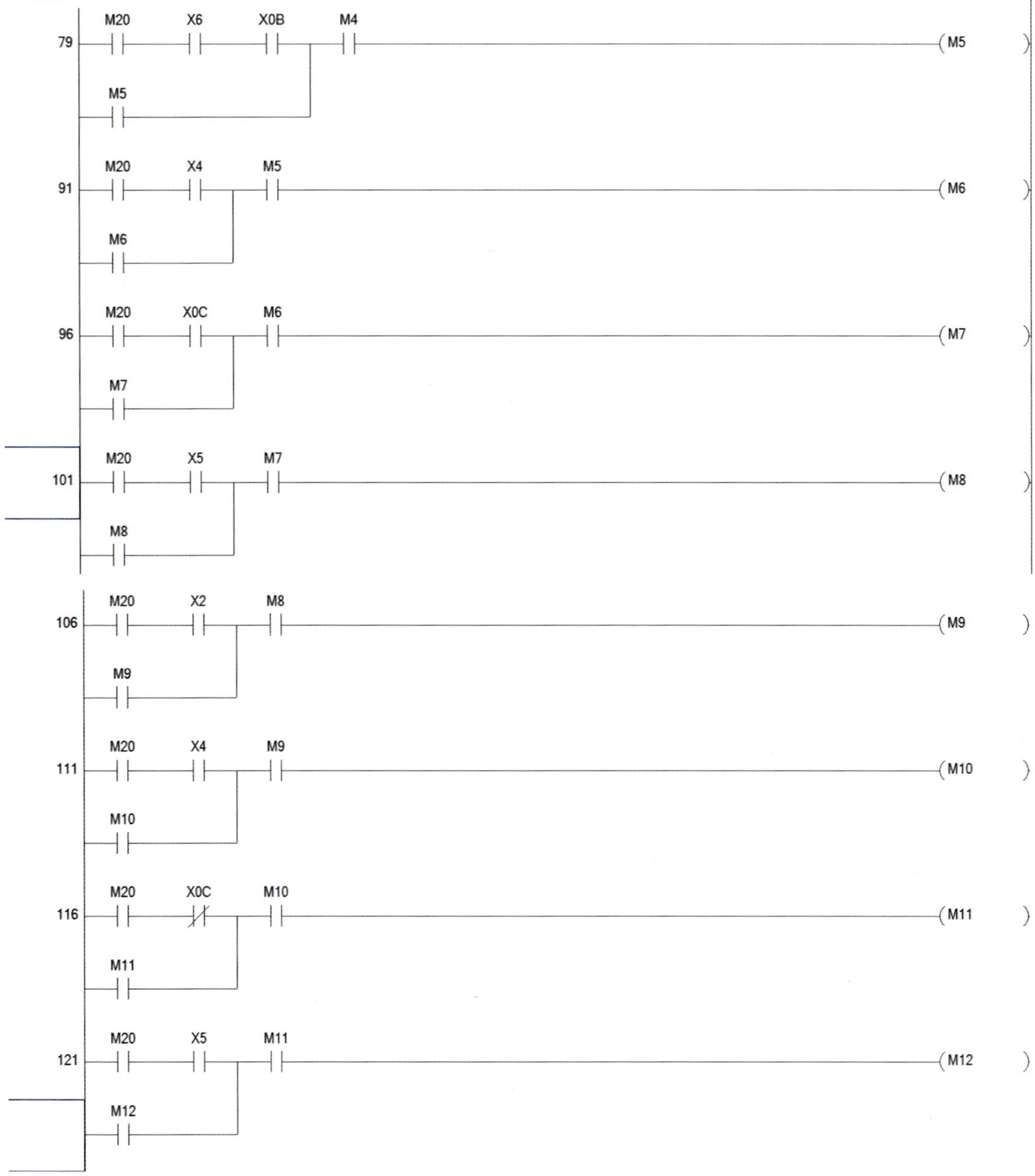
79
M20
X6
X0B
M4
M5
M5
91
M20
X4
M5
M6
M6
96
M20
X0C
M6
M7
M7
101
M20
X5
M7
M8
M8
106
M20
X2
M8
M9
M9
111
M20
X4
M9
M10
M10
116
M20
X0C
M10
M11
M11
121
M20
X5
M11
M12
M12

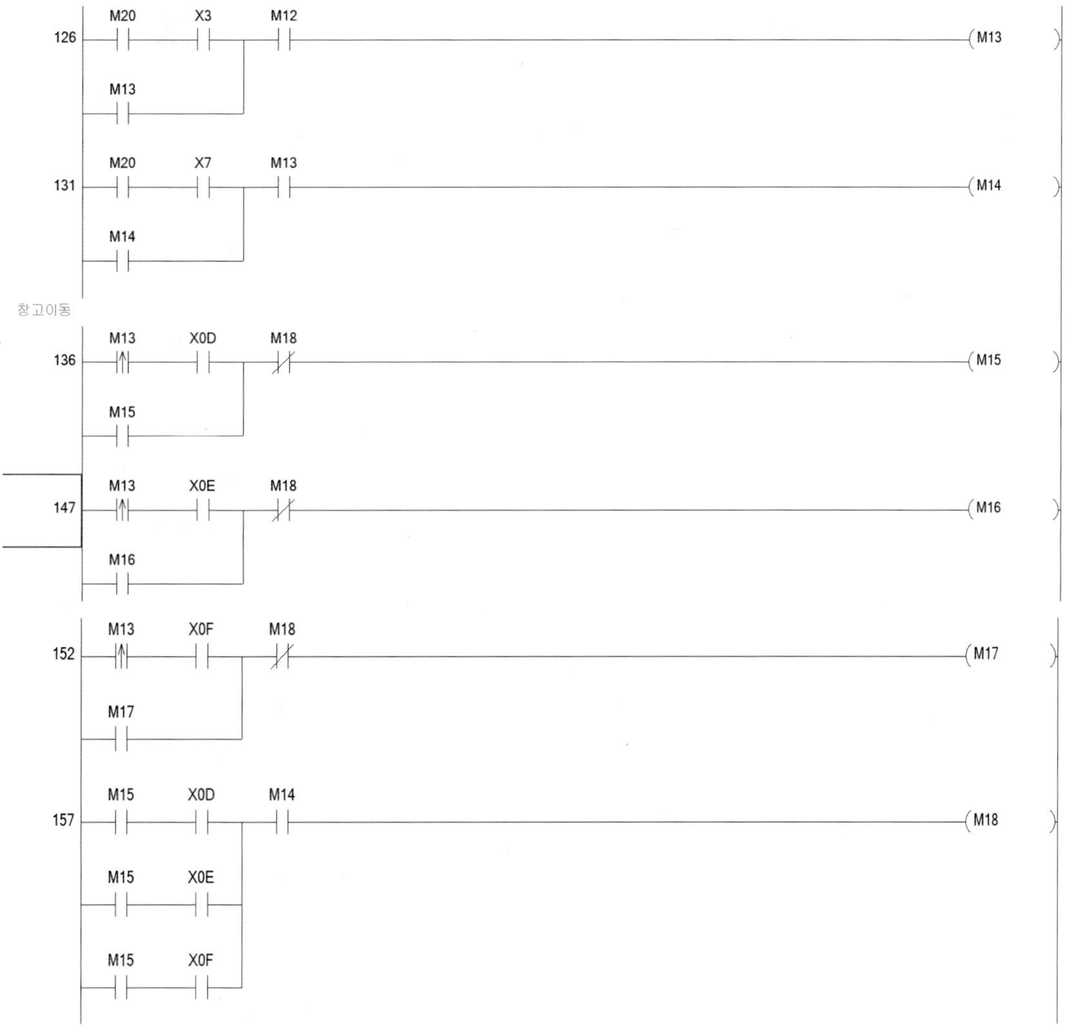
126
M20
X3
M12
M13
M13
131
M20
X7
M13
M14
M14
창고이동
136
M13
X0D
M18
M15
M15
147
M13
X0E
M18
M16
M16
152
M13
X0F
M18
M17
M17
157
M15
X0D
M14
M18
M15
X0E
M15
X0F

출력부

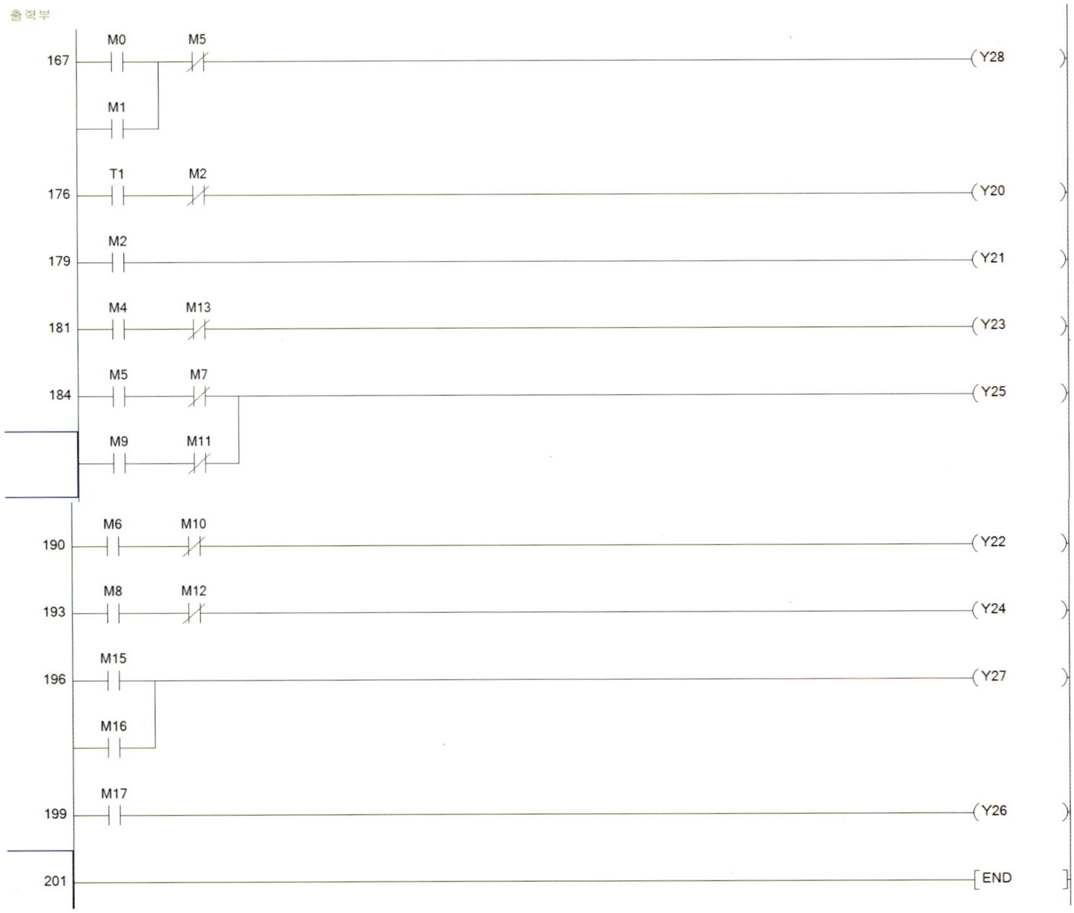
167
M0
M5
Y28
M1
176
T1
M2
Y20
179
M2
Y21
181
M4
M13
Y23
184
M5
M7
Y25
M9
M11
190
M6
M10
Y22
193
M8
M12
Y24
196
M15
Y27
M16
199
M17
Y26
201
END

3부 HMI실습장치 매뉴얼

제1장 터치패널(HMI) 개요

1 터치패널(HMI)의 정의

SCADA(Supervisory control and Data Acquisition) 시스템 구성의 한 요소로서 운영자에게 처리 데이터를 표시해 주고 운영자가 처리 과정을 제어할 수 있도록 하기 위한 장치(소프트웨어)이다.

HMI는 다중의 원격 제어기(PLC, RTU 등의 제어장비들)들을 감시하고 제어하기 위한 표준화된 방식의 필요성으로부터 출발하였다. (PLC는 일련의 처리 과정에 대한 자동화되고 미리 프로그램 된 방식을 제공하였지만 분산된 환경 하에 운영되는 PLC들로부터 데이터를 수집하는 작업은 그 구성 환경자체로부터 나오는 어려움이 있었으며, 운영자에게 정보를 제공하기 위한 표준화된 방식 또한 존재하지 않았다.

HMI 시스템은 여러 형태의 네트워크로 구성된 환경에서 다양한 장비로부터 데이터를 수집하고 형식화하고, 결합한다. 또한 데이터베이스와의 연결을 통해 트랜딩이나 진단 데이터, 관리 정보들을 제공한다. 실제적으로 많은 PLC 제조사들이 개방형 통신 프로토콜을 사용하여 HMI 시스템에게 데이터를 제공한다.

HMI/SCADA 패키지들은 많은 PLC와의 호환성(드라이버)을 제공하여 소프트웨어 개발자가 아닌 기계/전기/일반 기술자들이 HMI 소프트웨어 자체를 사용하여 설정할 수 있도록 기능을 제공한다.

2 터치패널(HMI) 프로그램 목적

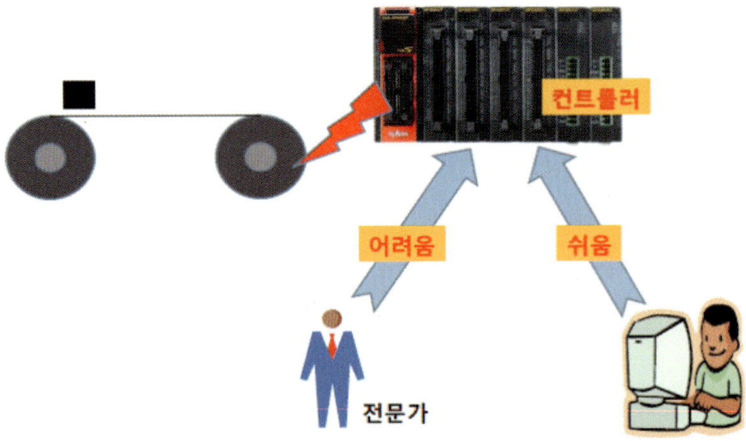

HMI 프로그램 목적

위와 같은 시스템을 구성하는 실제 현장을 가정한다면, 현장에서는 컨트롤러, 모터 등의 장비를 실제로 구동하는 컨트롤러가 존재하게 되고, 이들 컨트롤러를 동작시키는 프로그램을 구축하여 실제 현장 시스템을 구현하게 된다. 하지만, 이런 컨트롤러 및 장비들은 제조업체별, 모델별로 동작 방식과 사용법이 다를 수 있기 때문에 그 장비에 숙련된 전문가가 아니면 시스템을 구축하는 것 뿐 아니라 유지보수 및 수정이 어려워지게 된다. 더욱이 사용자는 컨트롤러를 직접 제어해야 하는 부담을 안게 된다.

HMI 프로그램은 이런 전문성을 지양하고, 편리하고 통합된 화면 구성으로 사용자가 편리하게 시스템을 모니터링하고 제어할 수 있는 솔루션을 제공해준다.

3 터치패널(HMI)의 종류

HMI는 HMI소프트웨어를 적용하여 사용되는 하드웨어 구성형태에 따라 크게 구분할 수 있으며, HMI를 컴퓨터에 직접 설치하여 PC상에서 운용할 수 있는 소프트웨어 형태와 산업현장에서 많이 사용되는 터치패널 형태의 2가지 종류로 나눌 수 있다.

컴퓨터 구동용 소프트웨어 타입은 컴퓨터의 대용량 저장 능력과 다양한 하드웨어 기능을 활용하여 중앙 제어 시스템이 원격 장치를 감시 제어하는 SCADA 형태의 종류로 많이 사용되며 주로 발전·송배전시설, 석유화학 플랜트, 제철공정 시설, 공장 자동화 시설 등 여러 종류의 원격지 시설 장치를 중앙 집중식으로 감시 제어 하는데 적용하여 사용된다.

터치패널 형태의 HMI는 SCADA 구성보다는 하위 개념인 각각의 공정제어 및 라인제어, 단독적인 기기제어의 역할로 많이 활용되며, 터치패널에 포함되는 사용 환경설정, 감시화면, 태그 설정 등 대부분의 설정을 PC에서 편집하여 터치패널 하드웨어로 다운로드하여 사용되고 감시와 설비가 주된 목적으로 사용된다.

컴퓨터 구동용이나 터치패널 형태 모두 기본적인 소프트웨어의 구성은 동일하다

4 터치패널(HMI) 소프트웨어 구성

- HMI 패키지들은 기본적으로 다음의 세 가지 부분으로 이루어진다.

가. 운영환경 설정 (Developer)

- HMI 패키지의 프로그램들이 사용하는 정보를 설정할 수 있는 프로그램으로서, 태그, 각종 Runtime 환경, 스크립트 등의 파일 정보들을 설정하도록 한다.

나. 감시화면 편집 (Graphic Editor)

- 런타임에서 운영자에게 보여주는 화면들을 생성한다.
- 감시화면은 정적으로(static) 편집되며, 편집 시 각종 동적인 요소들을 삽입하여 Runtime에서 운영되는 감시화면을 동적으로 표현하도록 구성된다.

다. 런타임 (Runtime)

- 설정된 운영환경 및 감시화면을 실시간으로 가동시켜 주기 위한 부분으로서 데이터 수집, 연산, 기타 동작 실행, 화면 표시 등의 기능을 수행한다.
- HMI 패키지의 중심은 런타임에 의해 동작될 수 있는 모든 정보 및 그래픽 화면들을 저작할 수 있는 Developer (+Graphic Editor포함)에 있다고 할 수 있다.
- 런타임은 태그로 대표되는 데이터의 처리 및 운영자에게 처리된 데이터의 상태를 표시해준다.

이런타임이 갖춰야 할 기본적인 덕목으로서 다음과 같은 것들이 있다.

1) **데이터 수집의 즉시성**

설정된 장비와의 통신을 통하여 데이터를 수집하는 과정에서 모든 데이터들은 최대한 빠르고 정확하게 실제 장비의 데이터를 반영할 수 있도록 운영되어야 한다. 시간적인 정확성이 결여된 감시시스템은 운영자에게 잘못된 판단을 내리게 하며, 시스템 데이터에 대한 불신으로 이어진다.

2) **시스템의 안정성**

운영자는 HMI 시스템에 의해 모든 상황을 감시/관리하므로 이 시스템이 중단된다는 것은 곧 전체 공정에 대한 관리를 할 수 없으며, 경영/관리 정보로 사용될 이력 데이터들을 수집할 수 없다는 것을 의미한다. 공정 자체에 큰 영향이 없다 하더라도 운영자의 관점에서 모니터링 시스템의 중단은 업무의 중단을 의미한다.

3) **화면 응답의 즉시성**

수집된 실시간성 데이터는 운영자가 잘 인지/조치할 수 있도록 화면에 표시될 수 있어야 한다. 이것은 데이터 수집의 즉시성과 마찬가지로 중요한 항목이 될 수 있다. 데이터 수집 및 화면 응답의 즉시성이 확보되지 않는 시스템에서는 운영자로 하여금 잘못된 판단을 내릴 수 있는 원인을 제공할 수도 있다.

5 터치패널(HMI)의 장점

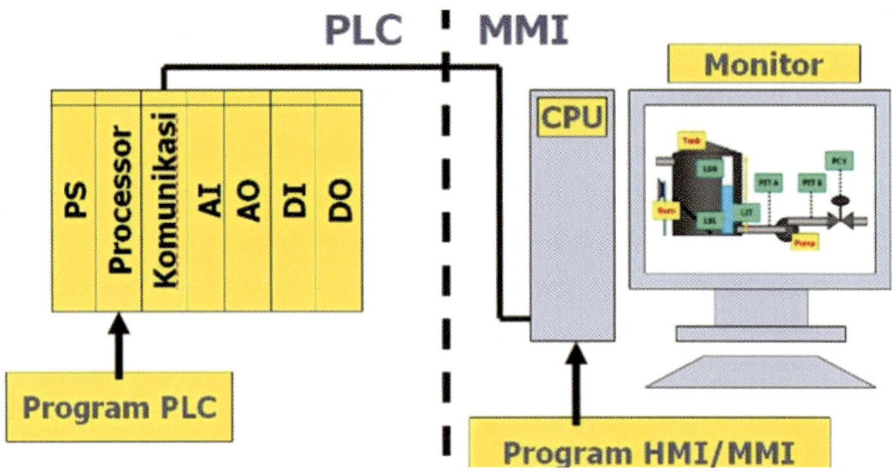

HMI 적용

1) 간단하게 직감적으로 조작할 수 있으며, 조작의 오류가 감소
2) 많은 입력 데이터 및 감시요소의 집약이 이루어짐
3) 소형, 경량화, 대폭적인 배선 자원 절감

6 터치패널(HMI)의 이용분야와 특징

터치 패널 사용 분야

분야	세부 분야
산업 분야	FA(Factory Automation) 일환으로서 조작 판넬 대응 예) 반도체 장비, 자동차 조립 Line, 식품공정 FA Line, 화학공정 Line 등
교통 분야	상황에 따른 운전 지시 사항 전달이나 각종 운전기기의 제어용 예) 운전자의 속도제어, 경보 감시, 위급 사항 대처 지시 등
감시, 관측분야	감시 대상 및 장소의 모니터링 백화점, 은행, 병원, 호텔 등 방제 시스템의 중앙 집중 제어반 예) CCD 카메라 등으로 영상 감시 및 방제 구현
안내, 광고 분야	공공 장소나 건물의 안내 시스템 엘리베이터, 공공 운송 수단에서의 안내, 광고 표시 예) 공공 건물 현관에서 건물 내부의 각 장소 소개, 안내
물류 분야	자동 창고, 차고의 배송/출하 시스템, 무인 반송차
교육, 시험 분야	문서와 펜이 필요 없는 전자 시험 및 교육 장비 예) 면허, 자격시험에서 화면 전환과 터치스크린에 의한 전자 시험

- 산업 자동화의 응용분야 열악한 작업환경에 있는 키보드 마우스를 제거하고 터치 패널을 사용하면 대규모의 복잡한 장비를 쉽게 상화 대화 방식으로 조작할 수 있다.
- 각종 유해물이나 안전사고가 있는 작업장에서 보호 장구를 착용하는 환경에서는 터치패널 사용이 더욱 필요하게 된다. 터치패널을 사용하면 먼지, 오염, 수지, 습기, 진동 등에 대해 신속하게 대처 가능하고 반복적인 유지보수 및 교정이 불필요하다.
- 자동 시험 응용분야에 터치기술을 사용하면 제트 엔진이나 자동차와 같은 장비의 문제를 밝혀내어 수리하는 등 복잡한 컴퓨터 진단을 수행 할 수 있으며, 자동차 부품정보 및 유지보수 지침에 관한 정보가 필요한 정비 회사에서도 응용이 가능하다.

제2장 운용 프로그램(XP-BUILDER)

1 프로그램 시작

가. 바탕화면의 XP-BUILDER 아이콘을 더블 클릭하여 실행시킨다.

나. 다음과 같은 팝업창이 생성되면 프로젝트를 생성을 클릭한다.

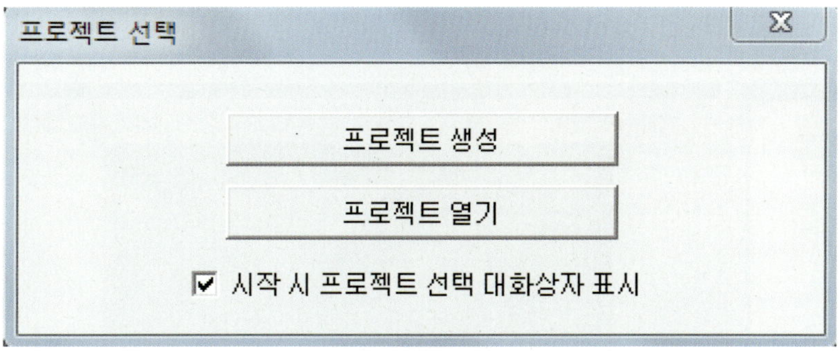

다. 기본설정에서 사용할 PLC 기종과 터치 패널의 기종을 선택하여 마침을 클릭한다.

연결 제어기 선택	
XP70-TTA ↔ Q03UDE	
제조사	Mitsubishi Electric Corporation
제 품	MITSUBISHI : MELSEC-QnU CPU(ETHERNET)

라. 프로젝트가 생성된 화면이다.

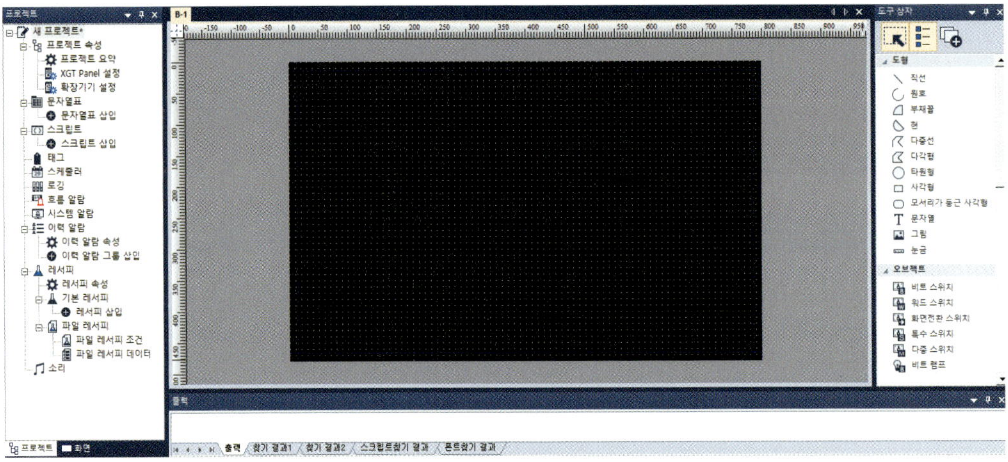

2 화면 구성

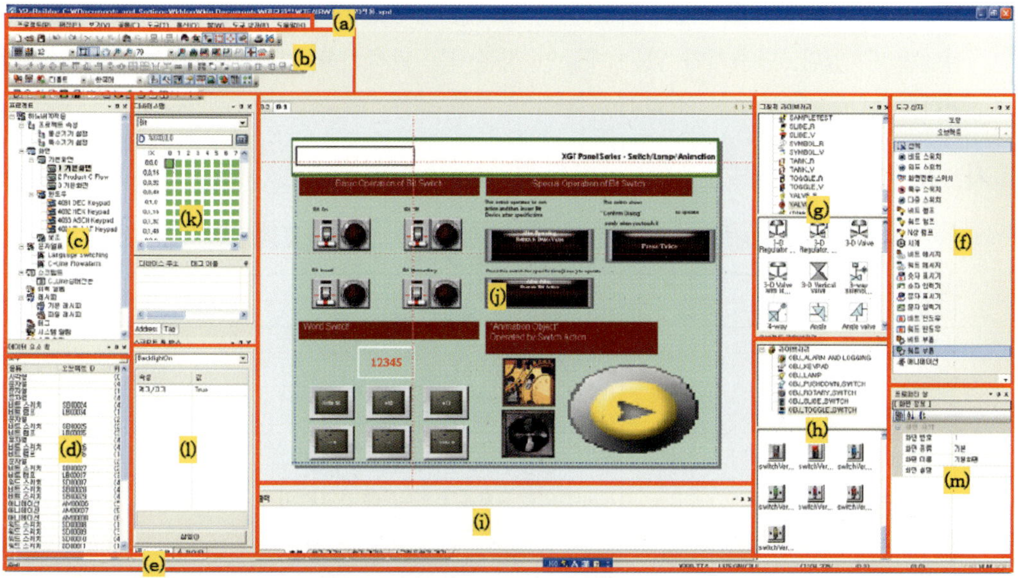

항목	설명
타이틀	프로젝트 경로명 정보를 표시합니다.
메뉴(a)	프로그램을 위한 기본 메뉴입니다.
도구모음(b)	메뉴를 간편하게 실행할 수 있는 방법을 제공합니다.
프로젝트 창(c)	현재 열려있는 프로젝트의 구성 요소를 표시합니다.
데이터 요소 창(d)	오브젝트 및 도형의 ID 및 위치정보를 표시합니다.
상태 바(e)	XP-Builder 의 상태, XGT Panel 품명, 접속된 PLC 의 정보, 마우스 위치, 오브젝트 위치 및 크기 정보 등을 표시합니다. 전송 또는 저장 때 프로그레스 바를 표시합니다.
도구창(f)	여러 종류의 오브젝트를 선택하여 편집할 수 있는 툴을 제공합니다.
그래픽 라이브러리(g)	여러 시스템라이브러리 등록 이미지들을 가지고 있으며 도형이나 오브젝트의 배경 이미지로 사용합니다. 사용자 라이브러리를 제공하여 임의로 등록/삭제 등이 가능합니다.
오브젝트 라이브러리(h)	자주 사용하는 오브젝트 및 그들의 조합을 시스템 라이브러리로 제공하고 있습니다. 사용자 라이브러리를 제공하여 임의로 등록/삭제 등이 가능합니다.
메시지 창(i)	오류 및 사용자 인터페이스 메시지를 나타내 주는 출력 창과 모두 찾기의 결과를 나타내주는 [찾기 결과1]과 [찾기 결과2] 창을 제공합니다.
편집 화면(j)	오브젝트 및 도형을 편집할 수 있으며 화면 속성을 부여할 수 있는 창을 말합니다.
디바이스맵 창(k)	전체 프로젝트에서 사용하고 있는 디바이스 사용정보를 한눈에 알아낼 수 있도록 맵 형식으로 제공합니다.
스크립트 툴 박스(l)	스크립트관련 제어문 및 함수목록을 제공하여 손쉽게 스크립트를 작성할 수 있도록 돕는다.
프로퍼티 창(m)	화면 및 화면 내 도형, 오브젝트의 속성을 보여주고 이들의 속성을 바꾸거나 여래개의 속성을 동시에 변경하도록 돕는다.

3 메뉴 구성

- 메뉴를 선택하면 명령어들이 나타나고, 원하는 명령을 마우스 또는 키로 선택하면 명령을 실행할 수 있다. 단축키가 있는 메뉴인 경우에는 단축키를 눌러서 직접 명령을 선택할 수 있다.

가. 프로젝트

명 령		설 명
새로 만들기		새로운 프로젝트를 생성합니다.
열기		기존의 프로젝트를 엽니다.
저장		현재 프로젝트를 저장합니다.
다른 이름으로 저장		프로젝트를 다른 이름으로 저장합니다.
닫기		프로젝트를 닫습니다.
동작메뉴 (항목 추가)	기본화면	새로운 기본화면을 프로젝트에 추가합니다.
	윈도우화면	새로운 윈도우 화면을 프로젝트에 추가합니다.
	보조화면	새로운 보조화면을 프로젝트에 추가합니다.
	문자열표	새로운 문자열표를 프로젝트에 추가합니다.
	이력알람	새로운 이력 알람을 프로젝트에 추가합니다.
	레서피	새로운 레서피를 프로젝트에 추가합니다.
	스크립트	새로운 스크립트를 프로젝트에 추가합니다.
인쇄		활성화되어 있는 창의 내용을 인쇄합니다.
인쇄 미리 보기		인쇄될 화면을 미리 보여줍니다.
프로젝트 인쇄		프로젝트의 항목을 선택하여 인쇄합니다.
인쇄 설정		프린터 옵션을 설정합니다.
프로젝트 암호 설정		현재 프로젝트에 암호를 설정합니다.
끝내기		XP-Builder를 끝마칩니다.

나. 편집

명 령		설 명
편집 취소		프로그램 편집 창에서 편집을 취소하고 바로 이전 상태로 되돌립니다.
재실행		편집 취소된 동작을 다시 복구합니다.
삭제		블록을 잡아 삭제하거나 선택된 항목을 삭제합니다.
잘라내기		블록을 잡아 삭제하면서 클립보드에 복사합니다.
복사		블록을 잡아 클립보드에 복사합니다.
붙여넣기		클립보드로부터 편집 창에 복사합니다.
연속복사		도형이나 오브젝트를 한번에 여러 개 복사합니다.
모두선택		현재 활성화된 창의 모든 내용을 블록으로 표시합니다.
모두삭제		현재 활성화된 창의 모든 내용을 삭제합니다.
그룹화	그룹	선택한 도형이나 오브젝트, 그룹을 그룹으로 묶을 때 사용합니다.
	그룹 해제	이미 설정해 놓은 그룹을 해제시킵니다.
회전 또는 대칭	왼쪽으로 회전	선택한 도형이나 오브젝트, 그룹을 왼쪽으로 90도 회전시킵니다.
	오른쪽으로 회전	선택한 도형이나 오브젝트, 그룹을 오른쪽으로 90도 회전시킵니다.
	좌우 대칭	선택한 도형이나 오브젝트, 그룹을 좌우 대칭 이동합니다.
	상하 대칭	선택한 도형이나 오브젝트, 그룹을 상하 대칭 이동합니다.
순서	맨 앞으로 가져오기	선택한 도형이나 오브젝트, 그룹을 맨 앞으로 이동합니다.
	맨 뒤로 보내기	선택한 도형이나 오브젝트, 그룹을 맨 뒤로 이동합니다.

명령		설명
순서	앞으로 가져오기	선택한 도형이나 오브젝트, 그룹을 앞으로 이동합니다.
	뒤로 보내기	선택한 도형이나 오브젝트, 그룹을 뒤로 이동합니다.
같은 크기로 맞추기	가로 너비	2개 이상 선택한 도형, 오브젝트, 그룹의 가로 크기를 가장 큰 것과 동일하게 조정합니다.
	세로 높이	2개 이상 선택한 도형, 오브젝트, 그룹의 세로 크기를 가장 큰 것과 동일하게 조정합니다.
	모두	2개 이상 선택한 도형, 오브젝트, 그룹의 가로, 세로 크기를 가장 큰 것과 동일하게 조정합니다.
화면 가운데 맞추기	가로	선택한 도형이나 오브젝트, 그룹이 화면의 가로 방향으로 중간에 위치하도록 이동합니다.
	세로	선택한 도형이나 오브젝트, 그룹이 화면의 세로 방향으로 중간에 위치하도록 이동합니다.
간격 똑같이	가로	2개 이상 선택한 도형, 오브젝트, 그룹의 가로 간격을 동일하게 조정하여 이동합니다.
	세로	2개 이상 선택한 도형, 오브젝트, 그룹의 세로 간격을 동일하게 조정하여 이동합니다.
격자 붙이기		오브젝트 또는 도형을 격자에만 위치시키도록 합니다.
붙이기	보조선	도형이나 오브젝트를 보조선에 붙일 수 있는 기능을 말합니다.
	핸들	도형이나 오브젝트를 핸들에 붙일 수 있는 기능을 말합니다.
	꼭지점	도형이나 오브젝트를 모서리에 붙일 수 있는 기능을 말합니다.
	교차점	도형이나 오브젝트를 교차점에 붙일 수 있는 기능을 말합니다.
중심점으로부터 그리기		사용자가 마우스클릭 한 지점이 오브젝트나 도형의 중심이 되도록 편집할 수 있습니다.
한 도트씩 이동	왼쪽	선택한 도형, 오브젝트, 그룹을 한 도트 왼쪽으로 이동합니다.
	오른쪽	선택한 도형, 오브젝트, 그룹을 한 도트 오른쪽으로 이동합니다.
	위쪽	선택한 도형, 오브젝트, 그룹을 한 도트 위쪽으로 이동합니다.
	아래쪽	선택한 도형, 오브젝트, 그룹을 한 도트 아래쪽으로 이동합니다.
위치 및 크기 변경		오브젝트 및 도형의 위치나 크기를 변경하여 줍니다.

다. 도구 상자

명령	설명
비트 스위치	비트스위치를 그리는 모드로 들어갑니다.
워드 스위치	워드스위치를 그리는 모드로 들어갑니다.
특수 스위치	특수 스위치를 그리는 모드로 들어갑니다.
화면 전환스위치	화면 전환 스위치를 그리는 모드로 들어갑니다.
다중 스위치	다중 스위치를 그리는 모드로 들어갑니다.
비트 램프	비트 램프를 그리는 모드로 들어갑니다.
워드 램프	워드 램프를 그리는 모드로 들어갑니다.
N상 램프	N상 램프를 그리는 모드로 들어갑니다.
시계	시계를 그리는 모드로 들어갑니다.
비트 메시지	비트 메시지를 그리는 모드로 들어갑니다.
워드 메시지	워드 메시지를 그리는 모드로 들어갑니다.
숫자 표시기	숫자 표시기를 그리는 모드로 들어갑니다.
숫자 입력기	숫자 입력기를 그리는 모드로 들어갑니다.
문자 표시기	문자 표시기를 그리는 모드로 들어갑니다.
문자 입력기	문자 입력기를 그리는 모드로 들어갑니다.

명 령	설 명
애니메이션	애니메이션을 그리는 모드로 들어갑니다.
비트 윈도우	비트 윈도우를 그리는 모드로 들어갑니다.
워드 윈도우	워드 윈도우를 그리는 모드로 들어갑니다.
비트 부품	비트 부품을 그리는 모드로 들어갑니다.
워드 부품	워드 부품을 그리는 모드로 들어갑니다.
막대 그래프	막대 그래프를 그리는 모드로 들어갑니다.
파이 그래프	파이 그래프를 그리는 모드로 들어갑니다.
트렌드 그래프	트렌드 그래프를 그리는 모드로 들어갑니다.
로깅 트렌드 그래프	로깅 트렌드 그래프를 그리는 모드로 들어갑니다.
분포도 그래프	실시간 분포도 및 로깅 분포도를 그리는 모드로 들어갑니다.
미터 그래프	미터 그래프를 그리는 모드로 들어갑니다.
폐곡선 그래프	폐곡선 그래프를 그리는 모드로 들어갑니다.
이력 알람 보기	이력 알람 보기를 그리는 모드로 들어갑니다.
데이터 목록보기	데이터 목록보기를 그리는 모드로 들어갑니다.
로깅 보기	로깅 보기를 그리는 모드로 들어갑니다.
알람 탐색기	알람 탐색기를 그리는 모드로 들어갑니다.
메모패드	메모패드를 그리는 모드로 들어갑니다.
레서피 탐색기	레서피 탐색기(파일 또는 기본 레서피)를 그리는 모드로 들어갑니다.
데이터 목록 편집기	데이터 목록 편집기를 그리는 모드로 들어갑니다.
파일 레서피 편집기	파일 레서피 편집기를 그리는 모드로 들어갑니다.
직선	직선을 그리는 모드로 들어갑니다.
원호	원호를 그리는 모드로 들어갑니다.
부채꼴	부채꼴을 그리는 모드로 들어갑니다.
현	현을 그리는 모드로 들어갑니다.
다중선	다중선을 그리는 모드로 들어갑니다.
다각형	다각형을 그리는 모드로 들어갑니다.
타원형	타원형을 그리는 모드로 들어갑니다.
사각형	사각형을 그리는 모드로 들어갑니다.
모서리가 둥근 사각형	모서리가 둥근 사각형을 그리는 모드로 들어갑니다.
그림	그림을 그리는 모드로 들어갑니다.
문자열	문자열을 그리는 모드로 들어갑니다.
눈금	눈금을 그리는 모드로 들어갑니다.

라. 보기

명 령	설 명
도구 모음	도구모음을 보이거나 숨깁니다.
상태 표시줄	상태 표시줄을 보이거나 숨깁니다.
프로젝트	프로젝트 창을 보이거나 숨깁니다.
도구 상자	도구 창을 보이거나 숨깁니다.
데이터 요소 창	데이터 요소 창을 보이거나 숨깁니다.
프로퍼티 창	프로퍼티 창을 보이거나 숨깁니다.
출력 창	출력 창을 보이거나 숨깁니다.
그래픽 라이브러리 창	도형 라이브러리 창을 보이거나 숨깁니다.
오브젝트 라이브러리 창	오브젝트 라이브러리 창을 보이거나 숨깁니다.
이동 창	화면을 이동할 수 있는 작은 창을 표시합니다.

마. 공통항목

명 령		설 명
프로젝트 속성		프로젝트 정보를 설정합니다.
레서피 설정		레서피 데이터를 설정합니다.
태그 설정		태그 데이터를 작성합니다.
스케줄러 설정		예약 작업을 설정합니다.
로깅 설정		로깅 데이터를 설정합니다.
알람 설정	흐름 알람	흐름 알람을 설정합니다.
	이력 알람	이력 알람을 설정합니다.
	시스템 알람	시스템 알람의 내용을 확인합니다.

바. 도구

명 령		설 명
스크립트 도구 창		스크립트 도구 창을 보이거나 숨깁니다.
디바이스 맵 창		디바이스 맵창을 숨기거나 보입니다.
화면목록 작게 보기		여러 개의 화면을 작게 표시합니다.
격자		격자를 보이거나 숨깁니다.
격자 설정		격자와 맞추기 방법을 설정합니다.
여백선		여백 안내선을 보이거나 숨깁니다.
보조선		보조 안내선을 보이거나 숨깁니다.
중심점 보이기		오브젝트나 도형의 중심점을 보이거나 숨깁니다.
IME 보이기/숨기기		IME를 보이거나 숨깁니다.
화면 팬		스크롤로 가려진 화면 영역을 이동할 수 있도록 표시합니다.
확대/축소	25%확대	오브젝트나 도형을 25%확대합니다.
	20%축소	오브젝트나 도형을 20%축소합니다.
	50%	오브젝트나 도형을 50%로 합니다.
	100%	오브젝트나 도형을 100%로 합니다.
	200%	오브젝트나 도형을 200%로 합니다.
	설정영역에 맞춤	오브젝트나 도형을 설정영역에 맞춥니다.
	페이지 너비	오브젝트나 도형을 페이지 넓이에 맞춥니다.
	페이지 높이	오브젝트나 도형을 페이지 높이에 맞춥니다.
	전체 페이지	오브젝트나 도형을 전체페이지에 맞춥니다.
	선택영역에 맞춤	오브젝트나 도형을 선택영역에 맞춥니다.
오브젝트 ID		오브젝트의 ID를 보이거나 숨깁니다.
오브젝트 주소		오브젝트의 디바이스 주소를 보이거나 숨깁니다.
오브젝트 On/Off		오브젝트의 디바이스 값이 0이거나 1일 때를 표시합니다.
새로고침		화면을 다시 그립니다.

사. 통신

명 령	설 명
전송 설정	XGT Panel와의 통신 설정을 합니다.
보내기	XGT Panel에 데이터를 보냅니다.
받기	XGT Panel로부터 데이터를 받습니다.
XGT Panel 정보보기	XGT Panel의 다양한 정보를 보여줍니다.
XGT 패널 업데이트	XGT Panel 기기 업그레이드를 수행합니다.

아. 창

명 령	설 명
새 창	활성화된 창에 대해 새 창을 엽니다.
계단식 배열	XP-Builder에 속해 있는 여러 창들을 계단식으로 배열합니다.
수평 배열	XP-Builder에 속해 있는 여러 창들을 수평 배열합니다.
수직 배열	XP-Builder에 속해 있는 여러 창들을 수직 배열합니다.
아이콘 정렬	XP-Builder에 속해 있는 아이콘들을 정렬합니다.
모두 닫기	XP-Builder에 속해 있는 여러 창들을 모두 닫습니다.

자. 도움말

명 령	설 명
디바이스 상호참조	사용한 디바이스를 일괄 표시합니다.
화면내 찾기/ 화면내 바꾸기	활성화된 화면 내에서 디바이스를 찾거나 찾은 디바이스를 바꿉니다.
모두 찾기/모두 바꾸기	사용자가 지정한 영역내 에서 디바이스를 모두 찾거나 디바이스를 모두 바꿉니다.
메모리 사용 상황	사용한 디바이스 메모리 현황을 표시합니다.
데이터 확인	사용자가 작성한 화면데이터 및 공통 데이터의 에러를 확인합니다.
스크립트 오류검사	스크립트의 오류를 검사합니다.
스크립트 모두찾기	글로벌 스크립트, 화면 및 오브젝트에서 사용된 모든 스크립트를 찾아줍니다.
문자열을 문자열표로 자동등록	문자열표에 연결되지 않은 정적 캡션이나 도형 텍스트의 정적 문자열을 문자열표를 생성하고 생성된 문자열표에 자동 등록하여 편리하게 다국어 변경을 할 수 있는 기능을 지원한다.
이전화면	현재 활성화된 화면의 이전 번호 화면을 활성화시킵니다.
다음화면	현재 활성화된 화면의 다음 번호 화면을 활성화시킵니다.
폰트 내보내기	현재 프로젝트의 사용된 모든 폰트를 사용자가 지정한 폴더로 생성해줍니다.
폰트 설치하기	사용자가 지정한 폴더에서 폰트를 가져다가 윈도우 폰트로 등록해 줍니다.

차. 타이틀바

항 목	설 명
경로명(a)	열려있는 프로젝트의 경로명 및 화면 타이틀을 표시합니다. 닫혀있을 경우 아무것도 나타나지 않습니다.
화면 최소화(b)	화면을 최소화 할 수 있습니다.
화면복원/최대화(c)	화면을 최대화 하거나 아이콘에서 화면을 복원 할 수 있습니다.
닫기(d)	프로그램을 종료합니다.

카. 상태 표시줄

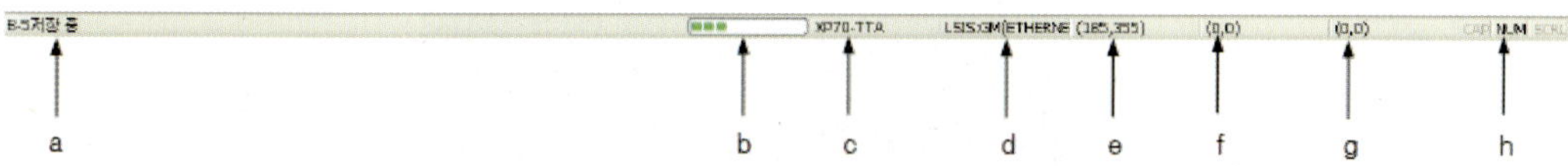

항 목	설명
메시지(a)	XP-Builder가 현재 수행하고 있는 작업을 설명하는 메시지를 표시합니다.
프로그레스 바(b)	프로젝트 저장 혹은 열기 또는 실행파일 저장시의 진행률을 표시합니다.
XGT Panel 모델 종류(c)	XGT Panel의 기종 중 현재 프로젝트의 선택된 기종을 표시합니다.
제어기 이름(d)	선택된 제어기 이름을 표시합니다. 하나의 프로젝트에 여러 제어기가 있을 경우 위저드로 선택된 제어기 또는 프로젝트 속성 다이얼로그에서 디바이스 탭의 제어기를 표시합니다.
마우스 커서 위치표시(e)	마우스 커서의 현재 위치 좌표를 표시합니다.
오브젝트 혹은 도형의 좌측상단 좌표(f)	선택된 오브젝트 혹은 도형의 좌측상단 좌표를 표시합니다.
오브젝트 혹은 도형의 넓이와 높이(g)	선택된 오브젝트 혹은 도형의 넓이와 높이를 표시합니다.
CAP/NUM/SCRL(h)	Caps Lock/Num Lock/Scroll Lock 중 해당 키가 눌렸을 경우 진하게 표시됩니다.

4 도킹 창

- 보기 메뉴에서 볼 수 있는 창(프로젝트 창, 결과 창, 라이브러리창 등)은 모두 도킹(docking) 가능한 창으로 되어 있다. 마우스를 이용해 창의 위치와 크기를 조절할 수 있

으며 어떤 위치로든 도킹이 될 수 있다. 또한 도킹 창을 플로팅(floating) 상태로 유지시키거나 자동으로 창을 숨기는 기능이 있다.

가. 도킹 창 위치 이동

- 아래의 그림은 도구 창을 이동할 때 나타나는 도킹위치 안내선의 모습이다. 일단 아래에서처럼 도구창을 움직이면 도킹 안내자가 화면에 나타납니다. 도킹 안내자 안에 창을 가까이 가져가면 원하는 위치에 손쉽게 도킹시킬 수 있다.

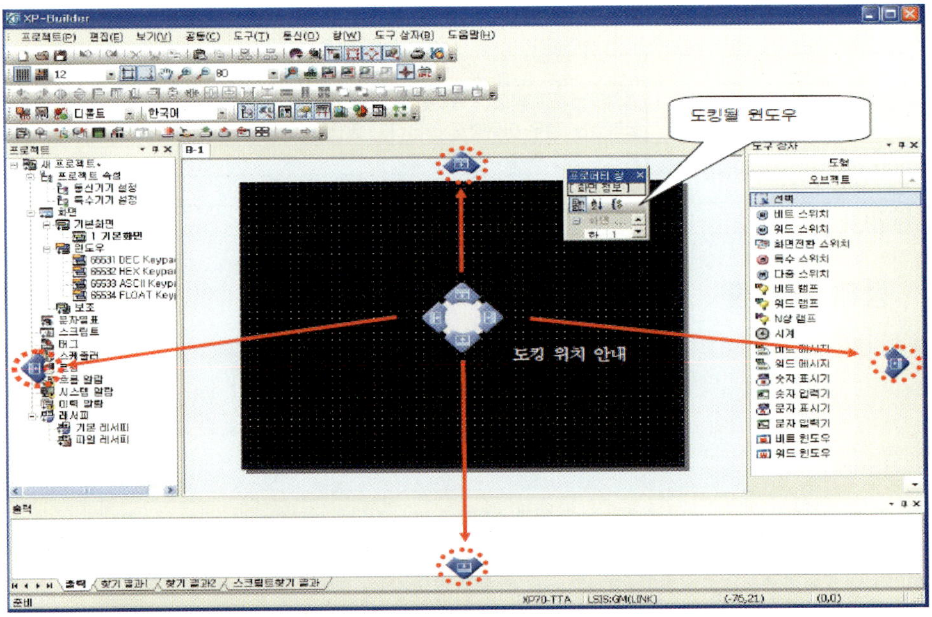

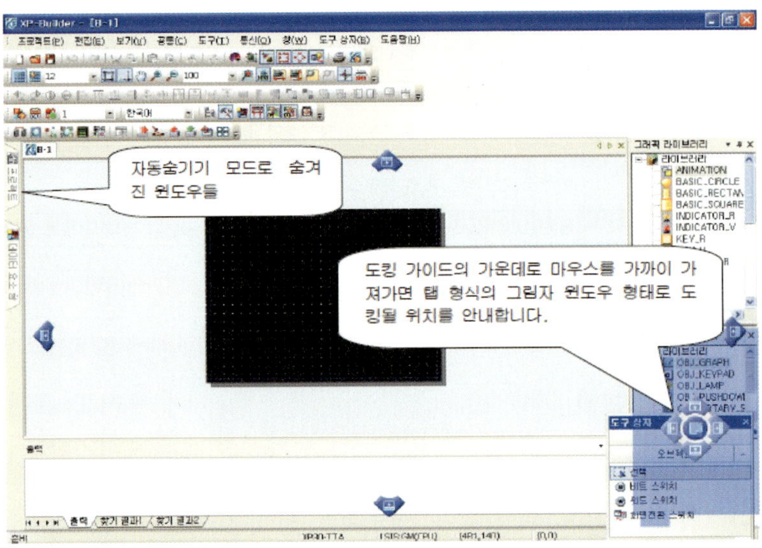

나. 프로팅 윈도우로 변경

- 프로팅을 원하는 도킹 윈도우 타이틀을 마우스 오른쪽 단추를 클릭하거나 아래쪽 화살표 모양의 단추를 눌러 [프로팅] 메뉴를 선택한다.

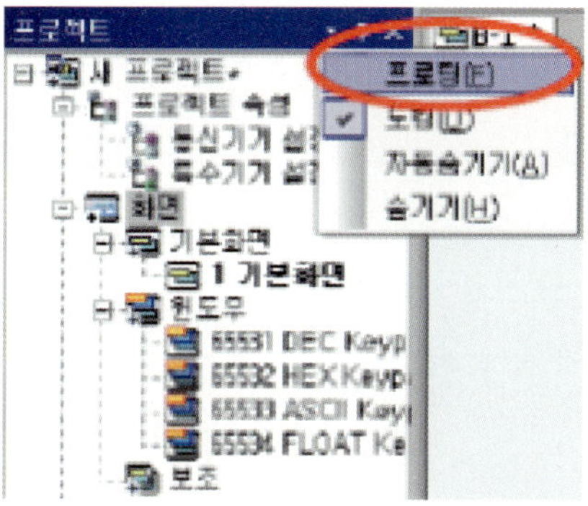

다. 자동 숨기기 모드

- 자동숨기기를 원하는 도킹 윈도우 창 타이틀 위에서 마우스의 오른쪽 단　　추를 눌러 [자동숨기기]를 선택하거나 아래와 같은 도킹창 내의 압정 모양의 단추를 눌러 숨김 모드가 되면 자동으로 윈도우가 사라진다.

5 화면 탭 그룹

- 화면을 여러 개를 동시에 보면서 편집할 수 있는 기능이다. 화면을 여러 개의 탭 그룹으로 분리하여 탭 그룹 사이의 화면들을 동시에 보면서 편집할 수 있으며 탭 그룹 간에 자유롭게 드래그 드롭을 통해서 화면을 이동할 수 있다.

가. 수평 탭그룹 생성

- 화면의 탭을 우측 마우스 클릭하여 [새로운 수평 탭그룹 생성] 메뉴를 선택한다. 해당 화면이 새로운 탭 그룹으로 수평 생성되어 분리되는 것을 확인할 수 있다.

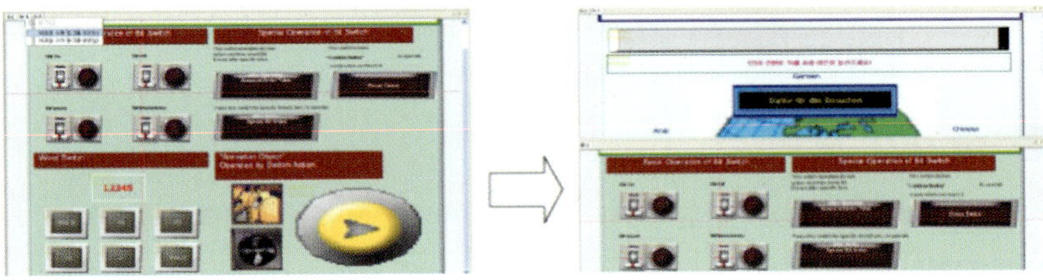

나. 수직 탭그룹 생성

- 화면의 탭을 우측 마우스 클릭하여 [새로운 수직 탭그룹 생성] 메뉴를 선택한다. 해당면이 새로운 탭 그룹으로 수직 생성되어 분리되는 것을 확인할 수 있다.

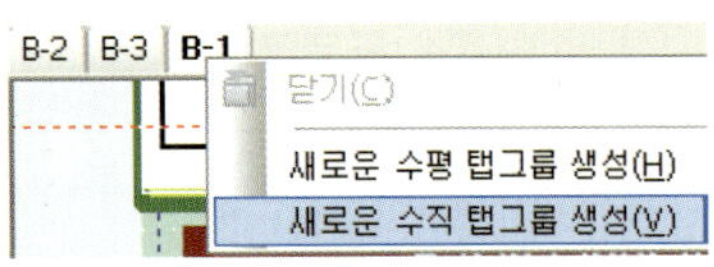

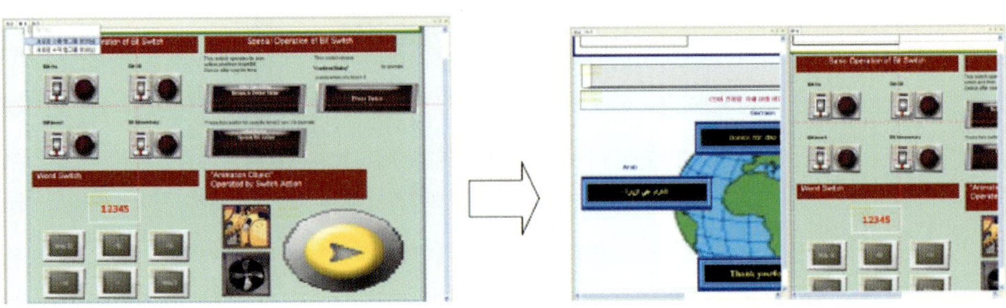

다. 다음 탭그룹으로 이동

- 현재 탭그룹에서 다른 탭그룹으로 이동하고자 할 때 사용한다. 또한 이동하고자 하면 화면의 탭을 드래그하여 다른 탭그룹으로 드롭시킬 수 있다.

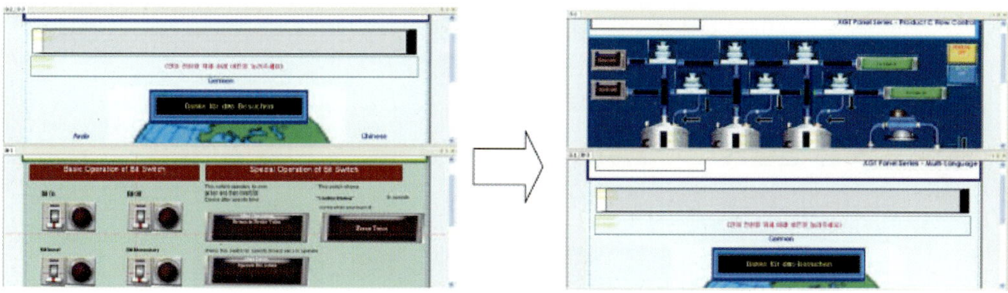

라. 이전 탭그룹으로 이동

- 현재 탭그룹에서 이전 탭그룹으로 이동하고자 할 때 사용한다. 또한 이동하고자 하는 화면의 탭을 드래그하여 다른 탭그룹으로 드롭 시킬 수 있다.

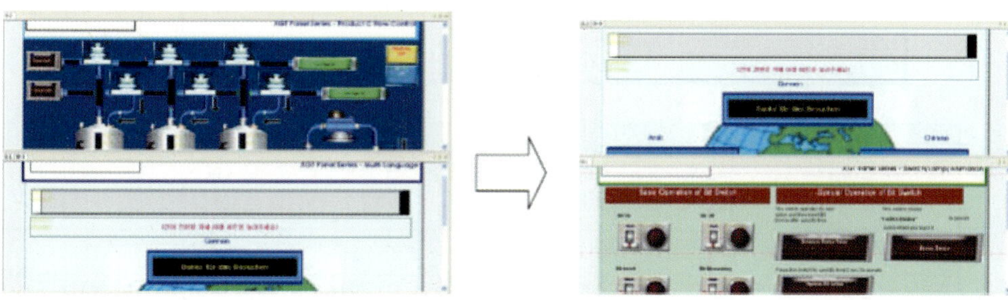

6 사용자 지정

가. 도구 모음(툴바)

- XP-Builder에서는 자주 사용되는 메뉴들을 단축 아이콘 형태로 제공하고 있다.

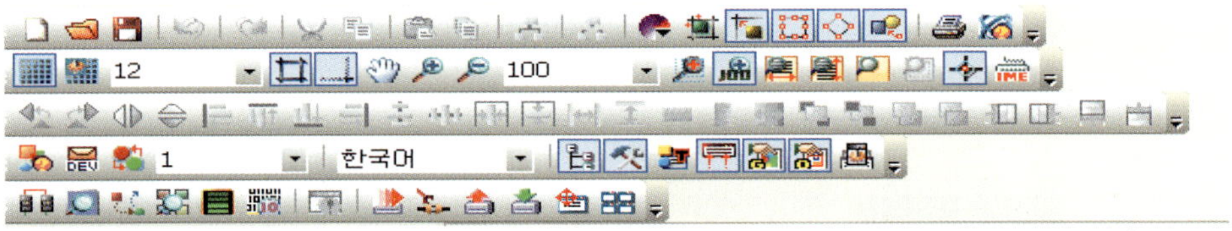

1) 새 도구 모음 만들기

- 자주 사용하는 도구들을 모아서 도구 모음을 새로 만들 수 있다.

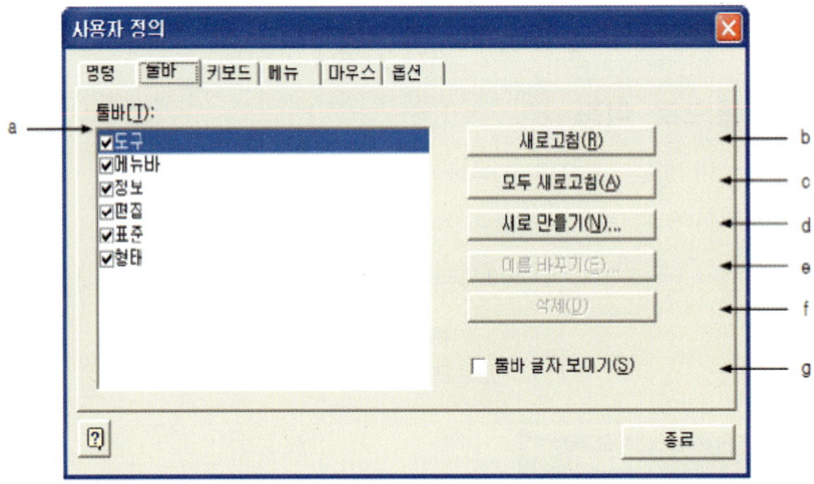

항 목	설 명
도구모음(툴바)(a)	각 도구모음 이름 앞의 체크 박스를 체크 함으로서 도구모음을 보이거나 사라지도록 설정할 수 있습니다
새로고침(b)	도구모음을 모두 초기화 합니다.
모두 새로고침(c)	디바이스 및 오브젝트의 ID 및 주소를 표시하는 기본 폰트 사이즈를 설정합니다.
새로 만들기(d)	도구모음을 새로 만듭니다.
이름 바꾸기(e)	사용자가 만든 도구모음의 이름을 바꿉니다.
삭제(f)	사용자가 만든 도구모음을 삭제합니다.
툴바 글자 보이기(g)	도구모음의 이름을 표시합니다.

[순서]

가) 메뉴 [도구]-[사용자 지정]를 선택한다.
나) [새로 만들기] 단추를 누른다.
다) 도구모음 이름 입력 대화 상자가 나타나면 도구모음 이름을 입력한다.
라) OK' 단추를 누른다. 이 때 빈 도구 상자가 생성되고 도구모음 리스트에 새로운 도구모음인 TEST' 가 추가된다.

나. 도구 모음 채우기

- 사용자 정의 대화 상자의 명령어 탭이다. 새로운 명령어들을 구성하여 새로운 도구모음을 만들 수 있다.

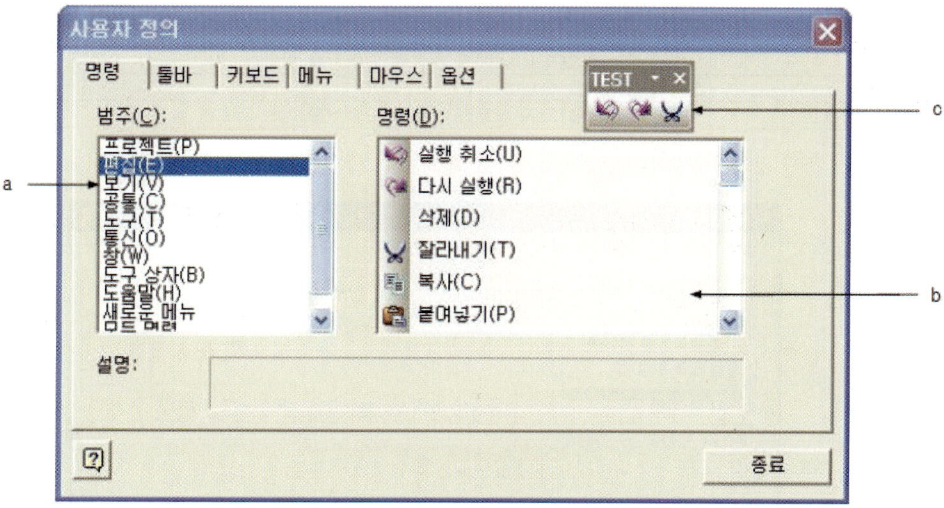

항목	설명
카테고리(a)	메뉴 리스트를 나열합니다.
명령어(b)	한 메뉴에 속한 명령어 리스트를 나열합니다.
사용자 도구 모음(c)	원하는 명령어를 드래그하여 사용자 도구모음 상자 위에서 드래그하면 도구가 추가됩니다.

다. 단축키 설정하기

- 모든 명령에 대해서 단축키를 설정할 수 있다. 이 때 이미 설정된 단축키는 삭제된다.

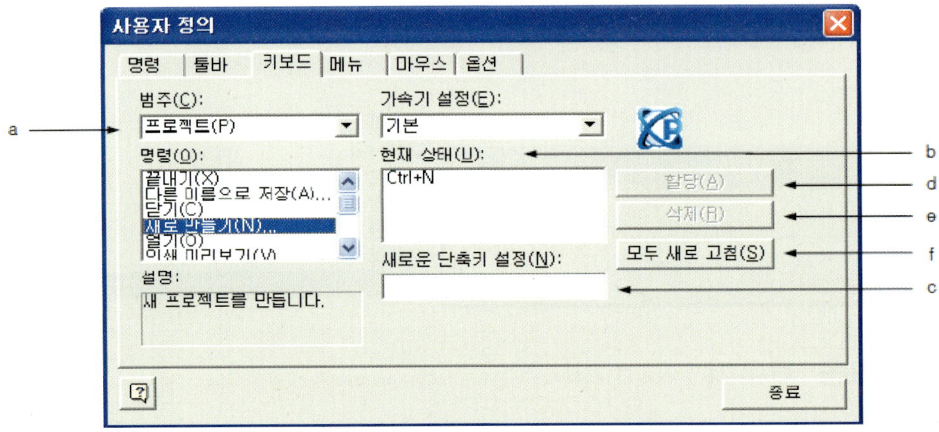

항 목	설 명
범주(a)	범주 목록에서 단축키를 설정할 메뉴를 선택합니다.
현재 상태(b)	현재 할당된 키를 표시합니다.
새로운 단축키(c)	새로운 단축키를 입력하고자 할 때 입력하는 난입니다.
할당(d)	선택된 메뉴에 대해서 입력된 새로운 단축키를 할당합니다.
삭제(e)	현재의 단축키를 삭제합니다.
모두 새로 고침(f)	사용자 단축키를 모두 삭제하고 모든 단축키를 기본 값으로 설정합니다.

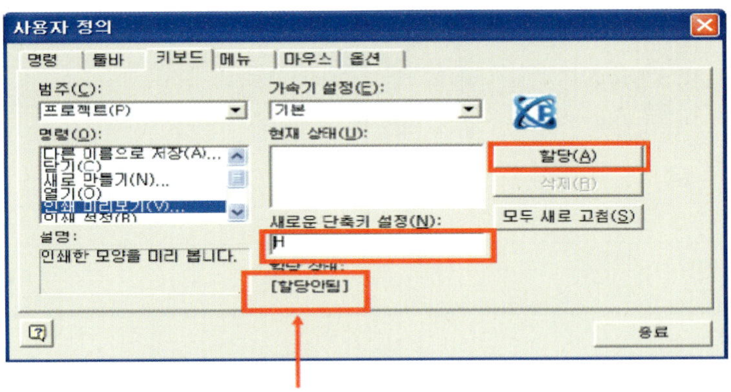

할당 여부를 나타내는 메시지

[순서]

1) 메뉴 [도구]-[사용자 지정]의 키보드 탭을 선택한다.

2) 메뉴 선택 목록에서 단축키를 설정할 카테고리를 선택한다.

3) 설정할 단축키를 입력한다. 예를 들어, Ctrl + H 를 사용하고자 한다면 키보드의 Ctrl 을

누르고 손을 떼지 않은 상태에서 H 를 누른다. 이 때 편집 창에 단축키가 표시된다. 만일 이 키 조합이 이미 사용되고 있다면 이미 할당되었다는 메시지가 나오며 단축키 할당 단추가 선택 불가능한 상태가 된다.

4) 단축키 A 또는[할당] 단추를 누른다.

5) [종료] 단추를 누른다.

라. 도구상자 옵션 설정하기

- 메뉴나 도구상자에 대한 옵션을 지정할 수 있도록 한다.

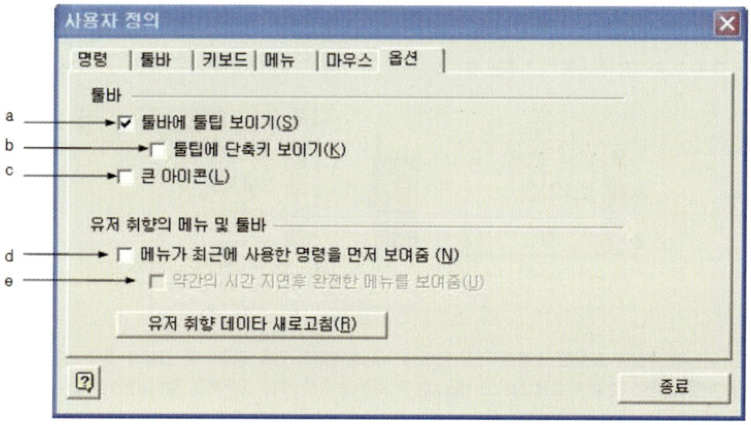

항 목	설 명
툴바에 툴팁 보이기(a)	툴바에 마우스 포인터가 머물러 있을 때 툴팁을 표시합니다.
툴팁에 단축키 보이기(b)	툴바에 마우스 포인터가 머물러 있을 때 단축키를 표시합니다.
큰 아이콘(c)	툴바 아이콘을 큰 사이즈로 표시합니다.
메뉴가 최근에 사용한 명령을 먼저 보여줌(d)	메뉴의 내용을 최근 사용한 메뉴만을 표시합니다.
약간의 시간 지연 후 완전한 메뉴를 보여줌 (e)	d)가 설정되어 있을 때 약간의 시간 지연 후 완전한 메뉴를 표시합니다.

[툴바에 툴팁 보이기 예]

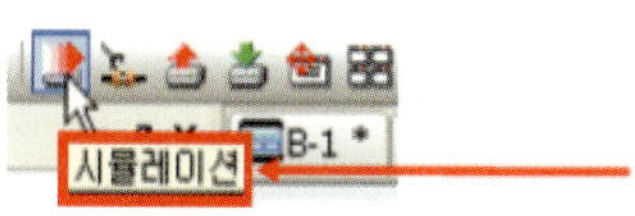

시뮬레이션을 실행시키는 도구에 마우스를 위치 하면 '시뮬레이션' 이란 툴팁이 뜨는 것을 확인 할 수 있습니다.

[툴바에 단축키 보이기 예]

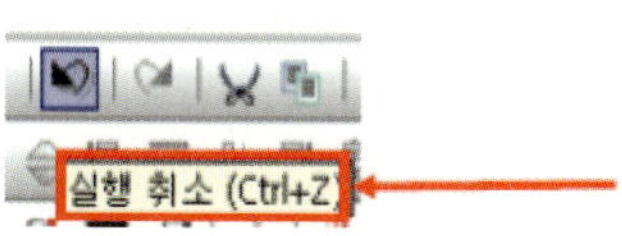

실행 취소를 실행시키는 도구에 마우스를 위치 하면 '실행 취소(Crtl+Z)' 이란 툴팁이 뜨는 것을 확인 할 수 있습니다.

[큰 아이콘 예]

[메뉴가 최근에 사용한 명령을 먼저 보여주는 예]

옆의 통신 메뉴에서 [보내기]란 최근 사용 메뉴만 제외하고 나머지 메뉴는 모두 숨겨졌음을 확인할 수 있습니다.

[약간의 시간 지연 후 완전한 메뉴를 보여주는 예]

위 그림처럼 '메뉴가 최근에 사용한 명령을 먼저 보여줌' 이 설정되어 있을 경우, 위 그림의 좌측과 같이 이미지가 보이지만 마우스를 누르고 있던 것을 누르지 않으면 어느 정도 시간이 흐른 후에 오른쪽과 같이 완전한 메뉴가 펼쳐집니다.

7 옵션

가. 편집 옵션

- 편집 옵션을 설정할 수 있다.

[순서]

1) 메뉴 [도구]-[옵션]을 선택한다.

2) [편집 옵션] 탭을 선택한다.

항 목	설 명
배경색 사용(f)	기본으로 화면에 배경 색상을 사용할 것인지 여부를 설정합니다.
기본 화면 배경색 설정(g)	기본 배경화면 색상을 설정합니다.
오브젝트/도형이 화면 영역 벗어나지 않도록 제한(h)	편집 시 도형 및 오브젝트가 화면 영역을 벗어나는 것을 허용하거나 허용하지 않는 것을 제한하는 옵션입니다. 벗어나는 것을 허용한 경우 프로젝트 다운로드 시 화면영역을 벗어나는 것에 대한 오류검사 새 화면부터 없이 다운로드가 진행됩니다.

알아두기

(1) 편집 옵션의 적용시점은 다음과 같습니다.

1) (a) (b) (c) (h) 는 적용 즉시 모든 화면에 그 속성을 적용합니다.

2) (d) (e)는 새로운 오브젝트나 도형이 생성되는 시점부터 그 속성을 적용합니다.

3) (f) (g)는 새 화면이 생성되는 시점부터 효력을 발휘합니다.

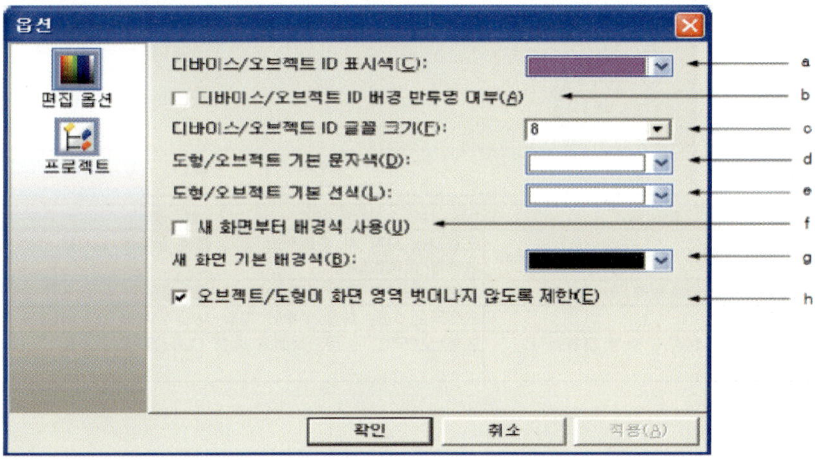

[대화 상자 설명]

항 목	설 명
디바이스 및 오브젝트 ID 표시 색(a)	디바이스 및 오브젝트의 ID를 표시하는 기본 색상 색을 설정합니다.
디바이스 및 오브젝트 ID의 반투명 여부(b)	디바이스 및 오브젝트의 ID 의 기본 색상 색으로 흰색바탕에 반투명하게 표시할 것인지 여부를 설정합니다.
디바이스 및 오브젝트 ID 글꼴크기(c)	디바이스 및 오브젝트의 ID및 주소를 표시하는 기본 폰트 사이즈를 설정합니다.
도형(문자열)이나 오브젝트의 기본 문자색(d)	문자 속성이 들어가는 문자열 도형이나 오브젝트의 기본 색상을 설정합니다.
도형이나 오브젝트의 기본 선 색(e)	선 속성이 들어가는 문자열 도형이나 오브젝트의 기본 색상을 설정합니다.

나. 프로젝트 관리 옵션

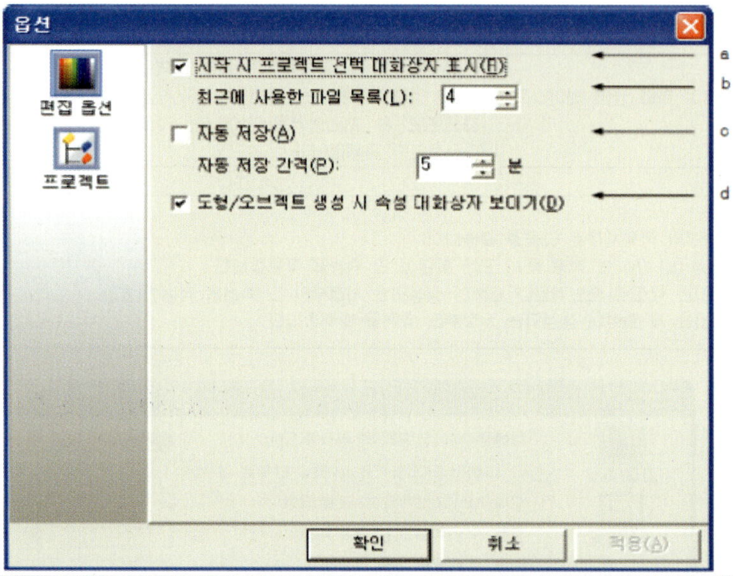

항 목	설 명
시작 시 프로젝트 선택 대화상자 표시(a)	프로그램 시작 시 프로젝트 열기 선택 상자를 표시할 것인지 여부를 선택합니다.
최근에 사용한 파일목록 개수(b)	최근에 사용한 파일목록 최대 개수를 설정할 수 있도록 합니다.
자동 저장(c)	프로젝트 자동 저장 여부와 저장 시간 간격을 설정합니다.
도형/오브젝트 생성시 속성 대화상자 보이기(d)	도형/오브젝트 생성시점에서 속성 대화상자를 표시할 지 여부를 설정합니다.

4부 응용 실습

제 1 장 응용 실습

1 실습1 / HMI 통신 하기

- PC ↔ HMI : 이더넷(Ethernet)통신
- HMI ↔ PLC : 이더넷(Ethernet) 통신

가. PC 설정

1) 제어판을 열고 네트워크 및 공유센터를 클릭한다.

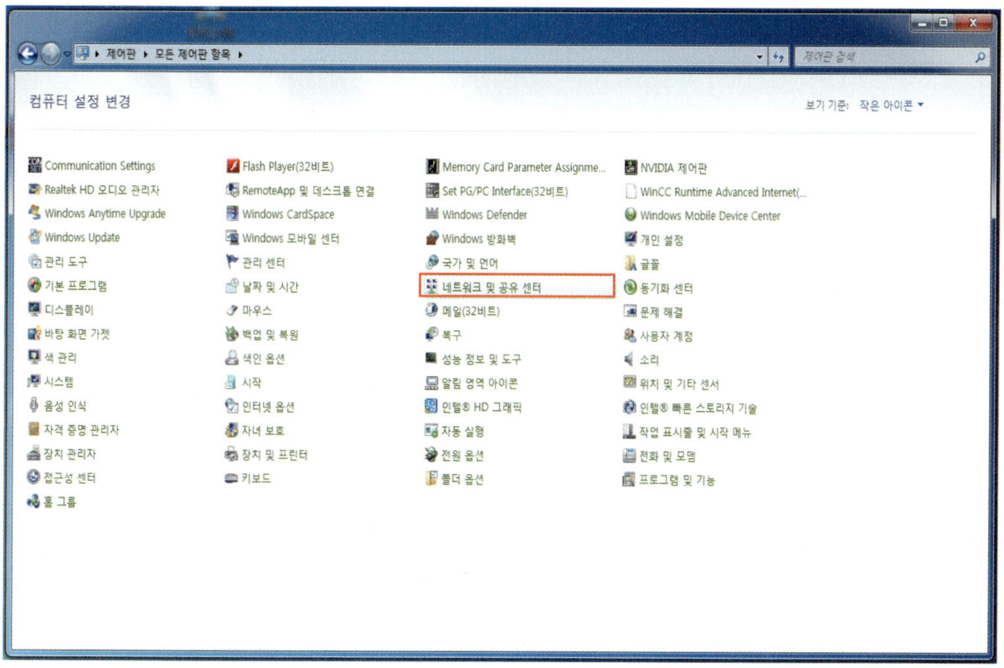

2) 어댑터 설정 변경을 클릭한다.

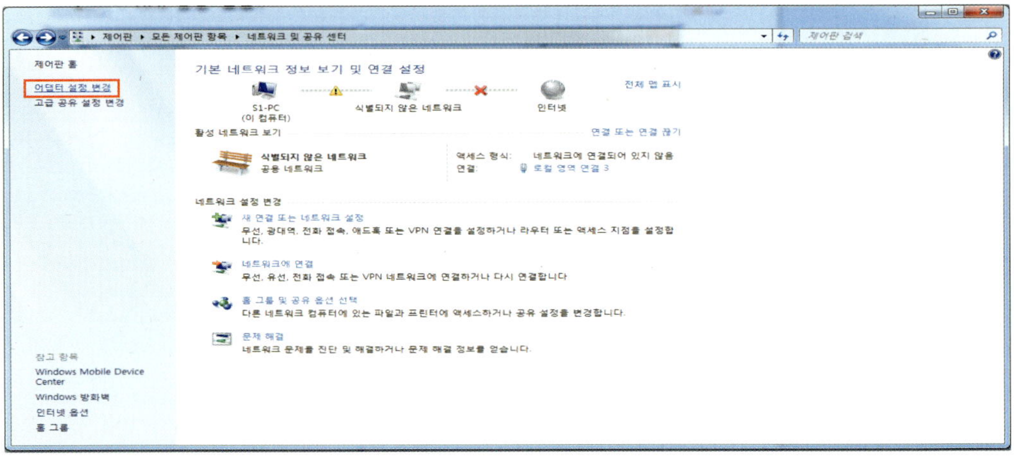

3) 로컬 영역 연결을 클릭 하면 아래와 같이 상태창이 열리는데 하단에 보이는 속성을 클릭한다.

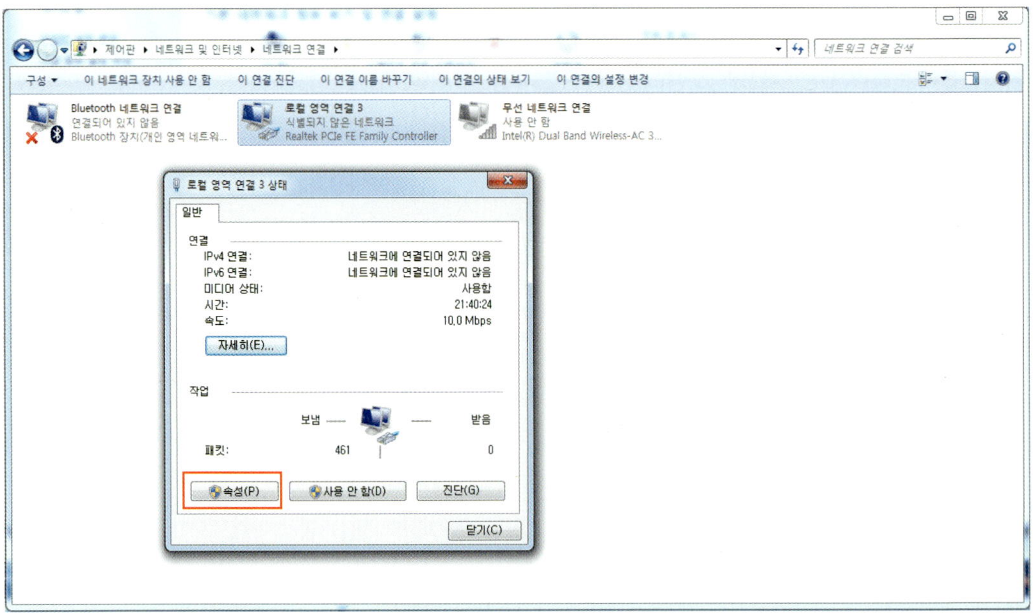

4) 상태창의 속성을 클릭하고 (TCP/IPv4)를 클릭한다.

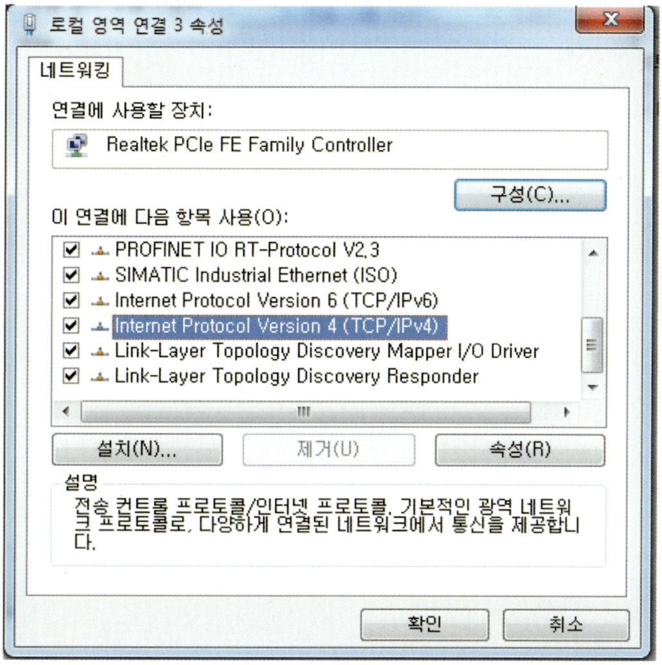

5) 아래와 같이 IP주소를 지정하고 확인 버튼을 누른다.

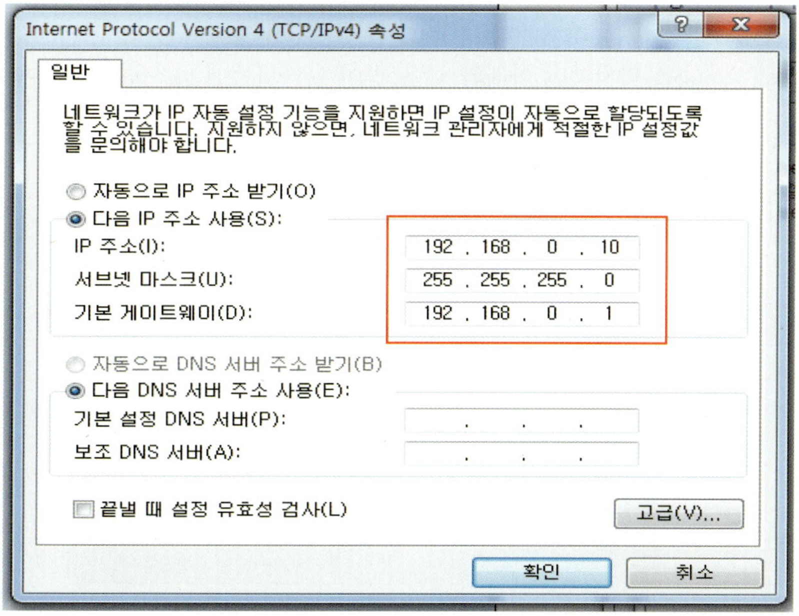

나. HMI 설정

1) Settings을 터치한다.

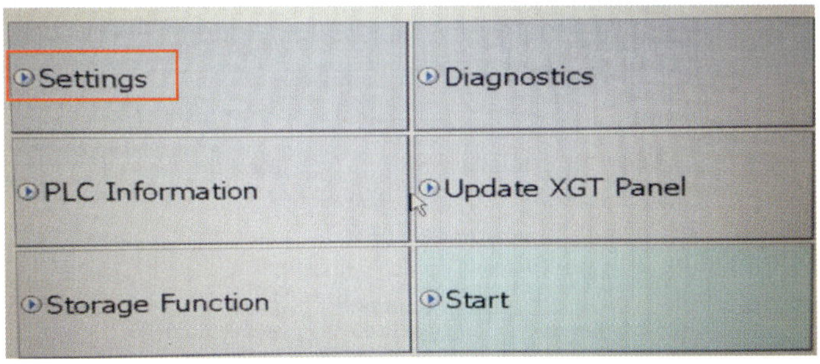

2) Ethernet Setting을 터치한다.

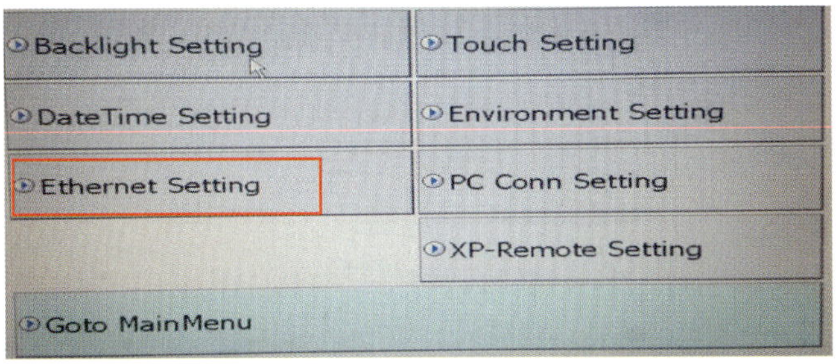

3) Ethernet Setting을 터치하면 아래와 같은 창이 나타나는데 [Set]을 터치하여 IP주소를 설정한다.

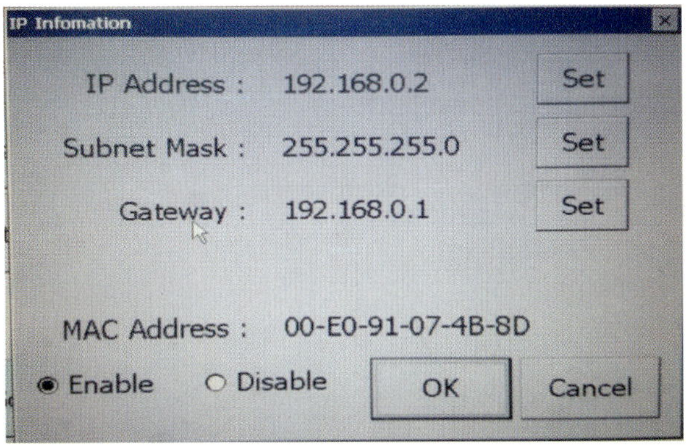

다. XP-Builder 전송 설정

1) 통신→전송 설정을 클릭한다.

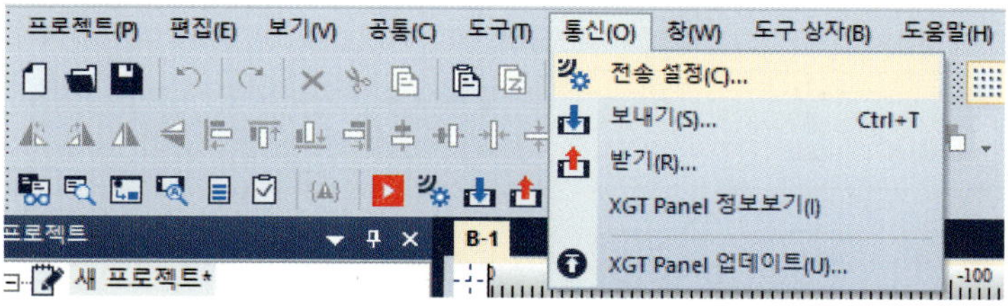

2) 연결 설정창이 생성된다.

- 연결방법 : Ethernet 선택

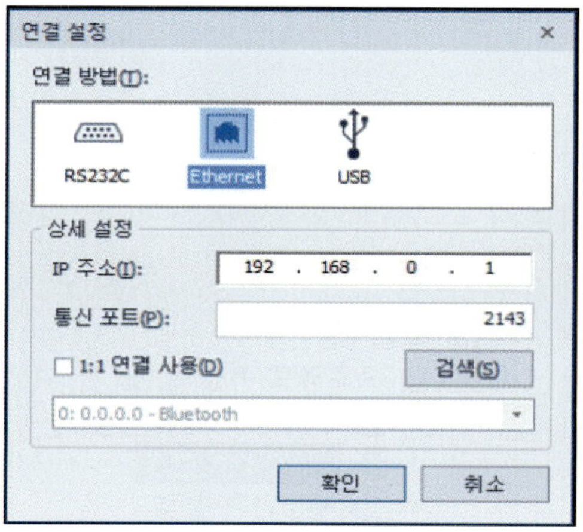

3) [1:1 연결사용]을 체크하면 아래와 같이 선택창이 활성화 되는데 PC의 IP주소를 선택한다.

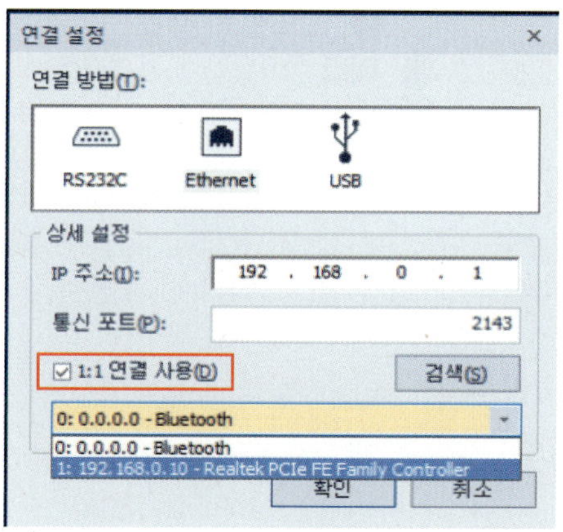

4) 검색을 클릭하면 현재 연결된 HMI의 IP주소를 검색할 수 있다.
해당 HMI의 IP주소를 체크 후 확인을 누른다.

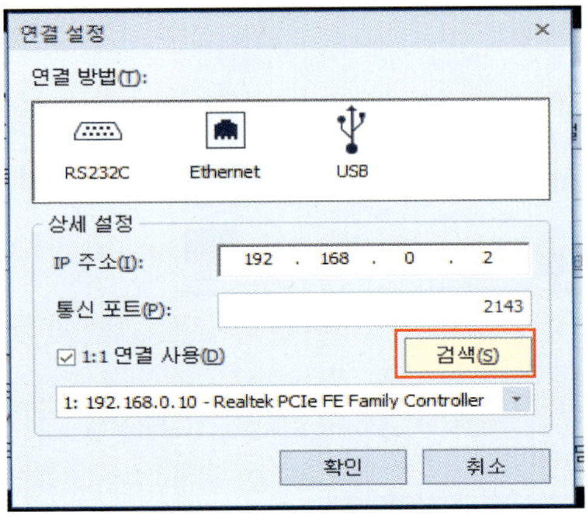

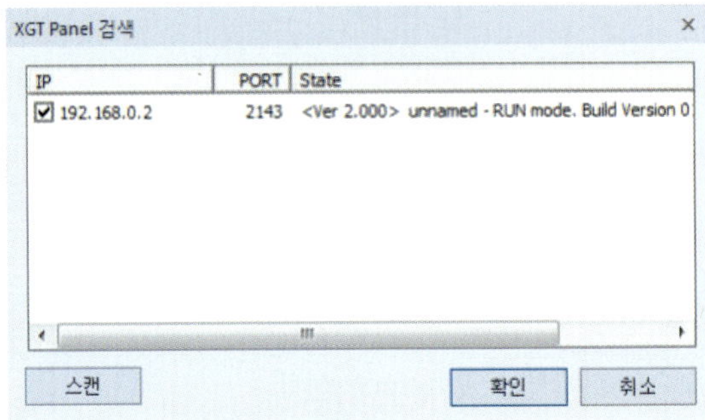

라. XGT Panel 설정

1) XP-Builder의 화면의 좌측 프로젝트 창에서 [XGT Panel 설정]을 클릭한다.

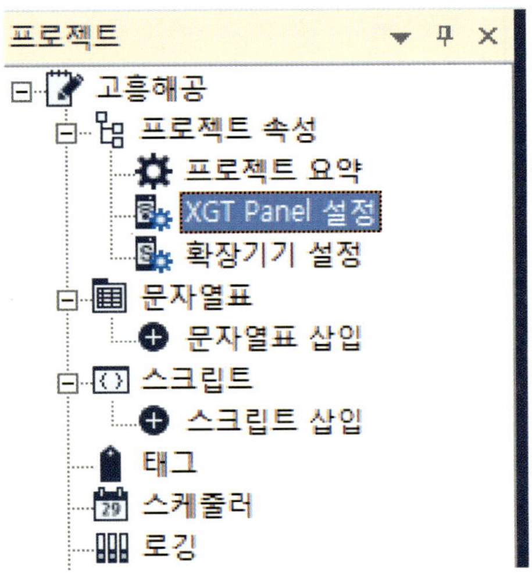

2) 아래와 같이 설정하여 준다.

- PLC ↔ HMI 통신설정

연결 제어기 선택	
XP70-TTA ↔ Q03UDE	
제조사	Mitsubishi Electric Corporation
제 품	MITSUBISHI : MELSEC-QnU CPU(ETHERNET)

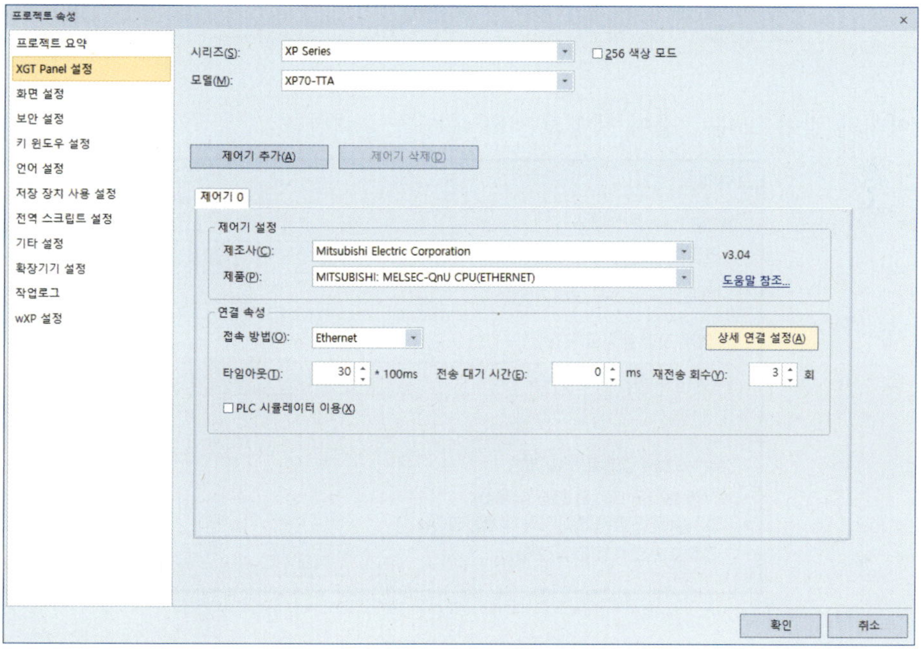

3) [상세연결설정] 버튼을 눌러 아래와 같이 설정한다.

※ 접속할 PLC IP를 입력하고 UDP 사용을 권장합니다.

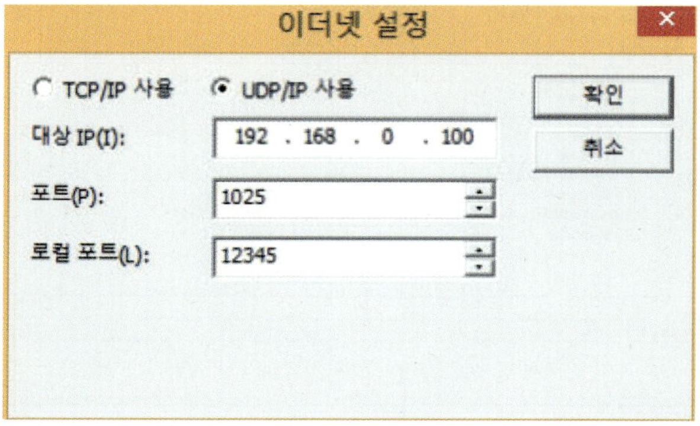

마. XP-Builder 보내기

1) 통신→보내기를 클릭한다.

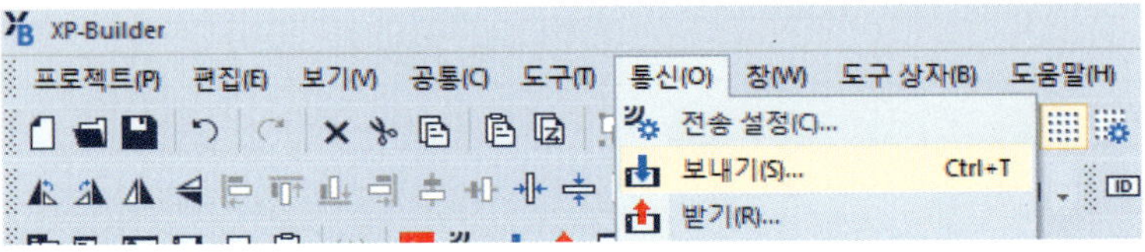

2) 아래와 같이 보내기 창이 생성되면 [보내기]를 클릭한다.

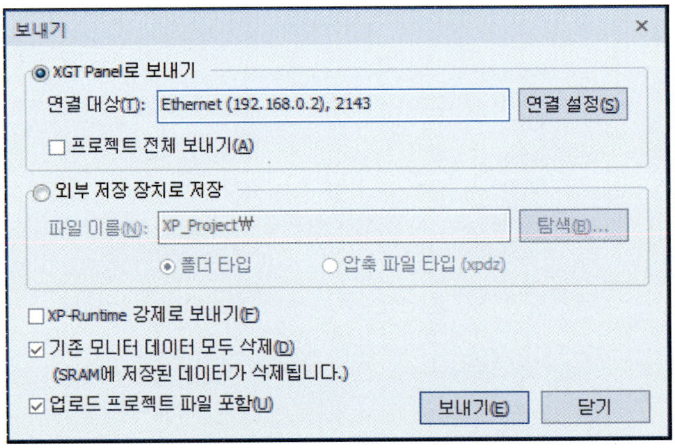

3) 프로그램(작화)의 파일이름을 저장 한다.

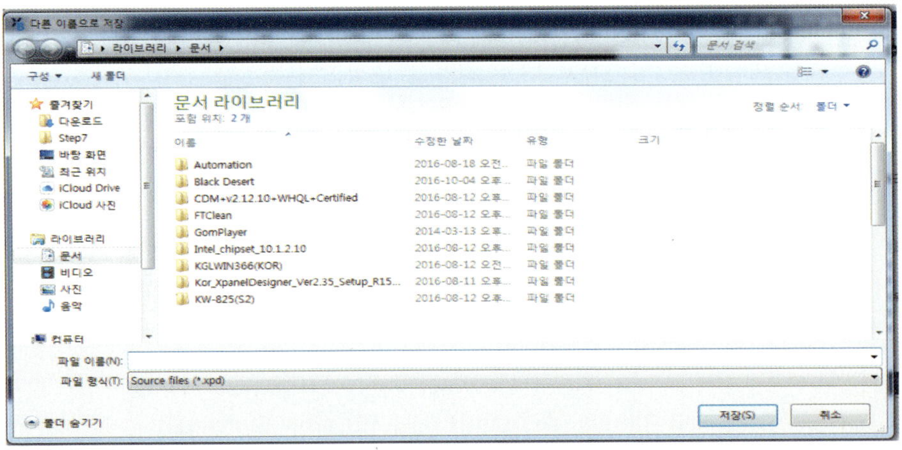

4) 파일이 저장되면 프로그램이 전송된다.

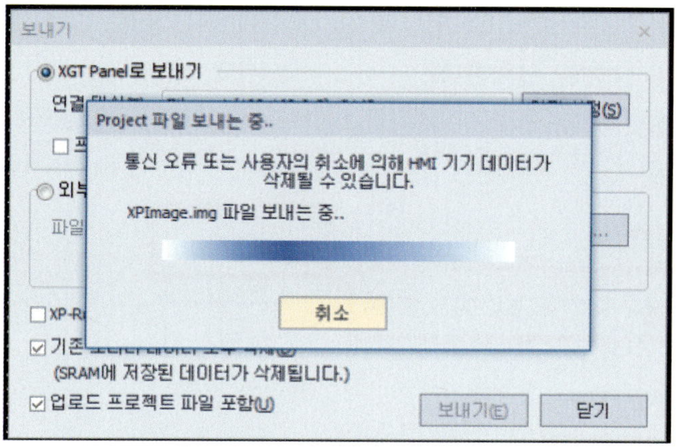

바. PLC 설정

1) 프로젝트를 생성하여 PLC 파라미터를 실행한다.

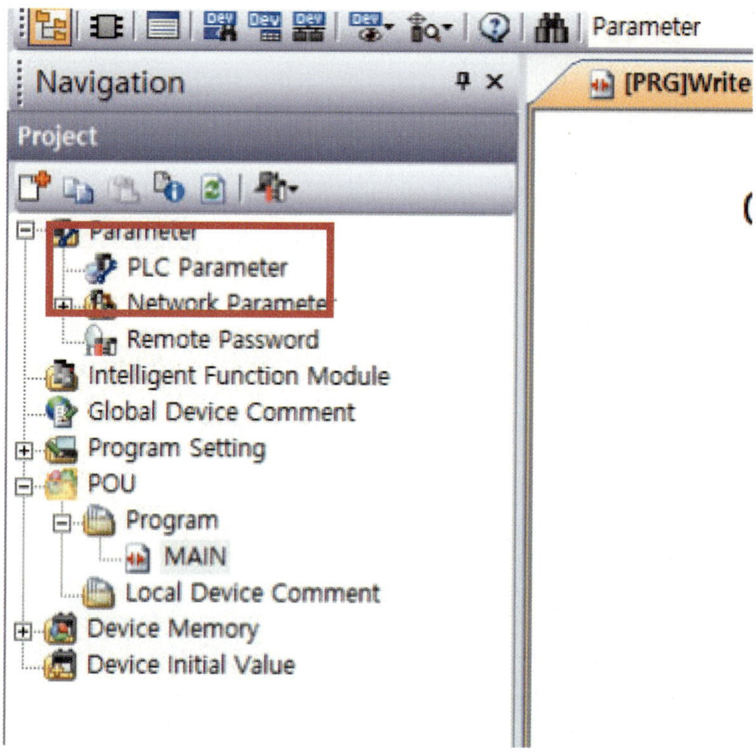

2) CPU 내부에 IP주소가 부여되어있지 않으므로, [내장 Ethernet 포트 설정]을 통해 IP를 부여한다. 아래 그림과 같이 [IP 어드레스], [교신데이터 설정], [RUN 중 쓰기를 허가]를 설정한 후 [오픈 설정]을 클릭한다.

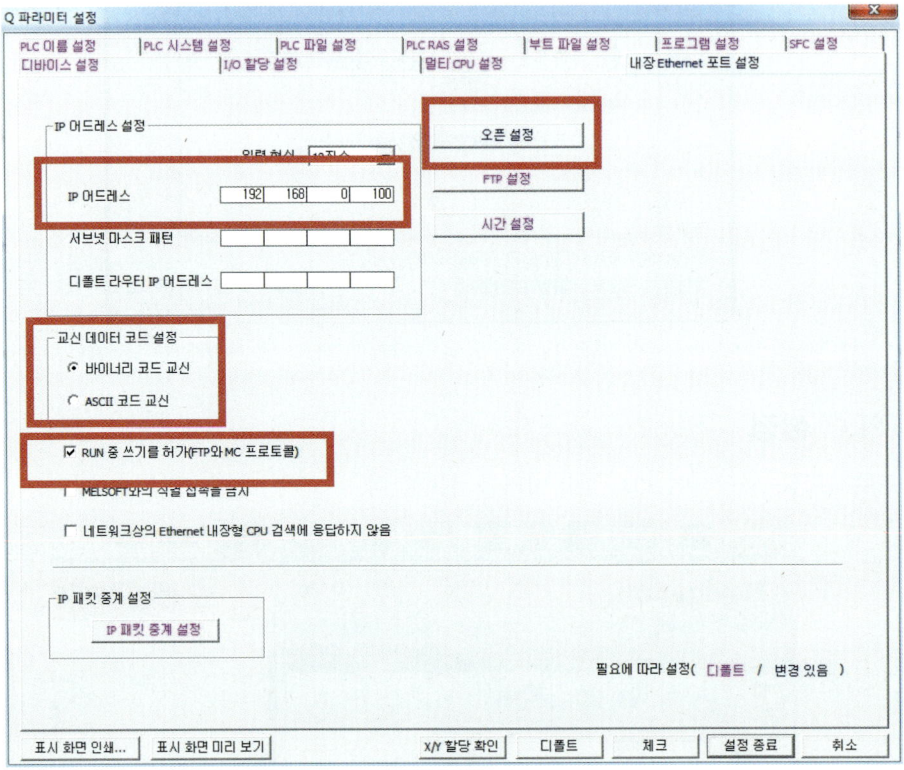

3) HMI에서 입력했던 포트를 설정합니다. 아래 그림과 같이 [포트 1025]를 입력한다. 설정이 완료되면 파라미터를 전송하고 PLC를 리셋한다.

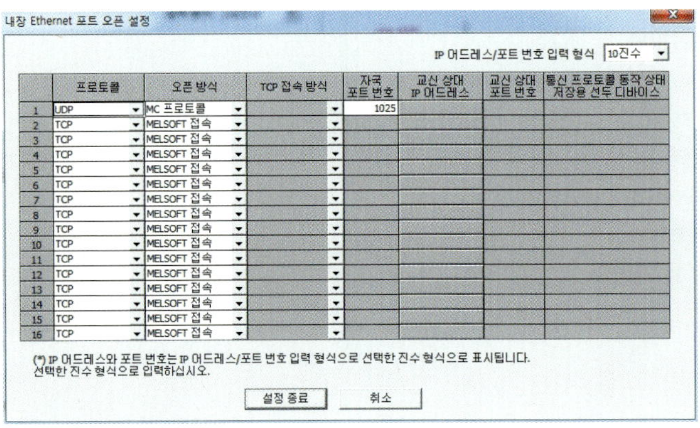

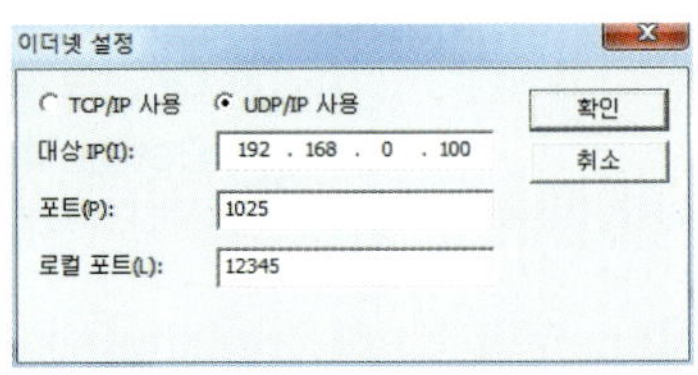

2 실습2 / 비트스위치 사용 실습

가. 실습 목표

- 비트스위치를 이해하고 비트스위치를 이용하여 작화 할 수 있다.

나. 동작 조건

- 점등스위치 1(PB1)을 누르면 램프(PL1)가 점등된다.
- 점등스위치 2(PB2)를 누르면 램프(PL1)가 소등되며, 램프(PL2)가 점등된다.
- 소등 스위치(PB3)를 누르면 모든 램프가 전부 소등된다.(초기화)

다. I/O 할당

입력			출력		
변수	기능	I/O 할당	변수	기능	I/O 할당
PB1	점등 스위치 1	M100	PL1	램프1	Y20
PB2	점등 스위치 2	M101			
PB3	소등 스위치	M102	PL2	램프2	Y21

라. PLC 프로그램

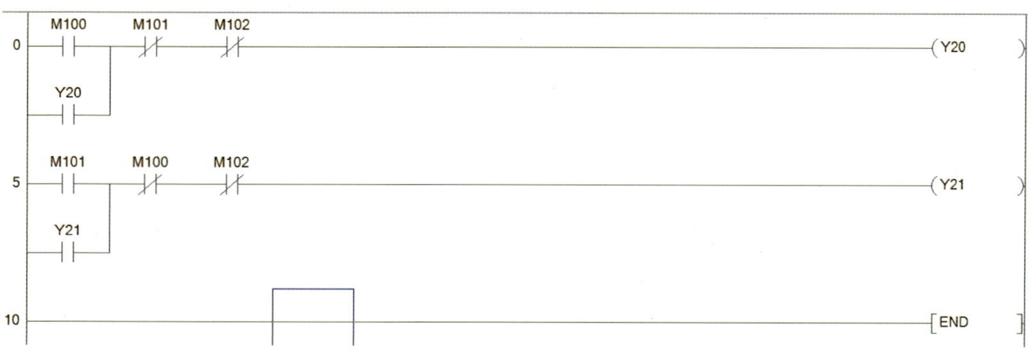

마. HMI 작화

1) [도구상자]에 비트스위치 또는 화면 오른쪽 도구상자모음에서 비트스위치를 클릭하고 원하는 위치에 배치한다.

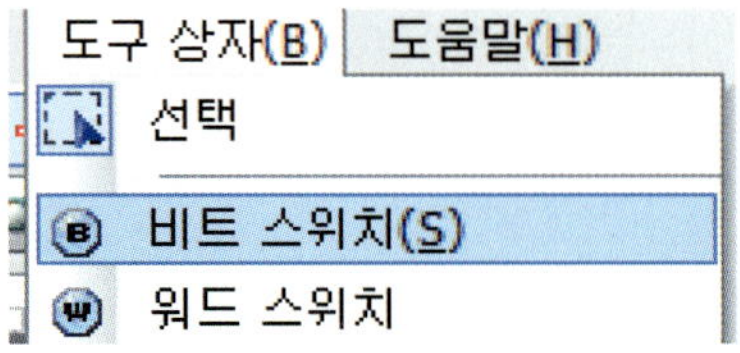

2) 비트 스위치 설정창이 나타나면 기본디바이스 입력 옆에 비트 디바이스 설정 버튼을 눌러준다.

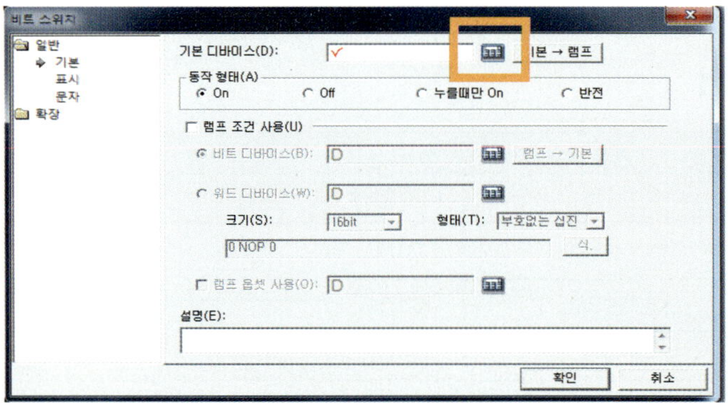

3) 비트디바이스 설정 창에 아래와 같이 디바이스 주소를 입력한 후 확인버튼을 누른다.

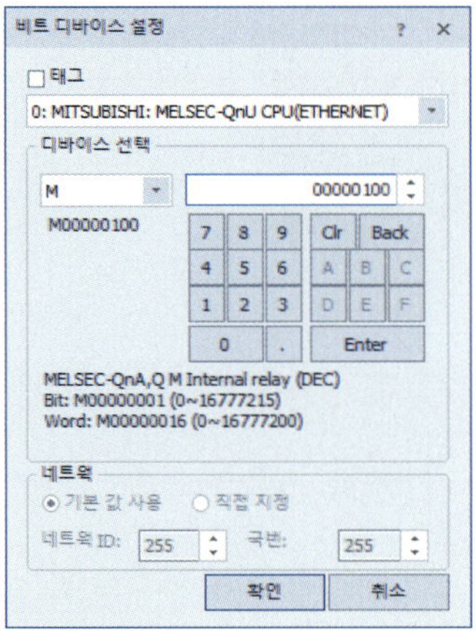

4) 동작형태는 [누를때만 On]을 선택하고 확인을 누른다.

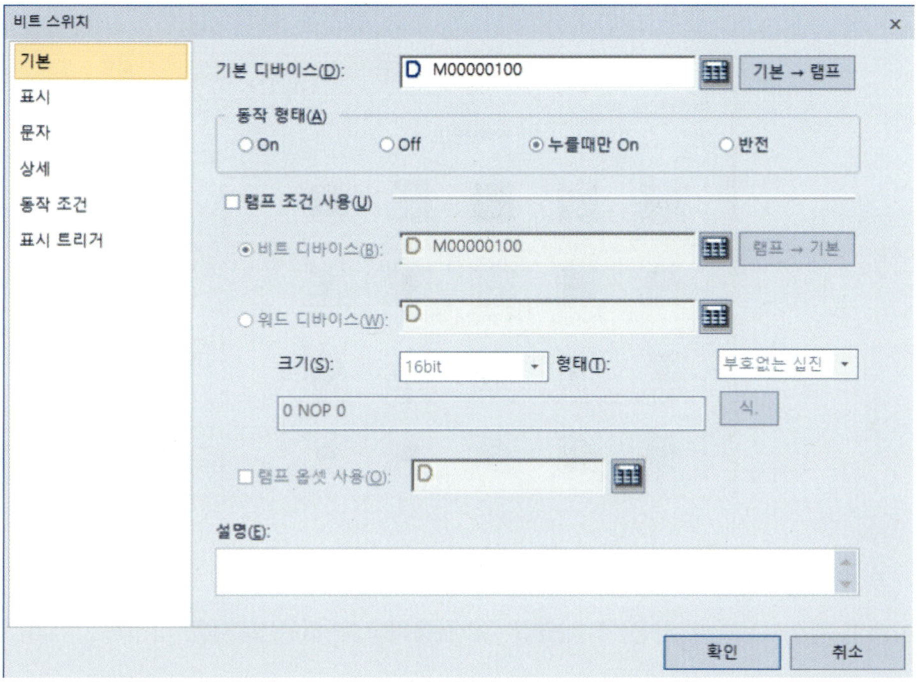

5) 표시 : 스위치의 이미지를 선택하거나 이미지를 불러와 원하는 스위치의 모양을 작화 할 수 있다.

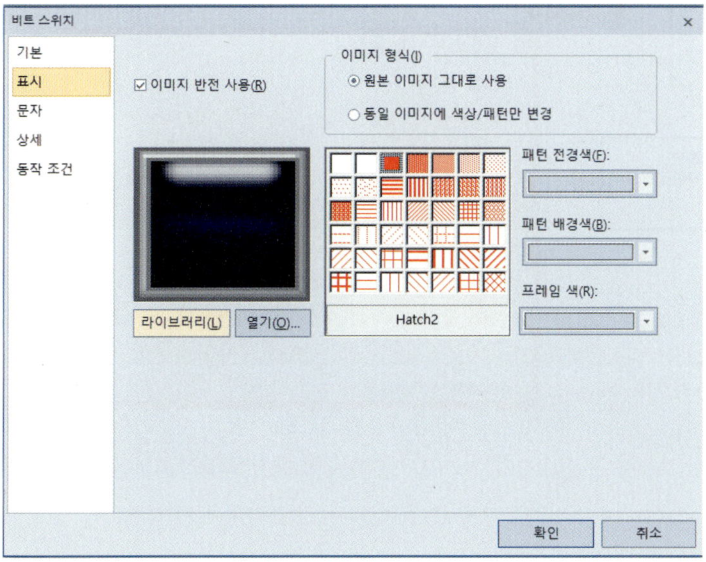

* 라이브러리(L) : 기본적인 이미지 파일을 선택할 수 있다.
  원하는 이미지 선택 후 확인 버튼을 클릭한다.

6) 문자 : 문자열을 사용할 수 있다.

- 아래와 같이 [문자열 사용]에 체크한 후 사용하고자 하는 문자를 작성한 다.

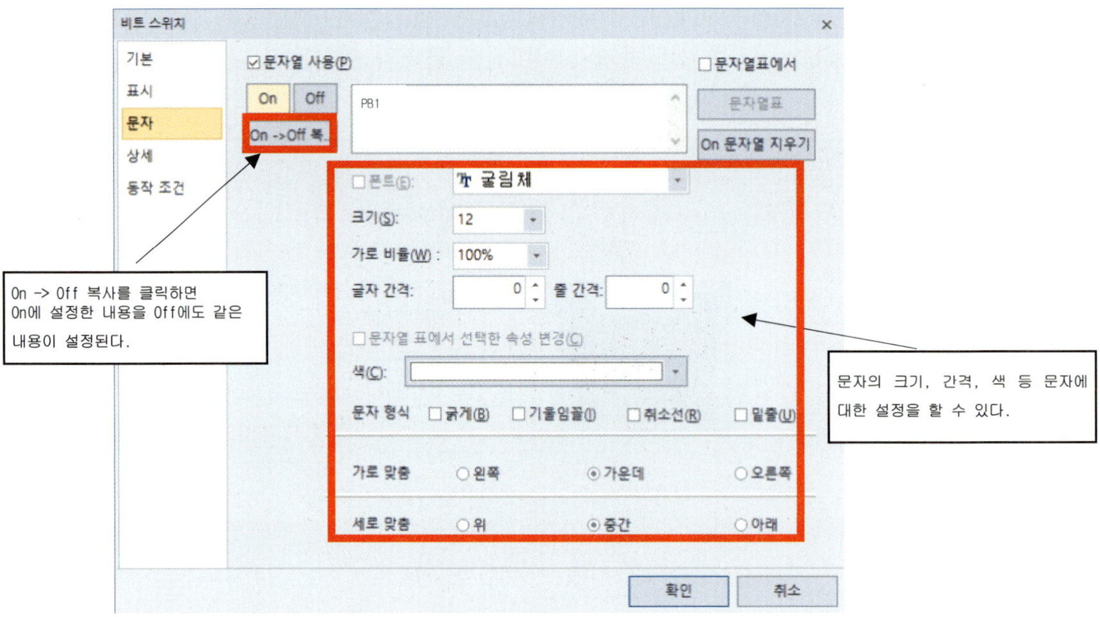

7) 설정이 모두 완료되면 자신이 원하는 위치에 PB1이 생성된다.

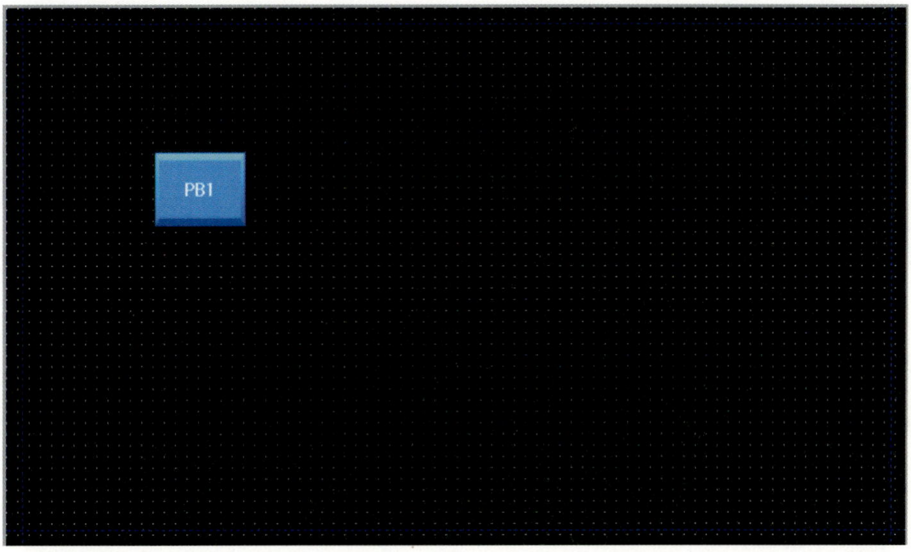

8) 어드레스 Mapping 값을 보고 같은 방법으로 PB2와 PB3(소등)도 만들어준다.

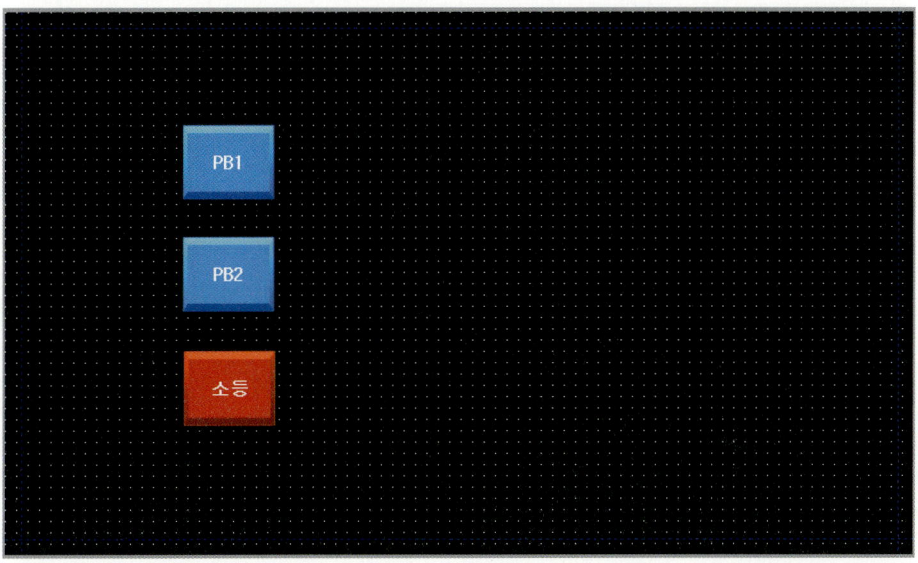

3 실습3 / 비트램프 사용 실습

가. 실습 목표

- 비트램프를 이해하고 비트램프를 사용해 작화 할 수 있다.

나. 동작 조건

- 점등스위치 1(PB1)을 누르면 램프(PL1)가 점등된다.
- 점등스위치 2(PB2)를 누르면 램프(PL1)가 소등되며, 램프(PL2)가 점등된다.
- 소등 스위치(PB3)를 누르면 모든 램프가 전부 소등된다.(초기화)

다. I/O 할당

입력			출력		
변수	기능	I/O 할당	변수	기능	I/O 할당
PB1	점등 스위치 1	M100	PL1	램프1	Y20
PB2	점등 스위치 2	M101	PL2	램프2	Y21
PB3	소등 스위치	M102			

라. PLC 프로그램

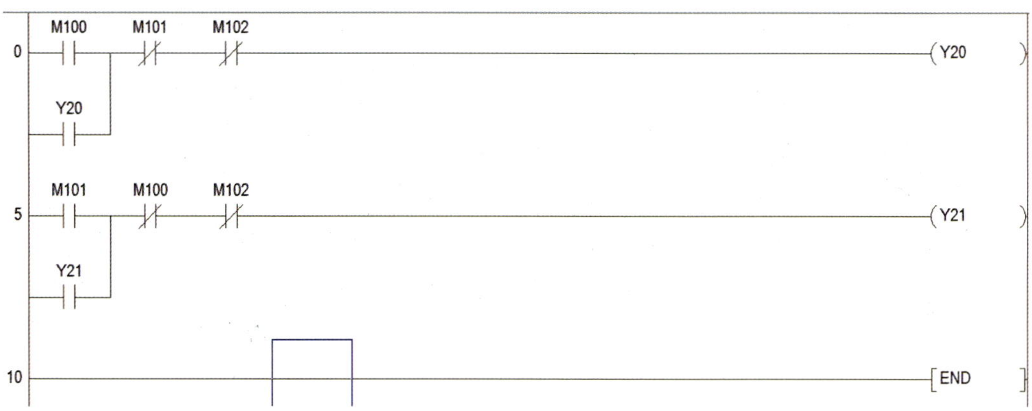

마. HMI 작화

1) 실습 1번과 같이 비트스위치 3개를 만들어준다.

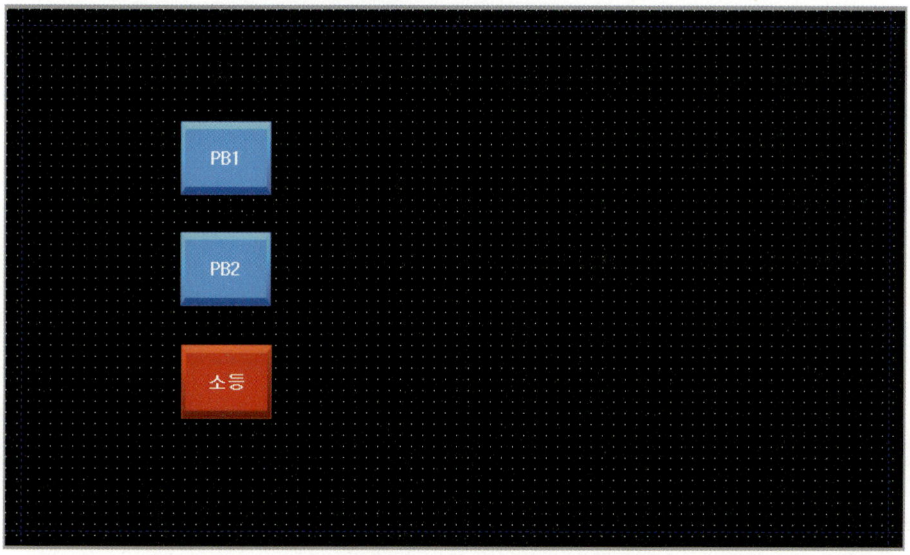

2) [도구상자] - [비트램프]를 선택하여 비트램프를 원하는 위치에 놓는다.

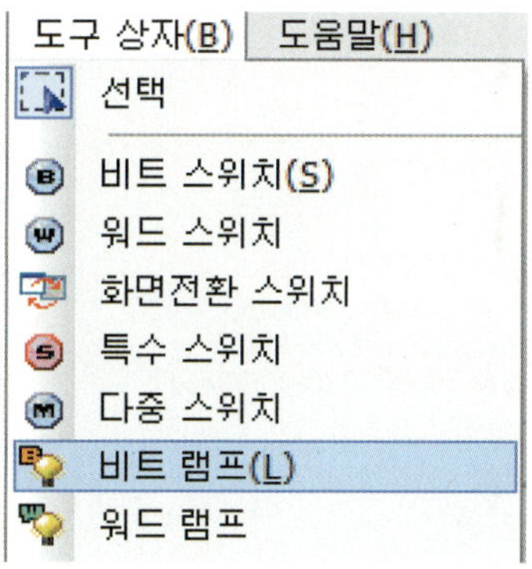

3) 비트램프 설정창이 나타나면 비트 디바이스 설정 버튼을 누른다.

표시 : 램프의 색상, 이미지 등을 설정

문자 : 램프에 문자를 등록 할 수 있다.

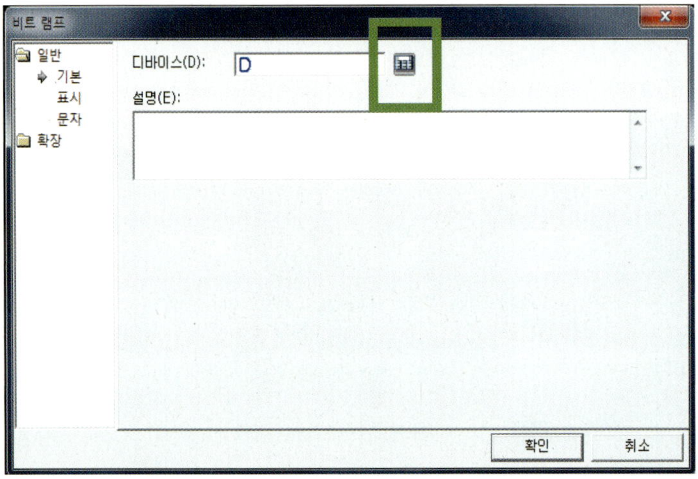

4) 비트디바이스 설정창이 나오면 아래와 같이 접점을 입력하고 확인을 눌러준다.

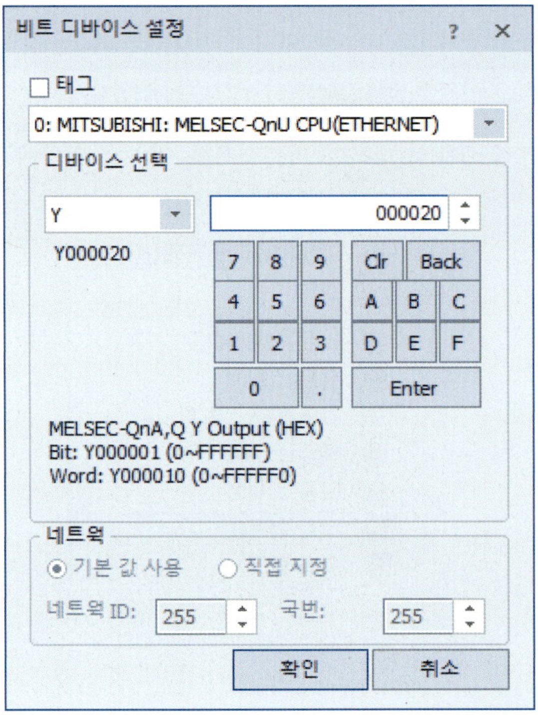

5) 설정이 완료되면 PL1 이 화면에 표시된다.

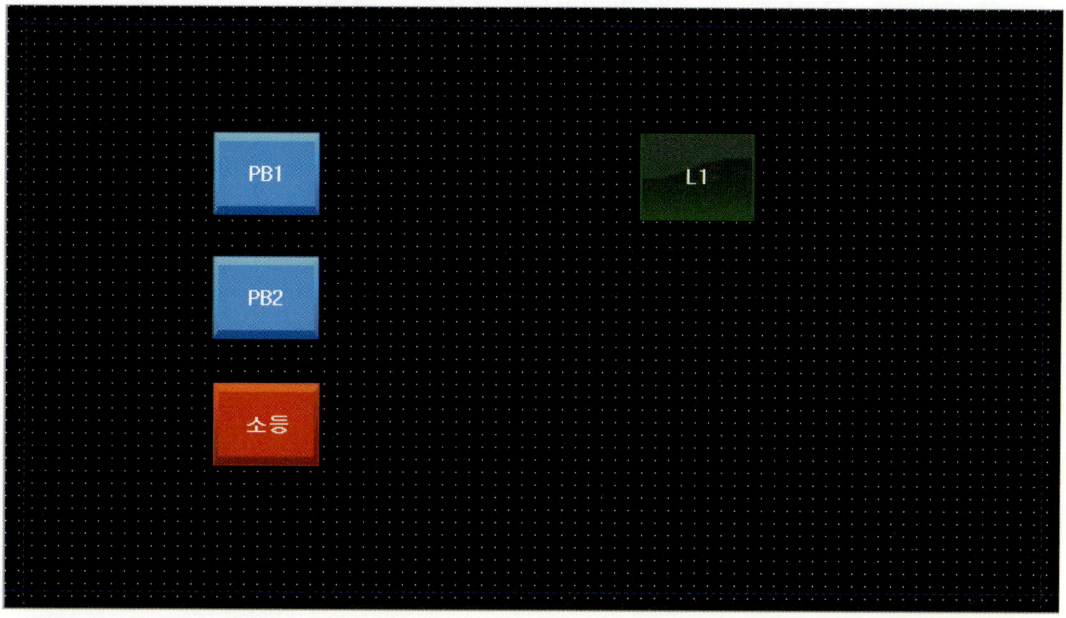

6) 어드레스 Mapping 값을 보고 같은 방법으로 PL2도 만들어준다.

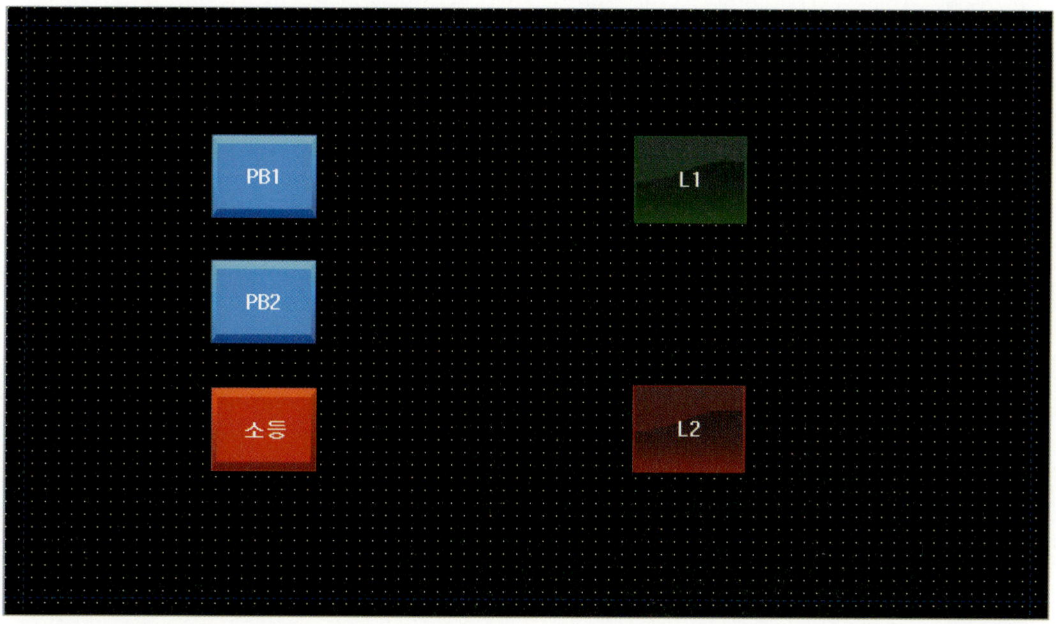

4 실습4 / 애니메이션 사용 실습

가. 실습 목표

- 애니메이션을 이해하고 애니메이션을 사용해 작화 할 수 있다.

나. 동작 조건

- 시작스위치(PB1)를 누르면 애니메이션이 동작한다.
- 정지스위치(PB2)를 누르면 애니메이션이 정지한다.

다. I/O 할당

입력			출력		
변수	기능	I/O 할당	변수	기능	I/O 할당
PB1	시작 스위치	M100	AM	애니메이션	M0
PB2	정지 스위치	M101			

라. PLC 프로그

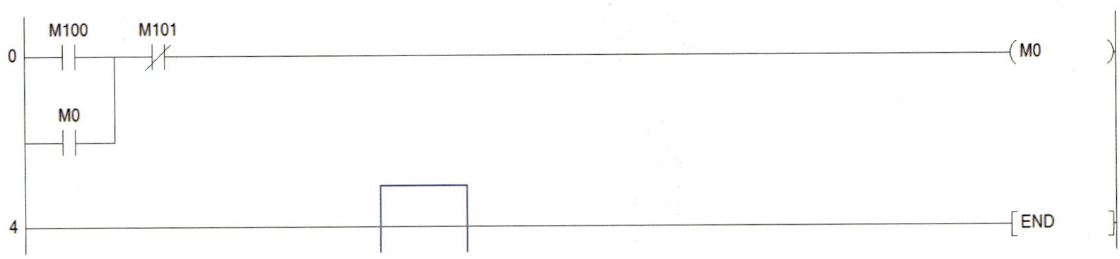

5. HMI 작화

1) 실습1과 같이 비트스위치를 2개 만든다. 단, 비트스위치 설정 시 [문자]→[문자열사용 체크]→[문자열에 해당 스위치의 이름이나 번호 작성]→[On → Off 복사]를 하고 확인하여 비트스위치 2개를 만든다.

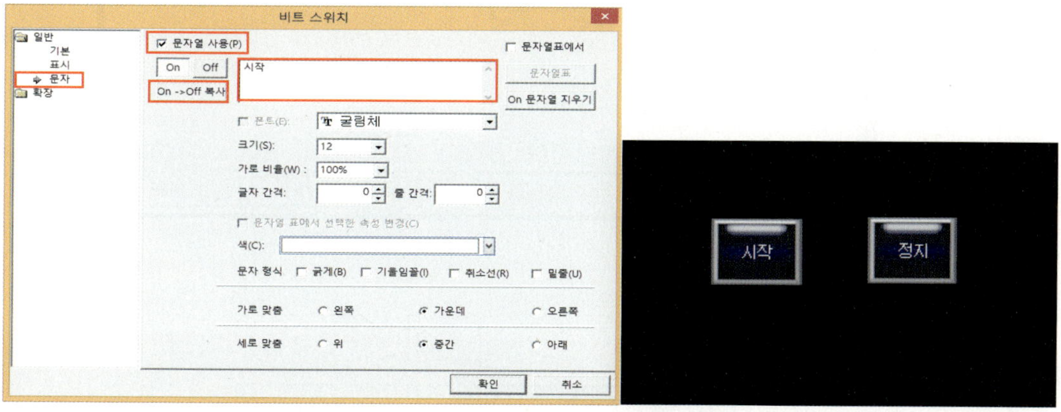

2) [도구상자] - [애니메이션]을 선택하여 원하는 위치에 놓는다.

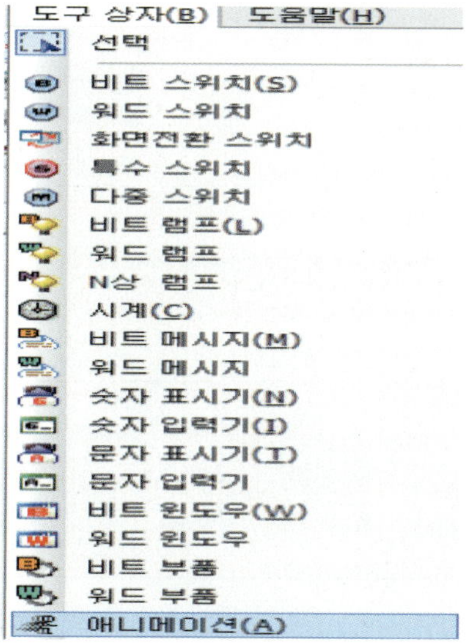

3) 애니메이션 설정창이 나타나면 비트 디바이스 설정 버튼을 누른다.

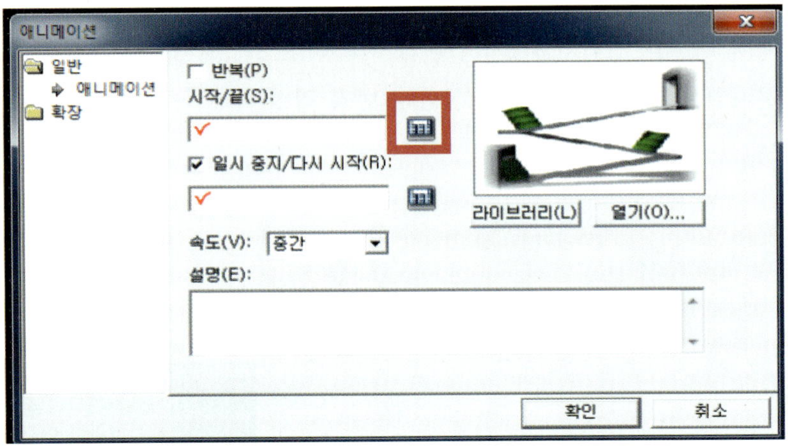

4) 아래와 같이 입력한 후 확인버튼을 누른다.

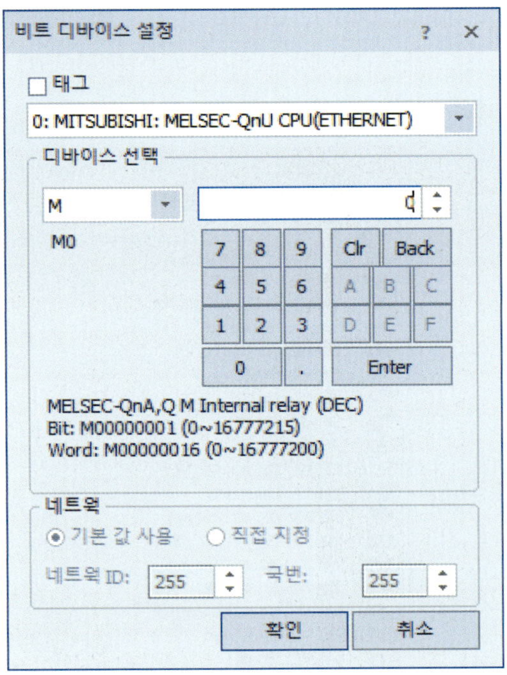

5) 접점주소를 입력했으면 아래에 일시중지/다시시작을 체크해제한 후 확인을 누른다. 애니메이션 그림을 변경할 경우 [라이브러리]에 들어가서 원하는 이미지를 선택하면 된다.

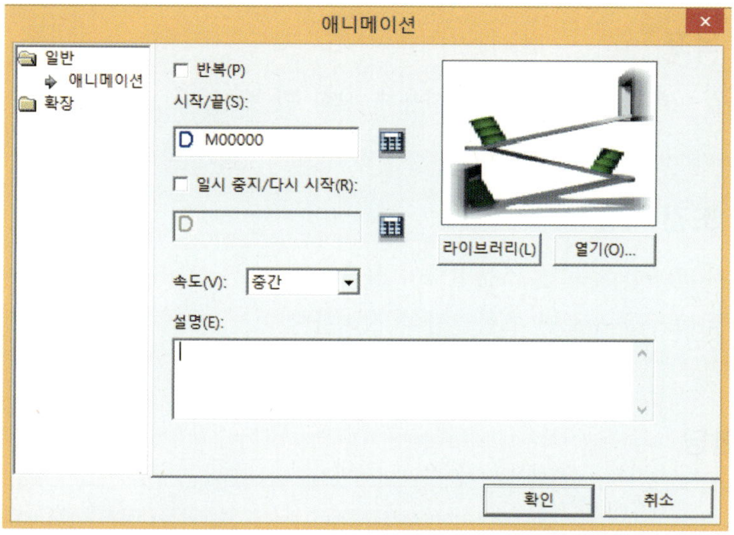

6) 설정이 다 끝나고 나면 터치로 전송을 하여 동작확인을 해본다.

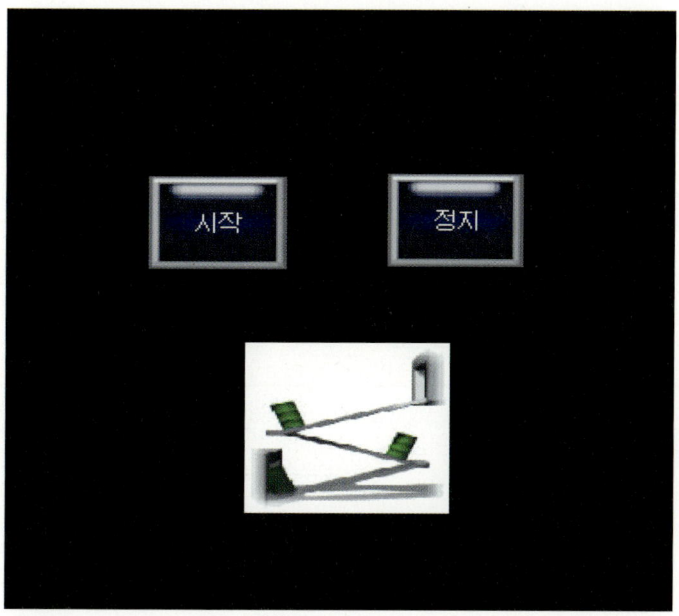

5 실습5 / 흐름알람 사용 실습

가. 실습 목표

- 흐름알람을 이해하고 흐름알람을 사용해 작화 할 수 있다.

나. 동작 조건

- 시작스위치(PB1)를 누르면 흐름알람이 동작한다.
- 정지스위치(PB2)를 누르면 흐름알람이 정지한다.

다. I/O 할당

입력			출력		
변수	기능	I/O 할당	변수	기능	I/O 할당
PB1	시작 스위치	M100	AM	애니메이션	M0
PB2	정지 스위치	M101			

라. PLC 프로그램

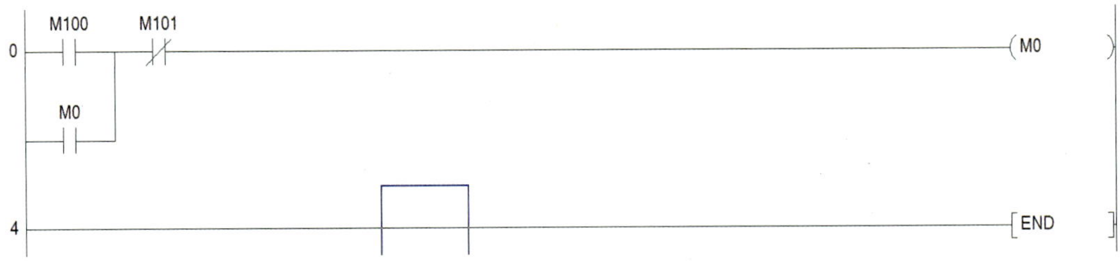

마. HMI 작화

1) 흐름알람은 조건을 성립시켰을 경우 터치화면에 경보문구를 나타내는 것을 말한다. 먼저 경보문구를 설정한다. 화면 좌측에 문자열 표를 오른쪽 클릭하여 삽입을 눌러준다.

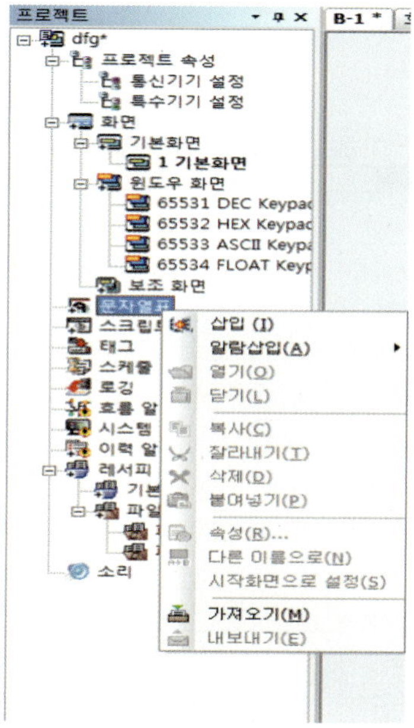

2) 문자열표_01이 생성되면 번호0 에 자신이 원하는 경보문구를 적는다.

※ 색상, 기울임꼴, 밑줄, 취소선, 굵게 설정은 사용자 임의로 설정한다.

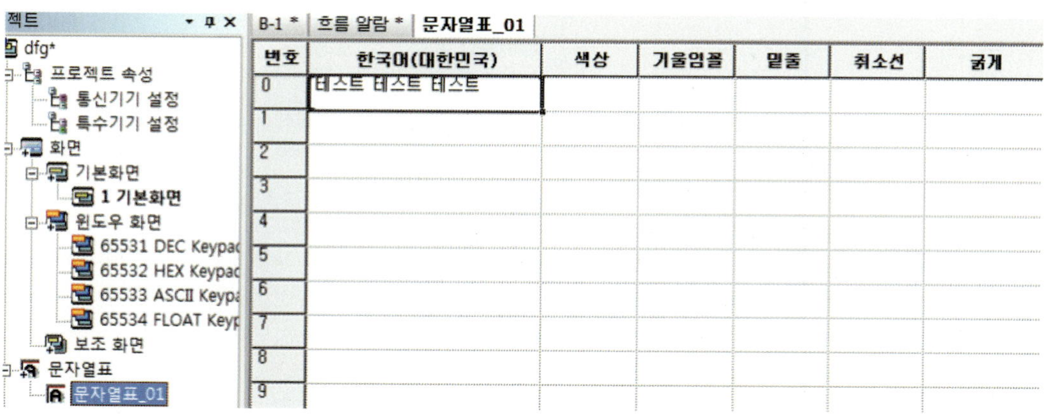

3) 설정을 완료하면 흐름알람을 선택하고 디바이스 개수를 1개로 설정해준다.

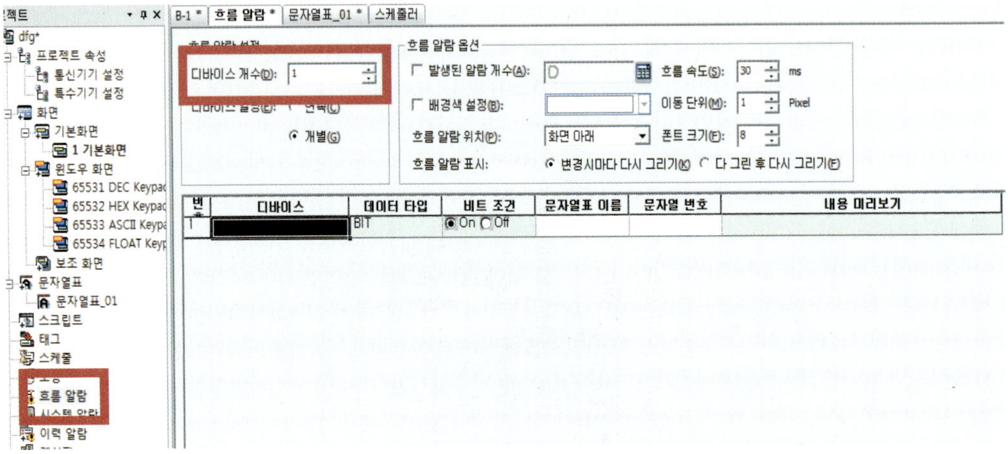

4) 아래 번호1번에 디바이스를 선택한 후 그림과 같이 흐름알람의 기준이 될 접점을 입력한다.

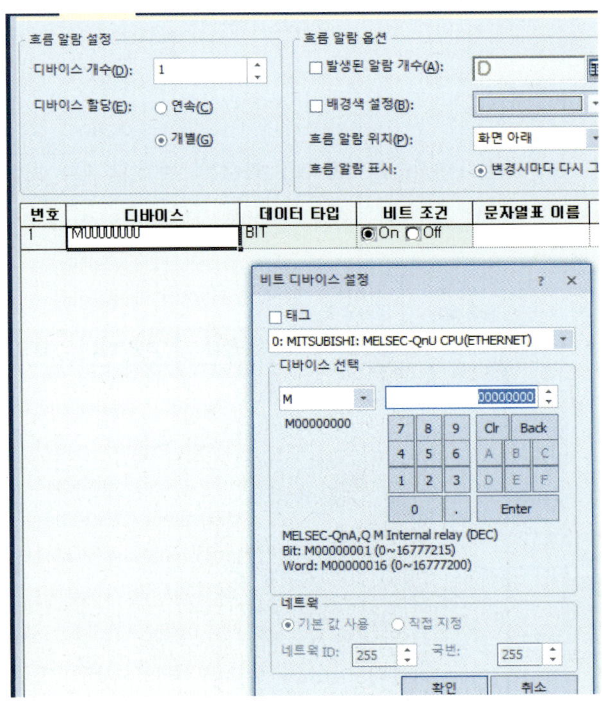

5) 디바이스 접점입력이 완료되면 아래그림과 같이 비트조건, 문자열표 이름, 문자열 번호를 입력한다.

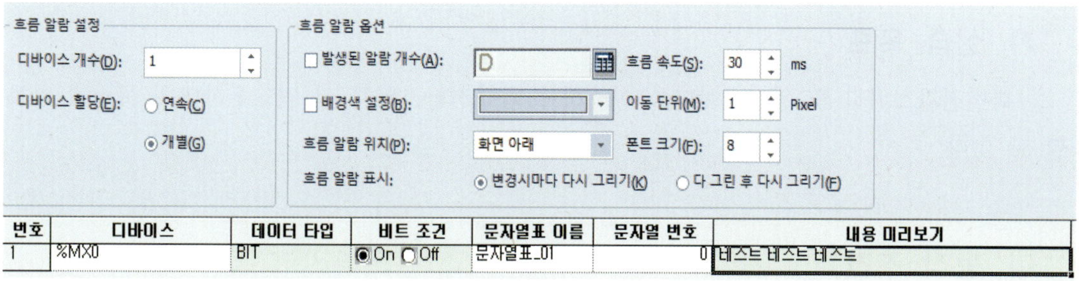

6) 흐름알람위치, 흐름속도, 이동단위, 폰트크기는 흐름알림이 동작할 때 나오는 문자의 크기, 이동속도, 이동위치를 나타낸다.

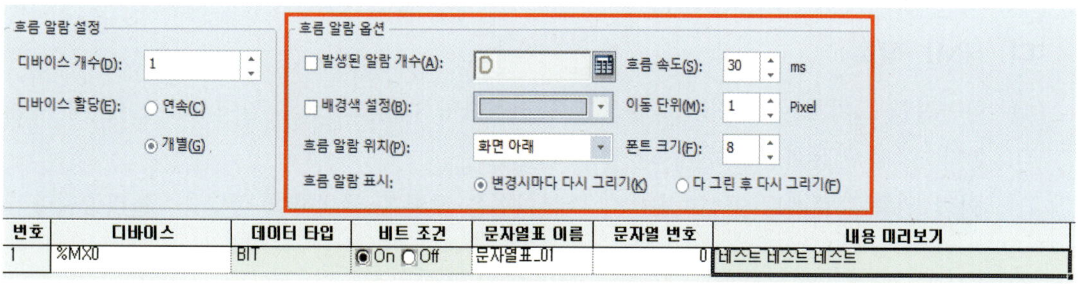

7) 설정이 완료되면 프로그램을 전송하여 동작시켜본다.

6 실습6 / 화면전환스위치 사용 실습

가. 실습 목표

- 화면전환스위치 및 윈도우화면을 이해하고 화면전환스위치 및 윈도우화면을 사용해 작화 할 수 있다.

나. 동작 조건

- [1번화면]에서 화면전환스위치를 누르면 [2번화면]으로 이동한다.
- [2번화면]이 윈도우화면 버튼을 누르면 [윈도우화면]이 활성화된다.
- [2번화면]에서 화면전환스위치를 누르면 [1번화면]으로 다시 돌아온다.

다. HMI 작화

1) 화면전환 스위치는 각 화면을 용도별로 지정하여 해당화면으로 넘어가고자 할 때 사용한다. 우선 기본화면을 한개 더 추가해본다.
화면 왼쪽 프로젝트 구성화면에서 기본화면을 오른쪽 클릭하여 삽입을 눌러줍니다.

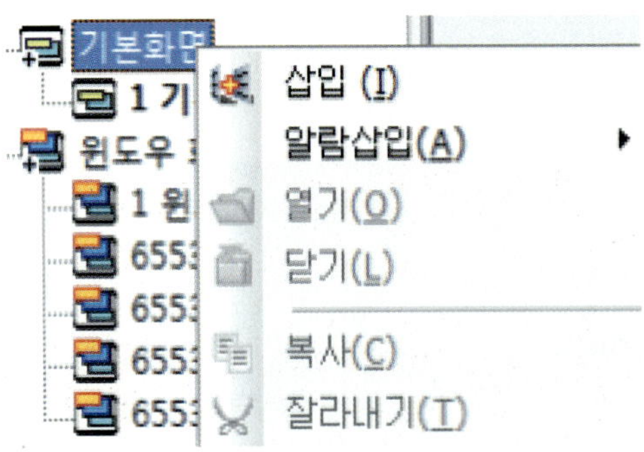

2) 삽입을 누르면 기존에 있던 [1 기본화면]과 새로 추가된 [2 기본화면]이 나타나게 된다. [1 기본화면]이 진한색인 이유는 실행초기화면으로 설정되어 있기 때문이다.

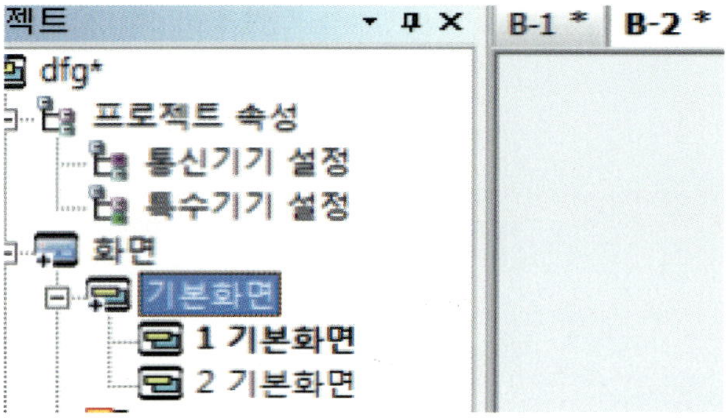

3) 이번에는 윈도우 화면을 만든다. 화면 왼쪽 프로젝트 탭에 윈도우 화면을 오른쪽 클릭하여 삽입을 누른다.

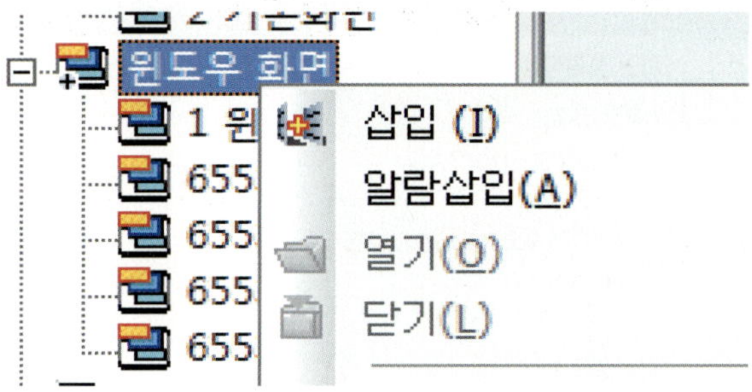

4) 삽입버튼을 누르면 그림과 같이 [2 윈도우]가 새로 생성된다.

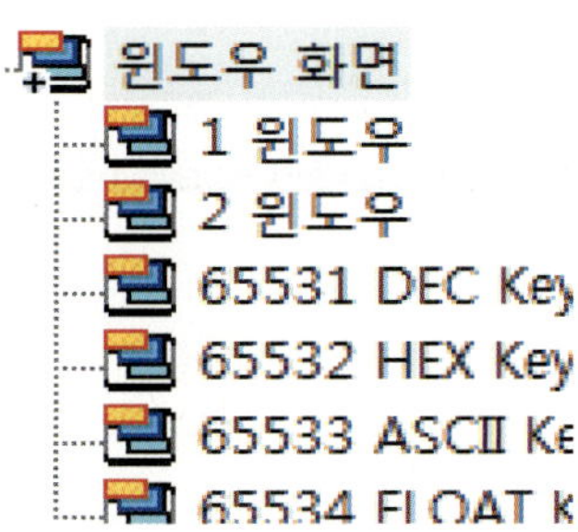

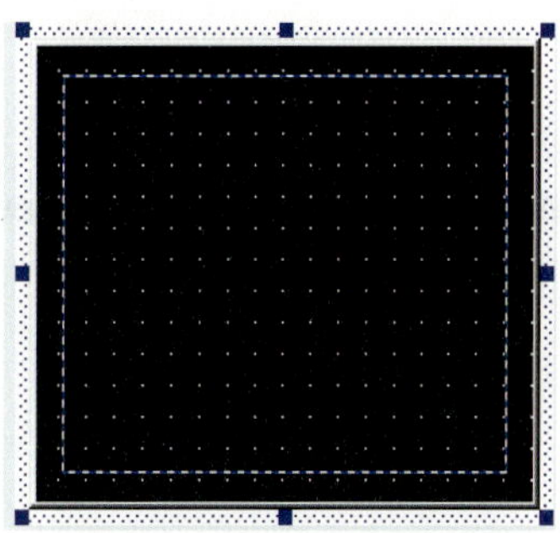

5) [1 기본화면]을 선택하고 오른쪽 도구모음에서 화면전환 스위치를 선택한 후 원하는 위치에 놓는다.

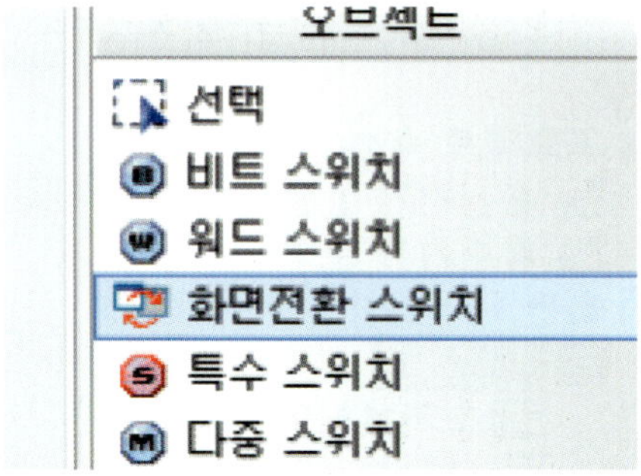

6) 화면전환스위치 설정창이 나타나면 아래와 같이 설정한 후 확인을 누른다.
(설명 : 스위치를 누르게 되면 기본화면 2번으로 이동하게 된다.)

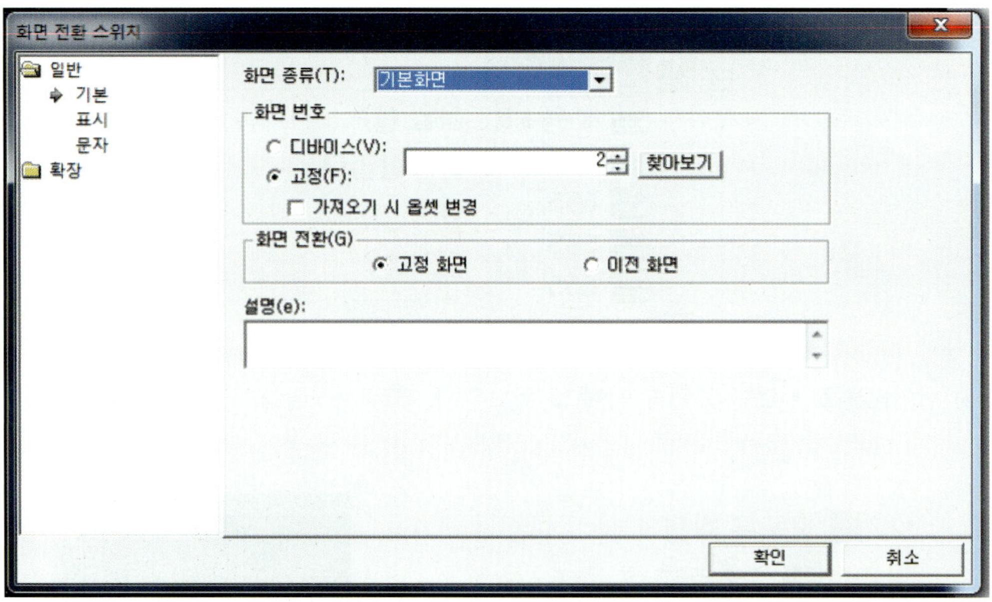

7) 화면전환스위치를 하나 더 만들어 이번에는 윈도우화면으로 넘어가는 스위치를 만든다.
(설명 : 버튼을 누를시 윈도우화면 1번으로 이동한다.)
윈도우 화면은 팝업메뉴처럼 창이 하나 새로 뜬다.

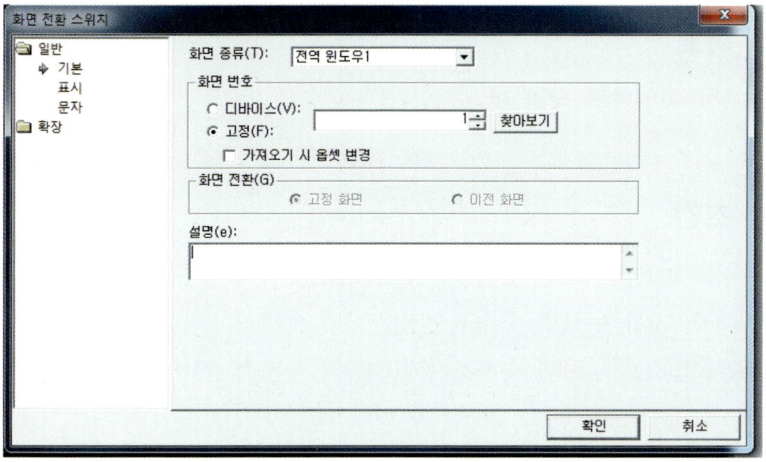

8) 위와 같은 방법으로 [2 기본화면]에서 [1 기본화면]으로 이동하는 버튼을 만든다.
프로그램을 전송하여 동작을 확인해본다.

7 실습7 / 숫자표시기 사용 실습

가. 실습 목표

- 숫자표시기를 이해하고 작화 할 수 있다.

나. 동작 조건

- 증가 스위치(PB1)를 누르면 숫자표시기(DD)의 숫자가 1씩 증가한다.
- 감소 스위치(PB2)를 누르면 숫자표시기(DD)의 숫자가 1씩 감소한다.
- 리셋 스위치(PB3)를 누르면 숫자표시기(DD)의 숫자가 0이 된다.

다. I/O 할당

입력			출력		
변수	기능	I/O 할당	변수	기능	I/O 할당
PB1	증가 스위치	M100	DD	숫자 표시기	D0
PB2	감소 스위치	M101			
PB3	리셋 스위치	M102			

라. PLC 프로그램

마. HMI 작화

1) 실습2와 같이 스위치 3개를 만든다.

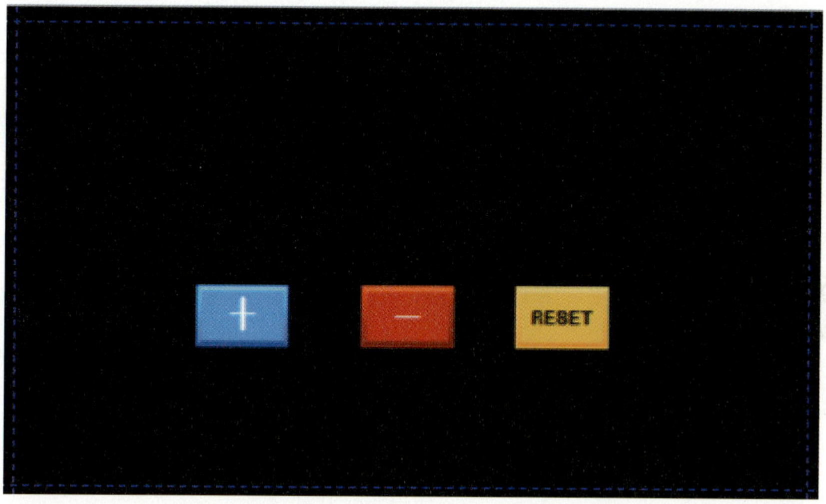

2) [도구모음]-[숫자입력기] 또는 화면 오른쪽에서 숫자입력기를 선택하여 원하는 위치에 만든다.

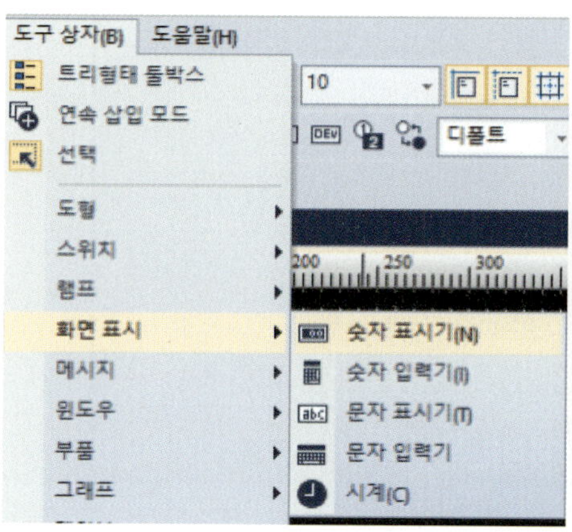

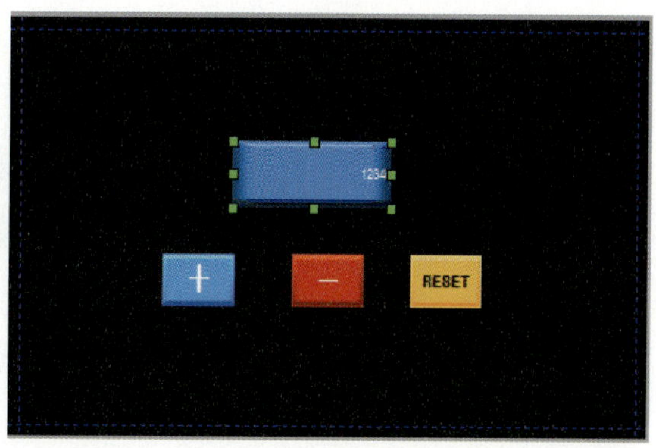

3) 숫자표시기를 클릭하면 설정창이 나타난다. 아래와 같이 설정 후 완료한다.

- 디바이스 : D
- 숫자개수 : 3

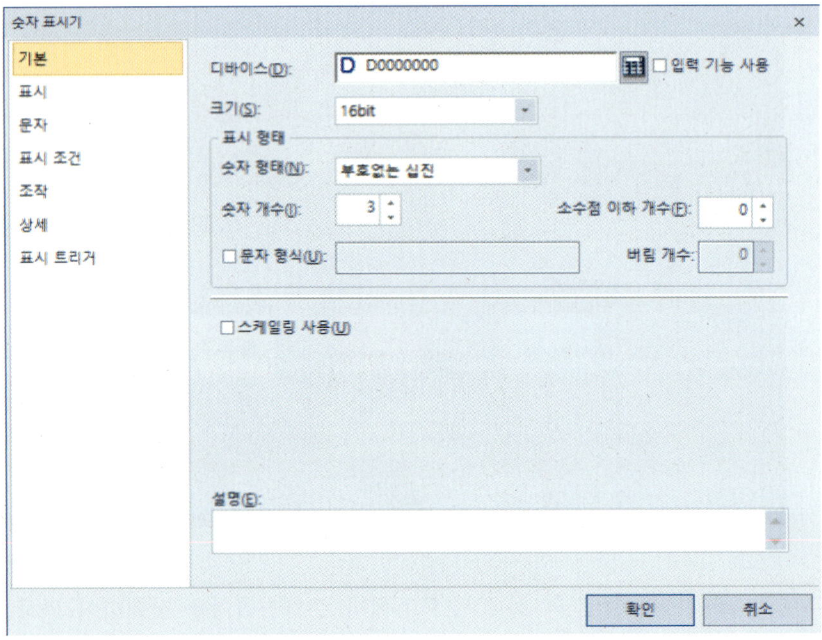

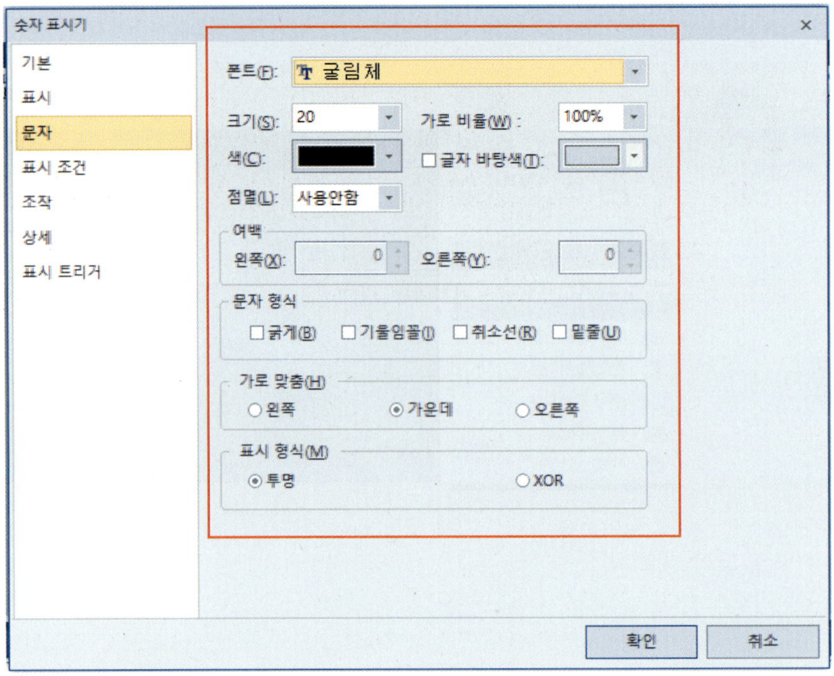

4) 작화가 완성되면 프로그램을 전송하여 동작을 확인하여 본다.

▶ 증가버튼[+]을 누르면 1씩 증가하는 것을 볼 수 있다.

▶ 감소버튼[-]을 누르면 1씩 감소 하는 것을 볼 수 있다.

▶ RESET 버튼을 누르면 초기상태인 0이 된다.

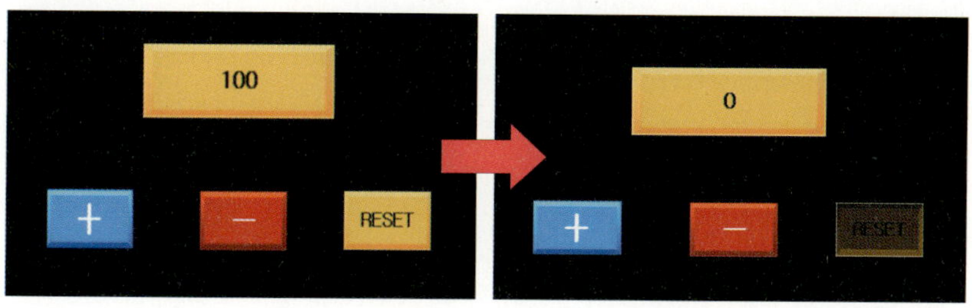

스마트 팩토리제어실습

2020년 02월 20일 인쇄

2020년 02월 25일 발행

저 자	박양수, 신경철, 문태정, 장혜경, 이명원, 추성엽, 저
발행인	황 영 하
발행처	도서출판 명진
주 소	서울시 노원구 월계동 926번지101동1103호
전 화	462-3257
팩 스	462-9428
등 록	2006년11월 22일 제25100-2012-000051호
E-mail	mjbooks1@naver.com
ISBN	978-89-6651-211-9 93560

※ 파본은 교환해 드립니다. **정가 28,000원**